2016

湖北调查年鉴

Hubei Survey Yearbook

国家统计局湖北调查总队　编

Survey Office of the National Bureau of Statistics in Hubei

图书在版编目（CIP）数据

湖北调查年鉴. 2016 : 汉英对照 / 国家统计局湖北调查总队编. -- 北京 : 中国统计出版社, 2016.9
ISBN 978-7-5037-7892-6

Ⅰ. ①湖… Ⅱ. ①国… Ⅲ. ①统计资料－湖北－2016－年鉴－汉、英 Ⅳ. ①C832.63-54

中国版本图书馆 CIP 数据核字（2016）第 192213 号

湖北调查年鉴-2016

作　　者 / 国家统计局湖北调查总队
责任编辑 / 佘竞雄　李　冲
装帧设计 / 李雪燕　李　静
出版发行 / 中国统计出版社
通信地址 / 北京市丰台区西三环南路甲 6 号　邮政编码 /100073
电　　话 / 邮购（010）63376909　书店（010）68783171
网　　址 /http://www.zgtjcbs.com/
印　　刷 / 三河市双峰印刷装订有限公司
经　　销 / 新华书店
开　　本 /880mm×1230mm　1/16
字　　数 /600 千字
印　　张 /21.5　1.25 彩页
版　　别 /2016 年 9 月第 1 版
版　　次 /2016 年 9 月第 1 次印刷
定　　价 /380.00 元　380.00yuan (RMB)

本书附同版本 CD-ROM 一张，光盘内容以书面文字为准。
如有印装差错，由本社发行部调换。

2015 年 12 月 18 日，总队长王跃新陪同时任湖北省委副书记张昌尔赴省现代农业展示中心调研

2016 年 4 月 18 日，国家统计局党组成员高建华调研指导湖北总队党风廉政建设工作

2016 年 4 月 18 日，国家统计局党组成员高建华与总队领导班子合影

2016 年 1 月 26 日，全省统计调查工作会议在武汉召开

2016 年 6 月 8 日，全省调查系统学习贯彻中央领导同志关于统计工作重要批示精神座谈会在武汉召开

2016 年 4 月 18 日，总队召开全系统党风廉政建设工作视频会议

2016 年 6 月 7 日，全省调查系统党组织书记“两学一做”学习教育培训班在武汉举办

2016 年 6 月 17 日，国家统计局党组巡视组巡视湖北总队工作动员会

2016 年 6 月 30 日，总队举行湖北调查系统庆祝中国共产党成立 95 周年视频大会

2016 年 8 月 22 日，总队召开落实国家统计局巡视反馈意见整改工作会议

2016 年 5 月 23 日，总队长王跃新到随州督导“三农普”遥感测量外业调查工作

2015 年 8 月 24 日，总队长王跃新到荆门调研住户记账工作

2016 年 7 月 24 日，总队长王跃新到长江大堤检查指导总队防汛工作并看望慰问巡堤干部

2016 年 4 月 26 日，国家统计局数管中心主任胡帆到湖北总队调研

2016 年 2 月 23 日，时任副总队长胡国亮到武汉房地产企业调研

2016 年 5 月 23 日，副总队长程良世到孝感调研夏粮生产形势

2015 年 12 月 8 日，纪检组长梁冰到荆州检查住户调查基础工作

2015 年 10 月 13 日，总队党组成员、武汉队队长陈小清调研住户记账工作

2016 年 2 月 4 日，副巡视员朱小明到汉川看望慰问住户收支调查记账户

2016 年 2 月 4 日，省综治（平安建设）工作考评组对总队 2015 年度综治工作进行考核验收

2016 年 3 月 11 日，省委目标管理考评组对总队 2015 年度目标责任制管理工作进行综合考评验收

2015 年 8 月 24 日，总队档案管理工作接受省一级复查评审并获通过

2015 年 9 月 23 日，第六届“中国统计开放日”走进高校宣传活动现场

2015 年 9 月 23 日，第六届“中国统计开放日”走进高校宣传活动现场

2015 年 9 月 21 日，湖北省“三农普”遥感测量试点工作在公安县启动

2016 年 5 月 11 日，湖北省“三农普”遥感测量外业调查工作业务培训现场

2016 年 1 月 20 日，总队和省统计局联合召开年度经济形势新闻发布会

2016 年 4 月 12 日，总队召开季度经济形势分析会

2016 年 2 月 2 日，总队领导与 2015 年度机关优秀共产党员、优秀党务工作者合影

2016 年 3 月 21 日，全省调查系统统计法治培训示范班在荆州举办

2016 年 5 月 4 日，湖北调查系统第二届“新风杯”业务技能大赛决赛现场

2016 年 5 月 12 日，全省住户调查数据质量管理暨电子记账业务培训会在恩施召开

2016 年 7 月 3 日，湖北调查系统第七期公务员初任培训班在宜昌举办

2016 年 7 月 19 日，总队办公室支部赴大悟宣化店教育基地开展主题党日活动

2015 年 12 月 26 日，总队参加省直机关迎新登山活动

2016 年 2 月 2 日，总队举办“迎新春 晒业绩”文娱活动

《湖北调查年鉴-2016》

编委会和编辑人员

编 委 会

编辑工作人员

Hubei Survey Yearbook 2016

Editorial Board and Editorial Staff

I. Editorial Board

II. Editorial Staff

编者说明

一、《湖北调查年鉴—2016》是国家统计局湖北调查总队独立编辑出版的资料性年刊。本年鉴主要收录了 2005-2015 年全省农村、城市和企业等方面的各项统计调查数据，以及全国和各省（市、区）重要历史年份主要统计调查数据。

二、本年鉴统计调查数据分为 6 个篇章，即：1．综合；2．农业调查；3．企业调查；4．人民生活；5．价格调查；6．全国及各省、市、区主要指标。为方便读者使用，各篇章末附有《主要统计指标解释》。

三、国家统计局从 2012 年起，进行城乡住户一体化改革，城镇居民人均可支配收入和农村居民人均可支配收入指标的计算口径和范围均发生了变化。本年鉴涉及的范围为城镇常住居民人均可支配收入和农村常住居民人均可支配收入，与改革前的年份的指标数据存在一定程度不可比的情况，使用时务请斟酌。

四、第三次经济普查后，国家统计局于 2015 年对规下工业抽样框和样本进行了全部更换。本年鉴涉及规下工业企业指标的，与更换样本前年份指标数据存在一定程度不可比性，请酌情使用。

五、本年鉴所使用的度量衡单位均采用国际统一标准计量单位，并统一使用最新颁布实施的产品目录。

六、本年鉴中部分统计调查数据合计数或相对数由于单位取舍不同而产生的计算误差，均未做机械调整。

七、符号使用说明：年鉴各表中的“空格”表示该项统计指标数据不足本表最小单位数、数据不详或无该项数据；“#”表示其中的主要项；“1”或“①”表示本表下有注解。

Editor's Notes

Ⅰ. *Hubei Survey Yearbook 2016* is an annual statistical publication compiled by Survey Office of National Bureau of Statistics in Hubei, which reflects comprehensively the rural , urban and enterprise of Hubei province. It covers data from 2005 to 2015 and key statistical data in recent years and some historically important years at the national level and the local levels of province, autonomous region and municipality directly under the Central Government.

Ⅱ. The Yearbook contains 6 chapters: 1. General Survey; 2. Rural Survey; 3. Enterprise Survey; 4. People's Living Conditions; 5. Price Survey; 6. Main Statistics of Provinces (autonomous regions, municipalities)in the Whole Country. Explanatory Notes on Main Statistical Indicators is attached to the end of each chapter to help the readers to use the statistical data in this book.

Ⅲ. Since 2012， the calculation of the size and scope of the urban residents per capita disposable income and rural residents per capita disposable income have changed because of the reform of urban and rural residents integration by the National Bureau of Statistics. Indexes and data of the urban residents per capita disposable income and rural residents per capita disposable income are incomparable with the data before the reform. Please consider about it before use.

Ⅳ. After the Third Economic Census, sampling frame and samples of industrial enterprises below designated size were all changed by the National Bureau of statistics in 2015. Indicators of industrial enterprises below designated size in this yearbook are incomparable with the data before. Please use the data in accordance with the actual situation.

Ⅴ. The units of measurement used in this yearbook are internationally standard measurement units, and newly published and implemented Product Categories are uniformly used.

Ⅵ. Statistical discrepancies on totals and relative figures due to rounding are not adjusted in the Yearbook.

Ⅶ. Notations used in the yearbook： "blank space" indicates that the figure is not large enough to be measured with the smallest unit in the table, or data are unknown, or are not available; "#" indicates a major breakdown of the total; and "*"or "①"indicates footnotes at the end of the table.

目　　录

Contents

一、综　　合

Chapter 1　General Survey

二、农业调查

Chapter 2　Rural Survey

三、企业调查

Chapter 3 Enterprise Survey

四、人民生活

Chapter 4 People's Living Conditions

五、价格调查

Chapter 5 Price Survey

六、全国及各省、市、区主要指标

Chapter 6 Main Statistics of Provinces (autonomous regions, municipalities) in the Whole Country

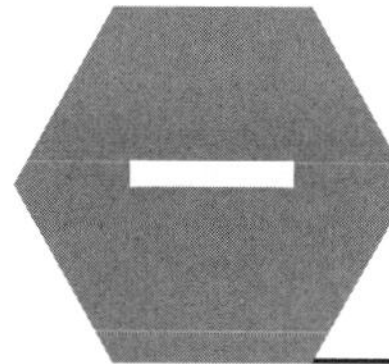

综　合

Chapter 1

General Survey

资料整理：胡　艺

湖北经济民生发展综述

2015年，面对经济下行压力不断加大的困难局面，湖北省积极主动适应经济发展新常态，坚持“稳中求进”总基调，秉持“竞进提质、升级增效”工作方针，践行“三维纲要”，统筹推进稳增长、调结构、促改革、惠民生各项工作，实现了经济的稳步发展和民生状况的持续改善。

一、农业生产稳定增长

（一）粮食生产再获丰收

2015年湖北粮食总产为540.7亿斤，比上年增产23.8亿斤，增长4.6%，刷新1997年总产526.8亿斤的历史记录，提前三年达到省委、省政府提出粮食总产超历史最高水平的目标，实现了粮食生产新跨越。

夏粮产量稳中略降。2015年，湖北夏粮总产100.9亿斤，比上年减产0.2亿斤，减幅为0.2%。受收获期雨水天气偏多、倒伏偏重及病虫害严重的影响，夏粮单产下降，在种植面积小幅增加的情况下，夏粮总产量略有下降。

秋粮生产奠定丰收基础。秋粮是湖北主要粮食作物，秋粮生产状况很大程度决定全年粮食生产形势。2015年，全省秋粮总产达到439.8亿斤，比上年增产24.0亿斤，增长5.8%，全年粮食总产增量均来自于秋粮。

面积增加带动粮食增产。“减棉扩粮”是近两年来湖北农业种植结构调整的突出特点。过去两年湖北棉花种植面积减少227.1万亩，减幅达到23.2 %。调减的面积主要用于扩种玉米、大豆等旱粮作物。2015年，全省粮食种植面积达到6699.1万亩，比上年增加143.5万亩，增长2.2 %。由于种植面积扩大带动粮食增产11.3亿斤，对粮食增产的贡献率为47.5 %。

科技支撑和有利的气候条件助推粮食增产。大力提高优质品种播种面积、扩大病虫害统防统治和联防联治范围、推动粮食生产全程机械化等科技支撑能力和水平的提升，以及适宜的气象自然条件助推了湖北粮食单产水平增加。2015年全省粮食平均亩产403.5公斤，比上年增加9.3公斤，提高2.4%。由于单产水平提高带动粮食增产12.5亿斤，对粮食增产的贡献率达到52.5 %。

（二）畜牧业生产稳定向好

在市场低迷和养殖效益下滑的严峻考验下，全省畜牧业生产整体保持平稳向好发展态势。生猪生产逐步企稳，跌幅逐季收窄，牛羊生产稳定，出栏快速增长，家禽生产平稳，禽蛋产量持续增长。2015年，全省生猪出栏4363.23万头，同比下降2.5%，降幅比上半年和前三季度分别收窄1.0和0.3个百分点。生猪存栏2497.11万头，同比下降2.1%；牛出栏159.87万头，增长5.1%，存栏361.33万头，增长2.6%；羊出栏550.58万只，增长1.6%，存栏465.70万只，下降0.9%；家禽出笼51222.71万只，略降0.8%，禽蛋产量165.29万吨，增长6.6%。

二、价格水平总体稳定

（一）消费价格温和上扬

价格水平低位运行。2015年湖北居民消费价格上涨1.5%，比上年回落0.5个百分点，为2010年来最低水平。其中，城市上涨1.4%，农村上涨1.7%。从分月数据看，同比涨幅围绕1.5%在1个百分点内窄幅波动，环比涨幅剔除春节影响产生较大波动的2、3月份，其他月份均窄幅波动。

八大类商品价格全面上涨。涨幅最大为衣着价格，上涨 2.7%，最小为交通通讯价格，上涨 0.2%。其他各类涨幅分别为：烟酒价格上涨 2.6%，食品价格上涨 2.2%，医疗保健和个人用品价格上涨 1.7%，娱乐教育文化用品及服务价格上涨 1.3%，家庭设备用品及维修服务价格上涨 0.6%，居住价格上涨 0.6%。

食品价格影响依然是主导。2015 年食品价格上涨影响价格总水平上涨 0.73 个百分点，对总指数上行的贡献率为 48.7%。服务价格是影响 CPI 变动的重要因素。2015 年，全省服务项目价格上涨 1.9%，影响总指数上涨 0.53 个百分点，占 CPI 全年涨幅的 35.3%。

涨幅略高于全国平均水平。2015 年湖北居民消费价格总水平比全国平均水平高 0.1 个百分点，在全国 31 个省（市、区）中居第 12 位，在中部六省中与江西并列第 1 位。比湖南高 0.1 个百分点，比河南、安徽分别高 0.2 个百分点，比山西高 0.9 个百分点。

（二）工业生产者价格降幅相对减缓

PPI 低位震荡，整体形势优于全国。自 2013 年 2 月步入下行通道，湖北工业生产者出厂价格连续 35 个月同比负增长，但比全国少 11 个月。2015 年，湖北工业生产者出厂价格全年下降 3.3%，降幅比全国低 1.9 个百分点，在中部六省中最小。从月度同比数据看，各月降幅在 3.1%—3.6%间波动，从月度环比数据看，除 3、4、6 月份保持稳定（涨跌幅度为 0），其他月份降幅在 0—0.8%间波动。

“三黑”行业价格深幅下挫是主因。受国际原油价格低位震荡，钢材、水泥等产业产能过剩、需求不振等因素影响，作为湖北经济发展支柱的传统“三黑”行业价格深幅下挫，是影响 PPI 下行的主要原因。2015 年，黑色金属冶炼压延加工业、石油和天然气开采业、石油加工、炼焦及核燃料加工业和有色金属压延及加工业四个行业影响价格总水平下降 2.2 个百分点，占 66.7%。

生活资料价格稳中略涨。受人民群众生活水平提高影响，生活资料价格运行相对平稳。2015 年生活资料价格上涨 0.5%，其中，医药制造业价格上涨 2.1%，纺织服装、鞋、帽制造业价格上涨 0.6%。

（三）农产品生产者价格小幅下降

2015 年，湖北农产品生产者价格下降 0.5%，是 2010 年以来首次出现下跌。四大行业中，除畜牧业产品价格受猪肉价格大涨的拉动，上涨 7.6%，农业、林业和渔业产品价格均现下降趋势，分别下降 3.7%、0.5%和 3.3%。水稻、油料等农产品价格下挫是影响农产品价格指数的下降的重要原因，水稻价格下跌 1.0%，油菜籽下跌 14.1%。2015 年虽然全省粮食生产获得大丰收，但是面对农产品生产者价格下降的冲击，增产不增收的现象进一步影响农民种粮积极性。

（四）固定资产投资价格运行平稳

2015 年，受国内经济下行压力加大、主要建筑材料价格持续下降、固定资产投资增速趋缓等多重因素的影响，湖北固定资产投资价格自 2010 年以来首次下降，全年固定资产投资价格下降 0.6%。构成固定资产投资价格的三大类价格指数“两降一升”，其中，建筑安装工程价格指数、设备工器具购置价格指数分别下降 0.9%、0.5%，其他费用价格指数上涨 1.2%。

三、小微企业平稳发展

（一）规下工业稳步增长

增速中部并列第一。2015 年湖北规模以下工业增加值同比增长 7.5%，增速在中部六省与安徽并列第一，比江西、山西、湖南、河南分别高 0.6、1.6、2.6、2.6 个百分点。

企业成长状况良好。2015 年，规下工业企业主营业务收入比上年增长 24.5%，比主营业务成本增速（22.2%）高 2.3 个百分点。企业期末从业人员增长 11.1%，比前三季度增速提高 1.1 个百分点。企业用电量稳步提升，比上年增长 21.5%，比前三季度高 2.8 个百分点。

生产效率不断提高。2015 年，规下工业企业户均营业利润 26.83 万元，比上年增长 11.4%。从业人员收入快速增长，应付职工薪酬全年增长 17.4%，比前三季度提高 2.7 个百分点。

政策受惠面持续扩大。2015 年湖北继续采取一系列政策措施激发市场活力，受惠面不断扩大。在受调查的543家企业中，有165家企业享受到减半征收企业所得税政策，占30.4%，比上年的15.4%高出15个百分点。

（二）规下服务业平稳向好

总体发展态势良好。据对全省1820家规模以下服务业企业抽样调查，2015年调查企业实现营业收入45.9亿元，比上年增长12.3%，实现利润3.0亿元，增长22.5%。企业规模进一步扩大，调查企业本期固定资产44.3亿元，增长1.9%，资产总计103.6亿元，增长15.1%。

吸纳就业能力有所增强。1820家企业中对劳动力需求比上期增加的占11.1%，持平的占80.2%，减少的为8.7%。超过八成的企业离职率在10%以下。其中信息传输、软件和信息技术服务业对劳动力需求尤为旺盛，劳动力需求比上年增长24.1%，远高于其他行业。企业职工薪酬稳步增加，2015年应付职工人均薪酬3.2万元，比上年增长6.4%。

税费负担显著减轻。随着一系列小微企业税收优惠政策的出台和落实，小微服务业企业享受到更多实实在在的优惠。调查企业中，61.1%的企业享受税收优惠政策，30.9%的企业执行增值税，26.1%的企业免税，近六成的调查企业反映无收费情况。其中卫生和社会工作，水利、环境和公共设施管理两个行业税收政策受惠面最广，分别有84.7%和70.0%的企业享受税收优惠政策，在所有行业中居第一位和第二位。

四、民生状况持续改善

（一）居民收入较快增长

2015年，湖北全体居民人均可支配收入20026元，较上年增长9.5%。城镇常住居民人均可支配收入27051元，增长8.8%。农村常住居民人均可支配收入11844元，增长9.2%。农村居民收入增速快于城镇0.4个百分点。

工资性收入快速增长是增收主要动力。2015年，全体居民人均工资性收入为10079元，较上年增长10.8%，对增收的贡献率达56.5%，拉动居民人均可支配收入增长5.4个百分点。受就业稳定增长、政策性增资、城镇化进程加快等因素影响，城、乡居民工资性收入均保持快速增长的势头，分别增长9.5%和11.7%，分别拉动城、乡居民收入增长5.5和3.5个百分点，对增收的贡献率达61.7和38.6%。

转移净收入是增收亮点。2015年，全体居民人均转移净收入4324元，较上年增长11.1%，拉动居民人均可支配收入增长2.4个百分点。城、乡居民转移净收入均保持快速增长，分别增长9.7%和12.5%，拉动城、乡居民收入增长2.0和2.8个百分点。

收入水平在全国的位次保持稳定。2015年，全体居民收入水平及城、乡居民收入水平在全国和中部六省的位次保持稳定，分别居全国第12、13、10位，中部第1、2、1位，均与上年持平。增速在全国和中部六省的位次不同程度下降。全体居民收入增速居全国第11位，中部第3位，比上年分别下降7位和2位；城镇居民收入增速居全国第8位，比上年下降4位，中部保持第2位；农村居民收入增速居全国第12位，中部第3位，比上年分别下降5位和1位。

（二）生活水平不断提高

2015年，全体居民人均生活消费支出14316元，增长10.7%。其中城镇常住居民人均生活消费支出18192元，增长9.1%，农村常住居民人均生活消费支出9803元，增长12.9%。居民消费特点：一是八大类消费全面增长。食品烟酒、衣着、居住、生活用品及服务、交通通信、教育文化娱乐、医疗保健、其他用品和服务支出分别增长8.7%、6.3%、7.0%、6.8%、28.6%、6.6%、18.6%、12.9%。二是消费与收入保持同步且略快的增长态势。2015年，全体居民、城镇常住居民和农村常住居民人均生活消费支出增速分别高出可支配收入1.2、0.3和3.7个百分点。三是农村居民生活消费支出增长更快。2015年农村常住居民人均生活消费支出增速高于城镇3.8个百分点。

（三）农民工状况有效改善

规模稳定扩大。据抽样调查推算，2015年湖北农民工（外出务工、在本地非农务工和非农自营活动时间达到或超过 6 个月的农村从业人员）总量为 1453.60 万人，比上年增长 3.0%。其中外出农民工（本乡域以外）1086.00 万人，增长 0.8%；本地农民工（本乡域以内）367.60 万人，增长 10.4%。

收入加快增长。2015 年，湖北外出农民工月均收入 3459.70 元，比上年增长 11.2%，增幅比上年扩大 0.3 个百分点。月收入 3000 元以上的高收入农民工的比重大幅提高，占 73.3%，比上年提高了 14.4 个百分点。

就业环境进一步改善。外出农民工社会保障进一步增强，养老保险、工伤保险、医疗保险、失业保险等参保率分别为 18.1%、34.4%、25.5%和 11.5%，同比均有所提高。平均劳动时间有所减少，日均工作时间 8.59 个小时，比上年减少 0.16 个小时。其中，每天工作 8 小时的占比达到 65.4%，比上年提高 6.9 个百分点。

（撰稿：邓智红）

粮食总产量创历史新高

自 1997 年全省粮食总产创造 526.8 亿斤的历史记录之后，湖北一直将实现粮食生产新跨越作为三农工作的重中之重。近日，从国家统计局传来喜讯：据国家统计局湖北调查总队调查，并经国家统计局最终审核认定，2015 年湖北粮食总产达到 540.7 亿斤，比上年增产 23.8 亿斤，增产 4.6%。经过 18 年的艰苦努力，湖北粮食总产终于创历史新高，实现了新跨越。

统计调查结果显示，2015 年湖北粮食生产主要有以下五大特点：

一、“以秋补夏”定全年

从湖北粮食生产的季节顺序来看，2015 年全省粮食生产可谓开局不利，占全年粮食总产五分之一的夏粮由于收获期雨水过多，病虫害多发而导致减产。面对不利形势，全省各级政府及农业行政主管部门化压力为动力，多措并举开展“以秋补夏”，因势利导引导农民调整种植结构，收到了显著的效果。全省秋粮总产达到 439.8 亿斤，比上年增产 24.0 亿斤，增长 5.8%，全年粮食总产增量全部来自于秋粮，成为今年粮食增产的最大特点。

二、“减棉扩粮”助全年

2015 年湖北农业种植结构调整的突出特点是“减棉扩粮”。受取消棉花收储政策和棉花市场持续疲软的影响，今年全省棉花种植面积在去年调减 107 万亩的基础上再次调减 120.1 万亩，减幅达到 23.2 %。面对棉花面积逐年调减的新形势，各级农业部门在尊重农民自主选择的基础上及时顺应农民对粮食生产的新需求，指导农民因地制宜扩种玉米、大豆等旱粮作物，支持有条件的地方开展旱改水扩种高产中稻，为全年粮食增产奠定了重要的面积基础。2015 年，全省粮食种植面积达到 6699.1 万亩，比上年增加 143.5 万亩，增长 2.2 %。其中玉米面积达到 1031.8 万亩，比上年扩大 68.2 万亩，增长 7.1%，成为全省继小麦、中稻之后又一种植面积过千万亩的粮食作物。据初步测算，由于种植面积扩大带动全省粮食产量增加 11.3 亿斤，对全省粮食增产的贡献率为 47.5 %。

三、“风调雨顺”保全年

武汉区域气候中心提供的资料表明：2015 年虽然上半年气候条件对湖北夏粮生产总体不利，但下半年风调雨顺，气候条件对湖北秋粮生产总体有利。主要表现一是盛夏季节温度适宜，既没出现 2013 年的持续高温热害，也没出现 2014 年的盛夏低温冷害。7-8 月全省主要农业区中江汉平原夏季平均气温比 2013 年低 2.4℃，比 2014 年高 0.8 ℃；鄂北岗地夏季平均气温比 2013 年低 1.9℃，比 2014 年高 0.6℃，整体气温对秋粮抽穗扬花和灌浆非常有利；表现之二是既雨水充足，又没出现全局性的雨水灾害。尽管 6-7 月降水空间分布不均，对江汉平原和鄂东南带来短时间的渍害，但长期制约鄂北岗地粮食生产的“卡脖子旱”基本没有发生，对实现全省范围的平衡增长十分有利。受有利气候条件的影响，2015 年全省粮食平均亩产达到 403.5 公斤，比上年提高 9.3 公斤，提高 2.4%。据初步测算，由于单产水平提高带动全年粮食增产 12.5 亿斤，对全年粮食增产的贡献率达到 52.5 %。

四、科技进步促全年

着力提高科技支撑能力和水平是实现“以我为主，立足国内”的粮食安全战略的重要措施。近年来，科技对粮食生产的支撑力度不断增强，其累积效应正在逐步释放。一是品种优质化水平逐步提高。2015 年，全省早稻优良品种种植面积比上年增加 60 万亩，中稻优良品种种植面积比上年扩大 120 万亩，郑单 958、华甜玉 4 号等一批丰产性能好，抗倒、抗病性强的主推品种通过种植大户得到广泛推广使用。二是大力推进高产示范，小麦、水稻和玉米高产栽培技术推广面逐步扩大，并通过示范带动了中小种植户种植水平的提高，2015 年，全省粮食作物部级高产示范面积达到 500.6 万亩，在上年增长的基础上继续扩大。三是病虫害统防统治和联防联治范围逐步扩大，病虫害防控专业合作组织逐渐增多。据统计，2015 年荆门市农作物专业化统防统治面积达到 246.3 万亩，覆盖该地区近 50%的粮食作物面积。“植物保姆”的发展对提高全省粮食作物病虫害防治水平，减少病虫害带来的损失发挥了较好的作用。四是大力发展粮食生产全程机械化，既有效破解了农村劳动力不足的瓶颈制约，又大大提高了农业现代化水平。

五、喜忧参半忧明年

当前，湖北粮食生产总体形势向好，但影响粮食生产持续健康发展的不利因素也很明显，其中粮价下跌也成为影响粮食生产的主要障碍。正当全省粮食生产集约化、规模化、现代化水平逐步提高，水稻和旱粮逐步向平衡发展过渡，农民的种粮积极性逐渐提升的时候，粮食价格的天花板效应也日益明显。夏收粮食卖粮难问题刚刚平息，玉米和大豆价格的大幅下跌又给农民泼了一盆冷水，现在似乎又到了“谁能告诉我，我该种什么”的关键时期。如果种粮增产不增收的状况继续发展，势必对农民的种粮积极性带来沉重的打击，希望各级政府和有关部门未雨绸缪，及早采取应对措施。

（撰稿：刘俊杰）

畜禽生产保持稳步发展

2015 年，湖北畜牧业生产规模化、标准化养殖方式稳步向前推进，生产保持了稳定发展。主要表现为，生猪养殖结构变化明显，生产前低后稳，规模化比重继续提高；牛羊生产稳步发展，家禽生产保持平稳，禽蛋产量快速增长。

一、畜牧业生产主要特点

（一）生猪生产前低后稳，降幅逐季缩小

2015 年全省生猪出栏 4363.23 万头，同比下降 2.5%；存栏 2497.11 万头，同比下降 2.1%。上半年生猪生产出现明显下滑，下半年在生猪价格快速回升的情况下，存、出栏等主要指标降幅逐季收窄，全年出栏降幅分别比上半年和前三季度缩窄 1.0 和 0.3 个百分点，存栏降幅分别比上半年和前三季度缩窄 2.2 和 2.3 个百分点。从出栏量看，全省上半年和下半年生猪出栏分别同比减产 73.69 万头和 38.19 万头，下半年减产幅度大大低于上半年。全省中小规模户和散户加速退出市场，规模户比重进一步上升，比上年提高 3.3 个百分点，达到 38.3%。

（二）牛羊生产总体向好，出栏快速增长

近年来，湖北及时跟进居民肉食消费结构不断改变和牛羊肉受到市场普遍欢迎的格局，2015 年牛羊生产继续保持稳定发展势头。全省牛出栏 159.87 万头，同比增长 5.1%；羊出栏 550.58 万只，同比增长 1.6%。牛羊存栏也保持稳定，其中牛存栏 361.33 万头，同比增长 2.6%；羊存栏 465.70 万头，同比下降 0.9%。

（三）家禽生产平稳，禽蛋产量持续增长

2015 年，全省家禽出笼 51222.71 万只，同比下降 0.8%；存笼 35098.35 万只，同比增长 0.3%。禽蛋产量 165.29 万吨，增长 6.6%。从 2014 年以来，我省禽蛋产量一直保持了快速增长的态势，2014 年全年增长 5.9%，2015 年上半年、前三季度分别同比增长 7.3%和 6.3%。湖北作为“千湖之省”的禽蛋生产优势得到充分体现。

（四）养殖成本无明显降低且养殖门槛抬高

年初以来，饲料价格呈下降趋势，但养殖行业人工、环保、用地等成本持续提高，尤其是养殖户为稳定员工队伍，逐年上涨员工工资，造成饲料价格下降并没有带来整个养殖成本的明显降低；另外，在大力加强环境保护，治理养殖污染的大背景下，划入禁养和限养区域的土地越来越多，环保部门对养殖行业的监督力度增大，养殖户环保成本不断增加，进入养殖领域和扩大生产的门槛提高。

（五）畜牧业产业化经营水平提升

全省通过规划引导、资金扶持，着力培育辐射范围广、带动能力强的领军企业，形成良好畜牧产业发展格局。全省畜牧产业化企业中，国家级龙头企业 10 家，省级龙头企业 119 家，年销售收入 10 亿元的重点企业 15 家；5 个畜牧品牌获“中国驰名商标”，21 个畜牧品牌获湖北名牌。我省“神丹”、“周黑鸭”、“新农”、“襄大”、“汉口精武”等一批畜牧品牌在国内影响力日益扩大。

（六）各项政策支持有力

近年来省委、省政府出台了一系列的政策措施支持畜牧业发展，同时，国家对湖北畜牧业的支持力度越来越大，畜牧业投资规模持续增加，为畜牧业提供了良好的发展环境；探索农畜产品订单交易模式，稳步推进畜牧业要素市场建设；在落实好能繁母猪、奶牛政策性保险的基础上，有计划地开展了商品肥猪、家禽、肉牛、肉羊等保险试点，提高畜牧业保险险种覆盖面，并在生猪价格指数保险上取得突破，2014 年

承保生猪 100 多万头。

（七）重大动物疫情防控效果明显

近年来，我省动物疫病防控有力，全省全力以赴加强重大动物疫病防控，狠抓各项防控措施落实到位，六种强制免疫的重大动物疫病免疫率均达到了国家规定要求，牲畜口蹄疫、高致病性猪蓝耳病等重大动物疫情得到有效控制，形势总体平稳，全省基本做到了“有疫不流行，有病不成灾”，没有出现大的疫情。

二、值得关注的几个问题

（一）能繁母猪存栏达到近四年新低

近两年生猪养殖效益持续下滑，使得养殖户 2015 年上半年加速淘汰母猪，能繁母猪年末存栏 249.11 万头，同比下降 4.9%，达到近四年来的新低。能繁母猪数量直接关系到全省生猪生产后续能力，须引起高度关注。

（二）养殖场管理水平亟待提高

“现代化”的企业+“作坊式”的管理是当前养殖场存在的普遍的问题，粗放的管理导致畜禽的生产性能没有充分地开发利用，养殖场生产成本增加。以生猪养殖为例，自繁自养猪场的效益来自于肥猪出栏情况，MSY（每年每头母猪出栏肥猪头数），目前我省 MSY 的平均水平为 17.1 头/年，而国外可以达到 25 头/年，以年出栏万头计算，分别需要母猪 585 头、400 头，相比之下成本和效益差别巨大，生猪生产追赶世界先进水平还有一段很长的路要走。

（三）养殖业环保压力越来越大

“十二五”期间，全省畜禽规模养殖发展迅速，但粪污无害化处理设施和处理能力都没有及时跟进。湖北江河湖泊众多，保护水源区安全、建设生态美丽乡村的任务艰巨。随着环保部门的限养区、禁养区的政策推出，畜禽养殖业面临的环境保护压力越来越大。目前一些大型养殖场采用的沼气化治污工程，离无害化目标还有较大差距，特别是中小养殖户养殖量占全省比重仍较大，因其自有资金有限和国家政策取向，无力建造标准化的养殖场。

（四）基层畜牧兽医服务体系建设亟待加强

乡镇畜牧兽医管理和服务机构的基础设施落后，乡村动物防疫和技术服务人员老化、后继乏人的问题突出，基层动物防疫人员的基本待遇过低的问题未从根本上得到解决。如不采取措施加以改善，势必给重大动物疫病防控工作带来负面影响，不利于畜牧业健康持续发展。

（五）畜禽产业化发展程度仍显偏低

湖北畜禽产业化程度偏低仍是当前最大的实际，大型畜产品加工企业短缺，精深加工品牌畜禽产品尤其是本土品牌产品不足，畜禽及其产品仍然主要以初级鲜活的形式供应市场，畜产品随市场行情波动较大。

三、几点建议

2015 年，湖北畜牧业生产保持了稳步发展，但离现代畜牧业所要求的规模化、标准化、集约化还有较大距。2016 年，全省在生猪生产稳量提质，牛羊生产发挥地方资源优势，实现畜牧业生产和环境保护有机融合等方面还有很大的发展空间。建议如下：

（一）加强畜牧业扶持政策落实力度

一是利用当前涉农资金专项整治契机，建立健全长效管理机制，落实各项惠牧政策，提高资金管理水平，确保项目真正落地生根。二是采取措施保证畜禽市场供应量相对平稳，避免市场价格剧烈波动，帮助养殖户分散规避市场风险。三是落实无害化处理项目补助资金。按照“谁处理、补给谁”的原则，将无害化处理补助范围扩大到畜禽散养户。收集暂存和集中处理的，由县级财政将补助直接拨付到集中处理厂。

（二）着力提升现代畜牧业经营水平

一是积极引导畜禽养殖企业采用先进的技术和生产设备，推动畜禽养殖业向规模化、标准化和现代化方向发展，大力实施品牌战略，稳定提高畜牧业生产能力。二是发挥龙头企业带动作用，推进畜牧业产业化发展步伐，引导和支持小规模养殖户建立专业合作经济组织，促进家庭农场发展，增加农民收入。三是鼓励规模养殖场、户与大中型超市、屠宰加工企业建立直接产销对接关系，推广电子商务、物流配送、直供直销等新型畜产品流通方式，提高畜牧业经营水平。

（三）加快生态畜牧业发展

更加注重资源环境保护，加大种养结合力度，通过粪肥还田、生产沼气、制造有机肥等方法，综合利用畜禽养殖废弃物。加大畜禽养殖场技术改造力度，推行干法清粪、雨污分流等先进科学的生产工艺，配套完善粪污深度处理设施，做到源头控制、中间预处理、末端治理的全过程控制管理，减少直至消灭污染，逐步实现畜禽粪便基本资源化利用，实现畜牧业可持续发展。

（四）加快草食畜牧业发展

湖北牛羊养殖总体上较为粗放，适养地域有限，规模养殖经验不足，推广现代化养殖可以借鉴的模式和方式不多，阻碍了牛羊生产快速发展。只有加快对适合湖北自然经济条件的牛羊生产模式探索并加大投入，才能促进牛羊生产快速发展。

（五）夯实畜禽产品质量安全基础

大力加强畜禽收购、流通环节的监督管理，维护生猪市场秩序的正常运行。同时通过政府引导，发展直销、配送等现代流通业态，减少中间环节，并让消费者得实惠。切实做好病死畜禽无害化处理工作，着力加强畜牧业及饲料的检验检疫工作，防止病死畜产品流入市场，防范瘦肉精等有害物质添加到饲料中，从源头上确保畜产品的食品安全，避免因食品安全问题影响生产和消费。

（撰稿：祁　炜）

规模以下工业稳健增长

国家统计局湖北调查总队抽样调查结果显示，2015 年，湖北规模以下工业总体上呈现平稳发展态势，但市场需求依旧疲软、成本偏高、资金紧缺等问题仍待化解。

一、湖北规下工业增速位居中部第一

2015 年，湖北规下工业同比增长 7.5%，各季度增速虽有波动，但基本稳定在 7%—8%这一区间，规下工业发展呈现稳中有进、稳中向好的趋势。

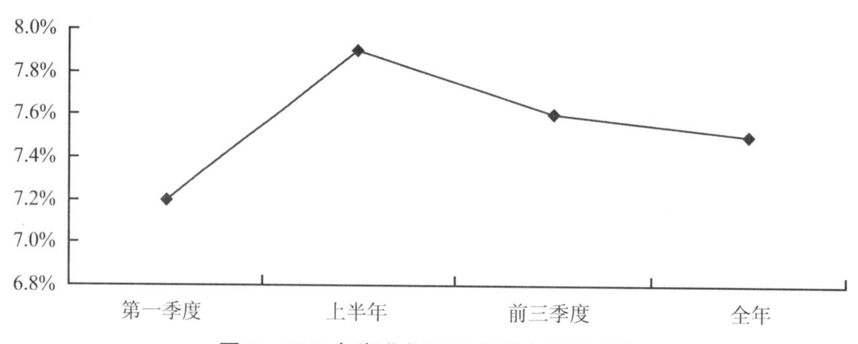

图 1　2015 年湖北规下工业季度累计增速

在中部六省，湖北规下工业以 7.5%的增速与安徽并列为中部第一。其余几个省的增速分别为：江西增长 6.9%，山西增长 5.9%，河南、湖南分别增长 4.9%。

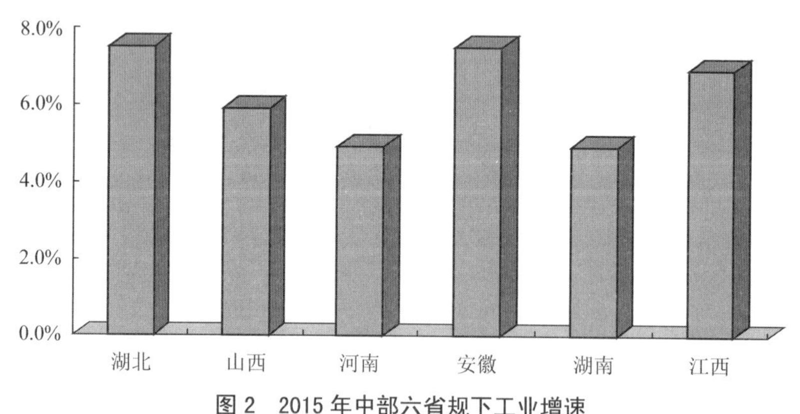

图 2　2015 年中部六省规下工业增速

二、湖北规下工业企业运行特点

（一）利润水平提高，经营状况稳中趋好。全年企业主营业务成本同比增长 22.2%，主营业务收入同比增长 24.5%，主营业务收入增速高出主营业务成本增速 2.3 个百分点。户均营业利润为 26.83 万元，同比增加 2.8 万元，增长 11.4%，企业总体保持平稳发展的态势。

（二）薪酬水平增幅快于从业人员增幅。全年企业期末从业人员同比增长 11.1%，比前三季度增速提高 1.1 个百分点；应付职工薪酬同比增长 17.4%，比前三季度增速提高 2.7 个百分点。

（三）企业用电量稳步提升。全年规模以下工业企业用电量同比增长 21.5%，比前三季度高出 2.8 个百分点。

（四）综合生产情况平稳，景气指数提升。在对综合生产经营状况研判上，受调查的543家企业中有79%的企业认为生产经营状况良好或一般，比三季度的77%提高2个百分点。全年企业景气指数为100.2，比三季度提高1.5点。

（五）企业优惠政策受益面进一步提高。在受调查的543家企业中，有165家企业享受到减半征收企业所得税政策，占30.4%，比上年的15.4%高出15个百分点。

三、需要关注的问题

在全年规下工业经济形势平稳增长的背景下，一些企业生产面临的问题仍亟待解决。

（一）需求依旧疲软，部分行业遭遇“寒冬”。据企业问卷调查，42.7%的企业认为市场需求不足是当前面临的突出问题。受投资、出口和消费需求不足影响，传统制造业企业若转型不及时，则问题尤为突出。如大冶市天台塑化有限公司生产PVC排水管，近年来房地产市场持续低迷，产品订单明显减少，原来需要晚上加班生产的订单，现在白天就可以完成生产任务。

（二）用工成本依旧偏高，导致企业招工需求减弱。据企业问卷调查显示，56.2%的企业认为用工成本上升是当前面临的最突出的问题，比前三季度提高1.2个百分点。随着人口红利的慢慢消失，企业用工成本逐年上升已成为新常态。全年样本企业人均月工资2466.9元，同比增长1.1%。黄石市鑫冶平铸锻科技有限公司反映，该公司每年工人工资都会有所上涨，目的是为了稳定员工，保证生产。企业生产环境恶劣，目前从业人员大多是40至55岁之间，如果不提高工资待遇，部分员工就会选择离开，因此企业当前宁愿亏损运行也要提高工资来稳定队伍。用工成本上升直接影响到企业对用工的需求，在调查的543家企业中，无招工需求的企业有381家，占70.2%，比前三季度提升0.5个百分点。

（三）部分企业资金紧张。在调查的543家企业中，有138家反映目前资金紧张，比重达25.4%。在有融资需求的企业中，仅有7.9%的企业能全部贷到款，60.5%的企业根本贷不到款。从融资渠道上看，在有融资需求的企业当中，31%的企业通过银行贷款，51.1%的企业向个人借款，5.8%的企业向其他企业借款，11.5%的企业向非银行金融机构借款，0.6%的企业通过其他方式。其中，企业通过银行贷款的年平均利息及费用率为5.66%；企业通过民间借贷的月平均利息率为2.21%，年化利息水平是银行贷款的4.7倍。

四、对2016年规下工业走势的初步判断

2016年是“十三五”规划的开局之年。党中央、国务院相继出台了一系列稳增长、调结构、促发展的措施，提出在适度扩大总需求的同时着力加强供给侧结构性改革，更加注重小微企业在促进经济发展中的作用。围绕大众创业、万众创新、企业去产能、去库存和降低成本相继出台了一些政策，这些有利于小微企业的发展。另一方面，在宏观经济下行压力持续多年的背景下，当前保持正常生产的小微企业经受了市场考验，具有较强的发展韧性。因此，预计2016年湖北省规下工业发展稳中有进，稳中向好的大势不会改变，仍将保持平稳增长态势。

五、两点建议

（一）苦练自身内功，提升核心竞争力。一是主动转型升级，谋划供给侧结构性改革。通过积极向战略型新兴产业靠拢，逐步降低对高价劳动力的依赖，优先发展低排放、高效益的绿色新型工业，提升供给侧能力。二是挖掘潜力，打造“拳头”产品。转变观念，从追求产品数量到追求产品质量、产品品牌，走“专精特新”的发展路线，打造更具市场竞争力的“拳头”产品。三是以创新意识引领企业发展。一方面加大科技创新投入，通过合作引进高校科研成果等方式研发生产具有市场竞争力的产品；另一方面创新经

营理念，积极运用“互联网+”、大数据、网络电商等信息技术手段，结合自身经营特点，创新经营模式，走多元化发展之路。

（二）不断改善融资环境，拓宽融资渠道。要通过多种途径，扩大小微企业融资渠道，破解企业融资难题。一是政府要加大财政投入和结构性减税力度，进一步支持小额贷款担保事业发展，引导和督促中小企业信用担保机构在改善小微企业融资难上发挥更好的作用，改善小微企业融资环境。二是金融机构要开拓适应各层次需要的金融产品和服务，采取自主灵活的措施，最大限度满足小微企业融资需求。三是规范民间借贷资金的利用和管理，创新融资模式，有序引导经营良好、管理规范的民间资金更多流入小微工业企业，缓解企业资金压力，助力实体经济发展。四是鼓励小微企业进入资本市场，开展直接融资。通过多层次资本市场，拓宽小微企业股权融资渠道。

（撰稿：胡　宇）

规下服务持续平稳发展

国家统计局湖北调查总队对全省1820家规模以下服务业企业调查结果显示，2015年，湖北规模以下服务业在新常态下进入平稳发展阶段，经营状况向好，经营环境改善，在稳定就业、促进民生方面起到了积极的作用，但成本上升快、招工难、融资难的问题仍然普遍存在。

一、调查企业基本情况

全省16个市、州共调查样本企业1820家，涉及10个行业门类，30个行业大类，2个行业中类。调查企业中分布最广的三大行业分别是：交通运输、仓储和邮政业341家，占比18.7%，卫生和社会工作215家，占比11.8%，文化、体育和娱乐业213家，占比11.7%。此外，还有信息传输、软件和信息技术服务业210家，租赁和商务服务业181家，科学研究和技术服务业156家，水利、环境和公共设施管理业140家，居民服务、修理和其它服务业137家，教育118家，物业管理、房地产业中介服务业109家。

二、调查企业稳步发展

（一）经营状况向好

一是企业规模壮大。调查企业本期固定资产原价为44.3亿元，同比增长1.9%。本期资产总计103.6亿元，同比增长15.1%；二是营业收入平稳增长。调查企业本期实现营业收入45.9亿元，比上年同期的41.4亿元，增长12.3%。调查企业中，26.2%的企业营业收入比上期增加，56.6%的企业基本持平；三是营业利润明显增加。调查企业本期实现营业利润3.0亿元，同比增长22.5%。

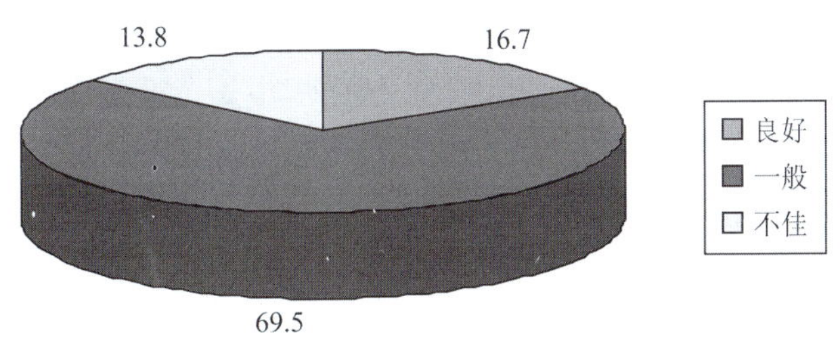

图1　企业综合经营状况

调查问卷显示，超过八成的企业反映2015年经营状况稳定。其中，16.7%的企业反映本期综合经营状况良好，69.5%的企业反映平稳，只有13.8%的企业反映不佳。分行业看，教育企业综合经营状况好于其他行业，有93.2%的企业反映企业经营状况良好或平稳。

（二）经营环境改善

一是税收优惠明显。随着一系列小微企业税收优惠政策的出台，不少小微企业享受到实实在在的税收优惠，并呈逐渐增长趋势。调查企业中，61.1%的企业享受税收优惠政策，30.9%的企业执行增值税，26.1%的企业免税。二是收费情况改善。近六成的调查企业反映无收费情况。

从行业来看，卫生和社会工作，水利、环境和公共设施管理两个行业分别有84.7%和70.0%的企业享受税收优惠政策，在所有行业中居第一位和第二位；有63.3%和32.9%的企业免税，居第一位和第三位；有62.3%和71.4%的企业无收费情况，居第二位和第一位。

（三）就业环境较好

调查企业本期对劳动力需求比上期增加的有 11.1%，80.2%的企业与上期持平，只有 8.7%的企业对劳动力需求减少。有超过八成的企业离职率为 10%以下，表明企业劳动力需求保持增长态势。企业职工薪酬也稳步增长，调查企业本期应付职工薪酬 8.1 亿元，人均薪酬 3.2 万元，上年同期应付职工薪酬 7.3 亿元，人均薪酬 3.0 万元，增长 6.4%。

分行业看，信息传输、软件和信息技术服务业对劳动力需求尤为旺盛，劳动力需求比上期增加 24.1%，远高于其他行业。

从影响因素看，39.4%的企业反映经济效益影响劳动力需求，34.7%的企业反映订单变动影响劳动力需求，24.2%的企业反映劳动力成本影响劳动力需求。

三、分行业企业发展状况各异

（一）交通运输、仓储和邮政业发展势头强劲

湖北是全国交通枢纽，省会武汉更有“九省通衢”之称，良好的地理条件和互联网行业推动交通运输、仓储和邮政业强劲发展。被调查企业中，该行业企业共 341 家，吸纳从业人员 4992 人，本期实现营业收入 10.0 亿元，同比增长 11.1%，实现营业利润 6884.7 万元，同比增长 30.8%。

（二）教育，卫生和社会工作享受良好的政策优惠

这 2 类行业与人民生活最为息息相关，近年来，国家不断加大对该两类行业的政策扶持，这两类行业享受较好的税费优惠。教育企业有 39.8%免税，卫生和社会工作企业有 84.7%享受税收优惠政策，63.3%无收费情况。本期这两类行业调查企业分别实现营业收入 2.4 亿元和 4.7 亿元，分别同比增长 5.9%和 11.3%，增速平稳。

（三）信息传输、计算机服务和软件业，科学研究和技术服务业发展平稳

这两类行业是规下服务业中新兴的行业，信息化、科技化是该两类行业的显著特征。这两类行业企业本期科研经费投入比上期增加或持平分别占比 32.9%和 28.8%。本期分别实现营业利润 2704.3 万元和 3463.6 万元，同比分别增长 11.3%和 22.6 %。

（四）租赁和商务服务业，水利、环境和公共设施管理，居民服务、修理和其他服务业发展成熟

这类行业企业多为经营多年的传统服务业企业，发展中规中矩，进入成熟阶段。本期分别实现营业收入 4.2 亿元、3.4 亿元和 2.3 亿元，增速分别为 10.6%、9.6%和 14.6%。

（五）文化、体育和娱乐业发展缓慢

本期实现营业收入 3.1 亿元，同比增长 5.3%，列所有行业的最后一位。

（六）物业管理、房地产业中介服务业发展受阻

受房地产市场的影响，该类行业本期发展欠佳，是所有行业中唯一营业利润为负的行业。

四、存在的主要问题

（一）成本上升，尤其是用工成本上升快

调查企业本期营业成本为 25.6 亿元，较上年同期增长 14.7%，调查企业中，有三成本期营业成本比上期增加。有 59.3%的企业认为当前最突出的问题是用工成本上升快，有 48.2%的企业认为需求不足是企业当前面临的突出问题。具体情况见下图。

调查企业中，25.4%的企业反映盈利水平下降（包括盈利减少、亏损增加、由盈转亏等三种情况），50.5%的企业反映盈利水平保持平稳，24.6%的企业反映盈利水平上升（包括盈利增加、亏损减少、扭亏为盈等三种情况）。影响企业盈利水平的主要因素是业务量和成本费用。调查企业中，70.6%的企业反映业务量是影响企业盈利变动的主要因素，27.6%的企业反映成本费用变动影响较大。

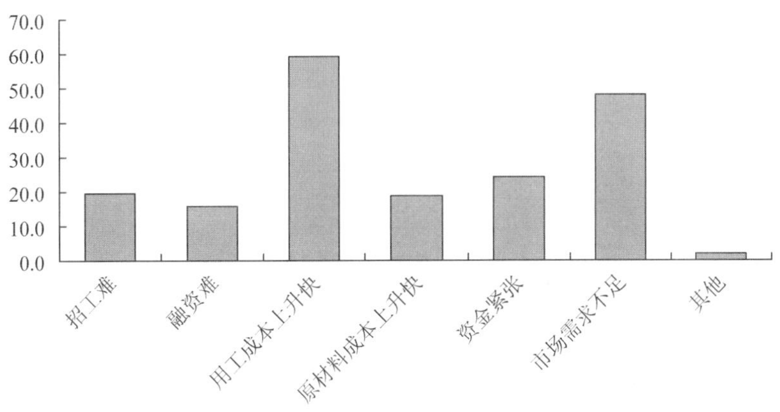

图 2　企业当前面临的突出问题

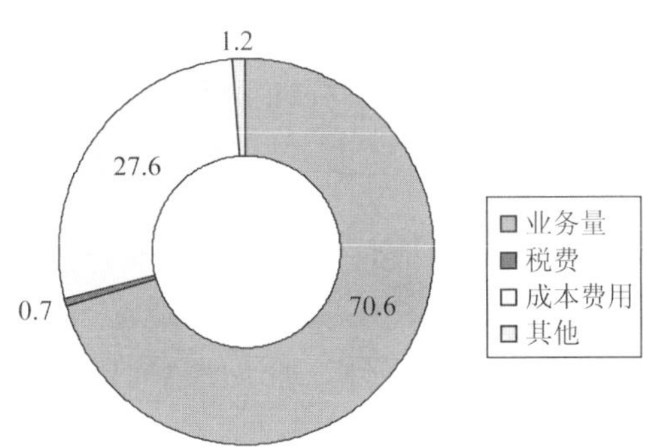

图 3　企业盈利主要影响因素

（二）招工问题，尤其是技工招聘难

19.8%的调查企业认为招工难是企业当前面临的突出困难。51.7%的调查企业认为招聘具有专业技术水平的员工较难，10.4%的调查企业认为困难。对于招聘普通员工，只有 19.4%的调查企业认为较难，2.8%的调查企业认为困难。同时，企业招工途径单一落后，41.1%调查企业依靠老员工介绍。

（三）市场问题，需求不足阻碍发展

48.2%的企业认为市场需求不足是企业当前面临的突出问题，从影响营业收入变动因素中可以看出，82.3%的企业认为市场需求不足是营业收入变动的主要因素。

（四）资金问题，流动资金紧张融资难

调查企业中，23.7%的企业本期流动资金比上期紧张，仅 8.6%的企业本期流动资金比上年充足。16.6%的企业本期融资困难，仅 2.3%的企业本期融资容易。数据显示 24.2%的企业认为资金紧张是当前面临的突出问题，15.8%的企业认为最突出问题是融资难。

五、几点建议

（一）落实扶持政策，支持企业发展

在企业对政府和金融部门的要求和建议中，选择加大政策扶持及落实力度的占 56.4%，减免税费的占 32.7%。为此，要加大融资扶持政策的落实力度，在资产抵押、第三方担保等方面提供更多便利，加大相关金融产品创新力度，完善信贷管理制度，促进规下服务业企业可持续发展。

（二）提高服务水平，增强经营信心

调查显示，33.7%的企业希望政府能帮助加强引导与市场开拓，23.1%的企业希望加强专业人才引进和培训，15.3%的企业希望政府能规范和指导企业管理，20.7%的企业希望进一步加大公共服务力度，18.6%的企业希望政府加强行业监管、营造公平竞争的市场环境，8.3%的企业希望转变部门工作作风，简化办事程序。服务业是劳动密集型产业，促进服务业健康有序发展，对稳定就业队伍、推动经济发展具有重要意义。在充分发挥市场决定性作用的同时，政府要进一步发挥好“无形的手”作用，积极维护市场稳定，为广大企业发展保驾护航。

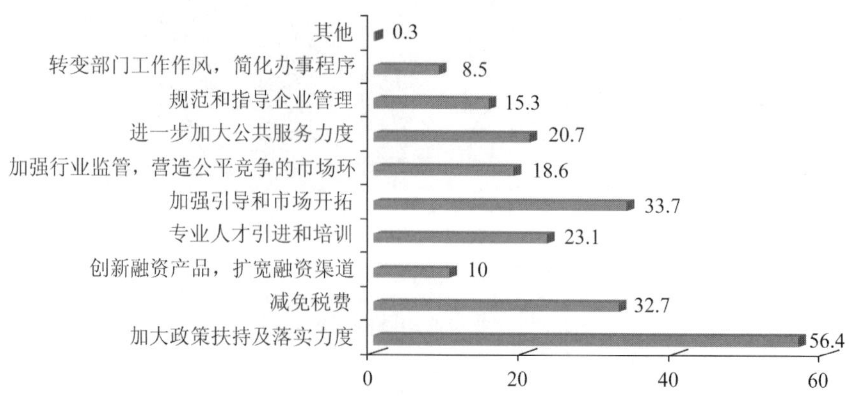

图 4 企业对政府有关部门的要求和建议

（三）紧跟市场需求，促进转型发展

相关部门要引导企业强化创新意识和创新理念，加大科研经费投入，提高科学技术成果转化，提升产业层次，加强综合竞争能力，提高企业核心竞争力。同时，针对当前市场需求不足等现状，规下服务业企业要创新发展方式，利用好“互联网+”等网络平台，加快信息化建设步伐，提高服务水平，形成更具自身特色的企业经营模式。

（撰稿：郭 锋 潘 路）

新设小微企业稳定发展

国家统计局湖北调查总队对全省新设立小微企业和个体户的跟踪调查表明，2015 年湖北新设立小微企业和个体户成长状态基本稳定，市场经营主体发展良好，融资难和招工难等问题有所缓解。

一、市场主体成长状态平稳

在我国经济处于新旧产业和发展动能转换的关键期，湖北小微企业在促进经济稳定增长、深化供给侧结构性改革和改善民生中发挥着重要作用。2015 年，虽然市场格局发生了一些变化，但调查的 2521 家新设立小微企业和个体经营户总体发展状况仍较平稳。

在全部样本单位中，正在营业 1171 家，占 46.4%；停业（歇业）285 家，占 11.3%；正在筹建 314 家，占 12.5%；关闭 292 家，占 11.6%；破产 12 家，占 0.5%；其他（含搬迁、兼并、与工商部门联合查找仍未找到）447 家，占 17.7%。第四季度有 127 家个体户转为企业，同时由企业转为个体户的仅有 16 家，筹建单位为 314 家，比上季度减少了 27 家，大多数由筹建转为营业，表明市场主体成长状况稳定的基本面未发生根本改变。

2015 年湖北新设小微企业和个体户分季成长状况

单位：%

营业状态	第一季度	第二季度	第三季度	第四季度
营业	48.4	47.4	47.2	46.4
停业（歇业）	9.7	10.9	11.0	11.3
筹建	15.5	14.4	13.5	12.5
关闭	9	9.9	10.7	11.6
破产	0.4	0.4	0.5	0.5
其他	17	17	17.1	17.7
合计	100	100	100	100

二、市场主体经营状况趋好

（一）经营规模不断壮大。2015 年，正常营业的 1171 家经营单位资产总值为 20.2 亿元，较上年增长 10.9%；从业人员 6360 人，较上年增长 2.7%；上缴税金 0.11 亿元，较上年增长 10%。

正常营业单位户均资产为 172.3 万元，较上年增长 20.7%；户均从业人员 5.43 人，较上年增长 11.7%；人均月薪酬为 2339 元，较上年增长 5.3%。

（二）经营状况稳中向好。问卷调查数据显示，在正常营业的 1171 家单位中，29 家单位认为本季度经营状况“很好”，占 2.5%，254 家单位认为“比较好”，占 21.7%；631 家单位认为“一般”，占 53.9%；认为本季度经营状况“比较差”和“很差”的单位 257 家，占 21.9%。表示经营状况“很好”、“比较好”以及“一般”的调查单位超过七成，较上季度增加 0.2 个百分点，表明企业经营状况稳中向好。

（三）各产业经营状况平稳。在正常营业的 1171 家经营单位中，农业类单位有 108 家，占比 9.2%，全年营业收入为 0.86 亿元，占总营业收入的 7.2%，期末从业人员 722 人，占总从业人员的 11.3%；工业类单位有 167 家，占比 14.3%，营业收入为 3.6 亿元，占总营业收入的 30.2%，期末从业人员 1443 人，占总从业人员的22.7%；服务业类单位有896家，占比76.5%，营业收入为7.46亿元，占总营业收入的62.6%，期末从业人员4195人，占总从业人员的66%。

在正常营业的单位中，农业经营单位认为经营状况“很好”、“比较好”以及“一般”的超过八成，占比81.5%；工业经营单位认为经营状况“很好”、“比较好”以及“一般”的占比76.6%；服务业经营单位认为经营状况“很好”、“比较好”以及“一般”的占比77.9%。

三、市场需求状况得到改善

一年来，随着国家一系列支持和帮扶小微企业发展的政策效应显现，小微企业和个体户的市场需求情况逐渐好转。据调查，认为市场需求比上季好的有296家，占25.3%，比上年提高1.7个百分点；认为与上季度基本相同的有606家，占51.8%，比上年提高0.8个百分点；认为比上季度差的有260家，占22.2%，比上年下降1.5个百分点。

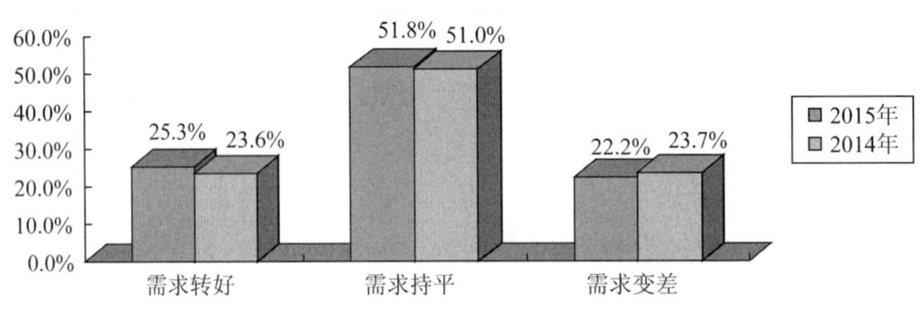

2014年和2015年市场需求情况对比表

四、融资难和招工难有所缓解

近年来，国务院相继下发了《关于多措并举着力缓解企业融资成本高的指导意见》、《金融支持小微企业发展实施意见》，银监会又出台了《关于完善和创新小微企业贷款服务提高小微企业金融服务水平的通知》，进一步缓解了小微企业融资难局面。在融资方面，4季度，有融资需求但未获得融资的样本单位有180家，占15.3%，较上年同期下降5.7个百分点；在用工方面，4季度，有招工需求但没有招到员工的样本单位仅为63家，占5.3%，较上年同期下降1.6个百分点。

五、优惠政策力度仍需加大

近年来，国家及各级政府出台了一系列针对小微企业的扶持政策，如税费减免、资金支持和贷款优惠等。但是从调查实际情况来看，真正享受到这些优惠政策的单位还不够多，优惠政策覆盖面仍然偏窄。据调查，接近六成（56.2%）的单位表示未享受到任何优惠政策，这其中超过八成为服务业类单位，特别是批发和零售业类单位，在未享受单位中占34.5%；同时，42%的单位表示享受了税费减免的优惠。未享受到优惠政策的主要原因一是政策知晓率不高，很多受调查单位表示不知道相关优惠政策，二是企业因部分政策如税收减免政策申办流程比较繁琐，放弃申办。

六、几点建议

（一）出台有针对性帮扶政策，助力企业脱困。一是继续加大财政金融支持。新设立小微企业和个体经营户大多规模小，经营层次低，资金、人才等生产经营要素缺乏，市场开拓能力弱。根据问卷调查，52.3%的调查单位希望政府能够进一步加大金融支持力度，切实解决生存和发展中的资金需求。二是加大对新设立单位经营场所的支持。根据问卷调查，45.3%的调查单位希望政府能加大对小微企业经营场所的支持，促使企业进一步做大。三是营造公平市场环境，加大处罚违法违规行为。小微企业和个体经营户经营方式灵活多样，规范性相对较差，竞争环境不优。根据问卷调查，39.8%的调查单位希望政府能加强经营行为的规范，营造公平市场环境。四是进一步简化审批和资质资格认证。注册资本登记制度实施后，简化了企业登记手续，给新注册企业和个体经营户提供了极大的便利，但仍有部分特殊行业和部分职业资格证等申办存在一定难度。问卷调查数据显示，34.4%的调查单位希望政府能进一步简化各类审批资格认证程序。

（二）深化供给侧结构性改革，鼓励创新创业，提升竞争力。市场需求不足，是影响企业产品销售的主要因素，也是影响小微企业和个体户经营发展的主因。究其原因，主要是供给侧不能满足市场需求，因此制约我国经济当前发展的主要方面在供给侧。通过加大供给侧结构性改革力度，化解部分行业过剩产能和持续增加更好的公共产品和服务是培育新市场、新需求的现实需要。一是鼓励创新发展，通过创新提升产品档次、提高企业知名度。以创品牌促发展为基础，紧抓企业技术创新，引进技术，更新设备，努力开发新产品，促进企业核心产品的升级换代，走品牌发展之路；同时，还要大力做好产品推介，加大宣传力度，提升品牌知名度，带领企业产品走出去，把“真金白银”换回来。二是要降低市场准入门槛，为创业者进一步拓宽发展空间。三是全面落实创业扶持政策，降低创业成本。全面加强创业辅导孵化基地建设，促进创业基地辅导、孵化功能发育，增强创业服务能力。以政府购买服务为基本方式，支持创业服务机构为创业者提供创业培训、市场调查、商业策划、技术支持、人才培训、管理咨询、融资担保等服务，降低创业者的创业风险和成本。

（三）破除融资“瓶颈”制约，优化融资环境，拓宽融资渠道。要通过多种途径，优化企业融资环境，扩大企业融资渠道，破解企业融资难题。一是加快推进利率市场化改革，让市场在资源配置中发挥决定性作用，实现全社会融资成本整体水平进一步下降。二是建立健全金融机构服务企业机制和民间资金借贷担保体系。根据企业特点，鼓励各类金融机构积极创新融资方式和融资产品，推动民间资本进入金融领域。鼓励村镇银行和小额贷款公司发展，出台发展县域、乡镇中小金融机构，以及为小微企业提供担保的担保公司、商会投资风险贷款补偿管理办法，完善民间投资风险贷款补偿机制。三是鼓励企业进入资本市场，开展直接融资。通过多层次资本市场，拓宽企业股权、债权融资渠道；通过大力发展应收账款融资，化解企业资金链断裂风险，缓解企业流动性不足的矛盾。

（撰稿：胡　宇）

农产品价格指数走低

2015 年，湖北农产品生产者价格指数 99.5，价格总水平下跌 0.5 个百分点。分类指数分化加剧，种植业产品指数大跌，导致农产品生产者价格指数五年来首次跌破 100，且一直低位徘徊：全年四个季度同比分别下降 1%、0.5%、1.1%和 0.6%。

一、农产品生产者价格波动特征

（一）五年来农产品生产者价格指数首次负增长

2015 年湖北农产品生产者价格指数为 99.5，价格总体水平持续下探，五年来首次下跌，出现负增长。（如图 1）

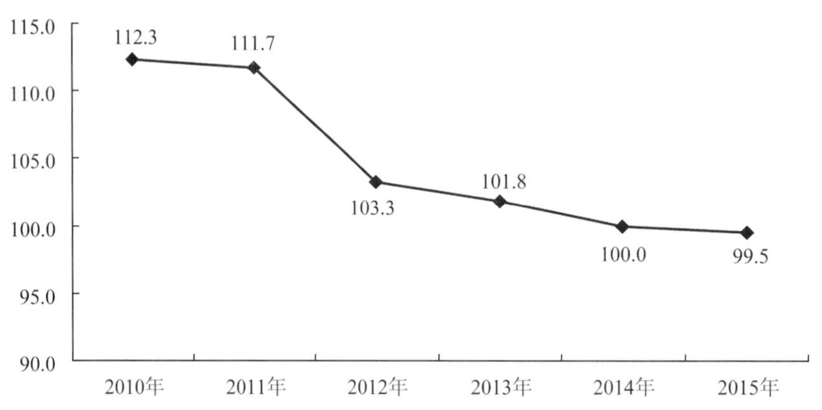

图 1　2010-2015 年湖北农产品生产者价格指数

（二）全年农产品价格低位徘徊

分季度看，2015 年四个季度的农产品生产者价格均呈下降态势，环比虽然略有起伏，但全部都处于收缩空间。（如图 2）

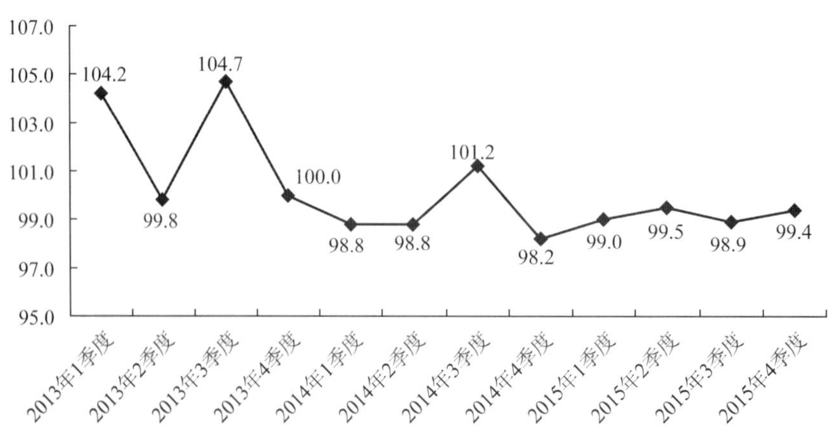

图 2　2013-2015 年各季度湖北农产品生产者价格指数

开年伊始，农产品生产者价格就进入下降通道。2 季度受猪价回升的影响，跌幅有所收窄；3 季度由于小麦、水稻、油料等大宗农产品价格大跌，农价指数同比下降 1.1%，为全年最低；4 季度农价指数仍然低迷，导致全年指数跌入收缩区间。

（三）农林牧渔四大行业“三跌一涨”

2015 年，湖北农、林、牧、渔四大行业中，农业、林业、渔业产品受主导产品价格下降的影响，价格指数分别下降 3.7%、0.5%和 3.3%。畜牧业产品价格受猪价回暖影响上涨 7.6%，在去年下跌 1.5%的基础上有较大回升。（如图 3）

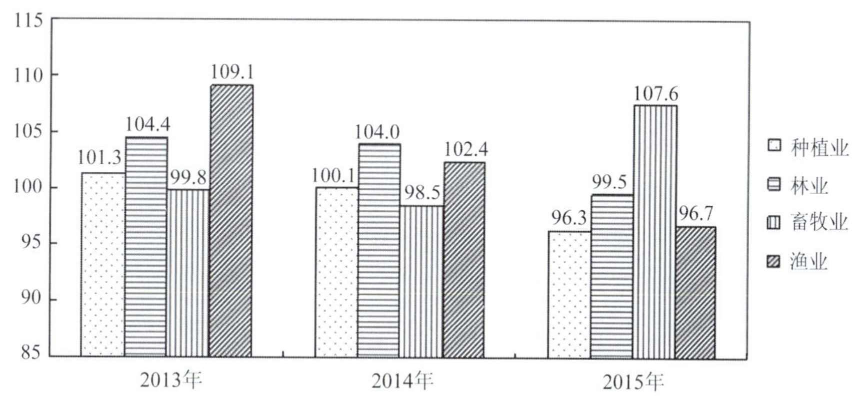

图 3　2013-2015 年湖北农林牧渔业产品价格指数变化情况

2015 年，种植业产品价格先涨后跌，1 季度同比上升 0.7%，2、3、4 季度同比分别下降 2.8%、7.7%、3.3%；林业产品前三季度均呈上升趋势，4 季度下跌；畜牧业产品 1 季度仍在下跌，但是跌幅缩小，2 季度开始反弹，3 季度涨幅达 13.5%，4 季度延续上涨态势，涨幅略有回落；渔业产品四个季度分别下降 6.7%、3.7%、2.6%、1.6%，跌幅逐渐缩窄，价格企稳。（如图 4）

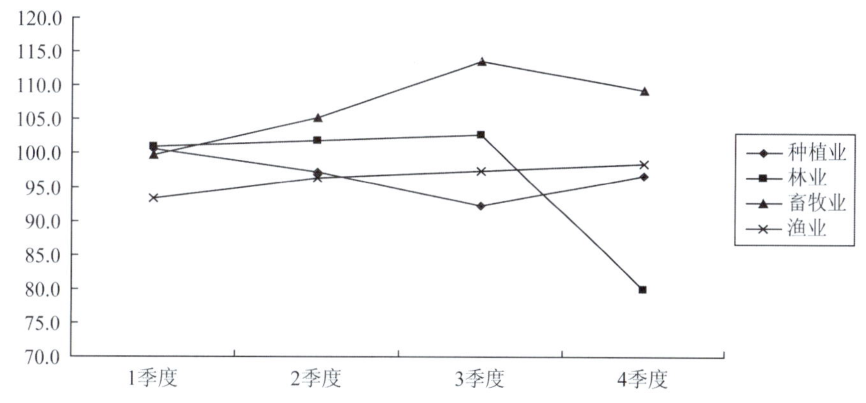

图 4　2015 年各季度湖北农林牧渔业产品价格指数变化情况

二、各类农产品价格走势和影响因素分析

（一）农业丰收和收储政策变化致多宗农产品价格大跌

2015 年农业生产大丰收，粮食产量再创新记录。然而受水稻、油料、棉花等收购价格大幅下挫的影响，湖北种植业产品价格指数同比下降 3.7%，导致农产品生产者价格总指数下跌。

1. 稻谷、玉米、豆类价格高开低走。2015 年，湖北水稻价格高开低走，1 季度同比上涨 2.1%，2 季度开始调头向下，同比下跌 2.2%，3、4 季度持续下探，跌幅加深至 2.4%，全年累计价格下跌 1.0%。玉米 2 季度上涨 11.2%，3、4 季度同比分别下降 9.2%、11.2%，全年累计价格下降 10.4%。豆类 1 季度上涨 3.9%，3、4 季度分别下降 7.2%、7.6%，全年累计价格下降 5.6%。

2. 油菜籽断崖式大跌。2015 年以来，油料作物价格一路走低。油菜籽 2 季度下跌 9%，3 季度价格大跌 24.4%，4 季度虽有所回升，但全年累计价格仍下跌 14.1%。油菜籽断崖式大跌是拉低农价指数的重要推手。

3. 棉花继续低位震荡。棉花价格低位震荡，1 季度大跌 25.2 个百分点，2 季度回升到上年同期水平，4 季度下跌 6.4%，全年累计价格下降 11.3%。

4. 羊肉、禽蛋等跌幅不断加深。今年以来，羊肉价格一直呈下滑趋势，4 个季度同比价格分别下跌 6.9%、6.6%、4.8%、15%，全年累计价格下降 7.9%。禽蛋价格高开低走，1 季度上涨 2.4%，2、3、4 季度分别下跌 4.5%、1.1%、7.3%，全年累计价格下跌 2.7%。

5. 林产品价格终止多年涨势出现下滑。2015 年，受整个经济大环境，特别是房地产投资的影响，湖北林产品下跌 0.5 个百分点，其中，育种和育苗下跌 0.8 个百分点，木材采伐产品上涨 0.9 个百分点，竹材采伐产品下跌 8.6 个百分点。

6. 渔业价格结束五年上涨呈现分化。2015 年，湖北淡水鱼价格总水平经历了多年上涨后开始下降。全年下降 3.3%，4 个季度均呈下降趋势，跌幅逐步缩小，且价格分化。其中，鲤鱼、草鱼、鳙鱼、鲢鱼、鲫鱼等常规品种价格下降，黄鳝、鳜鱼、鲈鱼等价格上涨。

（二）生猪价格恢复性上涨，蔬果价格继续上行

1. 生猪价格呈现恢复性上涨。生猪除 1 季度同比下降 0.3 个百分点，2、3、4 季度分别上涨 8.1%、20.2%、14.1%，全年累计价格上涨 10.8%，对总指数起到一定程度的上拉作用。猪价回升主要是受生猪生产的周期性调整影响，属恢复性增长，其绝对价格并未达到近三年来的历史高位水平。随着粮价下跌，饲料价格的回落，加之市场需求的不明朗，其价格涨势也呈强弩之末，预计很难对农价指数带来进一步的上拉。

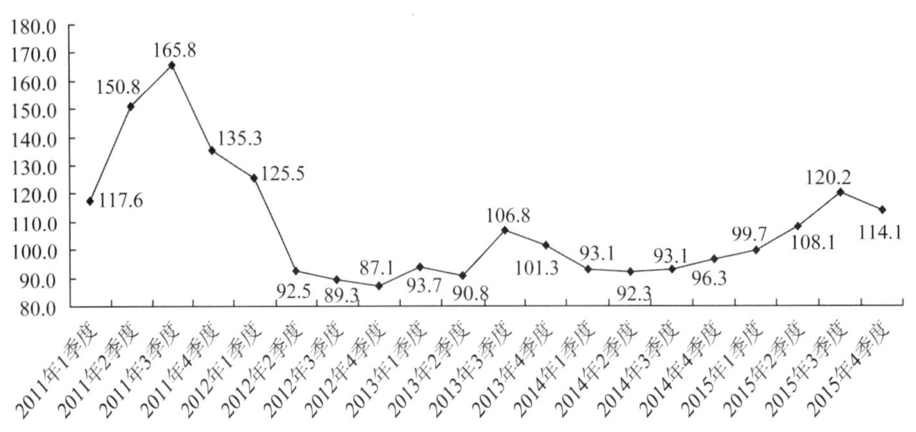

图 5　2011—2015 年各季度湖北生猪价格指数变化情况

2. 蔬菜水果受成本推动和需求扩大影响价格上行。2015 年，蔬菜价格同比上涨 3.5%，其中 1 季度下跌 3.1%，2、3、4 季度分别上涨 0.5%、8.7%、0.6%，呈倒 V 型走势。水果价格同比上涨 3.6%，4 个季度分别上涨 27.9%、0.1%、3.0%、16.6%，涨幅波动较大。烟草、茶叶分别上涨 1.1%、8.8%。

三、2016 年农产品价格指数将继续低位波动

2016 年整体经济形势不明朗，是否触底反弹还有待观察。作为经济上游的农产品生产者价格，预计将延续上年的走势，继续低位波动。原因如下:

（一）随着三十多年的稳步发展，全省农业产能有了快速提升，主要大宗农产品的产能和库存储备都异常充裕。

（二）国家相关农业收储等政策的调整才刚刚起步，农业生产如何适应政策变化和市场波动，还将有一个调适过程。农业及其产品结构的调整升级也将经历一个过程。

（三）国际主要大宗农产品价格都大大低于国内，国际农产品市场价格对我们的压力将长期存在。

（四）随着石油等重要生产资料价格的快速深度走低，化肥、薄膜等农资成本的压力也将减缓。

（五）为避免经济泡沫化，特别是防止经济滞涨，国家在提升经济时已开始避免“洪水漫灌”式的货币政策。在经济下行压力加大的情况下，保证基本民生物资——农产品价格稳定，同时又维护农民的基本利益，将是优先考量的政策目标。

（撰稿：李筱霏）

工业生产价格低位运行

2015 年面对复杂严峻的国内外形势和较大的经济下行压力，全省上下认真贯彻落实中央及省委、省政府的决策部署，坚持“稳中求进”的总基调，全省经济发展总体平稳，工业生产者价格降幅相对平缓，全年下降 3.3%，与全国降幅 5.2%相比小 1.9 个百分点，在中部六省中降幅最小。主要价格走势特点如下:

一、工业生产者价格运行特征

（一）PPI 同比持续下降 35 个月，比全国少 11 个月

自 2013 年 2 月开始，湖北 PPI 同比由涨转降步入下行通道，下降 35 个月，但与全国相比少 11 个月。具体来看，2015 年月度同比降幅均超过 3%，在 3.1%-3.6%间波动。月度环比“9 降 3 平”，受国际原油价格大幅下跌，钢材、有色等行业价格走低影响，1 月份降幅最大，为 0.8%，随后降势趋缓，2 月份下降 0.3%，3、4、6 月份均保持稳定（涨跌幅度为 0），进入 7 月份环比降幅扩大，7 月份下降 0.4%，8、10、11 月份降幅均为 0.2%，12 月份降幅扩大至 0.7%。（见图 1）

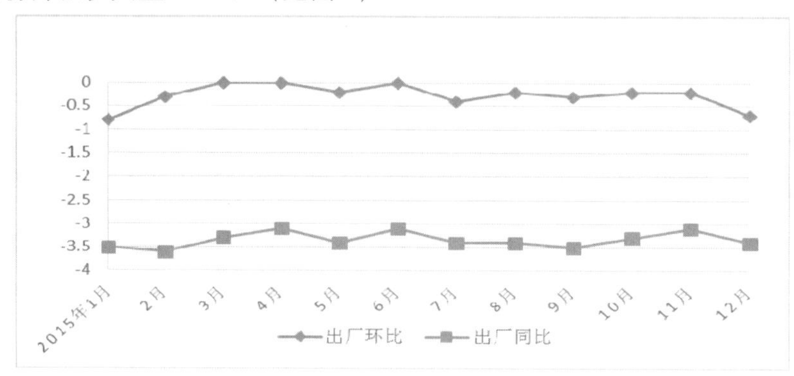

图 1　2015 年湖北工业生产者价格同比、环比走势

（二）PPI 降幅中部六省最小

与全国工业生产者价格走势相似，2015 年湖北 PPI 继续下行，但降幅 3.3%在中部六省中最小，其余五省降幅排序依次为: 湖南下降 3.7%，河南下降 4.6%，安徽下降 6.1%，江西下降 6.3%，山西下降 12.3%。

（三）钢材、水泥等主要行业产品价格下行，促进产业结构优化和工业增加值增长

2015 年，面对钢铁、水泥等产能过剩行业价格的持续下行，湖北加快对相关行业结构调整和升级改造，同时着力培育战略性新兴产业，积极推动电子商务、新能源汽车等新产业、新业态、新动力企业的孕育成长，全省工业经济结构进一步优化，促进工业增加值稳步增长。2015 年湖北全部工业实现增加值 11532.63 亿元，增长 8.5%，其中规模以上工业增加值增长 8.6%，比全国平均增速高 2.5 个百分点，全省经济呈现“稳中有进、结构向好、质效提升”的运行态势。

（四）生产资料价格呈现降势

2015 年湖北生产资料价格下降 4.8%，成为影响工业生产者价格总水平走低的重要原因。从具体类别来看，采掘工业价格下降 15.5%，加工工业价格下降 2.8%，原料工业价格下降 7.3%。从行业影响程度看，黑色金属冶炼压延加工业对总指数影响最大，影响率超过 1 个百分点。其余影响较大的行业依次为: 石油和天然气开采业、石油加工、炼焦及核燃料加工业和有色金属压延及加工业，分别影响总指数下行 0.36、0.64 和 0.13 个百分点，以上四个行业共影响价格总水平下降 2.2 个百分点，占 66.7%。

1. 石油价格宽幅震荡，降势明显。2014 年以来，全球石油供应格局改变影响石油供需关系，对国际石油市场产生重大冲击，国际原油行情大幅回落，从 2014 年 100 美元/桶跌至当前的 30 美元/桶左右，影响相关行业价格持续走低：2015 年石油和天然气开采业价格下降 42.1%，石油加工、炼焦及核燃料加工业价格下降 21.5%，降幅分别位居 38 个行业首位及第二位。

2. 钢铁价格持续低迷，环比以降为主。近年来，国内钢铁行业产能过剩，原材料铁矿石价格震荡走低，加之钢铁市场需求不振，企业生产能力利用不足，钢铁产品价格一路下行，全省黑色金属冶炼及压延加工业同比价格持续 48 个月负增长，2015 年降幅 12.1%，月度同比降幅均超过 10%。从环比看，除 8 月份受纪念抗战胜利 70 周年，北京启动空气质量保障方案影响，上涨 0.9%，其余月份均呈降势，降幅在 0.7%—3.1%间波动。

3. 有色金属价格间或反弹，总体下降。受国际大宗商品价格大幅回落及有色金属行业产能过剩影响，2015 年湖北有色金属压延及加工业价格下降 7.6%。具体来看，1 月份环比下降 3.3%，2 月份下降 1.5%，3—5 月份有所反弹，环比累计上涨 3%，随后价格一路走低，6—12 月份累计下降 11.9%。主要调查产品中，电解铜下降 7.3%，下拉行业价格总水平 3.1 个百分点，对行业影响较大。

（五）生活资料稳中趋涨

生活资料构成主要为居民消费品，具有刚性特征，加之受人民生活水平逐渐提高影响，价格运行相对平稳，全年温和上涨 0.5%，服装、医药行业价格涨幅明显。

1. 医药行业价格小幅上涨。2015 年湖北医药制造业价格受多方面因素影响上涨 2.1%，涨幅位居 38 个工业行业大类第二位，仅次于水的生产和供应业（上涨 5.6%）。究其原因，药材产地气候变化、中药资源的枯竭是影响中药材涨价的主要因素，此外，辅助材料、包装材料等间接材料价格增长幅度较大且参差不齐，带来医药行业生产制造成本小幅上涨。

2. 纺织服装制造业价格温和上涨。2015 年湖北服装制造业面对棉价波动、出口压力加大以及人工成本大幅上涨的多重考验，继续向深度结构调整、加快转型升级、淘汰落后产能新阶段转变，全省纺织服装、鞋、帽制造业运行稳定，行业价格上涨 0.6%，月度同比涨幅在 0.1%—1.1%之间波动。环比涨多降少，呈现“5 涨 5 平 2 降”的特征。

（六）购进价格降幅大于出厂，燃料动力类降幅最大

2015 年湖北工业生产者购进价格下降 7.2%，降幅较 2014 年扩大 5 个百分点，与出厂价格相比，降幅高出 3.9 个百分点。 从具体类别看，九大类原材料价格均呈降势，降幅居前三位分别是：黑色金属材料类下降 9.3%，燃料动力类下降 11.9%，有色金属材料及电线类下降 7.2%，三个类别共下拉价格总水平 6.3 个百分点，成为原材料购进价格走低的重要原因。

二、工业生产者价格走势分析

本轮 PPI 持续下降的原因较为复杂，既有国际经济疲软的影响，也有国内经济增速换挡期、结构调整阵痛期以及前期刺激政策消化期“三期叠加”交织作用的影响，更是主动调结构、实施创新驱动目标取向的体现，是适应新阶段需要的、相对健康稳定的经济发展状态。

（一）经济进入“新常态”调整期

从国际上看，世界经济仍处深度调整之中，呈现出低增长、不平衡、宽震荡、多风险的特征。从国内看，人口红利减少、资源环境约束加剧、资源能源密集型重化工业发展高峰期已过，部分地区基础设施趋于饱和、国际环境趋于恶化、基数效应开始发挥作用等约束，潜在影响经济增长率下降，经济转为中高速增长具有必然性。前三季度，国内生产总值同比增长 6.9%，是 GDP 增速自 2009 年二季度以来首度破 7%。从 PMI 走势看，进入 2015 年 8 月份，全国 PMI 持续下行，均跌破 50% 荣枯线，11 月份 PMI 最低，为 49.6%，显示企业生产经营面临较大压力，企业效益下降，工业生产者价格回升动力不足。

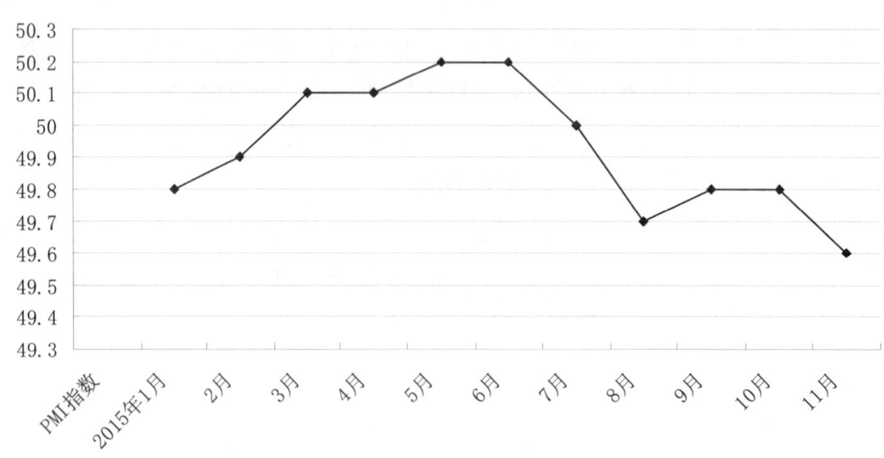

图 2　2015 年 1-11 月份全国制造业 PMI 指数（经季节调整）

（二）国际大宗商品价格下跌传导

随着全球经济一体化的深入，国际市场上矿产品、原油、钢铁、有色金属、粮食等大宗产品价格的波动对国内市场价格变动的影响作用越来越明显。国际金融危机以来，世界经济增长乏力，以原油、煤炭、铁矿石等为代表的大宗商品价格持续深跌。单纯从价格变动分析，资源性产品价格下降有利于下游企业降低成本，但在经济不景气背景下，上游产品价格过快，过大幅度下跌必然会带动下游行业产品价格下降，从而进一步加剧 PPI 下行。

（三）钢铁等传统行业产能过剩严峻

国际金融危机以来，应对危机的大规模刺激政策客观上导致部分传统行业产能大幅扩张，产品产量增长迅速。随着宏观调控政策回归常态，产能过剩问题更显严竣。据中国钢铁工业协会反映，目前中国钢铁产能达到近 12 亿吨，但 2015 年国内钢材需求量仅为 7 亿吨左右，出口 1 亿吨左右，钢铁行业面临严重的产能过剩危机。另一方面，国家继续加强对高耗能、高污染行业的管理，较大程度上抑制了钢材、玻璃、水泥等建筑材料的市场需求，助推相关行业产品价格的下滑。

三、政策建议

（一）抓好政策落实，做好相关政策储备

当前，我国经济在国际国内形势错综复杂、下行压力较大的情况下，仍然保持在合理区间运行，显示出巨大韧性和回旋余地。要充分认识我国仍然处于重要战略发展机遇期，要保持定力，切实抓好已出台政策的落实。此外，面对当前存在的经济下行压力，要主动作为，未雨绸缪，做好政策储备，宏观调控政策适时适度预调微调，稳定市场预期，夯实增长基础，防止经济失速下滑。

（二）坚持创新驱动，强化增长动力

我国经济已经进入重大转型期，支撑经济快速发展的人口红利、要素成本低的优势正在日益衰减，依靠创新提升价值链，提升产品附加值，提高质量和效益才是唯一出路。要坚持以科技创新为抓手，加快科技成果转化和技术转移，突出企业技术创新主体地位，大力淘汰落后产能，加大技改投入力度，推进生产由中低端向中高端发展，不断增强企业发展新动力。

（三）调整消化过剩产能，推动产业结构优化升级

湖北作为重工业省份，钢铁、水泥仍是传统支柱产业，是工业持续健康发展的重要力量。为此，一要推动传统产业新型化。通过加强自主创新，引导创新要素向支柱产业集聚，推动汽车、石化、装备制造、电子信息、食品等支柱产业向更高层次迈进。二要深化改革，推动市场内部企业之间进行横向和纵向的兼并重组，提高产业集中度。三要大力发展现代服务业，提高第三产业在国民经济中的比重。

（四）推动投资合理增长，拉动工业品相关需求

PPI 主要受生产资料价格波动影响，而生产资料长期来看会受到投资影响。因此，为避免 PPI 大幅波动，应注意调节投资增速和方向，防止投资大起大落。与此同时，可拓宽社会投资的领域和渠道，选准投资项目和建设方向，结合“一带一路”、长江中游城市群等国家重大战略，加快谋划一批具有长期效益的投资项目，同时积极引导城市基础建设、公共服务设施投资需求，促进经济稳定增长。

（撰稿：余　南）

固定资产投资价格微降

2015 年，受国内经济下行压力加大、主要建筑材料价格持续下降、固定资产投资增速趋缓等多重因素的影响，湖北固定资产投资价格自 2010 年以来首次下降，全年固定资产投资价格下降 0.6%。

一、固定资产投资价格变动的主要特点

2015 年湖北固定资产投资价格下降 0.6%。分季度来看，一季度上涨 0.6%，二季度下降 0.2%，三季度下降 0.9%，四季度下降 1.8%，自二季度开始固定资产投资价格由涨转降，这也是湖北固定资产投资价格自 2010 年以来首次出现下降。

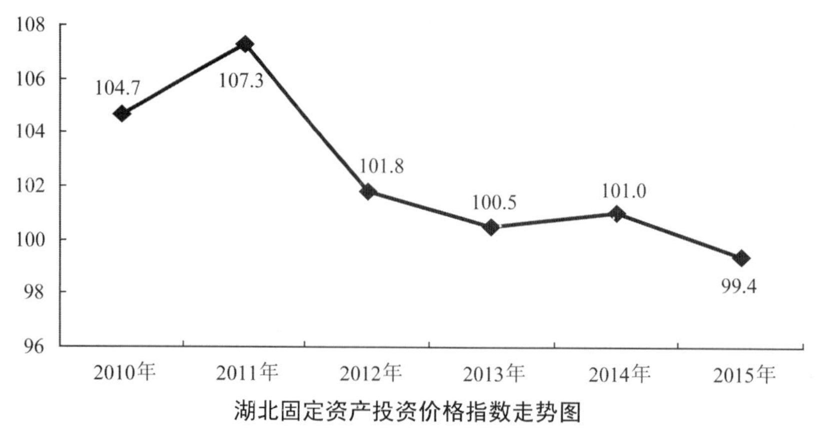

湖北固定资产投资价格指数走势图

构成固定资产投资价格的三大类价格指数“两降一升”，其中，建筑安装工程价格指数、设备工器具购置价格指数分别下降 0.9%、0.5%，其他费用价格指数上涨 1.2%。三大类投资价格中建筑安装装饰工程价格影响程度最大，影响固定资产投资价格总水平下降 0.6%，是拉动全年固定资产投资价格下降的主要因素。与 2014 年相比，除设备工器具购置指数与上年持平以外，其它主要指数较上年均有所回落。

表 1　2014 年和 2015 年固定资产投资价格指数主要指标比较

指　　标	指数（%）		涨跌幅度差
	2014 年	2015 年	
固定资产投资价格指数	101.0	99.4	-1.6
建筑安装、装饰工程	101.1	99.1	-2.0
设备、工器具购置	99.5	99.5	0
其他费用	102.6	101.2	-1.4

（一）建筑安装、装饰工程价格“先扬后抑”

2015 年构成固定资产投资实体的建筑安装、装饰工程价格下降 0.9%，与 2014 年相比价格由涨转跌。其中一季度上涨 0.5%，二季度下跌 0.4%，三季度下跌 1.2%，四季度下跌 2.6%，其走势与总指数基本趋同。建筑安装装饰工程价格由人工费价格、材料费价格和机械费价格构成，从构成看，人工费价格仍保持较高位运行，材料费价格持续下行，机械费价格涨幅平稳，全年人工费上涨 5.2%，材料费下降 2.8%，机械费上涨 1.0%。与 2014 年相比，建安工程的主要指标指数均呈回落态势。

表 2　2014 年和 2015 年建安工程费价格指数主要指标比较

指　标	指数（%）		涨跌幅度差
	2014 年	2015 年	
建安工程费	101.1	99.1	-2.0
人工费	106.3	105.2	-1.1
材料费	99.5	97.2	-2.3
机械费	101.9	101.0	-0.9

人工费同比涨幅回落。受人工费刚性上涨的影响，人工费价格保持了前几年的上涨态势，2015 年建筑企业人工费价格上涨 5.2%，但与 2014 年相比涨幅回落 1.1 个百分点。从构成上看，普通工人涨幅居首位，上涨 5.3%，工程技术人员上涨 5.1%，工程管理人员上涨 4.7%。与 2014 年相比，构成人工费的三类价格指标的涨幅均有所回落。

材料费价格处于下行通道。受钢材、水泥等主要建筑材料价格持续下降的影响，2015 年材料费价格下降 2.8%，跌幅比 2014 年扩大 2.3 个百分点。调查的七大建筑材料，2015 年价格呈“五跌两涨”的态势。具体来看，下跌的五类材料为：钢材下降 6.2%、水泥下降 0.7%、地方建筑材料价格下降 0.1%、化工材料下降 1.3%、电料下降 0.6%；上涨的两类材料为：木材上涨 0.7%、其他材料上涨 0.7%。与 2014 年相比，所有七大建筑材料费价格指数均有所回落。由于钢材在建筑安装工程材料中的重要地位，且跌幅明显，仍是拉动材料费价格下降的主因。

表 3　2014 年和 2015 年材料费价格指数主要指标比较

名　称	指数（%）		涨跌幅度差
	2014 年	2015 年	
材料费	99.5	97.2	-2.3
钢材	96.6	93.8	-2.8
木材	103.1	100.7	-2.4
水泥	101.4	99.3	-2.1
地方建筑材料	101.5	99.9	-1.6
化工材料	100.8	98.7	-2.1
电料	100.5	99.4	-1.1
其他材料	101.5	100.7	-0.8

机械费价格略有上涨。受人工费上升的影响，机械使用费价格有所上涨，但由于汽柴油等能源价格持续回落在一定程度上抵消了人工费上涨对机械使用费带来的影响。2015 年机械费价格上涨 1.0%，与 2014 年相比涨幅回落了 0.9 个百分点。调查的九大类机械费价格除船舶机械价格同比持平外，其余均保持上涨态势。具体看，土石方及筑路机械同比上涨 0.7%，打桩机械同比上涨 3.5%，起重机械同比上涨 0.6%，运输机械同比上涨 0.8%，混凝土及砂浆机械同比上涨 1.0%，加工机械上涨 1.6%，泵类机械同比上涨 0.5%，其他机械同比上涨 1.0%。

（二）设备、工器具购置价格略有下降

受工业生产者出厂、原材料购进价格总水平持续下降的影响，2015 年湖北设备、工器具购置价格下降 0.5%，跌幅与 2014 年持平。分季度看，四个季度均呈下跌态势，一至四季度分别下跌 0.3%、0.4%、0.6% 和 0.6%。

（三）其他费用投资价格平稳上涨

2015 年其他费用投资价格上涨 1.2%，与 2014 年涨幅相比回落 1.4 个百分点。从构成上看，土地取得费、前期工程费、施工工作费、建设单位其他费用均有不同程度上涨，分别上涨 1.4%、0.9%、1.4%和 1.0%。

二、影响固定资产投资价格变动的主要因素

（一）固定资产投资增速回落

受经济增长下行压力加大、新开工项目不足和投资资金供应紧张等一系列因素的影响，2015 年湖北固定资产投资增速较上年同期有所回落。2015 年，全省完成固定资产投资 28250.48 亿元，增长 16.2%，较上年增幅回落 4.2 个百分点，其中，第二产业完成投资 12146.51 亿元，增长 13.2%，较上年增幅回落 3.6 个百分点，投资增速回落和有效需求不足成为抑制湖北固定资产投资价格水平上涨的原因之一。

（二）主要建筑材料价格持续下降

以钢材、水泥为代表的主要建筑材料价格的下降，成为拉低投资价格总水平的重要因素。调查数据显示，受国内钢铁、水泥等行业产能过剩的影响，钢材、水泥价格持续低迷，2015 年湖北钢材出厂价格下降 12.1%，降幅比 2014 年扩大 4.8 个百分点，水泥出厂价格由上年上涨 0.3%转变为下降 4.6%，钢材、水泥价格的深度下跌加大了固定资产投资价格下行压力。

（三）人工费价格刚性上涨

人工费主要体现在建筑安装装饰工程项目中，由于建筑行业专业性强，建筑施工标准及施工规范逐年提高，对员工素质要求越来越高，同时随着城镇化的加速推进，使得建筑行业人员的需求不断增大，建筑行业面临用工紧张问题，技术工人紧缺已经成为常态，劳动力市场供给减少导致人工费刚性上涨，并成为支撑固定资产投资价格总水平上行的重要因素。

三、2016 年湖北固定资产投资价格走势预测

2016 年是“十三五”开局之年，湖北将把稳增长放在经济工作的首位，积极扩大有效投资，加大重大投资项目的推进力度，鼓励民间投资和各项创新驱动战略等政策的实施，将会给投资带来较大动力，但由于受经济增长放缓、资源禀赋制约等因素的影响，湖北固定资产投资增长难度也将进一步加大；同时主要建筑材料钢材、水泥等产能过剩问题仍然突出，导致其工业生产者出厂价格下行压力依然较大。综合多种因素，预计 2016 年湖北固定资产投资价格仍运行在下降区间，降幅或略有扩大。

（撰稿：肖　强）

重点城市房价涨跌互现

2015 年，全国房地产市场迎来政策宽松期，在以“去库存、平衡供需”为主要基调的房地产市场背景下，湖北所调查的武汉、宜昌、襄阳三个重点城市的房价“冷暖交织”，成交量、成交面积及库存呈现“积极向好”态势。房地产新政的密集出台、购房需求的调整、政策效应的显现对房地产市场带来较大影响。

一、2015 年湖北三个重点调查城市房地产价格走势情况

（一）新建住宅价格同比指数“先抑后扬”

2015 年，武汉、宜昌、襄阳新建住宅价格同比指数呈现“先抑后扬”的态势。武汉 1—7 月下跌，8 月止跌回升，上涨 0.3%，此后逐月扩大，12 月同比涨幅最高达到 4.3%；宜昌、襄阳全年处于下跌态势，1—4 月降幅逐月扩大，5 月开始，降幅逐月收窄，12 月同比降幅分别达到全年最小的 1.6%和 4%。2015 年武汉、宜昌、襄阳新建住宅价格同比指数走势见图 1:

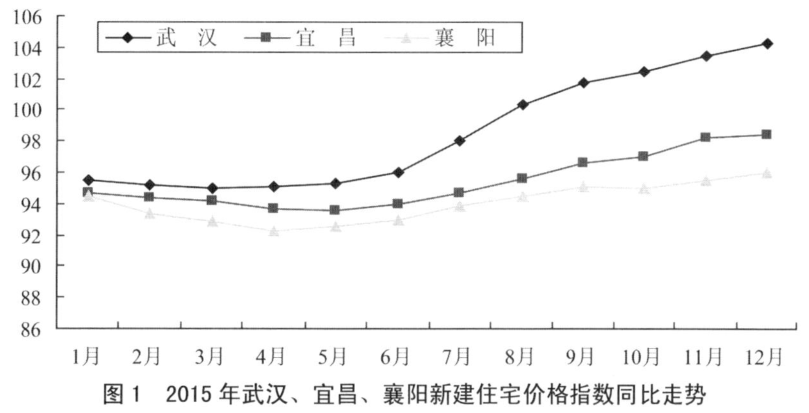

图 1　2015 年武汉、宜昌、襄阳新建住宅价格指数同比走势

（二）新建住宅价格环比指数“涨跌分化”

2015 年，武汉、宜昌、襄阳新建住宅环比价格指数涨跌互现。武汉新建住宅环比指数总体呈波动上涨态势，1 月环比降幅 0.1%，2 月持平，3 月之后进入上升通道，8 月和 11 月涨幅达到全年最高的 0.7%；宜昌新建住宅环比指数以跌为主，除 8 月、9 月和 10 月环比指数有所上涨，上涨区间在 0.1%—0.4%，其他月份价格均有所下降，下降区间在 0.1%—0.5%；襄阳新建住宅环比指数全年基本处于下降态势，前 11 月下降区间在 0.1%—0.9%，12 月环比持平。2015 年武汉、宜昌、襄阳新建住宅价格环比指数走势见图 2:

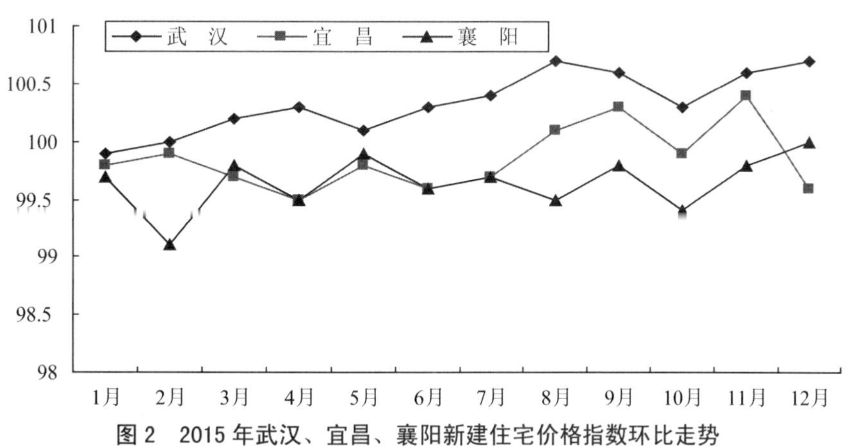

图 2　2015 年武汉、宜昌、襄阳新建住宅价格指数环比走势

（三）二手住宅价格与新建住宅走势基本一致

2015 年，三个重点调查城市二手住宅价格与新建住宅价格走势基本一致。从同比看，武汉、宜昌和襄阳 1-3 月下降，降幅逐月扩大，3-8 月降幅逐月收窄。武汉 9-12 月由降转涨，涨幅逐月扩大；宜昌 9、10 月下降，11 月持平，12 月上涨；襄阳 9-12 月降幅逐月收窄。

从环比看，武汉 1 月上涨，2、3 月下降，4-12 月上涨；宜昌 1-3 月下降，4、5 月持平，6-12 月上涨；襄阳涨跌交织互现。

二、重点调查城市住宅销量及库存呈现“积极向好”态势

（一）新建住宅成交量、成交面积增长明显

2015 年，武汉、宜昌、襄阳新建住宅成交较 2014 年增长 25.1%、35.8%、5.4%；武汉、宜昌、襄阳成交总面积较 2014 年增长 27.1%、30.7%、10.6%。其中，武汉成交量与成交总面积皆创历史新高，这也是自 2012 年以来，武汉楼市连续 4 年成交破纪录。从全国范围看，武汉新建住宅成交面积位居全国前列。襄阳受新政刺激，自 3 月份开始成交量增长明显，尤其是下半年销量屡创新高，12 月新建住宅以 2671 套创下有网签数据以来单月销量最高。

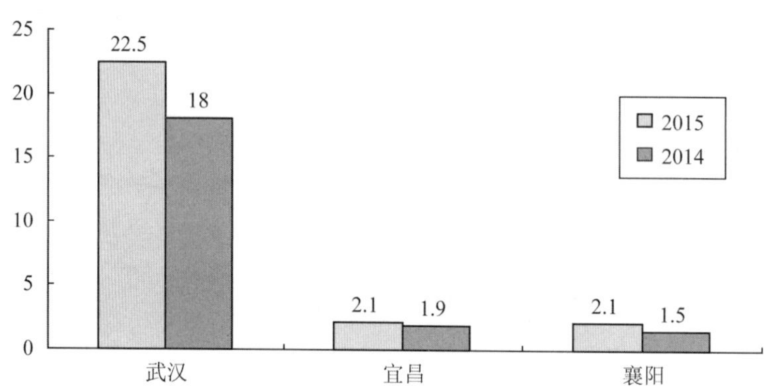

图 3　2015 年和 2014 年武汉、宜昌、襄阳新建住宅成交量（万套）对比

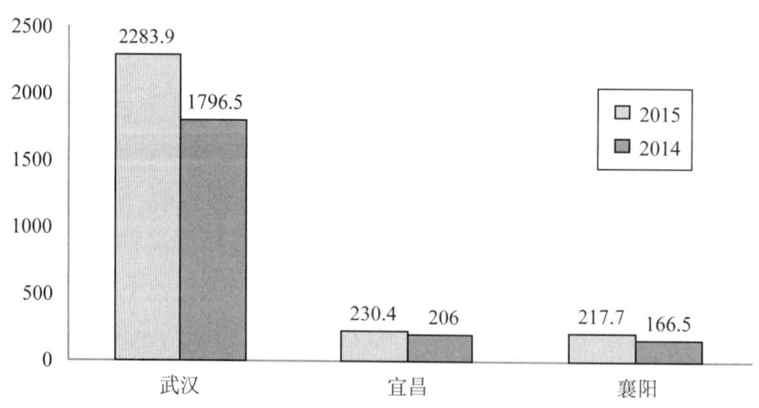

图 4　2015 年和 2014 年武汉、宜昌、襄阳新建住宅成交面积（万平方千米）对比

（二）二手住宅交易大幅增加

随着营业税“五改二”等政策落地，二手房市场对新政的反应逐步显现，成交量、成交面积均呈上涨态势。武汉 2015 年二手住宅成交 6.9 万套，较 2014 年增长 50.1%；成交面积为 672.3 万平方米，较 2014 年增长 57.5%。宜昌 2015 年二手住宅成交 8314 套，较 2014 年增长 39.38%。襄阳 2015 年二手住宅成交 5221 套，较 2014 年增长 67.2%；成交面积 49.0 万平方米，较 2014 年增长 62.3%。

（三）新建住宅库存压力有所减轻

截至 2015 年底，武汉新建住宅累计可售面积为 1407.7 万平方米，较 2014 年末下降 2.7%，表明在住

宅成交量创新高的情况下，武汉新房存货较上年得到控制，按照武汉新建住宅存销比情况，武汉房地产市场仅需6.2个月的时间即可消化全部库存；宜昌市新建住宅累计可售面积为248.2万平方米，按照2015年月均的销售进度，去化周期约为13个月；襄阳市区新建住宅累计可售面积为343.61万平方米，较2014年末下降7.5%，按照襄阳新建住宅存销比的情况，去化周期约18个月。

三、影响房地产市场变动的主要因素

（一）多重政策调节有力，房地产市场更趋理性

2015年，全国房地产市场迎来政策宽松期，“3•30新政”、降息、降准“多管齐下”，从降低房企融资成本和降低个人按揭贷款成本两方面稳定房地产市场价格。经过多轮降息，目前银行一年期贷款利率和公积金利率已跌至历史最低水平，为置业者购房供房压力大大减负，此外，营业税减免、贷款额度提升也都达到最大的宽松力度。房地产新政密集出台，市场规律唱主调，推动湖北房地产市场更加成熟、理性，紧跟大势步入新常态。

（二）化解房地产库存，各级城市分化调整

2015年11月10日，中共中央总书记习近平在中央财经领导小组第十一次会议上强调“要化解房地产库存，促进房地产业持续发展”，为房地产行业定调。2015年，在各项刺激政策的影响下，一线及重点二线城市房地产市场逐渐回暖，但三四线城市房地产市场价格还未出现明显回暖趋势。武汉作为湖北省会城市，受地价高企、需求旺盛影响，房价在8月份开始持续回升，成交量也屡创新高，而作为三四线城市的宜昌和襄阳仍处于库存消化阶段，需要逐步缓解房地产市场供过于求的矛盾；武汉和宜昌、襄阳之间的房价走势差异显现出，各级城市间房价分化现象仍在持续。

（三）改善型需求大幅上升，撬动更多住房消费

随着居民收入水平的提高，在2015年宽松的房地产政策背景下，市场潜在的改善型需求进一步释放。已购房群体对改善住房条件的要求不断增强，“卖小买大”、“卖旧买新”，或者直接购买第二套住房的群体在不断增加。如“3•30新政”致力于降低购房者的置业成本，特别是针对购房者下调首付比例，降低了置业门槛，有助于撬动更多改善型购房者的消费需求。

（四）棚改带动作用显现，有效释放刚性需求

2015年以来，住房城乡建设部多次强调要加大棚改的货币化安置力度，湖北省出台了一系列激励优惠政策，以提高货币化安置比例，各地多采取“通过市场寻求棚改居民安置房源”的方式进行货币化安置，政府通过搭建线上线下棚改超市，引导拆迁户买到满意的房源，货币安置方式带来大量购房需求涌入市场，释放了强劲的购房刚性需求。通过有效打通商品房和棚户安置房通道，实现了房地产市场与棚改的互利共赢，促进湖北省房地产市场继续保持平稳发展态势。

四、下阶段湖北三个重点调查城市房地产市场走势展望

随着楼市新政的深入实施，房地产市场的信心将有所回升。展望2016年，武汉房地产市场商品住宅销售量或将继续维持高位，库存量进一步降低，销售价格将总体保持平稳微涨的态势，但支撑其大幅上涨的环境尚不成熟；宜昌、襄阳房地产市场商品住宅将继续以去库存为主，销售价格或将缓慢回升。

（撰稿：张文怡）

居民消费价格温和上扬

受经济增速回落，部分行业产能过剩，PPI 持续走低及国际大宗商品价格下跌等因素影响，2015 年湖北居民消费价格水平上涨 1.5%，涨幅较上年缩小 0.5 个百分点，为近六年来最低水平。

一、居民消费价格运行的主要特点

（一）从年度看，价格水平创六年新低

据统计，2010—2015 年湖北居民消费价格总水平分别上涨 2.9%、5.8%、2.9%、2.8%、2.0%和 1.5%，涨幅自 2012 年起逐年回落。2010-2015 年湖北居民消费价格涨幅见图 1:

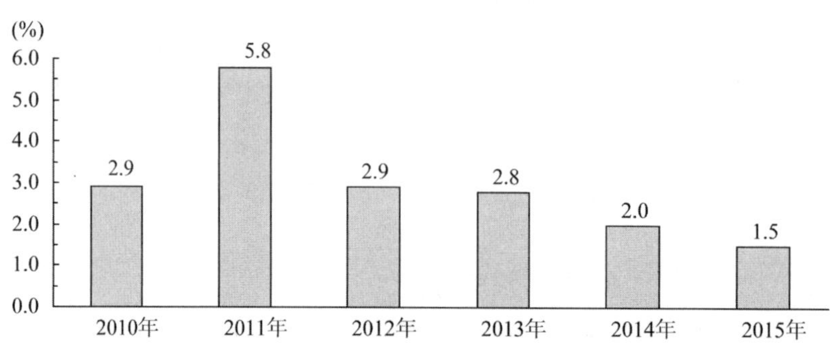

图 1　2010—2015 年湖北居民消费价格涨幅示意图

（二）分月度看，价格波幅明显收窄

从同比涨幅看，自 2014 年 8 月起涨幅回落到“1”时代，2015 年全年各月价格水平基本平稳，同比涨幅处于 1.0%—1.9%之间，波幅不到 1.0 个百分点；从环比涨幅看，最高（2 月）与最低涨幅（3 月）之间也仅相差 2.0 个百分点，同、环比价格涨幅波动明显减缓。2015 年各月价格水平波动示意图见图 2:

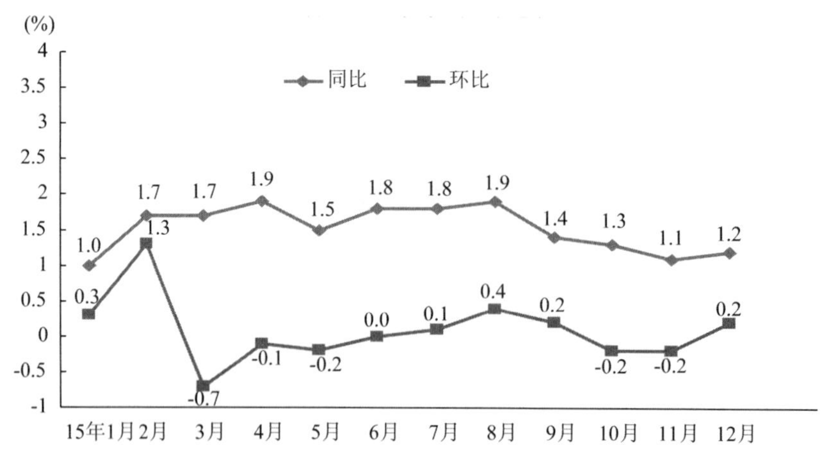

图 2　2015 年各月价格水平波动示意图

（三）从分类看，八大类商品价格齐涨

2015 年全省衣着价格上涨 2.7%、烟酒价格上涨 2.6%、食品价格上涨 2.2%、医疗保健和个人用品价格上涨 1.7%、娱乐教育文化用品及服务价格上涨 1.3%、家庭设备用品及维修服务和居住价格均上涨 0.6%、

交通通讯价格上涨 0.2%。从影响程度看，食品、衣着分别影响价格总水平上涨 0.73 和 0.24 个百分点，占全部涨幅的 65%以上。

（四）从结构看，近六成由新涨价因素影响

2015 年湖北居民消费价格涨幅 1.5%中，新涨价因素影响价格总水平上涨约为 0.9%，对总指数上涨的贡献率为 59.3%。

（五）分城乡看，农村价格涨幅高于城市

2015 年全省农村和城市价格水平分别上涨 1.7%和 1.4%，调查的八大类商品农村与城市相比呈“五高三低”，其中农村娱乐教育、食品、居住、烟酒和医疗保健类价格涨幅比城市分别高 1.4、0.6、0.6、0.5 和 0.4 个百分点。

（六）从区域看，涨幅高于全国平均水平

2015 年湖北居民消费价格比全国平均水平高出 0.1 个百分点.涨幅在全国 31 个省（市、区）中居第 12 位，在中部六省与江西并列第 1 位，分别比湖南、河南、安徽和山西高出 0.1、0.2、0.2 和 0.9 个百分点。2015 年湖北与全国及中部六省价格指数见图 3:

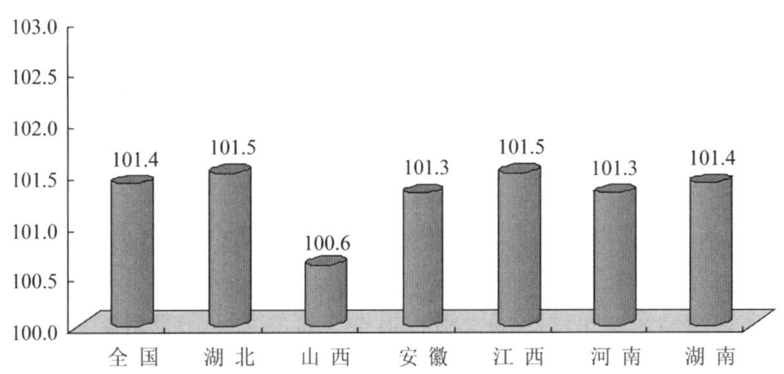

图 3 2015 年湖北与全国及中部六省价格指数(上年=100)

二、影响居民消费价格运行的主要因素

（一）食品价格涨幅平稳

2015 年食品价格上涨 2.2%，涨幅比上年回落 0.1 个百分点，为 2010 年以来最低，影响价格总水平上涨 0.73 个百分点，对总指数上行的贡献率达 48.7%，影响力居八大类之首，是推动居民消费价格上升的首要因素。在食品的 16 个小类中有 12 个类别呈现上涨态势，食品类的涨价面达 75%。主要食品类别的价格变动特点如下:

1. 粮食价格稳中有升。粮食价格上涨 1.2%，为 2006 年以来最低涨幅。其中，大米价格上涨 0.7%，面粉价格上涨 2.4%，粮食制品价格上涨 1.5%，其他粮食价格上涨 8.8%。粮食生产连年丰收对粮食价格的平稳运行起到了至关重要的作用。2015 年全省粮食总产达 540.66 亿斤，增长 4.6%，总产创历史新高。

2. 肉、菜价格涨势突出。2015 年猪肉、鲜菜价格分别上涨 9.1%和 6.7%，影响价格指数分别上涨 0.25 和 0.20 个百分点，是推动价格上涨的主要动因。肉价上涨的主要原因是生猪出栏量的减少影响所致。据调查，2015 年全省生猪出栏 4363.23 万头，下降 2.5%。鲜菜价格上涨主要是因生产成本上升以及人工、运输成本提高等因素影响。2015 年各月猪肉及鲜菜价格涨幅情况见图 4:

（二）服务项目继续上扬

2015 年，全省服务项目价格上涨 1.9%，影响总指数上涨 0.53 个百分点，占 CPI 全年涨幅的 35.3%。一是受人工成本上涨、需求拉动影响，衣着加工服务费、家庭服务、个人服务、教育服务、车辆使用及维修费等价格分别上涨 8.3%、7.8%、3.1%、2.3%和 1.6%。二是政府出台公共交通费价格上调政策，影响公交汽车和出租汽车价格较上年上涨 3.6%和 11.0%。三是受日益增长的物质文化需求影响，景点门票、电影

票、旅行社收费价格分别上涨 3.7%、2.2%和 1.9%。

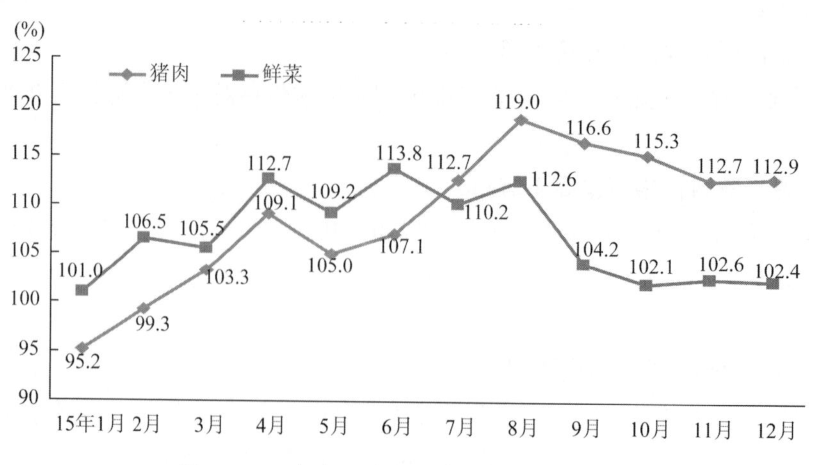

图 4　2015 年各月猪肉及鲜菜价格涨幅情况

（三）居住价格涨幅趋缓

受国家房地产市场调控政策和城镇化进程加快的影响，租房需求有所加大，租赁成本也不断增加，2015 年居住价格上涨 0.6%，较 2014 年涨幅回落了 2.7 个百分点。其中住房租金和自有住房价格分别上涨 2.8%和 1.5%，建房及装修材料价格上涨 0.5%。

（四）工业消费品总体平稳

2015 年部分工业行业产能过剩引起的供给侧矛盾依然没有得到明显缓解，上游产品价格（PPI）持续下滑并传导消费领域，导致工业消费品价格涨幅平稳。在工业消费品价格中，烟草、医疗保健类、教育用品类、服装及家庭日用杂品等呈现小幅上涨，但个人饰品、车用燃料配件、通讯工具、家庭设备、耐用消费品等明显下跌。受烟草税上调影响，烟草价格上涨 4.4%。汽油、柴油分别下降 18.6%和 18.7%，首饰价格下降 12.6%，轿车价格下降 5.9%。另外，电视机、洗衣机、照相机等耐用消费品价格均有不同程度下降。

三、对 2016 年物价走势的初步判断

2016 年是中国经济转型的关键之年，也是推进结构性改革的攻坚之年。“十三五”规划建议提出，要改革农产品价格形成机制，完善粮食等重要农产品收储制度。减少政府对价格形成的干预，全面放开竞争性领域商品和服务价格，放开电力、石油、天然气、交通运输、电信等竞争性环节价格。中共中央国务院也下发了《关于推进价格机制改革的若干意见》，价格改革步伐将大大加快，一大批商品和服务价格将陆续放开，部分领域价格市场化程度将显著提高。但从短期看，这些价格改革政策的出台难以拉动物价的快速上升，预计 2016 年价格水平仍将保持温和上涨的态势。

（一）促使价格水平保持平稳的主要因素

2015 年湖北居民消费价格呈现出温和性上涨，工业生产者价格水平（PPI）已 35 个月持续下降，生产领域的通缩压力明显。未来一段时期，总需求稳中趋缓、通胀预期减弱、产能过剩严重和国际大宗商品价格低位运行等多种因素将抑制 2016 年物价涨幅。另外，粮价乃百价之基，粮食产量连年增产为粮价的平稳运行奠定了基础，将成为 CPI 稳定的重要条件。

（二）推动价格水平上涨的主要因素

1. 宏观经济影响。随着我国经济转型和结构升级步伐的加快，劳动力、土地等要素价格将不同程度上涨；国际大宗商品价格将呈现恢复性上涨，经济缓慢回升对能源需求将逐步增大。另外，稳健的货币政策、积极财政政策力度将对 CPI 产生一定提升作用。

2. 价格改革影响。放开商品和服务价格，部分公共服务价格存在上调的压力，随着阶梯水价和气价、

医疗服务价格改革的政策效应逐渐显现，将进一步推动物价上涨。

3. 农产品价格波动的周期性影响。受季节不平衡、地域不平衡、结构不平衡等因素影响，部分农产品价格将呈现周期性波动。猪肉、蔬菜等主要农产品价格也将会在波动中呈现总体上升态势。

4. 人工成本因素。随着国家民生保障力度的强化，必然影响人力资本价格的上涨。一是最低工资标准逐年上调，企业的用工成本将持续走高。二是公车改革以及公务员和事业单位工资调整，需求的释放也会对市场价格水平有一定的推升作用。三是农业生产和用工服务等农资价格的上涨，会推动农产品成本上扬。四是受服务消费需求快速提升的影响，服务价格上涨将成为常态。

（撰稿：董胜男）

居民收支保持较快增长

据国家统计局湖北调查总队调查，2015年湖北城乡居民收入在面临经济下行压力，增收难度较大的形势下，仍然实现了较快增长，增速均快于全国平均水平，与全省经济发展基本保持同步，圆满实现了“十二五”城乡居民收入增长目标。2016年，居民收入形势更加复杂，由于上年的一些增收支撑因素将逐步弱化，新的增收亮点不足，城乡居民收入要保持中高速增长面临的难度更大，需要综合施策，多方共同发力。

一、居民收入实现中高速增长

根据城乡一体化住户调查，2015年湖北全体居民人均可支配收入20026元，增加1742元，增长9.5%，实现中高速增长。其中城镇常住居民人均可支配收入27051元，增加2199元，增长8.8%；农村常住居民人均可支配收入11844元，增加995元，增长9.2%。由于快速城镇化对全体居民收入增长的贡献，我省全体居民收入增速分别快于城镇和农村居民收入增速。

（一）全体居民收入

2015年，湖北全体居民收入比全国平均水平少1941元，低8.8%，位居全国第12位，中部第1位。增速比全国平均增速高0.6个百分点，位居全国第11位，中部第3位。

从收入构成上看，全体居民人均工资性收入占人均可支配收入的50.3%，是全体居民收入的首要来源；人均经营净收入占22.4%；人均财产净收入占5.7%；人均转移净收入占21.6%。

从收入增长来源看，全体居民人均工资性收入增长10.8%，对增收的贡献率最大，达56.5%，单项收入拉动人均可支配收入增长5.4个百分点；人均经营净收入增长6.3%，对增收的贡献率为15.2%；人均财产净收入增长5.8%，对增收的贡献率为3.6%；人均转移净收入增长11.1%，增速最快，对增收的贡献率为24.7%。

表1 2015年湖北居民人均可支配收入及构成

指标名称	2015年（元）	2014年（元）	增加额（元）	增幅（%）	占比（%）	贡献率（%）	拉动增长（%）
可支配收入	20026	18283	1742	9.5	–	–	–
1.工资性收入	10079	9094	985	10.8	50.3	56.5	5.4
2.经营净收入	4480	4216	264	6.3	22.4	15.2	1.4
3.财产净收入	1142	1079	63	5.8	5.7	3.6	0.3
4.转移净收入	4324	3894	430	11.1	21.6	24.7	2.4

（二）城镇常住居民收入

城镇常住居民人均可支配收入比全国平均水平31195元少4143元，低13.3%，位居全国第13位，中部第2位。增速比全国平均增速高0.6个百分点，位居全国第8位，中部第2位。“十二五”时期，城镇居民收入年均增速为11.2%，超过规划增长目标。但受经济下行压力，城镇居民收入增速较上年回落0.8个百分点，收入增长进入中高速增长阶段。

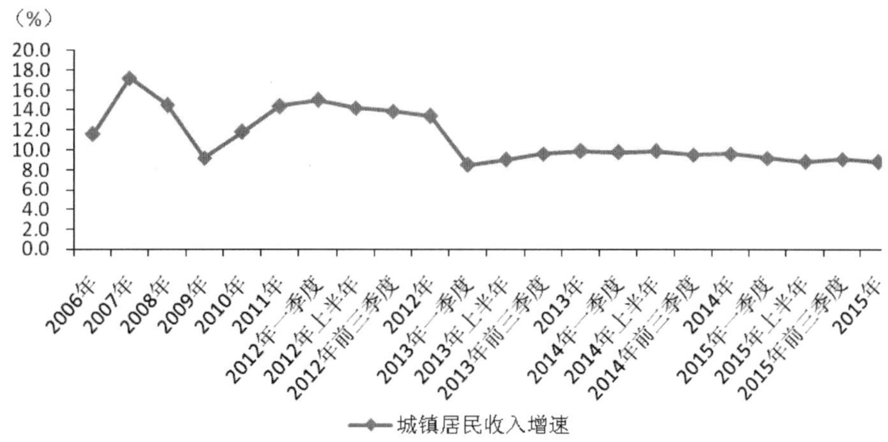

图 1　2006-2015 年城镇居民收入增速走势

从收入构成上看，城镇常住居民人均工资性收入占人均可支配收入的 57.6%，比上年提高 0.4 个百分点，仍然是城镇居民收入的首要来源；人均经营净收入占 14.0%，比上年下降 0.1 个百分点；人均财产净收入占 7.3%，比上年下降 0.4 个百分点；人均转移净收入占 21.1%，比上年提高 0.1 个百分点。

从收入增长来源看，城镇常住居民人均工资性收入增长 9.5%，对增收的贡献率最大，达 61.7%，单项收入拉动人均可支配收入增长 5.5 个百分点；人均经营净收入增长 7.9%，对增收的贡献率为 12.6%；人均财产净收入增长 3.3%，对增收的贡献率为 2.9%；人均转移净收入增长 9.7%，增速最快，对增收的贡献率为 22.9%。

表 2　2015 年湖北城镇常住居民人均可支配收入及构成

指标名称	2015 年（元）	2014 年（元）	增加额（元）	增幅（%）	占比（%）	贡献率（%）	拉动增长（%）
可支配收入	27051	24852	2199	8.8	–	–	–
1.工资性收入	15572	14215	1356	9.5	57.6	61.7	5.5
2.经营净收入	3792	3515	277	7.9	14.0	12.6	1.1
3.财产净收入	1985	1922	63	3.3	7.3	2.9	0.3
4.转移净收入	5702	5199	503	9.7	21.1	22.9	2.0

全年城镇居民收入实现平稳较快增长主要依赖于工资性收入和转移净收入的增长，这二者对增收的贡献率合计达 84.5%。工资性收入和转移净收入能实现较快增长：一是政策措施得力。过去一年，省委、省政府深入贯彻落实中央决策部署，把稳增长、调结构、惠民生有机结合起来，出台了一系列促进居民收入增长的政策措施。如最低工资标准平均上调 21%；行政事业单位津补贴改革、改革性项目补助发放、工资改革兑现；提高企业退休人员基本养老金 10%，并在 5 月份发放到位。二是就业形势稳中有好。在经济下行压力仍然较大的背景下，各地把抓项目建设和固定资产投资作为稳增长的重要引擎，加快投资步伐，为稳定并增加居民就业创造了条件。截止 12 月底，城镇新增就业 86.63 万人，完成全年目标的 123.76%，为居民收入增长提供了重要保障。三是经营收入增添新动能。全省各地积极出台新政，简化审批程序，减免费用，鼓励创办企业，扶持大众创业，推动万众创新，这些举措从政策面为我省城镇居民增收增添了新的动力。

（三）农村常住居民收入

农村常住居民人均可支配收入比全国平均水平 11422 元多 422 元，高 3.7%，位居全国第 10 位，中部第 1 位。增速比全国平均增速高 0.3 个百分点，位居全国第 12 位，中部第 3 位。“十二五”时期，农村居民收入年均增速为 13.2%，远高于规划目标年均增长水平。但农村居民收入增速比上年下降 2.7 个百分点，比前三季度回落 0.8 个百分点，由高速增长转向中高速增长。

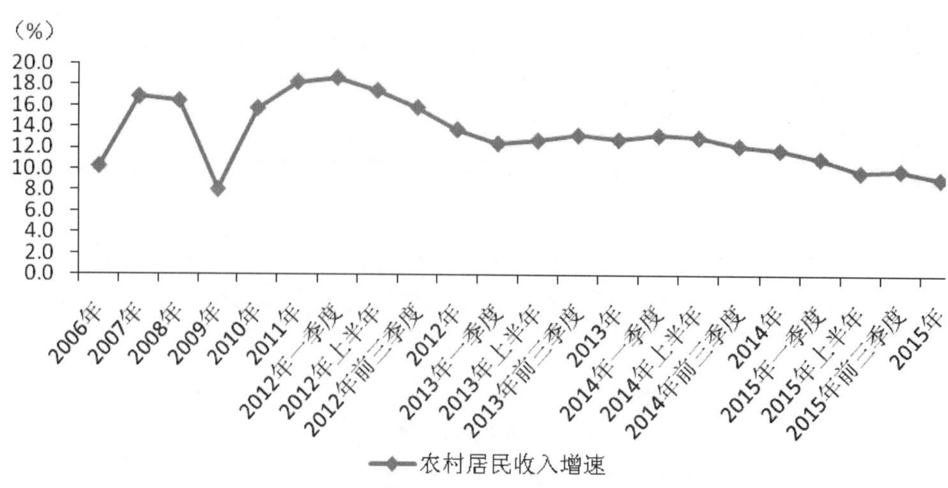

图 2　2006-2015 年农村居民收入增速走势

从收入构成上看，农村常住居民人均工资性收入占人均可支配收入的 31.1%，比上年提高 0.7 个百分点；人均经营净收入占 44.6%，比上年下降 1.6 个百分点，仍是农村居民收入的首要来源；人均财产净收入占 1.4%，比上年提高 0.2 个百分点；人均转移净收入占 23.0%，比上年提高 0.7 个百分点。

从收入增长来源看，农村常住居民人均工资性收入增长 11.7%，对增收的贡献率最大，达 38.6%，单项收入拉动人均可支配收入增长 3.5 个百分点；人均经营净收入增长 5.4%，对增收的贡献率为 27.3%；人均财产净收入增长 28.2%，增速最快，对增收的贡献率为 3.6%；人均转移净收入增长 12.5%，对增收的贡献率为 30.5%。

表 3　2015 年湖北农村常住居民人均可支配收入及构成

指标名称	2015 年（元）	2014 年（元）	增加额（元）	增幅（%）	占比（%）	贡献率（%）	拉动增长（%）
可支配收入	11844	10849	995	9.2	–	–	–
1.工资性收入	3683	3299	384	11.7	31.1	38.6	3.5
2.经营净收入	5281	5009	272	5.4	44.6	27.3	2.5
3.财产净收入	161	125	35	28.2	1.4	3.6	0.3
4.转移净收入	2719	2416	303	12.5	23.0	30.5	2.8

在主要农产品市场形势较差，总体增收压力较大的情况下，农村居民收入能够实现较快增长，主要得益于：一是随着全省工业化和城镇化进程推进，基础设施建设步伐加快，招商引资落户企业增多，本地企业用工需求增加，本地务工人数和务工时间增加，为工资性收入增长奠定了基础。二是 2015 年全省气候条件总体风调雨顺，有利于农作物生产，主要农产品特别是粮食生产形势好于上年，在农产品价格跌多涨少的情况下，产量的增加在一定程度上弥补了收入损失，保证了农业收入的总体稳定，成为收入实现增长的压舱石。三是高效特色农业发展较快，在传统农产品遭遇"价格天花板"之际，其比较优势逐步显现，为农业增收注入了新活力。四是农村土地流转明显提速，既盘活了土地资产，增加了农民财产性收入，又创造了就地务工机会，增加了农民工资性收入。

二、居民生活消费支出同步增长

2015 年全省居民人均生活消费支出 14316 元，增加 1388 元，增长 10.7%。其中城镇常住居民人均生活消费支出 18192 元，增加 1511 元，增长 9.1%；农村常住居民人均生活消费支出 9803 元，增加 1122 元，增长 12.9%。生活消费支出八大项均呈增长之势，食品烟酒、衣着、居住、生活用品及服务、交通通信、教育文化娱乐、医疗保健、其他用品和服务支出分别增长 8.7%、6.3%、7.0%、6.8%、28.6%、6.6%、18.6%、

12.9%。

全省居民生活消费支出呈现三大特点：一是生活消费支出与收入基本保持同步增长。全体居民、城镇常住居民、农村常住居民人均生活消费支出增幅分别高出可支配收入 1.2、0.3 和 3.7 个百分点。二是农村居民生活消费支出增速高于城镇居民。由于近年来新农村建设不断深入，县域经济发展提速，农村基础设施日益完善，农民收入水平不断提高，消费观念也愈加开放，农村常住居民人均生活消费支出增速高出城镇常住居民 3.8 个百分点。三是食品烟酒支出最多，交通通信支出增速最快。全年人均食品烟酒支出 4500 元，占生活消费支出总量的 31.4%，占比最高；交通通信支出 1723 元，增长 28.6%，增速居八大项之首。

表 4　2015 年湖北居民人均生活消费支出及构成

指标名称	2015 年（元）	2014 年（元）	增加额（元）	增幅（%）	占比（%）	贡献率（%）	拉动增长（%）
消费支出	14316	12928	1388	10.7	–	–	–
1.食品烟酒	4500	4140	360	8.7	31.4	25.9	2.8
2.衣着	1073	1010	63	6.3	7.5	4.6	0.5
3.居住	3007	2810	197	7.0	21.0	14.2	1.5
4.生活用品及服务	869	813	55	6.8	6.1	4.0	0.4
5.交通通信	1723	1340	383	28.6	12.0	27.6	3.0
6.教育文化娱乐	1578	1480	98	6.6	11.0	7.0	0.8
7.医疗保健	1252	1056	196	18.6	8.7	14.1	1.5
8.其他用品和服务	315	279	36	12.9	2.2	2.6	0.3

三、对 2016 年收入形势的展望

2016 年城乡居民面临的增收环境会更加复杂，增收难度也将更加凸显。对城镇居民来说，受宏观经济下行压力影响，企业经营成本上升，效益下降，职工增资压力加大，同时企业转方式调结构促转型，也将对居民就业产生冲击，再加上 2015 年行政事业单位政策性增资影响的逐步消失，收入增长的动力相对衰减。对农村居民而言，受劳动力总量和用工环境的双重制约，就业人口和工资水平已遭遇增长瓶颈，农产品供给侧短板日益显现，农产品价格天花板和生产成本地板效应明显，依靠传统农业增产增收的难度加大，加之相关政策性转移支付的补贴标准和范围基本成熟，难以持续推动农民增收。在增收压力未能根本缓解的情况下，如果没有新增收措施出台，2016 年城乡居民收入增速将延续缓慢下行的走势。

2016 年是“十三五”开局之年，保持城乡居民收入较快增长对实现规划目标尤其关键，需要综合施策，多方共同发力。一要进一步深化收入分配制度改革，进一步出台财政性增收措施，保障和带动行政事业单位及企业职工工资增长水平与经济发展同步；根据经济发展动态调整养老金标准和低保标准。二要在职业技能培训上着力，增强农民就业竞争力，确保就业人口稳定增长。三要在传统农业增收乏力的情况下，通过整合涉农资金，加大农田整治和基础设施建设力度，鼓励引导社会资本进入农业等，加快调整农业生产结构，培育壮大现代优势高效特色农业，强化农产品加工，加大农业供给侧的改革力度，通过增加有效需求促进农民增收。

（撰稿：黄　蓉）

外出农民规模继续扩大

2015 年，湖北农民工规模继续扩大，收入水平增长提速，地域分布相对稳定。农民工文化素质和专业技能欠缺、社保参保率较低、城市融入度不高等因素，一定程度上制约着农民工就业质量和市民化进程。

一、农民工总体情况

规模继续扩大。据全省 3121 户农村住户监测推算，2015 年湖北农民工（外出务工、在本地非农务工和非农自营活动时间达到或超过 6 个月以上的农村从业人员）总量达到 1453.60 万人，比上年增加 42.78 万人，增长 3.03%。其中，外出农民工（本乡域以外）1086.00 万人，比上年增加 8.29 万人，增长 0.77%；本地农民工（本乡域以内）367.60 万人，比上年增加 34.49 万人，增长 10.35%。

占从业人数比例略有增长。2015 年，外出农民工占农户从业人数的比重为 29.8%，比上年提高 0.5 个百分点。

收入水平增长提速。2015 年外出农民工月均收入为 3459.7 元，比上年增长 11.2%，增幅比上年提高 0.3 个百分点。

二、外出农民工就业特征

35 岁以下占五成以上。16-34 岁外出农民工占总量的 51.3%，比上年提高 0.2 个百分点；35-50 岁的占 34.4%，比上年下降 1.2 个百分点；50 岁以上占 14.3%，比上年提高 1 个百分点。2015 年外出农民工年龄构成详见图 1。

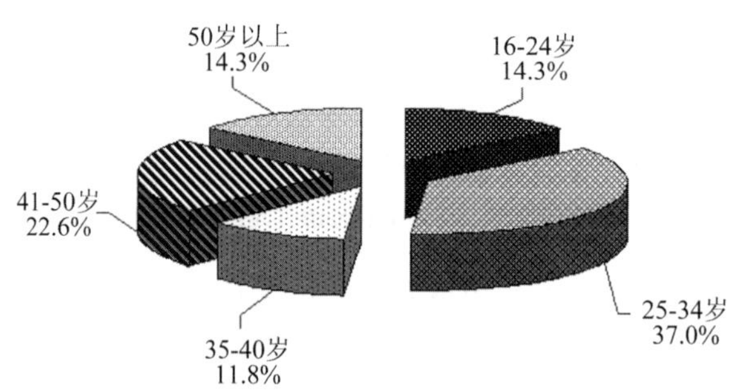

图 1　2015 年外出农民工年龄构成

东部地区仍是省外务工的首选。2015 年，在省外务工的农民工人数为 695.60 万人，占外出农民工的 64.1%，占比较上年提高 0.4 个百分点。其中，到广东、浙江、北京、上海、江苏等东部经济发达地区的有 614.80 万人，占省外务工农民工的 88.4%，比上年提高 2.6 个百分点。外出农民工区域分布详见表 1。

在省内务工的比例略减。2015 年，外出农民工在省内务工的人数为 390.40 万人，比上年减少 0.55 万人，占外出农民工总数的 35.9%，占比较上年减少 0.4 个百分点。

二产业就业比例有所下降。制造业依然是农民工从事的主要行业，占 44.8%，比上年下降 0.2 个百分点；其次是建筑业，占 21.2%，比上年下降 1.9 个百分点；批发零售业占比从上年的第五位上升到第三位，占 7.1%。2015 年外出农民工从事的行业构成详见图 2。

表 1　外出农民工地区分布

单位：万人、%

外出地区	2014 年		2015 年	
	人数	比重	人数	比重
合　计	1077.71	100.0	1086.00	100.0
1.本省	390.95	36.3	390.40	35.9
（1）乡外县内	113.08	10.5	114.63	10.6
（2）县外省内	277.87	25.8	275.77	25.3
2.省外	686.76	63.7	695.60	64.1
东部地区	589.50	54.7	614.80	56.7
其中：广东	344.73	32.0	355.03	32.7
浙江	98.58	9.2	100.85	9.3
北京	26.58	2.5	21.72	2.0
上海	31.89	3.0	39.98	3.7
江苏	39.77	3.7	37.78	3.5
中部地区	63.82	5.9	50.43	4.6
西部地区	31.64	2.9	27.84	2.6
其他地区	1.80	0.2	2.53	0.2

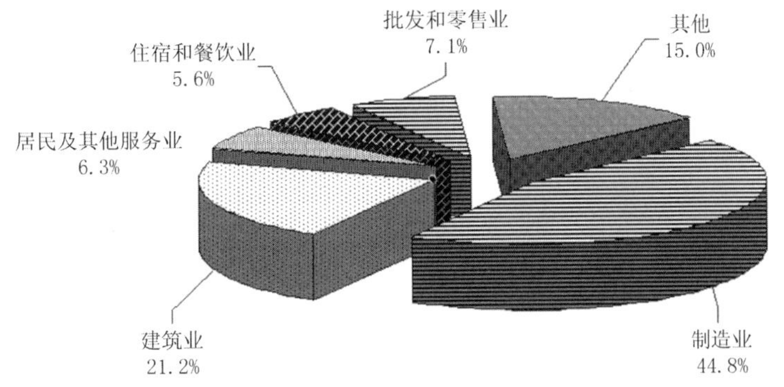

图 2　2015 年外出农民工行业构成

日均工作时间继续减少。2015 年外出农民工日均工作时间为 8.59 个小时，比上年减少 0.16 个小时。其中，每天工作 8 小时的占 65.4%，比上年提高 6.9 个百分点；工作 10 小时以上的占 23.2%，比上年下降 5.4 个百分点。外出农民工日工作时间构成分布详见表 2。

表 2　外出农民工日工作时间构成分布

单位：%

工作时间	2014 年	2015 年
8 小时以下	1.9	1.3
8-10 小时	69.5	75.5
其中：8 小时	58.5	65.4
10-12 小时	24.3	21.6
12 小时及以上	4.3	1.6

月收入 3000 元以上的超过七成。外出农民工月均收入在 3000 元以上的占 73.3%，比上年提高了 14.4 个百分点。其中，月均收入在 3000-5000 元的占 61.9%，比上年提高了 9.8 个百分点；月均收入在 5000 元以内的占 11.4%，比上年提高了 4.6 个百分点。外出农民工月均收入水平分组构成情况见表 3。

表 3　外出农民工月均收入水平分组构成

单位：%

月均收入水平	2014 年	2015 年
1000 元以下	0.1	0.1
1000-1500 元	1.8	0.4
1500-2000 元	6.4	2.8
2000-3000 元	32.8	23.4
3000-5000 元	52.1	61.9
5000 元以上	6.8	11.4

就业环境进一步改善。一是从事目前工作的时间相对固定，2015 年从事目前工作 5 年以上的比例为 32.4%，比上年提高 2.1 个百分点；二是由单位或雇主提供伙食的达到 67.1%，比上年提高 6.4 个百分点；三是养老保险、工伤保险、医疗保险、失业保险等参保率分别为 18.1%、34.4%、25.5%和 11.5%，同比都有不同程度提高。社保参保比例见表 4。

表 4　社保参保比例

单位：%

项　　目	2014 年	2015 年
养老保险	15.1	18.1
工伤保险	26.3	34.4
医疗保险	18.5	25.5
失业保险	8.3	11.5

三、农民工面临的主要问题

文化素质和劳动技能总体水平较低。一是总体文化素质不高，大专及以上文化程度占比仅为 8.7%；初中及以下文化程度占比高达 71.0%，仍是农民工的主体。二是从事管理和技术职业的比例偏低，2015 年在本乡域以外的 1086.00 万农民工中，只有 14.4%的职业属于管理人员和专业技术人员，其余都属于技术含量不高的一般工种。三是接受过技能培训的比例不高，2015 年接受过农业或非农技能培训的人员占外出农民工的 53.4%。

外出务工存在一定程度的盲目性。2015 年外出农民工从业人员中，自发外出的占 57.8%；亲朋好友介绍的占 34.3%；其他的占 5.0%；中介组织介绍和政府及有关部门组织外出的仅分别占 1.4%和 1.5%。湖北农村劳动力外出务工仍以自发为主，集体或中介组织作用不明显，见表 5。

表 5　农民工外出途径

单位：%

途　　径	2014 年	2015 年
自发外出	54.1	57.8
亲朋好友介绍	40.8	34.3
中介组织介绍	1.3	1.4
政府及有关部门组织	1.0	1.5
其他	2.8	5.0

与雇主签订劳动合同的比例仍然较低。2015年外出农民工与用人单位或雇主签订劳动合同的占54.1%，虽然比上年提高了3.3个百分点，但比例依然较低。

住房条件和居住环境较差。住房方面，37.0%的农民工住单位宿舍；17.4%住工地工棚或生产经营场所；40.1%租赁住房；自购住房的仅占1.2%；回家居住及以其他形式解决住房问题的占4.3%。只有5.1%的外出农民工由单位（雇主）缴纳了住房公积金。大多数外出农民工居住条件简陋，缺乏必要的生活设施；居住环境远劣于周围城镇居民。对此，农民工心理上有较大落差，在一定程度上阻碍了农民工与所在城镇居民的融合。

（撰稿：郁　雁）

注：东部地区：北京、天津、河北、辽宁、上海、江苏、浙江、福建、山东、广东、海南
中部地区：山西、吉林、黑龙江、安徽、江西、河南、湖北、湖南
西部地区：内蒙古、广西、重庆、四川、贵州、云南、西藏、陕西、甘肃、青海、宁夏、新疆
其他地区：港澳台地区及国外

1-1 土地面积与行政区划

项 目	Item	单位	unit	1990	2000
常住人口	Number of Usual Residents in the Households Surveyed	(万人)	(10 000 persons)	5439	5646
土地面积	Land Area	(万平方公里)	(10 000 sq.km)	18.59	18.59
耕地面积	Cultivated Area	(千公顷)	(1000 hectares)	3476.77	3282.96
行政区划	Adinimisrtative Division				
省辖市	Municipality	(个)	(unit)	8	12
自治州	Prefecture	(个)	(unit)	1	1
林区	Forest Zone	(个)	(unit)	1	1
县级市	City	(个)	(unit)	22	24
省辖行政单位	Adinimistrative Units under the Jurisdiction of Province	(个)	(unit)		3
县	County	(个)	(unit)	48	41
乡政府	Local Government	(个)	(unit)	1121	476
镇政府	Township Government	(个)	(unit)	844	853
办事处	Office	(个)	(unit)		
村民委员会	Village Communittee	(个)	(unit)	32765	32400
村民小组	Village Groups	(个)	(unit)	260847	259250

Land Area and Administrative Division

2005	2009	2010	2011	2012	2013	2014	2015
5710	5720	5723	5758	5779	5799	5816	5852
18.59	18.59	18.59	18.59	18.59	18.59	18.59	18.59
3161.17	3308.35	3323.92	3361.86	3390.06	3409.91	3420.51	3436.24
12	12	12	12	12	12	12	12
1	1	1	1	1	1	1	1
1	1	1	1	1	1	1	1
24	24	24	24	24	24	24	24
3	3	3	3	3	3	3	3
39	40	40	40	40	40	39	39
217	204	201	194	188	175	170	168
737	740	742	742	746	757	761	761
	283	211	297	298	300	302	304
26678	26051	26018	26025	25991	25955	25606	25343
212587	209806	209598	206848	210432	210108	208966	208546

1-2 市、州行政区划(2015年底)
Administrative Division of Municipalities and Prefecture (End of 2015)

单位：个　　(unit)

地　区	Region	县级市 Cities	县 Counties	区 Districts	乡政府 Village Government	镇政府 Township Government	村民委员会 Village Community	村民小组 Village Groups
全　省	**Total**	**24**	**39**	**39**	**168**	**761**	**25343**	**208546**
武汉市	Wuhan Municipality			13	3	3	1902	16948
黄石市	Huangshi Municipality	1	1	4	1	27	797	7563
十堰市	Shiyan Municipality	1	4	3	34	72	1848	10274
荆州市	Jingzhou Municipality	3	3	2	13	89	2261	20200
宜昌市	Yichang Municipality	3	5	5	20	67	1385	8213
襄阳市	Xiangyang Municipality	3	3	3	4	74	2345	14820
鄂州市	Ezhou Municipality			3	3	18	316	4027
荆门市	Jingmen Municipality	1	2	2	2	50	1347	9986
孝感市	Xiaogan Municipality	3	3	1	23	72	2924	23372
黄冈市	Huanggang Municipality	2	7	1	16	99	4287	37400
咸宁市	Xianning Municipality	1	4	1	12	52	903	10006
恩施自治州	Enshi Prefecture	2	6		34	49	2360	23213
随州市	Suizhou Municipality	1	1	1		37	875	8513
仙桃市	Xiantao Municipality	1				15	626	4474
天门市	Tianmen Municipality	1			1	21	747	6453
潜江市	Qianjiang Municipality	1				10	353	2752
神农架林区	Shennongjia Forest Zone				2	6	67	332

注：乡政府、镇政府、村民委员会、村民小组数只涉及农村生产经营单位数。

Note: The number of village government, township government, village community and village groups only refers to the number of units run by village production operation.

1-3　各市、县(市、区)名称(2015年底)
Municipalities and Counties (End of 2015)

市	Municipality	县(市、区)数(个) Number of Counties (Unit)	市辖县 Counties	市辖区 Districts	县级市 Cities
武汉市	Wuhan Municipality	13		江岸区、江汉区、硚口区、汉阳区、武昌区、青山区、洪山区、东西湖区、汉南区、蔡甸区、江夏区、黄陂区、新洲区	
黄石市	Huangshi Municipality	6	阳新县	黄石港区、西塞山区、下陆区、铁山区、	大冶市
十堰市	Shiyan Municipality	8	郧西县、竹山县、竹溪县、房县	茅箭区、张湾区、郧阳区	丹江口市
荆州市	Jingzhou Municipality	8	江陵县、公安县、监利县	沙市区、荆州区	石首市、洪湖市、松滋市
宜昌市	Yichang Municipality	13	秭归县、远安县、兴山县、长阳县、五峰县	西陵区、伍家岗区、点军区、猇亭区、夷陵区	宜都市、当阳市、枝江市
襄阳市	Xiangyang Municipality	9	南漳县、谷城县、保康县	襄城区、樊城区、襄州区	老河口市、枣阳市、宜城市
鄂州市	Ezhou Municipality	3		鄂城区、华容区、梁子湖区	
荆门市	Jingmen Municipality	5	沙洋县、京山县	东宝区、掇刀区	钟祥市
孝感市	Xiaogan Municipality	7	孝昌县、云梦县、大悟县	孝南区	应城市、安陆市、汉川市
黄冈市	Huanggang Municipality	10	团风县、浠水县、蕲春县、黄梅县、英山县、罗田县、红安县	黄州区	麻城市、武穴市
咸宁市	Xianning Municipality	6	通山县、崇阳县、通城县、嘉鱼县	咸安区	赤壁市
恩施自治州	Enshi Prefecture	8	建始县、咸丰县、巴东县、宣恩县、来凤县、鹤峰县		恩施市、利川市
随州市	Suizhou Municipality	3	随县	曾都区	广水市
仙桃市	Xiantao Municipality	1			
天门市	Tianmen Municipality	1			
潜江市	Qianjiang Municipality	1			
神农架林区	Shennongjia Forest Zone				

1-4 部分调查指标总量
Part of the Total Survey Indicators

指标	Item	单位	unit	总量指标 Aggregate Data			
				1978	1990	2000	2005
主要农产品产量	Output of Major Farm Products	(万吨)	(10 000 tons)				
粮食	Grain			1725.63	2475.03	2218.49	2177.38
棉花	Cotton			36.67	51.73	30.43	37.50
油料	Oil-Bearing Crops			23.71	95.75	269.98	293.90
肉类产量	Output of Meat			64.00	146.85	271.19	342.63
水产品	Aquatic Products			11.00	70.98	234.34	318.21
家庭、生活	Family, People's Lvelihood and Environment						
家庭	Family						
城镇居民平均每户家庭人口	Average Household size in Urban Areas	(人)	(person)	4.32	3.47	3.14	2.98
农村居民平均每户家庭人口	Average Household size in Rural Areas	(人)	(person)	6.02	4.67	4.11	4.01
居住	Housing						
城镇居民人均住房面积	Per Capita Net Floor Space of Urban Residents	(平方米)	(sq.m)		9.80	13.90	29.92
农村居民人均住房面积	Per Capita Net Floor Space of Rural Residents	(平方米)	(sq.m)		25.73	30.11	36.05
生活	People's Livelihood						
城镇居民人均可支配收入	Per Capita Disposable Income of Urban Residents	(元)	(yuan)	325.00	1427.20	5524.50	8786.00
农村居民人均纯收入(可支配收入)	Per Capita Net Income of Rural Residents (Disposable Income)	(元)	(yuan)	110.52	670.80	2268.50	3099.20
物价(上年=100)	Price (prededing year = 100)						
商品零售价格总指数	General Retail Price Index			100.5	102.9	97.8	102.1
居民消费价格指数	General consumer Price Index			100.3	104.2	99.0	102.9
工业生产者出厂价格指数	Producer Price Indices for Industrial Products				109.0	101.7	104.5

1-4 续表 Continued

指　标	Item	单位	unit	总量指标 Aggregate Data			
				2012	2013	2014	2015
主要农产品产量	Output of Major Farm Products	(万吨)	(10 000 tons)				
粮食	Grain			2441.81	2501.30	2584.16	2703.28
棉花	Cotton			53.15	45.97	35.95	29.76
油料	Oil-Bearing Crops			319.66	333.17	341.73	339.60
肉类	Output of Meat			412.53	430.08	440.44	431.93
水产品	Aquatic Products			388.94	410.37	433.00	455.80
家庭、生活	Family, People's Lvelihood and Environment						
家庭	Family						
城镇居民平均每户家庭常住人口	Average Household size in Urban Areas	(人)	(person)	2.89	2.91	2.85	2.85
农村居民平均每户家庭常住人口	Average Household size in Rural Areas	(人)	(person)	3.98	3.02	2.87	2.88
居住	Housing						
城镇居民人均住房面积	Per Capita Net Floor Space of Urban Residents	(平方米)	(sq.m)	35.79	36.91	38.16	40.10
农村居民人均住房面积	Per Capita Net Floor Space of Rural Residents	(平方米)	(sq.m)	44.98	52.44	54.78	55.61
生活	People's Livelihood						
城镇居民人均可支配收入	Per Capita Disposable Income of Urban Residents	(元)	(yuan)	20839.59	22906.42	24852.28	27051.47
农村居民人均纯收入（可支配收入）	Per Capita Net Income of Rural Residents (Disposable Income)	(元)	(yuan)	7851.71	8866.95	10849.06	11843.89
物价(上年=100)	Price (prededing year = 100)						
商品零售价格总指数	General Retail Price Index			102.6	102.6	100.9	100.5
居民消费价格指数	General consumer Price Index			102.9	102.9	102.0	101.5
工业生产者出厂价格指数	Producer Price Indices for Industrial Products			100.3	99.2	98.4	96.7

主要统计指标解释

户数 包括家庭户(含单身独居)和集体户。

人口数 指一定时点、一定地区范围内有生命的个人的总和。

市镇人口 指市人口和县辖镇人口。

乡村人口 指县辖乡的全部人口。

Explanatory Notes on Main Statistical Indicators

Households include family household (including single household) and collective households.

Total Population refers to the total number of people alive at a certain point of time within a given area.

Urban Population refers to city population and town population.

Country Population refers to the total population under the jurisdiction of country.

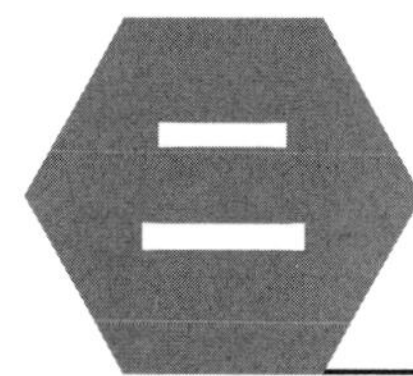

农业调查

Chapter 2

Rural Survey

资料整理：萧一啸　祁　炜　周雁峰

2-1 主要农作物播种面积、产量和单位面积产量(2015年)
Total Sown Areas, Output and Yield per Unit Area of Farm Crops (2015)

单位：千公顷、万吨、公斤/公顷 (1000 hectares,10000 ton,kg/hectare)

指　标	Item	播种面积 Total Sown Area	总产量 Total Output	单位面积产量 Yield per Unit Area
农作物总播种面积	**Total Sown Area of Farm Crops**	**7952.36**		
粮食作物总计	Grain Crops	4466.03	2703.28	6052.97
夏收粮食	Summer Grain	1389.92	504.45	3629.31
谷物	Cereals	1122.74	430.88	3837.71
小麦	Wheat	1093.43	420.93	3849.60
大麦	Barley	28.78	9.76	3392.40
蚕豌豆	Broad Bean and Peas	36.46	6.23	1708.85
薯类	Tubers	230.72	67.34	2918.66
马铃薯	Potato	230.72	67.34	2918.66
秋收粮食	Autumn Grain	3076.11	2198.83	7148.09
谷物	Cereals	2877.89	2144.25	7450.78
玉米	Corn//Maize	687.85	332.89	4839.60
早稻	Early-season rice	423.00	252.29	5964.30
中稻	Semilate rice	1283.04	1228.89	9577.96
双季晚稻	Double-crop Late rice	482.42	329.54	6830.98
豆类	Beans	111.32	22.50	2021.11
大豆	Soybean	100.26	21.19	2113.36
绿豆	Green Geans	9.21	1.22	1324.50
红小豆	Red Bean	1.85	0.09	486.30
薯类	Tubers	86.90	32.08	3691.65
马铃薯	Potato	22.54	9.86	4373.10
油料作物	Oil-bearing Crops	1524.19	339.60	2228.07
花生	Peanuts	199.12	67.91	3410.34
油菜籽	Rapeseeds	1232.13	255.19	2071.11
芝麻	Sesames	86.35	14.51	1680.65
棉花	Cotton	264.74	29.76	1124.12
麻类	Fiber Crops	8.84	2.19	2475.00
苎麻	Ramee	8.78	2.17	2476.54
糖料	Sugar	8.50	32.00	37646.00
甘蔗	Sugar Cane	8.46	31.99	37818.09
烟叶	Tobacco	47.62	8.68	1823.44
烤烟	Flue-cured Tobacco	42.84	7.68	1791.99
蔬菜(含菜用瓜)	Vegetables	1212.94	3851.96	31757.18

2-2 主要农作物播种面积
Total Sown Areas of Farm Crops

单位：千公顷 (1000 hectares)

指标	Item	2015	2014	2015年比2014年增加 Growth Rate in 2015 over 2014	
				绝对数 Absolute Figures	%
农作物总播种面积	**Total Sown Area of Farm Crops**	**7952.36**	**8112.30**	**-159.94**	**-2.0**
粮食作物总计	Grain Crops	4466.03	4370.34	95.69	2.2
夏收粮食	Summer Grain	1389.92	1380.85	9.07	0.7
谷物	Cereals	1122.74	1099.85	22.89	2.1
小麦	Wheat	1093.43	1074.33	19.10	1.8
大麦	Barley	28.78	24.99	3.79	15.2
蚕豌豆	Broad Bean and Peas	36.46	63.67	-27.21	-42.7
薯类	Tubers	230.72	217.33	13.39	6.2
马铃薯	Potato	230.72	217.33	13.39	6.2
秋收粮食	Autumn Grain	3076.11	2989.49	86.62	2.9
谷物	Cereals	2877.89	2788.07	89.82	3.2
早稻	Early-season rice	423.00	412.40	10.60	2.6
中稻	Semilate rice	1283.04	1258.64	24.40	1.9
双季晚稻	Double-crop Late rice	482.42	472.91	9.51	2.0
玉米	Corn//Maize	687.85	642.38	45.47	7.1
豆类	Beans	111.32	109.95	1.37	1.2
大豆	Soybean	100.26	98.90	1.36	1.4
绿豆	Green Geans	9.21	9.03	0.18	2.0
红小豆	Red Bean	1.85	2.02	-0.17	-8.3
薯类	Tubers	86.90	91.47	-4.57	-5.0
马铃薯	Potato	22.54	22.19	0.35	1.6
油料作物	Oil-bearing Crops	1524.19	1542.50	-18.31	-1.2
花生	Peanuts	199.12	198.50	0.62	0.3
油菜籽	Rapeseeds	1232.13	1248.70	-16.57	-1.3
芝麻	Sesames	86.35	89.90	-3.55	-3.9
棉花	Cotton	264.74	344.80	-80.06	-23.2
麻类	Fiber Crops	8.84	10.10	-1.26	-12.5
苎麻	Ramee	8.78	10.10	-1.32	-13.1
甘蔗	Sugar Cane	8.46	7.60	0.86	11.3
烟叶	Tobacco	47.62	46.10	1.52	3.3
烤烟	Flue-cured Tobacco	42.84	39.20	3.64	9.3
蔬菜(含菜用瓜)	Vegetables	1212.94	1173.50	39.44	3.4

2-3 主要农作物产量
Output of Farm Crops

单位：万吨 (10000 tons)

指　标	Item	2015	2014	2015年比2014年增加 Growth Rate in 2015 over 2014	
				绝对数 Absolute Figures	%
粮食作物总计	Grain Crops	2703.28	2584.16	119.12	4.6
夏收粮食	Summer Grain	504.45	505.60	-1.15	-0.2
谷物	Cereals	430.88	430.70	0.18	0.0
小麦	Wheat	420.93	421.60	-0.67	-0.2
大麦	Barley	9.76	8.91	0.85	9.6
蚕豌豆	Broad Bean and Peas	6.23	11.19	-4.96	-44.3
薯类	Tubers	67.34	63.71	3.63	5.7
马铃薯	Potato	67.34	63.71	3.63	5.7
秋收粮食	Autumn Grain	2198.83	2078.56	120.27	5.8
谷物	Cereals	2144.25	2023.82	120.43	6.0
早稻	Early-season rice	252.29	238.67	13.62	5.7
中稻	Semilate rice	1228.89	1167.89	61.00	5.2
双季晚稻	Double-crop Late rice	329.54	322.91	6.63	2.1
玉米	Corn//Maize	332.89	293.65	39.24	13.4
豆类	Beans	22.50	25.23	-2.73	-10.8
大豆	Soybean	21.19	23.93	-2.74	-11.5
绿豆	Green Geans	1.22	1.19	0.03	2.5
红小豆	Red Bean	0.09	0.10	-0.01	-9.9
薯类	Tubers	32.08	29.51	2.57	8.7
马铃薯	Potato	9.86	9.01	0.85	9.4
油料作物	Oil-bearing Crops	339.60	341.73	-2.13	-0.6
花生	Peanuts	67.91	69.06	-1.15	-1.7
油菜籽	Rapeseeds	255.19	257.16	-1.97	-0.8
芝麻	Sesames	14.51	14.53	-0.02	-0.1
棉花	Cotton	29.76	35.95	-6.19	-17.2
麻类	Fiber Crops	2.19	2.53	-0.34	-13.5
苎麻	Ramee	2.17	2.51	-0.34	-13.4
甘蔗	Sugar Cane	31.99	30.41	1.58	5.2
烟叶	Tobacco	8.68	8.81	-0.13	-1.4
烤烟	Flue-cured Tobacco	7.68	7.20	0.48	6.6
蔬菜(含菜用瓜)	Vegetables	3851.96	3671.50	180.46	4.9

2-4 主要农作物单位面积产量

Yield per Unit Area of Farm Crops

单位：公斤/公顷 (kg/hectare)

指　标	Item	2015	2014	2015年比2014年增加 Growth Rate in 2015 over 2014	
				绝对数 Absolute Figures	%
粮食作物总计	Grain Crops	6052.97	5912.95	140.02	2.4
夏粮	Summer Grain	3629.31	3661.51	-32.20	-0.9
谷物	Cereals	3837.71	3915.99	-78.28	-2.0
小麦	Wheat	3849.60	3924.31	-74.71	-1.9
大麦	Barley	3392.40	3565.43	-173.03	-4.9
蚕豌豆	Broad Bean and Peas	1708.85	1757.50	-48.65	-2.8
薯类	Tubers	2918.66	2931.49	-12.83	-0.4
马铃薯	Potato	2918.66	2931.49	-12.83	-0.4
秋收粮食	Autumn Grain	7148.09	6952.89	195.20	2.8
谷物	Cereals	7450.78	7258.86	191.92	2.6
早稻	Early-season rice	5964.30	5787.34	176.96	3.1
中稻	Semilate rice	9577.96	9278.98	298.98	3.2
双季晚稻	Double-crop Late rice	6830.98	6828.15	2.83	0.0
玉米	Corn//Maize	4839.60	4571.28	268.32	5.9
豆类	Beans	2021.11	2294.68	-273.57	-11.9
大豆	Soybean	2113.36	2419.62	-306.26	-12.7
绿豆	Green Geans	1324.50	1317.83	6.67	0.5
红小豆	Red Bean	486.30	495.05	-8.75	-1.8
薯类	Tubers	3691.65	3226.19	465.46	14.4
马铃薯	Potato	4373.10	4060.39	312.71	7.7
油料作物	Oil-bearing Crops	2228.07	2215.43	12.64	0.6
花生	Peanuts	3410.34	3479.09	-68.75	-2.0
油菜籽	Rapeseeds	2071.11	2059.42	11.69	0.6
芝麻	Sesames	1680.65	1616.24	64.41	4.0
棉花	Cotton	1124.12	1042.63	81.49	7.8
麻类	Fiber Crops	2475.00	2504.95	-29.95	-1.2
苎麻	Ramee	2476.54	2485.15	-8.61	-0.3
甘蔗	Sugar Cane	37818.09	40013.16	-2195.07	-5.5
烟叶	Tobacco	1823.44	1911.06	-87.62	-4.6
烤烟	Flue-cured Tobacco	1791.99	1836.73	-44.74	-2.4
蔬菜(含菜用瓜)	Vegetables	31757.18	31286.75	470.43	1.5

2-5 分品种主要农作物播种面积(2000-2015年)

单位：千公顷

指 标	Item	2000	2003	2004	2005	2006
农作物总播种面积	**Total Sown Area of Farm Crops**	**7584.10**	**7138.30**	**7155.90**	**7279.40**	**6900.60**
粮食作物总计	Grain Crops	4156.16	3557.80	3712.33	3926.82	3902.27
夏收粮食	Summer Grain	1203.42	965.00	942.22	1052.12	1244.83
谷物	Cereals	893.03	665.19	653.67	766.38	1062.26
小麦	Wheat	845.10	603.20	602.90	716.20	1016.93
大麦	Barley		61.00	49.70	49.10	43.91
蚕豌豆	Broad Bean and Peas	92.79	94.85	85.29	83.78	67.76
马铃薯	Potato	217.60	204.96	203.26	201.96	114.81
秋收粮食	Autumn Grain	2952.70	2592.70	2770.11	2874.70	2657.44
谷物	Cereals	2436.72	2155.21	2350.39	2472.26	2411.41
稻谷	Rice	1995.30	1805.10	1989.60	2077.40	1975.07
早稻	Early-season rice	393.50	298.00	351.10	365.00	342.38
中稻	Semilate rice	1097.60	1132.50	1215.40	1282.30	1230.91
双季晚稻	Double-crop Late rice	504.20	374.60	423.10	430.10	401.78
玉米	Corn//Maize	424.10	341.10	357.50	389.60	431.93
谷子	Millet	4.20	2.40	0.90	0.60	0.30
高粱	Jowar	7.30	4.70	2.20	3.10	3.50
豆类	Beans	266.01	230.05	218.82	206.23	142.17
大豆	Soybean	224.80	195.00	183.80	178.70	118.40
绿豆	Green Geans		28.60	24.50	23.20	18.79
薯类	Tubers	250.01	207.44	200.90	196.21	103.86
马铃薯	Potato	13.66	22.13	6.94	13.24	8.39
油料作物	Oil-bearing Crops	1503.40	1506.00	1476.00	1460.20	1244.90
花生	Peanuts	193.40	201.10	173.00	171.70	140.10
油菜籽	Rapeseeds	1158.90	1174.60	1186.10	1178.70	1001.20
芝麻	Sesames	143.80	124.00	111.20	102.50	97.20
棉花	Cotton	318.10	355.00	408.30	390.30	496.40
麻类	Fiber Crops	22.80	25.80	23.30	23.60	24.80
黄红麻	Jute and Ambary Hemp	3.10	3.00	1.40	1.00	0.70
甘蔗	Sugar Cane	22.20	17.20	10.00	10.00	3.70
烟叶	Tobacco	74.60	55.10	55.60	58.40	35.70
烤烟	Flue-cured Tobacco	48.10	39.50	39.90	43.70	26.50
蔬菜(含菜用瓜)	Vegetables	968.60	1086.90	1021.10	1004.80	817.60

Total Sown Areas of Farm Crops by Type (2000-2015)

(1000 hectares)

2007	2008	2009	2010	2011	2012	2013	2014	2015
7030.00	**7298.30**	**7527.50**	**7997.60**	**8009.57**	**8078.90**	**8106.20**	**8112.30**	**7952.36**
3981.43	3906.69	4012.53	4068.37	4122.07	4180.05	4258.40	4370.34	4466.03
1306.45	1207.75	1227.25	1266.50	1304.26	1348.49	1392.93	1380.85	1389.92
1139.57	1031.04	1022.76	1029.25	1038.83	1089.13	1118.29	1099.85	1122.74
1096.25	1000.57	993.36	1000.11	1013.61	1065.50	1094.80	1074.33	1093.43
42.15	29.78	28.63	28.38	24.54	23.13	22.99	24.99	28.78
65.57	70.37	66.28	63.99	64.28	61.05	58.48	63.67	36.46
101.32	106.33	138.21	173.26	201.15	198.31	216.16	217.33	230.72
2674.98	2698.95	2785.28	2801.87	2817.81	2831.56	2865.46	2989.49	3076.11
2420.05	2452.77	2556.08	2572.75	2588.87	2613.62	2676.55	2788.07	2877.89
1978.82	1978.94	2045.08	2038.17	2036.16	2017.88	2101.15	2143.95	2188.46
343.17	341.11	357.38	358.60	346.37	351.77	385.61	412.40	423.00
1233.39	1228.21	1271.44	1262.35	1281.58	1252.99	1265.65	1258.64	1283.04
402.26	409.62	416.26	417.22	408.21	413.12	449.89	472.91	482.42
436.34	470.40	507.28	531.38	549.66	593.34	573.47	642.38	687.85
0.30	0.10	0.10	0.10	0.06	0.03	0.04	0.03	0.03
2.90	3.00	3.16	2.90	2.99	2.37	1.89	1.70	1.56
137.05	136.43	129.48	128.09	126.45	116.61	101.80	109.95	111.32
114.75	112.31	105.37	101.98	101.63	95.31	86.67	98.90	100.26
18.22	19.50	17.96	20.61	20.22	17.56	11.88	9.03	9.21
117.88	109.77	99.72	101.03	102.49	101.33	87.11	91.47	86.90
18.18	21.17	17.83	18.24	19.18	22.72	21.35	22.19	22.54
1171.70	1365.60	1455.04	1448.70	1429.57	1501.50	1516.90	1542.50	1524.19
137.80	176.00	183.73	189.30	192.17	239.80	200.40	198.50	199.12
927.10	1089.61	1165.88	1159.70	1141.38	1167.30	1226.30	1248.70	1232.13
90.70	93.00	99.64	92.50	89.16	88.20	84.40	89.90	86.35
514.22	543.00	460.08	480.05	488.66	472.87	415.59	344.80	264.74
25.80	23.50	18.72	16.30	14.51	12.10	11.20	10.10	8.84
0.60	0.50	0.35	0.10	0.10	0.10	0.10	0.10	0.06
3.60	6.60	10.35	8.10	7.80	7.80	7.50	7.60	8.46
32.70	61.30	74.59	62.30	67.18	72.10	64.40	46.10	47.62
23.40	46.80	55.87	40.80	47.65	52.10	49.60	39.20	42.84
918.10	1015.96	1079.25	1020.84	1062.20	1138.70	1145.00	1173.50	1212.94

2-6 分品种主要农作物产量

单位：万吨

指 标	Item	2000	2003	2004	2005	2006	2007
粮食作物总计	Grain Crops	2218.53	1921.00	2100.12	2177.38	2099.10	2185.44
夏收粮食	Summer Grain	322.39	255.65	271.24	302.49	369.08	406.44
谷物	Cereals	243.89	180.81	190.77	223.50	325.53	366.74
小麦	Wheat	233.70	165.40	176.30	208.90	311.10	353.21
大麦	Barley		15.30	14.30	14.40	14.10	13.36
蚕豌豆	Broad Bean and Peas	16.93	15.96	16.52	16.97	13.36	13.00
马铃薯	Potato	61.57	58.88	63.95	62.02	30.19	26.70
秋收粮食	Autumn Grain	1896.14	1665.35	1828.88	1874.89	1730.02	1779.00
谷物	Cereals	1718.80	1511.29	1682.35	1732.67	1643.76	1693.30
稻谷	Rice	1497.26	1341.27	1501.68	1535.32	1437.90	1485.90
早稻	Early-season rice	217.50	162.33	198.52	206.87	192.00	194.46
中稻	Semilate rice	971.98	943.38	1052.13	1075.40	1012.00	1056.24
双季晚稻	Double-crop Late rice	307.78	235.56	251.03	253.05	233.90	235.16
玉米	Corn//Maize	216.70	167.50	179.10	194.90	203.80	205.08
谷子	Millet	1.00	0.40	0.30	0.20	0.20	0.30
高粱	Jowar	2.70	2.00	0.90	1.10	1.40	1.10
豆类	Beans	54.12	51.14	49.25	48.04	33.75	32.34
大豆	Soybean	45.80	44.70	40.50	43.40	26.60	25.54
绿豆	Green Geans		5.20	4.20	4.00	3.00	3.09
薯类	Tubers	123.22	102.92	97.28	94.18	52.51	53.36
马铃薯	Potato	7.80	10.02	3.45	6.08	6.81	11.40
油料作物	Oil-bearing Crops	287.16	272.72	314.38	293.90	254.45	254.75
花生	Peanuts	65.71	68.37	63.19	60.19	48.40	48.60
油菜籽	Rapeseeds	198.49	187.10	235.12	219.15	191.83	193.30
芝麻	Sesames	21.54	16.28	15.38	13.67	13.52	12.10
棉花	Cotton	30.43	32.50	39.54	37.50	55.20	55.73
麻类	Fiber Crops	5.15	5.68	5.10	4.86	5.37	5.32
黄红麻	Jute and Ambary Hemp	1.83	1.24	0.57	0.34	0.26	0.21
甘蔗	Sugar Cane	101.66	75.97	46.27	42.90	16.20	14.90
烟叶	Tobacco	13.73	9.34	9.82	11.14	6.82	5.90
烤烟	Flue-cured Tobacco	8.22	6.27	6.56	7.88	4.85	3.90
蔬菜(含菜用瓜)	Vegetables		3141.78	2996.21	2916.91	2648.93	2655.35

Output of Farm Crops by Type

(10000 tons)

2008	2009	2010	2011	2012	2013	2014	2015
2227.23	2309.10	2315.80	2388.53	2441.81	2501.30	2584.16	2703.28
386.24	398.54	420.62	425.84	447.44	501.00	505.60	504.45
338.95	342.42	353.72	354.58	380.52	425.73	430.70	430.88
329.19	331.67	343.07	344.78	370.78	416.80	421.60	420.93
9.64	10.62	10.47	9.63	9.54	8.70	8.91	9.76
14.91	14.67	14.01	11.97	8.94	10.43	11.19	6.23
32.38	41.45	52.89	59.29	57.98	64.84	63.71	67.34
1840.99	1910.56	1895.18	1962.69	1994.37	2000.30	2078.56	2198.83
1762.26	1837.42	1820.41	1894.58	1935.08	1948.19	2023.82	2144.25
1533.70	1591.92	1557.81	1616.91	1651.38	1676.63	1729.47	1810.72
198.43	208.32	199.63	197.06	208.87	222.75	238.67	252.29
1089.24	1132.76	1102.79	1169.75	1170.87	1153.60	1167.89	1228.89
246.05	250.84	255.39	250.10	271.64	300.28	322.91	329.54
226.42	244.12	261.02	276.20	282.56	270.75	293.65	332.89
0.10	0.01		0.04	0.02	0.02	0.01	0.01
1.20	1.29	1.40	1.43	1.12	0.78	0.70	0.63
30.07	29.78	30.25	27.57	23.27	21.28	25.23	22.50
25.98	25.59	25.68	23.87	20.56	19.58	23.93	21.19
3.33	3.78	3.51	3.10	2.51	1.54	1.19	1.22
48.66	43.36	44.52	40.54	36.02	30.84	29.51	32.08
9.12	8.55	8.71	8.82	10.51	9.25	9.01	9.86
285.74	314.05	311.80	304.72	319.66	333.17	341.73	339.60
57.50	62.62	64.45	68.74	74.34	68.11	69.06	67.91
214.89	236.51	232.57	220.39	230.03	250.47	257.16	255.19
12.69	14.21	13.93	14.59	14.36	13.60	14.53	14.51
51.34	48.05	47.18	52.58	54.53	45.97	35.95	29.76
4.76	3.82	3.26	2.89	2.64	2.61	2.53	2.19
0.22	0.14	0.07	0.03	0.02	0.01	0.01	0.01
26.47	34.43	32.36	32.49	31.08	28.72	30.41	31.99
11.80	15.21	12.38	14.10	14.61	12.70	8.81	8.68
8.72	10.90	7.83	9.65	9.91	9.46	7.20	7.68
2890.65	2979.57	3131.50	3358.60	3506.38	3578.30	3671.50	3851.96

2-7 分品种主要农作物单位面积产量

单位：公斤/公顷

指　标	Item	2000	2003	2004	2005	2006	2007
粮食作物总计	Grain Crops	5337.93	5399.40	5657.15	5544.89	5379.18	5489.08
夏收粮食	Summer Grain	2678.95	2649.22	2878.73	2875.05	2964.90	3111.03
谷物	Cereals	2731.04	2718.17	2918.45	2916.31	3064.50	3218.23
小麦	Wheat	2765.35	2742.04	2924.20	2916.78	3059.21	3221.98
大麦	Barley		2508.20	2877.26	2932.79	3211.11	3169.63
蚕豌豆	Broad Bean and Peas	1824.55	1682.66	1936.92	2025.54	1971.66	1982.61
马铃薯	Potato	2829.50	2872.76	3146.22	3070.91	2629.56	2635.22
秋收粮食	Autumn Grain	6421.63	6423.23	6602.19	6522.04	6510.10	6650.52
谷物	Cereals	7053.74	7012.26	7157.75	7008.45	6816.59	6996.96
稻谷	Rice	7503.93	7430.45	7547.65	7390.58	7280.25	7509.02
早稻	Early-season rice	5527.32	5447.32	5654.23	5667.67	5607.80	5666.58
中稻	Semilate rice	8855.50	8330.07	8656.66	8386.49	8221.56	8563.71
双季晚稻	Double-crop Late rice	6104.32	6288.31	5933.11	5883.52	5821.59	5845.97
玉米	Corn//Maize	5109.64	4910.58	5010.63	5002.82	4718.36	4700.00
谷子	Millet	2380.95	1666.67	3333.33	3333.33	7500.00	8214.30
高粱	Jowar	3698.63	4255.32	4090.91	3548.39	3971.40	3806.20
豆类	Beans	2034.51	2223.00	2250.71	2329.44	2373.92	2359.72
大豆	Soybean	2037.37	2292.31	2203.48	2428.65	2246.62	2225.71
绿豆	Green Geans		1818.18	1714.29	1724.14	1596.59	1695.94
薯类	Tubers	4928.60	4961.43	4842.21	4799.96	5055.84	4526.64
马铃薯	Potato	5710.10	4527.79	4971.18	4592.15	8116.81	6270.63
油料作物	Oil-bearing Crops	1910.07	1810.89	2129.95	2012.74	2043.94	2174.19
花生	Peanuts	3397.62	3399.80	3652.60	3505.53	3454.68	3526.85
油菜籽	Rapeseeds	1712.74	1592.88	1982.29	1859.25	1916.00	2085.00
芝麻	Sesames	1497.91	1312.90	1383.09	1333.66	1390.95	1334.07
棉花	Cotton	956.62	915.49	968.41	960.80	1112.01	1083.78
麻类	Fiber Crops	2258.77	2201.55	2188.84	2059.32	2165.32	2062.02
黄红麻	Jute and Ambary Hemp	5903.23	4133.33	4071.43	3400.00	3828.20	3615.30
甘蔗	Sugar Cane	45792.79	44168.60	46270.00	42900.00	43783.78	41388.89
烟叶	Tobacco	1840.48	1695.10	1766.19	1907.53	1910.36	1804.28
烤烟	Flue-cured Tobacco	1708.94	1587.34	1644.11	1803.20	1830.19	1666.67
蔬菜(含菜用瓜)	Vegetables		28905.88	29342.96	29029.76	32398.85	28922.23

Yield per Unit Area of Farm Crops by Type

(kg/hectare)

2008	2009	2010	2011	2012	2013	2014	2015
5701.07	5754.72	5692.21	5794.49	5841.58	5873.80	5912.95	6052.97
3198.01	3247.42	3321.12	3264.99	3318.08	3596.73	3661.51	3629.31
3287.46	3348.00	3436.68	3413.26	3493.80	3806.97	3915.99	3837.71
3290.02	3338.87	3430.32	3401.51	3479.87	3807.09	3924.31	3849.60
3237.07	3709.40	3689.22	3924.21	4124.51	3784.25	3565.43	3392.40
2118.80	2213.34	2189.40	1862.17	1464.37	1783.52	1757.50	1708.84
3045.24	2999.06	3052.64	2947.55	2923.71	2999.63	2931.49	2918.66
6821.13	6859.49	6763.98	6965.30	7043.36	6980.73	6952.89	7148.09
7184.77	7188.43	7075.74	7318.17	7403.83	7278.74	7258.86	7450.78
7750.11	7784.15	7643.18	7940.98	8183.70	7979.58	8066.75	8273.95
5817.19	5829.09	5566.93	5689.29	5937.69	5776.56	5787.34	5964.30
8868.52	8909.27	8736.01	9127.41	9344.61	9114.68	9278.98	9577.96
6006.79	6026.04	6121.23	6126.75	6575.33	6674.52	6828.15	6830.98
4813.35	4812.33	4912.12	5024.92	4762.19	4721.26	4571.28	4839.60
8333.30	1000.00	1666.70	6666.67	6666.70	5000.00	3333.33	3333.33
3828.40	4082.28	4793.10	4782.61	4725.70	4127.00	4093.60	4038.46
2204.06	2299.97	2361.62	2180.31	1995.54	2090.37	2294.68	2021.11
2313.24	2428.58	2518.14	2348.72	2157.17	2259.14	2419.62	2113.36
1707.69	2104.68	1703.06	1533.14	1429.38	1296.30	1317.83	1324.50
4432.91	4348.17	4406.61	3955.51	3554.72	3540.35	3226.19	3691.65
4307.98	4795.29	4775.22	4598.54	4625.88	4332.55	4060.39	4373.10
2092.41	2158.36	2152.27	2131.55	2129.00	2196.39	2215.43	2228.07
3267.05	3408.26	3404.65	3577.04	3100.10	3398.70	3479.09	3410.34
1972.17	2028.60	2005.43	1930.91	1970.60	2042.49	2059.42	2071.11
1364.52	1426.13	1505.95	1636.38	1628.30	1611.37	1616.24	1680.65
945.49	1044.38	982.81	1076.00	1153.17	1106.14	1042.63	1124.12
2025.53	2040.60	2000.00	1991.73	2187.10	2330.36	2504.95	2475.00
4482.00	4051.43	6209.10	3430.00	2722.20	1837.50	2485.15	2250.00
40106.06	33265.70	39950.62	41653.85	40100.00	38293.33	40013.16	37818.09
1924.96	2039.15	1987.16	2098.84	2025.50	1972.05	1911.06	1823.44
1863.25	1950.96	1919.12	2025.18	1903.70	1907.26	1836.73	1791.99
28452.40	27607.78	30675.72	31619.28	30793.10	31251.53	31286.75	31757.18

2-8 主要农作物播种面积比上年增长情况

单位：%

指 标	Item	2003	2004	2005	2006	2007
农作物总播种面积	**Total Sown Area of Farm Crops**	**-2.95**	**0.25**	**1.73**	**-5.20**	**1.88**
粮食作物总计	Grain Crops	-8.37	4.35	5.78	-0.63	2.03
夏收粮食	Summer Grain	-11.00	-2.36	11.66	18.32	4.95
谷物	Cereals	-13.18	-1.73	17.24	38.61	7.28
小麦	Wheat	-13.84	-0.05	18.79	41.99	7.80
大麦	Barley	-5.28	-18.52	-1.21	-10.57	-4.01
蚕豌豆	Broad Bean and Peas	-8.32	-10.08	-1.77	-19.12	-3.23
马铃薯	Potato	-4.54	-0.83	-0.64	-43.15	-11.75
秋收粮食	Autumn Grain	-7.35	6.84	3.78	-7.56	0.66
谷物	Cereals	-7.55	9.06	5.19	-2.46	0.36
稻谷	Rice	-6.57	10.22	4.41	-4.92	0.19
早稻	Early-season rice	-4.52	17.82	3.96	-6.20	0.23
中稻	Semilate rice	-6.77	7.32	5.50	-4.01	0.20
双季晚稻	Double-crop Late rice	-7.55	12.95	1.65	-6.58	0.12
玉米	Corn//Maize	-12.72	4.81	8.98	10.86	1.02
谷子	Millet	50.00	-62.50	-33.33	-50.00	
高粱	Jowar	-6.00	-53.19	40.91	12.90	-17.14
豆类	Beans	-7.81	-4.88	-5.75	-31.06	-3.60
大豆	Soybean	-9.43	-5.74	-2.77	-33.74	-3.08
绿豆	Green Geans	4.00	-14.34	-5.31	-19.01	-3.03
薯类	Tubers	-4.71	-3.15	-2.33	-47.07	13.50
马铃薯	Potato	17.34	-68.64	90.78	-36.63	116.69
油料作物	Oil-bearing Crops	-0.09	-1.99	-1.07	-14.74	-5.88
花生	Peanuts	-2.38	-13.97	-0.75	-18.40	-1.64
油菜籽	Rapeseeds	1.67	0.98	-0.62	-15.06	-7.40
芝麻	Sesames	-10.73	-10.32	-7.82	-5.17	-6.69
棉花	Cotton	21.16	15.01	-4.41	27.18	3.59
麻类	Fiber Crops	-7.86	-9.69	1.29	5.08	4.03
黄红麻	Jute and Ambary Hemp	-41.18	-53.33	-28.57	-30.00	-14.29
甘蔗	Sugar Cane	-10.42	-41.86		-63.00	-2.70
烟叶	Tobacco	-9.52	0.91	5.04	-38.87	-8.40
烤烟	Flue-cured Tobacco	-7.93	1.01	9.52	-39.36	-11.70
蔬菜(含菜用瓜)	Vegetables	1.66	-6.05	-1.60	-18.63	12.29

Rate of Increase over Preceding Year of Total Sown Areas of Farm Crops

(%)

2008	2009	2010	2011	2012	2013	2014	2015
3.82	**3.14**	**6.25**	**0.15**	**0.87**	**0.34**	**0.08**	**-1.97**
-1.88	2.71	1.39	1.32	1.41	1.87	2.63	2.19
-7.55	1.61	3.20	2.98	3.39	3.30	-0.87	0.66
-9.52	-0.80	0.63	0.93	4.84	2.68	-1.65	2.08
-8.73	-0.72	0.68	1.35	5.12	2.75	-1.87	1.78
-29.35	-3.86	-0.87	-13.53	-5.75	-0.61	8.70	15.17
7.32	-5.81	-3.46	0.45	-5.02	-4.21	8.87	-42.74
4.94	29.98	25.36	16.10	-1.41	9.00	0.54	6.16
0.90	3.20	0.60	0.57	0.49	1.20	4.33	2.90
1.35	4.21	0.65	0.63	0.96	2.41	4.17	3.22
0.01	3.34	-0.34	-0.10	-0.90	4.13	2.04	2.08
-0.60	4.77	0.34	-3.41	1.56	9.62	6.95	2.57
-0.42	3.52	-0.71	1.52	-2.23	1.01	-0.55	1.94
1.83	1.62	0.23	-2.16	1.20	8.90	5.12	2.01
7.81	7.84	4.75	3.44	7.95	-3.35	12.02	7.08
-66.67			-40.00	-50.00	33.33	-25.00	
3.45	5.33	-8.23	3.10	-20.74	-20.25	-10.05	-8.24
-0.45	-5.09	-1.07	-1.28	-7.78	-12.70	8.01	1.25
-2.13	-6.18	-3.22	-0.34	-6.22	-9.07	14.11	1.38
7.03	-7.90	14.76	-1.89	-13.16	-32.35	-23.99	2.03
-6.88	-9.16	1.31	1.45	-1.13	-14.03	5.01	-5.00
16.45	-15.78	2.30	5.15	18.46	-6.03	3.93	1.58
16.55	6.55	-0.44	-1.32	5.03	1.03	1.69	-1.19
27.72	4.39	3.03	1.52	24.79	-16.43	-0.95	0.31
17.53	7.00	-0.53	-1.58	2.27	5.05	1.83	-1.33
2.54	7.14	-7.17	-3.61	-1.08	-4.31	6.52	-3.95
5.60	-15.27	4.34	1.79	-3.23	-12.11	-17.03	-23.22
-8.91	-20.34	-12.93	-10.98	-16.61	-7.44	-9.82	-12.48
-16.67	-30.00	-71.43					-40.00
83.33	56.82	-21.74	-3.70		-3.85	1.33	11.32
87.46	21.68	-16.48	7.83	7.32	-10.68	-28.42	3.30
100.00	19.38	-26.97	16.79	9.34	-4.80	-20.97	9.29
10.66	6.23	-5.41	4.06	7.20	0.55	2.49	3.36

2-9 主要农作物产量比上年增长情况

单位：%

指　　标	Item	2003	2004	2005	2006	2007
粮食作物总计	Grain Crops	-6.16	9.32	3.68	-3.60	4.11
夏收粮食	Summer Grain	10.07	6.10	11.52	22.01	10.12
谷物	Cereals	10.40	5.51	17.16	45.65	12.66
小麦	Wheat	9.39	6.59	18.49	48.92	13.54
大麦	Barley	22.40	-6.54	0.70	-2.08	-5.25
蚕豌豆	Broad Bean and Peas	1.01	3.51	2.72	-21.27	-2.69
马铃薯	Potato	11.73	8.61	-3.02	-51.32	-11.56
秋收粮食	Autumn Grain	-8.23	9.82	2.52	-7.73	2.83
谷物	Cereals	-8.93	11.32	2.99	-5.13	3.01
稻谷	Rice	-8.74	11.96	2.24	-6.35	3.34
早稻	Early-season rice	1.66	22.29	4.21	-7.19	1.28
中稻	Semilate rice	-11.06	11.53	2.21	-5.90	4.37
双季晚稻	Double-crop Late rice	-5.55	6.57	0.80	-7.57	0.54
玉米	Corn//Maize	-10.62	6.94	8.81	4.56	0.63
谷子	Millet		-25.00	-33.33		50.00
高粱	Jowar	53.85	-55.00	22.22	27.27	-21.43
豆类	Beans	4.56	-3.70	-2.46	-29.75	-4.18
大豆	Soybean	5.92	-9.40	7.16	-38.71	-3.98
绿豆	Green Geans	-5.45	-19.23	-4.76	-25.00	3.00
薯类	Tubers	-3.24	-5.48	-3.19	-44.25	1.62
马铃薯	Potato	49.11	-65.57	76.23	12.01	67.40
油料作物	Oil-bearing Crops	11.18	15.28	-6.51	-13.42	0.12
花生	Peanuts	-5.37	-7.58	-4.75	-19.59	0.41
油菜籽	Rapeseeds	23.58	25.67	-6.79	-12.47	0.77
芝麻	Sesames	-21.62	-5.53	-11.12	-1.10	-10.50
棉花	Cotton	0.74	21.66	-5.16	47.20	0.96
麻类	Fiber Crops	-13.15	-10.21	-4.71	10.49	-0.93
黄红麻	Jute and Ambary Hemp	-48.97	-54.03	-40.35	-23.53	-19.23
甘蔗	Sugar Cane	-17.34	-39.09	-7.28	-62.24	-8.02
烟叶	Tobacco	-13.68	5.14	13.44	-38.78	-13.49
烤烟	Flue-cured Tobacco	-13.16	4.63	20.12	-38.45	-19.59
蔬菜(含菜用瓜)	Vegetables	2.93	-4.63	-2.65	-9.19	0.24

Rate of Increase over Preceding Year of Output of Farm Crops

(%)

2008	2009	2010	2011	2012	2013	2014	2015
1.91	3.68	0.29	3.14	2.23	2.44	3.31	4.61
-4.97	3.18	5.54	1.24	5.07	11.97	0.92	-0.23
-7.58	1.02	3.30	0.24	7.32	11.88	1.17	0.04
-6.80	0.75	3.44	0.50	7.54	12.41	1.15	-0.16
-27.84	10.17	-1.41	-8.02	-0.93	-8.81	2.41	9.58
14.69	-1.61	-4.50	-14.56	-25.31	16.67	7.29	-44.33
21.27	28.01	27.60	12.10	-2.21	11.83	-1.74	5.70
3.48	3.78	-0.80	3.56	1.61	0.30	3.91	5.79
4.07	4.26	-0.93	4.07	2.14	0.68	3.88	5.95
3.22	3.80	-2.14	3.79	2.13	1.53	3.15	4.70
2.04	4.98	-4.17	-1.29	5.99	6.65	7.15	5.71
3.12	4.00	-2.65	6.07	0.10	-1.47	1.24	5.22
4.63	1.95	1.81	-2.07	8.61	10.54	7.54	2.05
10.41	7.82	6.92	5.82	2.30	-4.18	8.46	13.36
-66.67	-90.00	-100.00		-50.00		-50.00	
9.09	7.50	8.53	2.14	-21.68	-30.36	-10.26	-10.00
-7.02	-0.96	1.58	-8.86	-15.60	-8.55	18.56	-10.82
1.72	-1.50	0.35	-7.05	-13.87	-4.77	22.22	-11.46
7.77	13.51	-7.14	-11.68	-19.03	-38.65	-22.73	2.55
-8.81	-10.89	2.68	-8.94	-11.15	-14.38	-4.31	8.71
-20.00	-6.25	1.87	1.26	19.16	-11.99	-2.59	9.40
12.16	9.91	-0.72	-2.27	4.90	4.23	2.57	-0.62
18.31	8.90	2.92	6.66	8.15	-8.38	1.39	-1.67
11.17	10.06	-1.67	-5.24	4.36	8.89	2.67	-0.77
4.88	11.98	-1.97	4.74	-1.58	-5.29	6.84	-0.12
-7.88	-6.41	-1.81	11.45	3.71	-15.70	-21.80	-17.22
-10.53	-19.75	-14.66	-11.35	-8.65	-1.14	-3.07	-13.52
4.76	-36.36	-50.00	-57.14	-33.33	-50.00		35.00
77.65	30.07	-6.01	0.40	-4.34	-7.59	5.88	5.21
100.00	28.90	-18.61	13.89	3.62	-13.07	-30.63	-1.44
123.59	25.00	-28.17	23.24	2.69	-4.54	-23.89	6.62
8.86	3.08	5.10	7.25	4.40	2.05	2.60	4.92

2-10 主要农作物单位面积产量同比上年增减

单位：%

指　　标	Item	2003	2004	2005	2006	2007
粮食作物总计	Grain Crops	2.42	4.77	-1.98	-2.99	2.04
夏收粮食	Summer Grain	23.67	8.66	-0.13	3.13	4.93
谷物	Cereals	27.16	7.37	-0.07	5.08	5.02
小麦	Wheat	26.96	6.64	-0.25	4.88	5.32
大麦	Barley	29.22	14.71	1.93	9.49	-1.29
蚕豌豆	Broad Bean and Peas	10.18	15.11	4.58	-2.66	0.56
马铃薯	Potato	17.04	9.52	-2.39	-14.37	0.21
秋收粮食	Autumn Grain	-0.95	2.79	-1.21	-0.18	2.16
谷物	Cereals	-1.49	2.07	-2.09	-2.74	2.65
稻谷	Rice	-2.33	1.58	-2.08	-1.49	3.14
早稻	Early-season rice	6.47	3.80	0.24	-1.06	1.05
中稻	Semilate rice	-4.61	3.92	-3.12	-1.97	4.16
双季晚稻	Double-crop Late rice	2.17	-5.65	-0.84	-1.05	0.42
玉米	Corn//Maize	2.40	2.04	-0.16	-5.69	-0.39
谷子	Millet	-33.33	100.00		125.00	9.52
高粱	Jowar	63.67	-3.86	-13.26	11.92	-4.16
豆类	Beans	13.42	1.25	3.50	1.91	-0.60
大豆	Soybean	16.95	-3.87	10.22	-7.50	-0.93
绿豆	Green Geans	-9.09	-5.71	0.57	-7.40	6.22
薯类	Tubers	1.54	-2.40	-0.87	5.33	-10.47
马铃薯	Potato	27.07	9.79	-7.62	76.75	-22.75
油料作物	Oil-bearing Crops	11.28	17.62	-5.50	1.55	6.37
花生	Peanuts	-3.06	7.44	-4.03	-1.45	2.09
油菜籽	Rapeseeds	21.55	24.45	-6.21	3.05	8.82
芝麻	Sesames	-12.20	5.35	-3.57	4.30	-4.09
棉花	Cotton	-16.85	5.78	-0.79	15.74	-2.54
麻类	Fiber Crops	-5.74	-0.58	-5.92	5.15	-4.77
黄红麻	Jute and Ambary Hemp	-13.25	-1.50	-16.49	12.59	-5.56
甘蔗	Sugar Cane	-7.73	4.76	-7.28	2.06	-5.47
烟叶	Tobacco	-4.59	4.19	8.00	0.15	-5.55
烤烟	Flue-cured Tobacco	-5.68	3.58	9.68	1.50	-8.93
蔬菜(含菜用瓜)	Vegetables	1.25	1.51	-1.07	11.61	-10.73

Rate of Increase over Preceding Year of Yield per Unit Area of Farm Crops

(%)

2008	2009	2010	2011	2012	2013	2014	2015
3.86	0.94	-1.09	1.80	0.81	0.55	0.67	2.37
2.80	1.55	2.27	-1.69	1.63	8.40	1.80	-0.88
2.15	1.84	2.65	-0.68	2.36	8.96	2.86	-2.00
2.11	1.48	2.74	-0.84	2.30	9.40	3.08	-1.90
2.13	14.59	-0.54	6.37	5.10	-8.25	-5.78	-4.85
6.87	4.46	-1.08	-14.95	-21.36	21.79	-1.46	-2.77
15.56	-1.52	1.79	-3.44	-0.81	2.60	-2.27	-0.44
2.57	0.56	-1.39	2.98	1.12	-0.89	-0.40	2.81
2.68	0.05	-1.57	3.43	1.17	-1.69	-0.27	2.64
3.21	0.44	-1.81	3.90	3.06	-2.49	1.09	2.57
2.66	0.20	-4.50	2.20	4.37	-2.71	0.19	3.06
3.56	0.46	-1.94	4.48	2.38	-2.46	1.80	3.22
2.75	0.32	1.58	0.09	7.32	1.51	2.30	0.04
2.41	-0.02	2.07	2.30	-5.23	-0.86	-3.18	5.87
1.45	-88.00	66.67	299.99		-25.00	-33.33	0.00
0.58	6.63	17.41	-0.22	-1.19	-12.67	-0.81	-1.35
-6.60	4.35	2.68	-7.68	-8.47	4.75	9.77	-11.92
3.93	4.99	3.69	-6.73	-8.16	4.73	7.10	-12.66
0.69	23.25	-19.08	-9.98	-6.77	-9.31	1.66	0.51
-2.07	-1.91	1.34	-10.24	-10.13	-0.40	-8.87	14.43
-31.30	11.31	-0.42	-3.70	0.59	-6.34	-6.28	7.70
-3.76	3.15	-0.28	-0.96	-0.12	3.17	0.87	0.57
-7.37	4.32	-0.11	5.06	-13.33	9.63	2.37	-1.98
-5.41	2.86	-1.14	-3.72	2.06	3.65	0.83	0.57
2.28	4.52	5.60	8.66	-0.49	-1.04	0.30	3.99
-12.76	10.46	-5.90	9.48	7.17	-4.08	-5.74	7.81
-1.77	0.74	-1.99	-0.41	9.81	6.55	7.49	-1.20
23.97	-9.61	53.26	-44.76	-20.64	-32.50	35.25	-9.46
-3.10	-17.06	20.10	4.26	-3.73	-4.51	4.49	-5.49
6.69	5.93	-2.55	5.62	-3.49	-2.64	-3.09	-4.59
11.79	4.71	-1.63	5.53	-6.00	0.19	-3.70	-2.44
-1.62	-2.97	11.11	3.08	-2.61	1.49	0.11	1.50

2-11 产粮大县全年粮食总产量(2015)

The Grain Yield of the Major Grain Producing Counties(2015)

单位：千公顷、万吨、公斤/公顷 (1000 hectares,10000 tons,kg/hectare)

地 区	Region	播种面积 Sown Area	总产量 Total Yield	单位面积产量 Unit Yield
蔡甸区	Caidian	23.01	13.31	5783.27
江夏区	Jiangxia	44.58	29.21	6551.66
黄陂区	Huangpi	69.39	46.05	6636.49
新洲区	Xinzhou	59.58	32.40	5438.17
阳新县	Yangxin	76.33	35.44	4642.98
竹山县	Zhushan	48.80	22.98	4709.02
竹溪县	Zhuxi	43.60	23.57	5405.96
郧阳区	Yunyang	58.43	23.23	3975.70
夷陵区	Yiling	42.12	21.87	5193.20
当阳市	Dangyang	74.08	54.73	7387.96
枝江市	Zhijiang	57.76	35.46	6139.20
襄阳市直	Xiangyang	55.00	37.08	6741.82
襄州	Xiangzhou	190.76	136.46	7153.49
南漳县	Nanzhang	75.71	45.17	5966.19
谷城县	Gucheng	52.22	28.05	5371.51
老河口市	Laohekou	61.41	37.42	6093.47
枣阳市	Zaoyang	203.69	136.81	6716.58
宜城市	Yicheng	91.60	69.75	7614.63
鄂州市直	Ezhou	61.52	36.74	5971.41
荆门市直	Jingmen	40.29	26.83	6659.92
京山县	Jingshan	121.68	74.94	6158.78
沙洋县	Shayang	107.88	85.59	7933.67
钟祥市	Zhongxiang	114.20	90.82	7952.71
孝南区	Xiaonan	44.23	22.15	5008.18
孝昌区	Xiaochang	48.50	27.50	5670.91
大悟县	Dawu	42.49	29.35	6908.06
云梦县	Yunmeng	36.85	22.53	6112.56
应城市	Yingcheng	59.87	37.32	6233.51
安陆市	Anlu	54.12	35.10	6485.42
汉川市	Hanchuan	81.47	56.63	6951.01
荆州市直	Jingzhou	61.60	30.93	5021.50
公安县	Gongan	103.37	69.88	6760.39

2-11 续表 Continued

单位：千公顷、万吨、公斤/公顷 (1000 hectares,10000 tons,kg/hectare)

地 区	Region	播种面积 Sown Area	总产量 Total Yield	单位面积产量 Unit Yield
监利县	Jianli	189.22	146.20	7726.74
江陵县	Jiangling	50.41	29.64	5879.99
石首市	Shishou	43.63	23.69	5429.59
洪湖市	Honghu	96.16	73.40	7632.51
松滋市	Songzi	74.06	37.00	4995.25
团风县	Tuanfeng	28.45	13.51	4748.89
红安县	Hong'an	56.45	23.65	4189.53
罗田县	Luotian	41.35	25.98	6283.14
英山县	Yingshan	31.58	14.50	4591.88
浠水县	Xishui	69.64	51.62	7412.39
蕲春县	Qichun	77.86	53.67	6893.87
黄梅县	huangmei	80.89	53.44	6606.29
麻城市	Macheng	84.38	56.14	6653.32
武穴市	Wuxue	59.82	33.66	5627.13
咸安区	Xian'an	37.98	19.59	5158.30
嘉鱼县	Jiayu	33.19	18.72	5640.59
通城县	Tongcheng	35.43	19.08	5385.76
崇阳县	Chongyang	44.67	20.68	4630.40
赤壁市	Chibi	43.08	22.25	5164.99
随县	Suixian	144.16	93.74	6502.50
曾都区	Zengdu	41.90	26.69	6369.93
广水市	Guangshui	60.60	42.99	7094.06
恩施市	Enshi	73.38	23.72	3232.49
利川市	Lichuan	102.00	37.28	3654.90
建始县	Jianshi	57.65	23.66	4104.08
巴东县	Badong	61.78	22.96	3716.41
咸丰县	Xianfeng	48.77	23.61	4841.09
仙桃市	Xiantao	111.14	83.71	7531.77
潜江市	Qianjiang	77.04	53.49	6943.48
天门市	Tianmen	135.27	75.30	5566.52

2-12 产粮大县夏收粮食产量(2015)

The Grain Yield of the Major Grain Producing Counties in the Summer(2015)

单位：千公顷、万吨、公斤/公顷 (1000 hectares,10000 tons,kg/hectare)

地 区	Region	播种面积 Sown Area	总产量 Total Yield	单位面积产量 Unit Yield
蔡甸区	Caidian	4.51	1.31	2900.35
江夏区	Jiangxia	4.71	0.86	1818.94
黄陂区	Huangpi	7.75	1.52	1962.00
新洲区	Xinzhou	11.06	2.60	2350.22
阳新县	Yangxin	8.91	2.08	2333.66
竹山县	Zhushan	14.21	5.43	3821.25
竹溪县	Zhuxi	12.58	4.82	3831.48
郧阳区	Yunyang	25.10	8.90	3545.82
夷陵区	Yiling	8.00	2.78	3478.64
当阳市	Dangyang	19.98	9.86	4934.93
枝江市	Zhijiang	18.79	6.19	3294.31
襄阳市直	Xiangyang	27.42	15.74	5740.34
襄州	Xiangzhou	105.57	69.41	6574.78
南漳县	Nanzhang	35.94	16.09	4476.91
谷城县	Gucheng	23.68	9.61	4058.28
老河口市	Laohekou	32.08	18.10	5642.14
枣阳市	Zaoyang	104.54	69.52	6650.09
宜城市	Yicheng	41.68	28.95	6945.78
鄂州市直	Ezhou	8.58	2.60	3027.09
荆门市直	Jingmen	10.55	4.40	4172.30
京山县	Jingshan	45.80	15.98	3489.08
沙洋县	Shayang	29.84	13.32	4463.50
钟祥市	Zhongxiang	37.40	17.60	4705.88
孝南区	Xiaonan	11.28	2.25	1996.12
孝昌区	Xiaochang	17.47	4.73	2710.01
大悟县	Dawu	14.72	4.12	2799.12
云梦县	Yunmeng	9.16	2.91	3171.97
应城市	Yingcheng	14.00	4.01	2864.29
安陆市	Anlu	20.20	7.46	3692.45
汉川市	Hanchuan	32.52	11.41	3508.59
荆州市直	Jingzhou	21.79	7.12	3268.53
公安县	Gongan	26.96	8.93	3312.84

2-12 续表 Continued

单位：千公顷、万吨、公斤/公顷 (1000 hectares,10000 tons,kg/hectare)

地 区	Region	播种面积 Sown Area	总产量 Total Yield	单位面积产量 Unit Yield
监利县	Jianli	24.51	7.62	3110.30
江陵县	Jiangling	15.00	5.35	3567.27
石首市	Shishou	5.45	1.49	2734.80
洪湖市	Honghu	25.22	9.84	3899.58
松滋市	Songzi	17.36	4.69	2699.14
团风县	Tuanfeng	4.12	1.26	3059.79
红安县	Hong'an	7.75	2.05	2644.97
罗田县	Luotian	11.88	3.56	2997.27
英山县	Yingshan	11.39	3.30	2898.22
浠水县	Xishui	6.43	1.88	2920.53
蕲春县	Qichun	10.43	3.72	3571.47
黄梅县	huangmei	20.58	4.88	2370.67
麻城市	Macheng	20.84	6.18	2965.17
武穴市	Wuxue	4.82	1.80	3736.19
咸安区	Xian'an	3.31	0.79	2387.00
嘉鱼县	Jiayu	5.63	1.49	2649.04
通城县	Tongcheng	3.67	0.48	1311.50
崇阳县	Chongyang	5.37	1.22	2277.64
赤壁市	Chibi	4.58	1.24	2709.83
随县	Suixian	67.32	31.14	4625.67
曾都区	Zengdu	21.86	9.05	4139.98
广水市	Guangshui	23.28	10.34	4441.58
恩施市	Enshi	27.28	6.40	2346.04
利川市	Lichuan	30.77	6.48	2105.95
建始县	Jianshi	23.14	6.19	2675.02
巴东县	Badong	21.37	6.08	2845.11
咸丰县	Xianfeng	15.76	2.65	1681.47
仙桃市	Xiantao	30.50	9.27	3038.61
潜江市	Qianjiang	29.96	10.42	3478.79
天门市	Tianmen	51.97	16.36	3147.79

2-13 产粮大县全年粮食产量(2015)
The Annual Grain Yield of the Major Grain Producing Counties(2015)

单位：千公顷、万吨、公斤/公顷 (1000 hectares,10000 tons,kg/hectare)

地区	Region	播种面积 Sown Area	总产量 Total Yield	单位面积产量 Unit Yield
蔡甸区	Caidian	23.01	13.31	5783.27
江夏区	Jiangxia	44.58	29.21	6551.66
黄陂区	Huangpi	69.39	46.05	6636.49
新洲区	Xinzhou	59.58	32.40	5438.17
阳新县	Yangxin	76.33	35.44	4642.98
竹山县	Zhushan	48.80	22.98	4709.02
竹溪县	Zhuxi	43.60	23.57	5405.96
郧阳区	Yunyang	58.43	23.23	3975.70
夷陵区	Yiling	42.12	21.87	5193.20
当阳市	Dangyang	74.08	54.73	7387.96
枝江市	Zhijiang	57.76	35.46	6139.20
襄阳市直	Xiangyang	55.00	37.08	6741.82
襄州	Xiangzhou	190.76	136.46	7153.49
南漳县	Nanzhang	75.71	45.17	5966.19
谷城县	Gucheng	52.22	28.05	5371.51
老河口市	Laohekou	61.41	37.42	6093.47
枣阳市	Zaoyang	203.69	136.81	6716.58
宜城市	Yicheng	91.60	69.75	7614.63
鄂州市直	Ezhou	61.52	36.74	5971.41
荆门市直	Jingmen	40.29	26.83	6659.92
京山县	Jingshan	121.68	74.94	6158.78
沙洋县	Shayang	107.88	85.59	7933.67
钟祥市	Zhongxiang	114.20	90.82	7952.71
孝南区	Xiaonan	44.23	22.15	5008.18
孝昌区	Xiaochang	48.50	27.50	5670.91
大悟县	Dawu	42.49	29.35	6908.06
云梦县	Yunmeng	36.85	22.53	6112.56
应城市	Yingcheng	59.87	37.32	6233.51
安陆市	Anlu	54.12	35.10	6485.42
汉川市	Hanchuan	81.47	56.63	6951.01
荆州市直	Jingzhou	61.60	30.93	5021.50
公安县	Gongan	103.37	69.88	6760.39

2-13 续表 Continued

单位：千公顷、万吨、公斤/公顷 (1000 hectares,10000 tons,kg/hectare)

地 区	Region	播种面积 Sown Area	总产量 Total Yield	单位面积产量 Unit Yield
监利县	Jianli	189.22	146.20	7726.74
江陵县	Jiangling	50.41	29.64	5879.99
石首市	Shishou	43.63	23.69	5429.59
洪湖市	Honghu	96.16	73.40	7632.51
松滋市	Songzi	74.06	37.00	4995.25
团风县	Tuanfeng	28.45	13.51	4748.89
红安县	Hong'an	56.45	23.65	4189.53
罗田县	Luotian	41.35	25.98	6283.14
英山县	Yingshan	31.58	14.50	4591.88
浠水县	Xishui	69.64	51.62	7412.39
蕲春县	Qichun	77.86	53.67	6893.87
黄梅县	huangmei	80.89	53.44	6606.29
麻城市	Macheng	84.38	56.14	6653.32
武穴市	Wuxue	59.82	33.66	5627.13
咸安区	Xian'an	37.98	19.59	5158.30
嘉鱼县	Jiayu	33.19	18.72	5640.59
通城县	Tongcheng	35.43	19.08	5385.76
崇阳县	Chongyang	44.67	20.68	4630.40
赤壁市	Chibi	43.08	22.25	5164.99
随县	Suixian	144.16	93.74	6502.50
曾都区	Zengdu	41.90	26.69	6369.93
广水市	Guangshui	60.60	42.99	7094.06
恩施市	Enshi	73.38	23.72	3232.49
利川市	Lichuan	102.00	37.28	3654.90
建始县	Jianshi	57.65	23.66	4104.08
巴东县	Badong	61.78	22.96	3716.41
咸丰县	Xianfeng	48.77	23.61	4841.09
仙桃市	Xiantao	111.14	83.71	7531.77
潜江市	Qianjiang	77.04	53.49	6943.48
天门市	Tianmen	135.27	75.30	5566.52

2-14 主要畜禽生产情况
Number of Livestock or Poultry

指　标	Item	单位	Units	2007	2008	2009	2010
畜禽存栏	**Nunber of Livestock or Poultry in Stock**						
猪	Hogs	万头	10 000 heads	2290.60	2462.40	2546.10	2476.10
其中：能繁殖母猪	Sow	万头	10 000 heads		241.10	251.20	248.11
牛	Cattle and Buffaloes	万头	10 000 heads	313.80	317.50	334.00	325.99
羊	Sheep and Goats	万只	10 000 heads	344.43	376.20	413.20	401.66
活家禽	Poultry	万只	10 000 heads		26317.90	27828.60	27411.12
畜禽出栏	**Number of Slaughtered Livestock or Poultry**						
猪	Hogs	万头	10 000 heads	3131.60	3498.30	3735.50	3827.38
牛	Cattle and Buffaloes	万头	10 000 heads	109.60	112.40	118.90	123.08
羊	Sheep and Goats	万只	10 000 heads	431.43	461.20	494.00	509.34
活家禽	Poultry	万只	10 000 heads		39548.80	43551.10	46665.00
畜禽产品产量	**Output of Livestock or Poultry**						
猪肉	Pork	万吨	10 000 tons	235.20	260.40	279.90	286.95
牛肉	Beef	万吨	10 000 tons	15.70	16.10	17.00	17.69
羊肉	Mutton	万吨	10 000 tons	7.06	7.30	7.80	8.09
禽肉	Poultry	万吨	10 000 tons	50.70	55.60	61.40	65.80
禽蛋	Poultry Eggs	万吨	10 000 tons	110.30	124.10	128.90	132.59
牛奶	Cow Milk	万吨	10 000 tons	15.50	15.50	15.50	13.99

2-14 续表 Continued

指　标	Item	单位	Units	2011	2012	2013	2014	2015
畜禽存栏	**Nunber of Livestock or Poultry in Stock**							
猪	Hogs	万头	10 000 heads	2533.05	2543.18	2566.07	2550.67	2497.11
其中：能繁殖母猪	Sow	万头	10 000 heads	247.69	251.41	264.53	261.95	249.11
牛	Cattle and Buffaloes	万头	10 000 heads	320.50	333.64	344.07	352.25	361.33
羊	Sheep and Goats	万只	10 000 heads	421.98	435.06	462.91	469.89	465.70
活家禽	Poultry	万只	10 000 heads	29812.34	32520.29	33105.47	34987.66	35098.35
畜禽出栏	**Number of Slaughtered Livestock or Poultry**							
猪	Hogs	万头	10 000 heads	3871.38	4180.84	4356.43	4475.11	4363.23
牛	Cattle and Buffaloes	万头	10 000 heads	126.40	131.72	140.28	152.11	159.87
羊	Sheep and Goats	万只	10 000 heads	501.90	510.97	515.03	541.87	550.58
活家禽	Poultry	万只	10 000 heads	45885.14	49866.39	52210.11	51635.80	51222.71
畜禽产品产量	**Output of Livestock or Poultry**							
猪肉	Pork	万吨	10 000 tons	290.54	317.27	330.60	339.60	331.45
牛肉	Beef	万吨	10 000 tons	18.17	18.94	20.17	21.87	22.99
羊肉	Mutton	万吨	10 000 tons	8.02	8.15	8.22	8.61	8.81
禽肉	Poultry	万吨	10 000 tons	64.32	66.96	70.11	69.20	68.64
禽蛋	Poultry Eggs	万吨	10 000 tons	137.03	139.36	145.05	155.06	165.29
牛奶	Cow Milk	万吨	10 000 tons	14.22	15.34	15.40	16.10	16.85

注：2007年为第二次农业普查衔接。

Note: Data in 2007 comes from the second census of Agriculture.

2-15 生猪调出大县年末生猪存栏
Number of Hogs in Stock at End of Period by Regions

单位：万头 (10000 heads)

地 区	Region	2008	2009	2010	2011	2012	2013	2014	2015
江夏区	Jiangxia	43.68	45.89	53.23	56.97	58.05	60.25	59.96	58.83
黄陂区	Huangpi	66.49	44.29	46.28	47.24	48.51	51.57	52.05	52.37
大冶市	Daye			31.80	32.76	32.79	35.01	34.46	35.34
夷陵区	Yiling	45.29	45.43	48.98	50.32	51.02	54.18	55.16	53.77
宜都市	Yidu	38.59	48.13	46.94	45.28	46.00	47.83	47.13	46.03
当阳市	Dangyang	60.27	70.58	68.95	66.79	68.19	71.85	71.40	69.16
枝江市	Zhijiang	74.85	83.68	80.38	84.69	81.02	78.18	72.61	69.79
襄州区	Xiangzhou	58.03	51.97	51.40	51.92	51.35	51.76	52.68	52.87
南漳县	Nanzhang	38.45	41.62	48.62	51.24	52.22	51.43	52.57	52.82
老河口市	Laohekou		38.75	39.91	40.35	41.00	39.56	38.78	39.26
枣阳市	Zaoyang	68.19	67.77	66.50	65.65	63.20	63.93	64.29	62.35
宜城市	Yicheng	48.89	55.52	54.34	45.28	46.41	47.71	46.48	47.85
鄂州市	Ezhou	40.30	42.07	47.51	58.55	56.25	55.01	53.58	51.34
京山县	Jingshan	60.18	57.58	55.98	56.62	58.20	60.14	60.59	59.62
沙洋县	Shayang	46.53	50.40	49.45	48.07	49.42	46.85	48.90	48.11
钟祥市	Zhongxiang	83.11	96.83	91.56	80.86	76.70	79.24	76.66	76.41
安陆市	Anlu			38.29	39.44	39.52	39.04	38.96	40.24
公安县	Gong'an	45.13	43.20	52.27	54.48	54.36	55.81	55.50	53.62
监利县	Jianli		41.04	42.27	46.31	45.91	50.48	49.97	51.85
松滋市	Songzi	56.33	61.88	59.75	60.44	62.37	66.57	66.62	64.78
浠水县	Xishui			34.11	35.13	35.20	37.45	37.47	37.59
麻城市	Macheng			38.31	39.46	39.50	40.98	40.70	41.82
武穴市	Wuxue	52.00	56.86	65.00	64.71	64.71	67.02	67.11	67.62
通城县	Tongcheng	34.56	36.30	39.54	40.16	42.03	43.41	43.14	42.18
随县	Suixian			37.06	39.09	38.08	40.34	40.38	39.02
广水市	Guangshui			29.43	30.31	30.37	34.52	34.54	34.00
恩施市	Enshi	44.13	67.94	65.20	59.15	51.99	53.06	52.64	51.00
利川市	Lichuan			39.19	39.23	39.23	37.94	39.34	39.38
建始县	Jianshi			35.03	35.14	35.14	34.37	35.49	36.97
巴东县	Badong			39.62	39.78	39.78	38.39	37.95	37.34
仙桃市	Xiantao	58.35	49.28	48.39	48.63	49.45	52.84	53.11	51.95
潜江市	Qianjiang	39.46	37.93	46.77	53.02	54.02	58.29	57.86	56.32
天门市	Tianmen	53.18	69.09	66.77	65.41	66.24	70.21	68.55	65.67

2-16 生猪调出大县能繁殖母猪年末存栏
Number of Sows in Stock at End of Period by Regions

单位：万头 (10000 heads)

地 区	Region	2008	2009	2010	2011	2012	2013	2014	2015
江夏区	Jiangxia	4.57	4.82	5.14	5.40	5.49	6.11	6.13	6.09
黄陂区	Huangpi	3.36	4.13	4.73	4.38	4.44	5.05	5.03	4.97
大冶市	Daye			2.95	3.00	3.01	3.22	3.19	3.23
夷陵区	Yiling	5.85	5.50	5.88	5.25	5.32	5.93	5.95	5.72
宜都市	Yidu	3.06	3.31	3.24	4.09	4.21	4.32	4.26	4.10
当阳市	Dangyang	6.11	8.02	8.10	8.30	8.50	8.78	8.70	8.30
枝江市	Zhijiang	12.17	13.66	12.55	11.57	11.10	11.11	10.62	9.88
襄州区	Xiangzhou	6.35	6.44	6.36	6.12	5.97	6.47	6.48	6.41
南漳县	Nanzhang	4.55	4.90	5.07	5.70	5.82	6.21	6.25	6.26
老河口市	Laohekou		4.20	4.33	4.41	4.50	4.60	4.51	4.50
枣阳市	Zaoyang	6.89	7.76	7.41	7.12	7.22	7.12	7.14	6.82
宜城市	Yicheng	4.98	5.01	4.84	4.95	5.06	4.95	4.85	4.87
鄂州市	Ezhou	3.94	4.74	4.73	6.09	5.81	6.20	6.12	5.87
京山县	Jingshan	5.65	5.21	4.75	4.61	4.72	5.18	5.17	5.01
沙洋县	Shayang	3.86	5.04	4.86	4.76	4.80	5.01	4.91	4.66
钟祥市	Zhongxiang	9.34	9.69	9.35	7.86	7.97	8.01	7.83	7.58
安陆市	Anlu			3.82	3.89	3.90	3.87	3.82	3.89
公安县	Gong'an	2.55	3.60	4.63	4.56	4.58	5.16	5.17	4.92
监利县	Jianli		3.42	3.52	3.97	4.07	4.66	4.70	4.80
松滋市	Songzi	5.33	6.90	6.66	6.80	6.87	7.41	7.40	7.19
浠水县	Xishui			3.33	3.40	3.40	3.77	3.75	3.71
麻城市	Macheng			3.63	3.70	3.70	3.85	3.84	3.86
武穴市	Wuxue	3.77	5.06	4.66	5.34	5.49	5.81	5.79	5.79
通城县	Tongcheng	4.04	4.21	3.63	3.50	3.59	3.82	3.80	3.70
随县	Suixian			3.65	3.76	3.76	3.99	3.98	3.79
广水市	Guangshui			2.88	2.89	2.89	3.20	3.21	3.16
恩施市	Enshi	7.34	7.73	7.39	6.60	6.61	6.50	6.49	6.30
利川市	Lichuan			3.88	3.89	3.89	4.35	4.34	4.28
建始县	Jianshi			3.35	3.36	3.36	3.67	3.68	3.78
巴东县	Badong			3.87	3.87	3.87	3.91	3.92	3.85
仙桃市	Xiantao	4.42	4.73	4.93	5.31	5.30	5.61	5.55	5.35
潜江市	Qianjiang	5.31	5.03	5.65	6.64	5.79	6.45	6.38	6.12
天门市	Tianmen	7.13	6.19	6.41	5.70	5.67	6.09	5.98	5.65

2-17 生猪调出大县生猪出栏
Number of Slaughtered Hogs by Regions

单位：万头 (10000 heads)

地 区	Region	2008	2009	2010	2011	2012	2013	2014	2015
江夏区	Jiangxia	80.07	81.30	86.54	90.75	91.84	96.71	102.23	102.78
黄陂区	Huangpi	82.03	81.90	86.92	90.41	91.04	96.32	99.31	100.60
大冶市	Daye			49.06	50.04	50.14	50.24	51.52	53.29
夷陵区	Yiling	85.34	90.04	95.72	96.35	96.54	99.25	103.24	101.35
宜都市	Yidu	63.13	68.13	74.27	73.42	73.86	75.02	76.60	75.40
当阳市	Dangyang	89.54	97.30	98.83	102.85	100.38	105.47	107.66	105.18
枝江市	Zhijiang	90.59	97.55	103.98	105.81	106.76	111.40	109.62	106.26
襄州区	Xiangzhou	111.61	113.49	112.52	114.72	107.95	108.92	112.61	113.71
南漳县	Nanzhang	82.42	88.18	93.80	97.52	100.93	104.21	105.61	106.80
老河口市	Laohekou		54.60	59.51	60.41	61.43	65.27	65.53	66.85
枣阳市	Zaoyang	104.90	108.38	110.52	113.48	113.82	118.78	116.88	114.16
宜城市	Yicheng	63.57	65.01	75.72	76.89	77.74	80.49	79.77	83.58
鄂州市	Ezhou	82.75	90.95	91.66	95.77	92.81	96.60	98.75	95.28
京山县	Jingshan	92.03	92.67	94.87	96.58	97.45	99.40	102.56	101.70
沙洋县	Shayang	75.24	76.44	86.05	87.40	88.27	92.12	96.16	95.22
钟祥市	Zhongxiang	109.05	119.88	121.56	120.22	117.82	123.24	126.57	127.15
安陆市	Anlu			64.40	65.69	65.89	68.91	70.33	73.16
公安县	Gong'an	65.22	65.10	74.40	78.85	79.80	84.19	83.72	81.58
监利县	Jianli		51.30	55.92	61.83	62.76	66.21	68.57	71.82
松滋市	Songzi	103.43	112.79	115.12	118.74	115.06	124.04	128.36	125.66
浠水县	Xishui			54.08	55.16	55.33	60.18	64.34	65.05
麻城市	Macheng			59.04	60.22	60.34	61.92	63.13	65.40
武穴市	Wuxue	82.00	83.00	91.43	95.05	95.81	97.79	100.61	102.25
通城县	Tongcheng	70.14	66.19	68.61	70.38	70.94	72.88	74.16	73.05
随县	Suixian			74.39	78.24	78.10	81.89	83.24	80.95
广水市	Guangshui			49.77	50.77	50.92	56.52	58.02	57.55
恩施市	Enshi	72.21	77.88	82.59	85.34	85.60	88.76	91.25	89.05
利川市	Lichuan			58.86	60.04	60.22	65.50	67.58	68.16
建始县	Jianshi			57.16	58.31	58.54	61.82	59.09	62.03
巴东县	Badong			64.29	65.58	65.71	67.71	68.45	67.85
仙桃市	Xiantao	116.64	114.75	116.84	118.40	99.93	104.66	102.78	101.20
潜江市	Qianjiang	84.15	90.65	98.36	95.09	95.85	101.26	104.86	102.81
天门市	Tianmen	95.24	90.15	99.16	103.06	103.68	107.80	110.74	106.94

2-18 生猪调出大县猪肉产量
Output of Pork by Regions

单位：万吨 (10000 tons)

地 区	Region	2008	2009	2010	2011	2012	2013	2014	2015
江夏区	Jiangxia	6.41	6.10	6.67	6.99	7.08	7.45	7.73	7.77
黄陂区	Huangpi	6.19	6.14	7.23	7.52	7.57	8.01	8.10	8.11
大冶市	Daye			3.75	3.86	3.87	3.88	3.89	4.02
夷陵区	Yiling	6.26	6.99	7.51	7.56	7.58	7.75	7.91	7.76
宜都市	Yidu	4.45	5.11	5.77	5.70	5.74	5.83	5.84	5.74
当阳市	Dangyang	6.43	7.34	7.65	7.96	7.78	8.17	8.19	8.01
枝江市	Zhijiang	6.76	7.44	8.11	8.25	8.33	8.69	8.38	8.12
襄州区	Xiangzhou	7.79	8.20	7.90	8.06	7.86	8.01	8.44	8.61
南漳县	Nanzhang	5.45	6.20	6.58	6.84	7.17	7.59	7.85	8.01
老河口市	Laohekou		4.09	4.46	4.55	4.63	4.92	4.94	5.04
枣阳市	Zaoyang	7.56	7.97	8.22	8.44	8.47	8.84	8.82	8.62
宜城市	Yicheng	4.71	5.03	5.86	5.95	6.02	6.23	6.06	6.35
鄂州市	Ezhou	6.54	7.04	7.14	7.46	7.20	7.50	7.51	7.24
京山县	Jingshan	7.49	7.85	7.95	8.10	8.17	8.27	8.33	8.03
沙洋县	Shayang	5.66	5.51	6.21	6.31	6.42	6.70	7.12	7.11
钟祥市	Zhongxiang	8.40	9.60	9.86	9.75	9.38	9.81	9.85	9.89
安陆市	Anlu			4.83	4.98	4.99	5.22	5.33	5.54
公安县	Gong'an	4.83	4.88	5.58	5.92	5.99	6.32	6.28	6.12
监利县	Jianli		3.84	4.19	4.63	4.70	4.98	5.17	5.42
松滋市	Songzi	8.01	9.35	9.61	9.91	9.11	9.82	9.94	9.73
浠水县	Xishui			4.08	4.20	4.21	4.58	4.85	4.90
麻城市	Macheng			4.38	4.51	4.52	4.64	4.76	4.93
武穴市	Wuxue	6.15	6.15	6.78	7.05	7.11	7.25	7.56	7.69
通城县	Tongcheng	5.25	4.81	4.99	5.12	5.20	5.34	5.53	5.52
随县	Suixian			5.77	6.07	5.92	6.21	6.31	6.14
广水市	Guangshui			3.82	3.93	3.95	4.38	4.39	4.36
恩施市	Enshi	5.87	6.45	6.44	6.65	6.67	6.92	6.93	6.77
利川市	Lichuan			4.35	4.48	4.50	4.89	5.12	5.16
建始县	Jianshi			4.28	4.41	4.42	4.67	4.46	4.68
巴东县	Badong			4.80	4.95	4.96	5.11	5.17	5.12
仙桃市	Xiantao	9.56	7.94	9.68	9.81	8.32	8.71	8.37	8.08
潜江市	Qianjiang	6.17	6.32	8.22	7.95	8.02	8.47	8.52	8.11
天门市	Tianmen	6.56	6.76	7.44	7.74	7.78	8.09	8.31	8.03

2-19 中晚稻中间消耗
Mid-consumption of Middle-season and Late Rice

单位：元/亩 (yuan/mu)

指 标	Item	2009	2010	2011	2012	2013	2014	2015
平均每单位产值	**Output Value Per Unit**	**1093.34**	**1166.15**	**1327.20**	**1364.96**	**1288.00**	**1398.80**	**1400.14**
平均每单位中间消耗	**Intermediate Consumption Per Unit**	**309.00**	**319.92**	**408.69**	**399.42**	**401.18**	**390.90**	**443.84**
物质消耗	**Material Consumption**	**211.40**	**214.59**	**279.57**	**272.18**	**260.29**	**259.85**	**301.26**
用种量	Seed Quantity	34.20	41.04	67.79	65.78	67.82	67.37	81.01
饲料	Forages	0.02		0.02	0.21			
肥料	Fertilizers	110.95	105.90	128.49	131.46	130.15	135.10	123.21
燃料	Fuels	4.67	3.47	9.99	4.70	4.62	2.52	28.94
农膜	Farm Plastic Film	1.60	1.34	0.80	1.58	1.94	1.80	1.37
农药	Pesticides	50.03	48.04	61.04	59.50	54.47	50.56	53.81
养殖用药	Pesticides for Cultivation							
水费	Water Fee	4.63	6.72	5.26	4.00	0.51	0.42	1.79
用电量	Electricity Consumption	4.88	7.34	4.77	1.90	0.72	1.53	8.63
棚架材料费	Scaffold Material Cost				0.02			0.19
小农具	Small Farm Implements	0.18	0.46	0.97	0.87	0.07	0.51	1.13
办公用品	Office Supplies							0.08
其他	Others	0.24	0.27	0.44	2.16		0.05	1.13
生产服务支出	**Cost of Production Services**	**97.61**	**105.33**	**129.12**	**127.25**	**140.89**	**131.05**	**142.58**
修理费	Repair Fee	0.56	0.65	1.00	0.67	0.34	0.87	6.68
外雇运输费	Transport Fee	2.40	2.84	3.03	3.22	4.00	1.88	9.46
生产性邮电费	Post and Telecommunication Fee							0.03
外雇排灌费	Irrigation and Drainage Fee	7.20	7.05	5.49	6.81	10.04	8.48	7.68
外雇机械作业费	Mechanical Work Fee	75.41	90.24	118.16	114.23	126.38	117.51	116.17
配种费	Breeding Fee							
防疫费	Epidemic Prevention Fee							
技术咨询费	Technical Advisory Expense		1.60					0.42
上交管理费	Administrative Expense	0.88			0.18			
其他	Others	11.16	2.95	1.43	2.16	0.14	2.33	2.14

2-20 小麦中间消耗
Mid-consumption of Wheat

单位：元/亩 (yuan/mu)

指　标	Item	2009	2010	2011	2012	2013	2014	2015
平均每单位产值	**Output Value Per Unit**	**531.53**	**644.85**	**479.76**	**433.48**	**634.07**	**653.68**	**516.80**
平均每单位中间消耗	**Intermediate Consumption Per Unit**	**233.60**	**237.05**	**248.89**	**220.33**	**255.31**	**278.29**	**272.99**
物质消耗	**Material Consumption**	**181.75**	**158.71**	**174.90**	**132.85**	**170.72**	**175.01**	**190.50**
用种量	Seed Quantity	33.91	35.67	57.15	43.56	48.97	52.55	56.30
饲料	Forages							
肥料	Fertilizers	102.90	79.54	96.85	75.50	98.83	98.03	102.82
燃料	Fuels	21.95	24.27	4.85	1.74	5.25	4.50	10.11
农膜	Farm Plastic Film					0.29		
农药	Pesticides	22.96	19.20	15.91	11.37	16.30	18.29	19.08
养殖用药	Pesticides for Cultivation							
水费	Water Fee				0.30	0.32	0.27	0.60
用电量	Electricity Consumption	0.02	0.02	0.06		0.33	0.87	0.83
棚架材料费	Scaffold Material Cost						0.04	
小农具	Small Farm Implements		0.01	0.03	0.38	0.42	0.46	0.56
办公用品	Office Supplies							0.02
其他	Others	0.01		0.04				0.18
生产服务支出	**Cost of Production Services**	**51.86**	**78.34**	**73.99**	**87.49**	**84.59**	**103.28**	**82.49**
修理费	Repair Fee	0.02	0.35	0.02	0.27	0.49		1.57
外雇运输费	Transport Fee		0.04	0.44	1.29	0.97	2.84	3.60
生产性邮电费	Post and Telecommunication Fee	0.12						0.02
外雇排灌费	Irrigation and Drainage Fee	0.09		0.02				1.04
外雇机械作业费	Mechanical Work Fee	50.53	77.40	70.05	84.73	83.13	100.44	71.35
配种费	Breeding Fee							
防疫费	Epidemic Prevention Fee							
技术咨询费	Technical Advisory Expense							0.14
上交管理费	Administrative Expense	0.06	0.02					
其他	Others	1.04	0.53	3.46	1.20			4.77

2-21 玉米中间消耗
Mid-consumption of Corn

单位：元/亩 (yuan/mu)

指 标	Item	2009	2010	2011	2012	2013	2014	2015
平均每单位产值	**Output Value Per Unit**	**752.80**	**715.02**	**835.93**	**834.42**	**923.15**	**924.72**	**835.62**
平均每单位中间消耗	**Intermediate Consumption Per Unit**	**142.96**	**156.11**	**278.49**	**229.67**	**244.82**	**276.64**	**317.71**
物质消耗	**Material Consumption**	**132.86**	**147.00**	**254.51**	**213.32**	**204.86**	**220.47**	**240.56**
用种量	Seed Quantity	25.34	38.80	64.76	52.26	60.63	60.79	62.93
饲料	Forages			0.59	0.52			
肥料	Fertilizers	70.50	85.40	157.64	141.87	124.07	133.82	143.42
燃料	Fuels	7.99	10.02	18.07	3.18	2.11	2.27	8.51
农膜	Farm Plastic Film	0.20	0.22	0.14	3.30	0.03	0.31	3.48
农药	Pesticides	28.73	12.53	8.41	9.96	17.42	22.26	20.74
养殖用药	Pesticides for Cultivation							
水费	Water Fee	0.11						
用电量	Electricity Consumption			0.07	0.02	0.29	0.93	0.24
棚架材料费	Scaffold Material Cost							
小农具	Small Farm Implements		0.02	0.04		0.18	0.09	0.83
办公用品	Office Supplies							
其他	Others			4.78	2.22	0.13		0.41
生产服务支出	**Cost of Production Services**	**10.10**	**9.11**	**23.98**	**16.34**	**39.96**	**56.17**	**77.15**
修理费	Repair Fee			0.22		0.64	0.04	0.95
外雇运输费	Transport Fee	0.03	0.50	0.53	0.47	1.84	1.20	3.37
生产性邮电费	Post and Telecommunication Fee							
外雇排灌费	Irrigation and Drainage Fee					0.19		0.79
外雇机械作业费	Mechanical Work Fee	7.91	8.62	21.94	14.76	34.37	51.24	71.77
配种费	Breeding Fee							
防疫费	Epidemic Prevention Fee							
技术咨询费	Technical Advisory Expense							0.06
上交管理费	Administrative Expense							
其他	Others	2.16		1.29	1.11	2.92	3.69	0.21

2-22 油菜籽中间消耗
Mid-consumption of Rapeseeds

单位：元/亩 (yuan/mu)

指　标	Item	2009	2010	2011	2012	2013	2014	2015
平均每单位产值	**Output Value Per Unit**	**469.85**	**505.70**	**537.95**	**652.74**	**718.02**	**636.23**	**461.07**
平均每单位中间消耗	**Intermediate Consumption Per Unit**	**146.52**	**133.57**	**176.68**	**160.40**	**227.75**	**215.40**	**240.47**
物质消耗	**Material Consumption**	**121.42**	**111.97**	**124.07**	**127.70**	**157.56**	**142.30**	**170.03**
用种量	Seed Quantity	23.58	15.75	18.44	17.43	24.09	22.87	21.82
饲料	Forages			0.02				
肥料	Fertilizers	82.00	68.78	91.40	95.19	115.32	101.75	108.80
燃料	Fuels	5.12	11.76	1.26	1.64	1.01	1.11	13.64
农膜	Farm Plastic Film	0.13		0.02				
农药	Pesticides	10.23	14.02	13.00	12.52	16.51	16.42	24.90
养殖用药	Pesticides for Cultivation							
水费	Water Fee	0.29	0.27	0.17		0.09		0.02
用电量	Electricity Consumption		1.05	0.37		0.20	0.15	0.08
棚架材料费	Scaffold Material Cost							
小农具	Small Farm Implements	0.02	0.08			0.33	0.04	0.58
办公用品	Office Supplies							
其他	Others	0.04	0.25		0.93			0.19
生产服务支出	**Cost of Production Services**	**25.09**	**21.60**	**52.01**	**32.71**	**70.19**	**73.10**	**70.44**
修理费	Repair Fee	0.19	0.12	0.10	0.34			0.72
外雇运输费	Transport Fee	0.73	0.79	0.39		1.08	1.48	0.03
生产性邮电费	Post and Telecommunication Fee							
外雇排灌费	Irrigation and Drainage Fee	1.69	0.27	0.42			0.84	
外雇机械作业费	Mechanical Work Fee	20.30	19.27	43.47	25.76	69.11	70.78	69.27
配种费	Breeding Fee							
防疫费	Epidemic Prevention Fee							
技术咨询费	Technical Advisory Expense							0.14
上交管理费	Administrative Expense	1.61	0.73	0.15				
其他	Others	0.57	0.41	7.48	6.61			0.28

2-23 棉花中间消耗
Mid-consumption of Cotton

单位：元/亩 (yuan/mu)

指 标	Item	2009	2010	2011	2012	2013	2014	2015
平均每单位产值	**Output Value Per Unit**	**1233.62**	**1743.30**	**1699.31**	**1834.63**	**1550.69**	**1190.25**	**1244.16**
平均每单位中间消耗	**Intermediate Consumption Per Unit**	**331.68**	**338.90**	**468.16**	**380.55**	**405.33**	**375.54**	**354.27**
物质消耗	**Material Consumption**	**313.84**	**315.25**	**419.29**	**354.47**	**369.16**	**339.23**	**292.77**
用种量	Seed Quantity	62.54	70.57	60.48	61.42	56.67	53.39	51.95
饲料	Forages							
肥料	Fertilizers	154.71	148.52	265.88	207.92	201.48	187.19	151.56
燃料	Fuels	7.43	12.62	14.90	6.81	4.22	0.26	2.60
农膜	Farm Plastic Film	11.99	8.18	6.56	4.39	5.95	5.38	8.56
农药	Pesticides	75.16	64.62	69.93	72.03	97.05	89.38	74.79
养殖用药	Pesticides for Cultivation							
水费	Water Fee	0.57	3.46	0.06	1.25			
用电量	Electricity Consumption	0.14	4.75	0.29		0.04	0.05	1.31
棚架材料费	Scaffold Material Cost							
小农具	Small Farm Implements	0.21	0.48	1.17	0.66	0.62	0.58	
办公用品	Office Supplies							
其他	Others	1.10	2.03			3.14	3.00	2.00
生产服务支出	**Cost of Production Services**	**17.84**	**23.65**	**48.87**	**26.08**	**36.17**	**36.31**	**61.50**
修理费	Repair Fee	1.04	1.53	0.64	0.57	0.33	0.61	
外雇运输费	Transport Fee	0.31	0.22	1.99	0.17	0.40		2.71
生产性邮电费	Post and Telecommunication Fee							
外雇排灌费	Irrigation and Drainage Fee	1.53	3.70	2.45	0.19	0.55	3.73	
外雇机械作业费	Mechanical Work Fee	11.68	14.21	43.67	23.79	34.90	31.66	58.79
配种费	Breeding Fee							
防疫费	Epidemic Prevention Fee							
技术咨询费	Technical Advisory Expense		0.86					
上交管理费	Administrative Expense	1.54	1.08		0.37			
其他	Others	1.74	2.07	0.13	0.98		0.31	

2-24 活鸡中间消耗
Mid-consumption of Live Chickens

单位：元/只 (yuan/head)

指 标	Item	2009	2010	2011	2012	2013	2014	2015
平均每单位产值	**Output Value Per Unit**	**38.12**	**39.02**	**20.22**	**46.95**	**31.63**	**40.12**	**29.48**
平均每单位中间消耗	**Intermediate Consumption Per Unit**	**19.35**	**21.30**	**15.91**	**23.58**	**17.55**	**24.02**	**19.68**
物质消耗	**Material Consumption**	**18.67**	**20.59**	**15.74**	**23.44**	**17.14**	**23.71**	**19.03**
用种量	Seed Quantity	1.79	2.51	2.90	3.23	2.43	4.60	2.21
饲料	Forages	16.56	17.56	12.33	19.98	13.65	17.99	15.68
肥料	Fertilizers							
燃料	Fuels			0.06	0.04	0.41	0.51	0.09
农膜	Farm Plastic Film							
农药	Pesticides							
养殖用药	Pesticides for Cultivation	0.25	0.38	0.24	0.18	0.43	0.43	0.51
水费	Water Fee			0.03		0.05	0.01	0.19
用电量	Electricity Consumption		0.02	0.09	0.02	0.15	0.17	0.32
棚架材料费	Scaffold Material Cost							
小农具	Small Farm Implements							
办公用品	Office Supplies							0.02
其他	Others	0.07	0.12	0.09		0.04	0.01	0.02
生产服务支出	**Cost of Production Services**	**0.67**	**0.71**	**0.17**	**0.15**	**0.41**	**0.32**	**0.65**
修理费	Repair Fee	0.01		0.05				0.04
外雇运输费	Transport Fee			0.01	0.03	0.01	0.02	0.15
生产性邮电费	Post and Telecommunication Fee							
外雇排灌费	Irrigation and Drainage Fee							
外雇机械作业费	Mechanical Work Fee							
配种费	Breeding Fee							
防疫费	Epidemic Prevention Fee	0.26	0.56	0.10	0.11	0.30	0.26	0.30
技术咨询费	Technical Advisory Expense					0.01	0.02	0.09
上交管理费	Administrative Expense							0.02
其他	Others	0.39	0.15	0.01	0.02	0.11	0.02	0.06

2-25 生猪中间消耗
Mid-consumption of Live Hogs

单位：元/头 (yuan/head)

指　标	Item	2009	2010	2011	2012	2013	2014	2015
平均每单位产值	**Output Value Per Unit**	**1164.12**	**1161.58**	**1737.52**	**1793.50**	**1780.86**	**1543.00**	**1682.35**
平均每单位中间消耗	**Intermediate Consumption Per Unit**	**1100.62**	**1119.28**	**1246.00**	**1230.57**	**1132.91**	**1121.16**	**1113.76**
物质消耗	**Material Consumption**	**1064.11**	**1083.16**	**1213.21**	**1214.29**	**1113.95**	**1097.81**	**1088.16**
用种量	Seed Quantity	201.15	192.79	254.29	334.47	227.02	174.70	50.24
饲料	Forages	813.51	844.26	903.17	850.62	860.25	893.85	995.83
肥料	Fertilizers	0.01						
燃料	Fuels	0.22	0.20	4.15	7.30	0.27	3.46	0.61
农膜	Farm Plastic Film							
农药	Pesticides							
养殖用药	Pesticides for Cultivation	20.92	21.98	34.72	15.66	21.08	17.70	20.20
水费	Water Fee	0.08	0.19	0.79	1.11	1.19	1.90	4.74
用电量	Electricity Consumption	26.88	22.32	6.84	4.07	4.15	6.22	15.19
棚架材料费	Scaffold Material Cost							
小农具	Small Farm Implements	0.01		0.12	0.03			0.29
办公用品	Office Supplies	1.23	1.23		0.02	0.01		0.08
其他	Others	0.10	0.18	9.14	1.03			1.00
生产服务支出	**Cost of Production Services**	**36.51**	**36.12**	**32.79**	**16.29**	**18.96**	**23.35**	**25.60**
修理费	Repair Fee	14.26	13.34	2.64	0.52	0.28	0.18	3.63
外雇运输费	Transport Fee	0.77	0.84	3.20	0.60	2.08	0.92	1.02
生产性邮电费	Post and Telecommunication Fee	0.02						0.01
外雇排灌费	Irrigation and Drainage Fee							
外雇机械作业费	Mechanical Work Fee							
配种费	Breeding Fee	0.06	0.01	0.02	1.29	3.21	1.46	1.90
防疫费	Epidemic Prevention Fee	5.88	5.45	22.66	10.06	9.43	15.76	14.21
技术咨询费	Technical Advisory Expense	0.01			0.40	2.48	0.78	1.34
上交管理费	Administrative Expense	0.19	0.40			0.10		0.10
其他	Others	15.32	16.08	4.27	3.43	1.39	4.26	3.41

主要统计指标解释

粮食产量 指全社会的产量。包括国有经济经营的、集体统一经营的和农民家庭经营的粮食产量，还包括工矿企业办的农场和其他生产单位的产量。粮食除包括稻谷、小麦、玉米、高粱、谷子及其他杂粮外，还包括薯类和豆类。其产量计算方法，豆类按去豆荚后的干豆计算；薯类（包括甘薯和马铃薯，不包括芋头和木薯）1963 年以前按每 4 公斤鲜薯折 1 公斤粮食计算，从 1964 年开始改为按 5 公斤鲜薯折 1 公斤粮食计算。城市郊区作为蔬菜的薯类（如马铃薯等）按鲜品计算，并且不作粮食统计。其他粮食一律按脱粒后的原粮计算。1989 年以前全国粮食产量数据主要靠全面报表取得，1989 年开始使用抽样调查数据。

猪、牛、羊肉产量 指当年出栏并已屠宰、除去头蹄下水后带骨肉（即胴体重）的重量。包括全社会范围内的产量。1996 年前为各级逐级上报数据。1996 年第一次农业普查以后，由于畜牧业产品年报数据与普查数据之间存在一定的差距，国家统计局农调总队对畜牧业年报数据与普查数据进行衔接。1999 年以后，国家统计局开展了猪、牛、羊、禽等主要畜禽品种的抽样调查，并用抽样数据作为国家定案数据使用。未开展抽样调查的品种，仍使用各级统计部门逐级上报数据。

期初（末）畜禽存栏头（只）数 指报告期初（末）农村各种合作经济组织和国营农场、农民个人、机关、团体、学校、工矿企业、部队等单位以及城镇居民饲养的大牲畜、猪、羊、家禽等畜禽的存栏数。数据上报方式及数据调整情况同猪、牛、羊肉产量。

当年出栏头数 指农林牧渔企业生产单位饲养的，供屠宰并已出栏的全部牲畜头数。包括交售给国家，集市上出售的部分。

常用耕地 是指耕地总资源中专门种植农作物并经常进行耕种、能够正常收获的土地。包括当年实际耕种的熟地；弃耕、休闲不满三年，随时可以复耕的地；开荒利用三年以上的土地。在统计口径上包括南方小于 1 米、北方小于 2 米宽的沟、渠、路和田埂。不包括临时种植农作物的坡度在 25 度以上的陡坡地；在河套、湖畔、库区临时开发的成片或零星土地；也不包括已列为国家和省（区、市）退耕计划但临时耕种的土地。常用耕地是国家需要重点保护的耕地，是反映我国农业综合生产能力的一个重要指标。

农作物播种面积 指实际播种或移植有农作物的面积。凡是实际种植有农作物的面积，不论种植在耕地上还是种植在非耕地上，均包括在农作物播种面积中。在播种季节基本结束后，因遭灾而重新改种和补种的农作物面积，也包括在内。它是反映我国耕地面积利用情况的一个重要指标。目前，农作物播种面积主要包括粮食、棉花、油料、糖料、麻类、烟叶、蔬菜和瓜类、药材和其他农作物九大类。

农林牧渔业中间消耗 指农业生产过程中所投入和消耗的各种物质产品和劳务价值总和。分为中间物质消耗和中间劳务消耗。

Explanatory Notes on Main Statistical Indicators

Grain Output refers to the total output in the whole country including grains produced by state farms, collective units, rural households, as well as by farms affiliated to industrial and mining enterprises and other production units. Grain includes rice, wheat, corn, sorghum, millet and other miscellaneous grains as well as tubers and bean. Output of beans refers to dry beans without pods. The output of tubers（sweet potatoes and potatoes, not including taros and cassava）was converted into that of grain at the ratio 4:1, i.e. 4 kilograms of fresh tubers was equivalent to 1 kilogram of grain up to 1963. Since 1964 the ratio for conversion has been 5:1. Tubers supplied as vegetables （such as potatoes） in cities and suburbs are calculated as fresh vegetables and their output is not included in the output of grain. Output of all other grains refers to husked grain. Data on grain production before 1989 were obtained through Comprehensive Statistical Reporting System. Since 1989, data from sample surveys are used.

Output of Pork, Beef, and Mutton refers to the meat of slaughtered hogs, cattle, sheep and goats with head, feet, and offal taken away. Data refers to the production of the whole country. The first agriculture census of China in 1996 revealed some discrepancy between the production of animal products from the annual reports and that from the census. Efforts were made by the Rural Socio-economic Survey Organization of NBS to adjust the output value of animal husbandry to make the figures from the annual reports consistent with the census data. Since 1999, NBS conducted sample survey for the major animal husbandry products, such as hogs, cattle, sheep and goats and fowls, and the data from sample surveys are used as national finalized data. Those products, which are not covered by the sample survey, are still reported by statistical agencies level by level.

Number of Livestock or Poultry in Stock at Beginning （or End） refers to the total number of large animals, pigs, sheep, fowls, etc. raised by rural cooperative organizations, state farms, rural individuals, government agencies, schools, industrial and mining enterprises, army, and urban residents at the beginning （or end） of the reference period. Data reporting system and data adjustment are the same as that in the output of pork, beef and mutton.

Number of Livestock Slaughtered refers to the total number of animals for butchering by farming, forestry, animal husbandry and fishery, including parts of selling to country and markets.

Regularly Cultivated Land refers to farmland among the total land resources, which is exclusively used for farming and is under regular cultivation with harvest in normal years. Included are currently cultivated land, land that has been abandoned or put in idle for less than 3 years and could be re-used for cultivation at any time, and new-claimed land that has been put into cultivation for more than 3 years. According to statistical coverage, it includes the gouges, dykes, roads and ridges of field with 1 meter wide in Southern areas and 2 meters wide in Northern areas. Excluded under this category are steep slope land over 25 degrees under temporary cultivation, land (large or small plots) that is claimed along river bends, lake sides or banks of reservoirs, as well as land that has been designated under the "Green for Grain" programme of the state and provincial governments but is still temporarily under cultivation. The regularly cultivated land is the key protection land of the nation, an important indicator reflecting the comprehensive productivity of agriculture of China.

Sown Area of Crops refers to area of land sown or transplanted with crops regardless of being in cultivated area or non-cultivated area. Area of land re-sown due to natural disasters is also included. This is an important indicator that can reflect the utilization condition of the cultivated land in China. At present, the sown area of crops mainly include the following 9 categories of crops: grain, cotton, oil-bearing crops, sugar crops, fiber crops, Tobacco, Vegetables and melons, medicinal materials and other farm crops.

Intermediate consumption of Farming, Forestry, Animal Husbandry and Fishery refers to total value input and consumption in the process of agriculture production and various physical products. It is classified into intermediate material consumption and intermediate service consumption.

企业调查

Chapter 3

Enterprise survey

资料整理：胡 宇 潘 路

3-1 规模以下工业主要指标
Main Indicators of Industrial Enterprises below Designated Size

单位：亿元 (100 million yuan)

指 标	Item	2012	2013	2014	2015
总体估计量	**Population Estimator**				
单位数合计(万个)	Number of Units(10000 units)	19.12	18.81	18.74	13.51
期末从业人数(万人)	Number of Employed Persons at the Year-end(10000 persons)	130.84	115.99	111.29	78.76
工业总产值(当年价格)	Gross Industrial Ouptput Value(current prices)	2630.54	2364.03	2431.8	1438.35
企业子总体估计量	**Population Estimator Of Enterprise**				
企业数(万个)	Number of Enterprises(10000 units)	3.91	3.32	3.2	2.8
期末从业人数(万人)	Number of Employed Persons at the Year-end(10000 persons)	79.67	66.76	61.77	41.66
工业总产值(当年价格)	Gross Industrial Ouptput Value(current prices)	1791.48	1485.67	1419.28	980.31
主营业务收入	Revenue from Principal Business	1773.74	1470.96	1405.23	970.6
应交税金	Payable Tax	57.62	45.95	45.51	43.75
工资总额	Total Wages	162.59	137.89	143.82	127.88
折旧	Depreciation	93.41	73.97	69.73	96.16
个体子总体估计量	**Population Estimator Of Individual**				
个体单位数(万个)	Number of Individuals(10000 units)	15.21	15.49	15.54	10.71
期末从业人数(万人)	Number of Employed Persons at the Year-end(10000 persons)	51.17	49.23	49.52	37.1
营业收入	Business Income	830.75	869.67	1002.49	453.5

注：以上数据是以湖北为总体进行抽样调查推估而得，其中工业总产值为抽样核心指标，抽样误差较小；而其他指标不是抽样核心指标，抽样误差可能较大。同时，2015年因全部更换了新样本和抽样框，故2015年数据和之前的数据不具备可比性。

Note: The above data are surveyed and projected base on samples for Hubei,The projected value of the indicators are certain sampling error. Meanwhile, due to replace of all the new samples and sampling frames in 2015, the data of 2015 and previous data are not comparable.

3-2 历年规模以下工业主要经济指标(2007-2015)
Main Indicators of Industrial Enterprises below Designated Size (2007-2015)

年份 Year	单位数合计 Number of Units 万个 (10000 units)	企业 Enterprise	个体 Self-employed Individuals	从业人员合计 Number of Staff and Workers (万人) (10000 persons)	企业 Enterprise	个体 Self-employed Individuals	工业增加值合计(亿元) Total of Industrial Value-added (100 million yuan) 本期 Current	增幅(%) Rate of Increase (%)
2007	18.93	2.30	16.63	109.45	55.65	53.81	404.46	9.5
2008	18.85	2.23	16.62	107.66	53.56	54.10	429.40	4.4
2009	19.39	2.57	16.82	107.47	52.70	54.77	452.71	8.5
2010	18.49	3.57	14.92	99.09	50.10	48.99	495.84	10.4
2011	19.03	4.23	14.80	133.05	83.03	50.02	735.30	8.5
2012	19.12	3.91	15.21	130.84	79.67	51.17	854.14	6.8
2013	18.81	3.32	15.49	115.99	66.76	49.23	744.00	6.8
2014	18.74	3.20	15.54	111.29	61.77	49.52	765.30	5.6
2015	13.51	2.80	10.71	78.76	41.66	37.10	528.80	7.5

注：规模以下工业部分所有指标均为抽样调查数据，指数均按可比价格计算。2011年以前工业增加值为企业年营业收入在500万元以下推算数，2011年工业增加值为样本企业年营业收入在2000万元以下推算数。参与计算的只包括正常生产和停产样本企业。

Note: Data in this table were the figures of Sample Survey, the indices was calculated on the basis of constant coverage.Before 2011, industrial value-added was calculated according to all industrial enterprises with renenue from principal business below 5 million yuan,while according to the sample of corporate below 20 million yuan. Enterprises involved in the calculation only include normal producing and ceasing.

3-3 规模以下工业企业按类型分组主要指标(2015年)

单位：万元

分　组	Item	企业数 (个) Number of Enterprises (Units)
总　计	**Total**	**28031**
按登记注册类型分组	By Status of Registration	
内资企业	Domestic Funded Enterprises	27897
国有企业	State-owned Enterprises	320
集体企业	Collective-owned Enterprises	513
股份合作企业	Cooperative Enterprises	39
联营企业	Joint Ownership Enterprises	137
有限责任公司	Limited Liability Corporations	5414
股份有限公司	Share-holding Corporations Ltd.	260
私营企业	Private Enterprises	19771
其他企业	Other Enterprises	1443
港、澳、台商投资企业	Enterprises with Funds from Hong Kong, Macao and Taiwan	116
与港澳台商合资经营企业	Joint Venture Enterprises with Funds from Hong Kong, Macao and Taiwan	12
与港澳台商合作经营企业	Cooperative Enterprises with Funds from Hong Kong, Macao and Taiwan	
港澳台商独资经营企业	Enterprises with Sole(exclusive) Investment from Hong Kong, Macao and Taiwan	104
港澳台商投资股份有限公司	Share-holding Corporations Ltd. with Investment from Hong Kong, Macao and Taiwan	
外商投资企业	Enterprises with Foreign Investment	18
中外合资经营企业	Joint Venture Enterprises with Foreign Investment//Joint-venture Enterprises	
中外合作经营企业	Cooperative Enterprises with Foreign Investment//Cooperative Enterprises	18
外资企业	Enterprises with Sole(exclusive) Foreign Investment//Enterprises with Sole Funds	
外商投资股份有限公司	Share-holding Corporations Ltd. with Foreign Investment	

注：“与港澳台商合资经营企业数”是由一家已停产的港澳台商合资经营样本企业推算所得，故其余推算指标均为零，特说明。
Note: "Joint Venture Enterprises with Funds from Hong Kong, Macao and Taiwan" is estimated by a discontinued Hong Kong, Macao and Taiwan joint venture sample enterprise, so the rest of the projections are zero.

Main Indicators of Industrial Enterprises below Designated Size by Type (2015)

(10000 yuan)

工业总产值 Gross Industrial Output Value	营业收入 Business Revenue	期末从业人员（人） Number of Engaged Persons (Person)	资产总计 Total Assets	主营业务成本 Cost of Principal Business	应付职工薪酬 Wages Payable
9803130	**9706069**	**416671**	**11593199**	**7534184**	**1278799**
9767134	9670430	415081	11527933	7504169	1273372
162292	160685	9472	556569	106025	19448
170084	168400	16064	324243	138821	53871
1915	1896	180	5249	1525	792
123119	121900	2029	3046	84771	5884
2937160	2908079	117461	3045403	2288738	366832
61568	60959	2336	262011	45924	9788
6030719	5971009	260062	7095331	4615076	788250
280277	277502	7477	236081	223289	28508
6457	6393	820	14517	4797	2957
6457	6393	820	14517	4797	2957
29539	29246	770	50749	25218	2470
29539	29246	770	50749	25218	2470

3-4 规模以下工业企业分行业主要指标(2015年)

单位：万元

分　组	Item	企业数 (个) Number of Enterprises (Unit)
总　计	**Total**	**28031**
煤炭开采和洗选业	Mining and Washing of Coal	182
石油和天然气开采业	Extraction of Petroleum and Natural Gas	13
黑色金属矿采选业	Mining and Processing of Ferrous Metal Ores	127
有色金属矿采选业	Mining and Processing of Non-ferrous Metal Ores	46
非金属矿采选业	Mining and Processing of Non-metal Ores	1363
开采辅助活动	Mining of Auxiliary Activities	18
其他采矿业	Mining of Other Ores	193
农副食品加工业	Processing of Food from Agricultural Products	1717
食品制造业	Manufacture of Foods	554
酒、饮料和精制茶制造业	Manufacture of Liquor, Beverage and Tea	1375
烟草制品业	Manufacture of Tobacco	4
纺织业	Manufacture of Textile	859
纺织服装、服饰业	Manufacture of Textile and Apparel	1223
皮革、毛皮、羽毛(绒)及其制品业	Manufacture of Leather, Fur, Feather and Its Products	234
木材加工及木、竹、藤、棕、草制品业	Processing of Timber, Manufacture of Wood, Bamboo, Rattan, Palm and Straw Products	505
家具制造业	Manufacture of Furniture	556
造纸及纸制品业	Manufacture of Paper and Paper Products	483
印刷业和记录媒介的复制	Printing, Reproduction of Recording Media	894
文教、工美、体育和娱乐用品制造业	Manufacture of Culture and Education ,Art and Craft,Sport Activities, Entertainment	388
石油加工、炼焦及核燃料加工业	Processing of Petroleum, Coking, Processing of Nuclear Fuel	34
化学原料及化学制品制造业	Manufacture of Raw Chemical Materials and Chemical Products	1181
医药制造业	Manufacture of Medicines	217
化学纤维制造业	Manufacture of Chemical Fibre	25
橡胶和塑料制品业	Manufacture of Rubber and Plastics	1344
非金属矿物制品业	Manufacture of Non-metallic Mineral Products	3634
黑色金属冶炼及压延加工业	Smelting and Pressing of Ferrous Metals	233
有色金属冶炼及压延加工业	Smelting and Pressing of Non-ferrous Metals	160
金属制品业	Manufacture of Metal Products	1147
通用设备制造业	Manufacture of General Purpose Machinery	1185
专用设备制造业	Manufacture of Special Purpose Machinery	1897
汽车制造业	Manufacture of Automobile	2123
铁路、船舶、航空航天和其他运输设备制造业	Manufacture of Railway, Shipbuilding, Aerospace, and Other Transport Equipment	98
电气机械及器材制造业	Manufacture of Electrical Machinery and Equipment	1081
计算机、通信及其他电子设备制造业	Manufacture of Computer, Communication and Other Electronic Equipment	340
仪器仪表制造业	Manufacture of Measuring Instrument	260
其他制造业	Other Manufacture	168
废弃资源综合利用业	Comprehensive Utilization of Waste Resources	162
金属制品、机械和设备修理业	Metal product, Machinery and Equipment Repair	178
电力、热力的生产和供应业	Production and Supply of Electric Power and Heat Power	961
燃气生产和供应业	Production and Supply of Gas	109
水的生产和供应业	Production and Supply of Water	760

Main Indicators of Industrial Enterprises below Designated Size by Sector (2015)

工业总产值 Gross Industrial Output Value	营业收入 Business Revenue	期末从业人员（人） Number of Engaged Persons (Person)	税金总额 Total Tax	#所得税 Income Tax	营业利润 Operating Profit
9803130	**9706069**	**416671**	**437533**	**66638**	**752222**
61958	61344	6931	4440	66	5449
8517	8432	353	681	30	387
16010	15852	521	459	13	184
1600	1584	168	133		-113
472285	467609	30502	71854	4896	29056
10101	10001	521	158	26	1299
149116	147639	2906	9678	33	24173
1163347	1151829	25210	34358	779	52871
146999	145543	9246	3889	2283	21139
217664	215509	15484	3830	464	43679
62	61	12	1		21
300907	297927	13550	8995	801	25583
223807	221591	26819	12859		18591
101215	100213	15234	8287		-2119
136694	135341	2934	3115	37	12112
100950	99951	4051	1893	33	5387
208998	206929	6102	4838	1143	13069
208731	206665	8081	8195	483	15641
217972	215814	9464	11874	3092	35440
5536	5481	140	81	53	326
153231	151714	10021	9841	3561	1594
68763	68082	3944	9962	218	2201
1820	1802	213	28		475
707712	700705	17478	16628	1422	34502
1138514	1127241	46874	37989	13017	85944
120176	118986	7997	16158	375	880
23469	23236	1536	636	167	2258
300220	297247	19942	18818	2038	31726
238447	236086	18960	8145	556	24529
739181	731862	23818	33683	9431	78533
804898	796929	23734	21160	2900	52455
28487	28205	1842	1024	30	765
735498	728216	23678	17788	3333	58088
183571	181754	8154	14080	1936	10576
289312	286447	5813	3667	522	24446
78155	77381	2560	1601	53	4583
52545	52024	907	1239	63	4277
48641	48160	2066	1675	29	2626
174332	172606	8487	22645	12473	12233
29465	29174	810	2819	75	4047
134224	132895	9608	8331	207	13309

3-4 续表

单位：万元

分　组	Item	应付职工薪酬 Wages Payable
总　计	**Total**	**1278800**
煤炭开采和洗选业	Mining and Washing of Coal	19534
石油和天然气开采业	Extraction of Petroleum and Natural Gas	1402
黑色金属矿采选业	Mining and Processing of Ferrous Metal Ores	4172
有色金属矿采选业	Mining and Processing of Non-ferrous Metal Ores	338
非金属矿采选业	Mining and Processing of Non-metal Ores	89648
开采辅助活动	Mining of Auxiliary Activities	889
其他采矿业	Mining of Other Ores	8632
农副食品加工业	Processing of Food from Agricultural Products	59094
食品制造业	Manufacture of Foods	16825
酒、饮料和精制茶制造业	Manufacture of Liquor, Beverage and Tea	28184
烟草制品业	Manufacture of Tobacco	10
纺织业	Manufacture of Textile	48192
纺织服装、服饰业	Manufacture of Textile and Apparel	69743
皮革、毛皮、羽毛(绒)及其制品业	Manufacture of Leather, Fur, Feather and Its Products	22710
木材加工及木、竹、藤、棕、草制品业	Processing of Timber, Manufacture of Wood, Bamboo, Rattan, Palm and Straw Products	13281
家具制造业	Manufacture of Furniture	14442
造纸及纸制品业	Manufacture of Paper and Paper Products	23199
印刷业和记录媒介的复制	Printing, Reproduction of Recording Media	20671
文教、工美、体育和娱乐用品制造业	Manufacture of Culture and Education ,Art and Craft,Sport Activities, Entertainment	27276
石油加工、炼焦及核燃料加工业	Processing of Petroleum, Coking, Processing of Nuclear Fuel	293
化学原料及化学制品制造业	Manufacture of Raw Chemical Materials and Chemical Products	31481
医药制造业	Manufacture of Medicines	12774
化学纤维制造业	Manufacture of Chemical Fibre	592
橡胶和塑料制品业	Manufacture of Rubber and Plastics	77462
非金属矿物制品业	Manufacture of Non-metallic Mineral Products	127613
黑色金属冶炼及压延加工业	Smelting and Pressing of Ferrous Metals	30178
有色金属冶炼及压延加工业	Smelting and Pressing of Non-ferrous Metals	3323
金属制品业	Manufacture of Metal Products	76791
通用设备制造业	Manufacture of General Purpose Machinery	47379
专用设备制造业	Manufacture of Special Purpose Machinery	90313
汽车制造业	Manufacture of Automobile	80911
铁路、船舶、航空航天和其他运输设备制造业	Manufacture of Railway, Shipbuilding, Aerospace, and Other Transport Equipment	4456
电气机械及器材制造业	Manufacture of Electrical Machinery and Equipment	89173
计算机、通信及其他电子设备制造业	Manufacture of Computer, Communication and Other Electronic Equipment	42509
仪器仪表制造业	Manufacture of Measuring Instrument	27416
其他制造业	Other Manufacture	6237
废弃资源综合利用业	Comprehensive Utilization of Waste Resources	2442
金属制品、机械和设备修理业	Metal product, Machinery and Equipment Repair	9033
电力、热力的生产和供应业	Production and Supply of Electric Power and Heat Power	23436
燃气生产和供应业	Production and Supply of Gas	2786
水的生产和供应业	Production and Supply of Water	23961

Continued

(10000 yuan)

本期折旧 Depreciation This Year	资产总计 Total Assets	固定资产原值 Original Value of Fixed Assets	固定资产净值 Net Value of Fixed Assets	应收账款 Accounts Receivable	利息支出 Interest
961617	**11593199**	**7642894**	**5805246**	**1943414**	**112773**
4361	298295	152799	144011	16771	1408
462	12308	7269	6801	1984	246
4045	53408	13197	3913	845	265
465	5303	3960	3534	340	377
85773	631196	578244	474593	82973	1070
1770	40434	20037	17518	684	45
848	17043	12987	10923	13256	337
11026	516387	283167	248841	32775	16574
5812	219429	101112	75018	28032	1513
37381	254386	196667	153243	12091	2230
1	40	8	5	31	
10195	140535	63716	46579	25896	3071
12587	230147	162626	127538	14443	928
206	73623	15313	14238	28435	702
5114	89918	66188	57836	18742	93
8661	122817	72396	28496	5231	182
7810	160962	145485	113658	15863	3029
8454	156332	107705	69608	24084	1232
8670	359202	239986	223568	28265	4540
7	3515	484	248	412	33
9784	274816	110798	100841	59183	650
3729	193741	115934	111758	4772	2973
165	1990	2146	1638	92	
43219	603043	440948	330059	96794	1642
220846	1309306	887572	651484	632171	15054
3707	166525	36825	32197	46510	927
743	26204	16723	15313	2551	265
24854	376800	192643	148850	58064	1154
62244	354339	221323	103758	21779	4899
35307	1078469	627361	308112	166098	1884
93377	930834	538722	355931	145723	10145
943	44545	25092	9739	11377	17
57992	672126	415622	347557	176311	4376
12254	204028	127133	73622	47695	3225
6593	182285	119038	109610	47448	714
4365	68178	30421	24213	22062	163
1288	27909	13521	8023	7089	248
3314	134857	25294	18684	17943	172
115718	1067406	1013297	857265	13107	21029
1589	59137	21177	18489	2309	1197
45940	431380	417958	357934	13183	4165

3-5 个体经营工业分行业主要指标(2015年)

单位：万元

分　组	Item	个体单位数 (个) Number of Individuals (Unit)
总　计	**Total**	**107117**
煤炭开采和洗选业	Mining and Washing of Coal	
石油和天然气开采业	Extraction of Petroleum and Natural Gas	
黑色金属矿采选业	Mining and Processing of Ferrous Metal Ores	
有色金属矿采选业	Mining and Processing of Non-ferrous Metal Ores	1
非金属矿采选业	Mining and Processing of Non-metal Ores	1613
开采辅助活动	Mining of Auxiliary Activities	
其他采矿业	Mining of Other Ores	13
农副食品加工业	Processing of Food from Agricultural Products	18898
食品制造业	Manufacture of Foods	4807
酒、饮料和精制茶制造业	Manufacture of Liquor, Beverage and Tea	13873
烟草制品业	Manufacture of Tobacco	
纺织业	Manufacture of Textile	7582
纺织服装、服饰业	Manufacture of Textile and Apparel	7858
皮革、毛皮、羽毛(绒)及其制品业	Manufacture of Leather, Fur, Feather and Its Products	888
木材加工及木、竹、藤、棕、草制品业	Processing of Timber, Manufacture of Wood, Bamboo, Rattan, Palm and Straw Products	6563
家具制造业	Manufacture of Furniture	3695
造纸及纸制品业	Manufacture of Paper and Paper Products	522
印刷业和记录媒介的复制	Printing, Reproduction of Recording Media	536
文教、工美、体育和娱乐用品制造业	Manufacture of Culture and Education ,Art and Craft,Sport Activities, Entertainment	1351
石油加工、炼焦及核燃料加工业	Processing of Petroleum, Coking, Processing of Nuclear Fuel	
化学原料及化学制品制造业	Manufacture of Raw Chemical Materials and Chemical Products	254
医药制造业	Manufacture of Medicines	504
化学纤维制造业	Manufacture of Chemical Fibre	
橡胶和塑料制品业	Manufacture of Rubber and Plastics	1395
非金属矿物制品业	Manufacture of Non-metallic Mineral Products	12322
黑色金属冶炼及压延加工业	Smelting and Pressing of Ferrous Metals	795
有色金属冶炼及压延加工业	Smelting and Pressing of Non-ferrous Metals	459
金属制品业	Manufacture of Metal Products	11846
通用设备制造业	Manufacture of General Purpose Machinery	3620
专用设备制造业	Manufacture of Special Purpose Machinery	1154
汽车制造业	Manufacture of Automobile	1724
铁路、船舶、航空航天和其他运输设备制造业	Manufacture of Railway, Shipbuilding, Aerospace, and Other Transport Equipment	91
电气机械及器材制造业	Manufacture of Electrical Machinery and Equipment	152
计算机、通信及其他电子设备制造业	Manufacture of Computer, Communication and Other Electronic Equipment	82
仪器仪表制造业	Manufacture of Measuring Instrument	9
其他制造业	Other Manufacture	1178
废弃资源综合利用业	Comprehensive Utilization of Waste Resources	1393
金属制品、机械和设备修理业	Metal product, Machinery and Equipment Repair	1847
电力、热力的生产和供应业	Production and Supply of Electric Power and Heat Power	1
燃气生产和供应业	Production and Supply of Gas	
水的生产和供应业	Production and Supply of Water	91

Main Indicators of Industrial Self-employed Individuals by Sector (2015)

(10000 yuan)

期末从业人员 (人) Number of Engaged Persons(Person)	营业收入 Business Revenue	生产支出 Production Expenses	应付职工薪酬 Wages Payable	资产总计 Total Assets
370983	**4535073**	**2426725**	**1061409**	**3220684**
4	22	16	8	7
8794	257962	125939	33064	374042
39	458	328	151	640
39167	478682	311193	91833	183715
12073	119908	66187	28834	59371
39004	435119	246510	93980	300744
18006	206025	85904	58515	65519
55922	361051	152428	161757	120800
3266	26050	13243	9192	15546
26643	373369	224331	74372	221156
10207	203859	52536	29150	74424
1882	23497	16584	4681	33664
1610	24923	15796	4294	17252
2707	32283	15123	8061	23516
783	8951	4425	2359	6935
5792	59062	50821	6593	45327
8204	44713	15159	17013	98208
61566	893683	517317	169952	1025160
3468	11540	6484	4288	17784
1385	20060	16173	3111	11871
27874	415254	252626	80749	259015
22570	303199	102185	122815	76876
2478	32586	22973	6609	21186
5279	69453	43336	16610	55852
93	1007	627	306	904
292	6447	3660	1280	2583
575	3733	2157	1107	965
101	311	194	182	2410
3099	50607	31868	9028	32837
4349	42375	17634	10736	26734
3472	23951	10226	9757	10845
3	27	11	8	15
276	4904	2730	1015	34782

3-6 规模以下服务业企业样本调查单位主要指标(2015年)
Major Indicators for Sample Units of Services Enterprises below Designated Size(2015)

项　目	Item	单　位	Unit	指标值 Value
单位数	Number of Enterprises	个	unit	1820
固定资产原价	Original Value of Fixed Assets	千元	1000 yuan	4432218
资产总计	Total Assets	千元	1000 yuan	10361932
负债合计	Total Liabilities	千元	1000 yuan	4160191
营业收入	Business Revenue	千元	1000 yuan	4139718
营业成本	Operating Costs	千元	1000 yuan	2560147
营业税金及附加	Operating Tax and Extra Charges	千元	1000 yuan	91414
销售费用	Selling Expenses	千元	1000 yuan	267418
管理费用	Management Expenses	千元	1000 yuan	588667
财务费用	Financing Expenses	千元	1000 yuan	74614
营业利润	Operating Profit	千元	1000 yuan	302578
应付职工薪酬(本年贷方累计发生额)	Payroll Payable	千元	1000 yuan	806478
应交增值税	Value Added Tax Payable	千元	1000 yuan	56530
从业人员平均人数	Average Number of Employed Persons	人	person	25086

注：规模以下服务业企业是指辖区内一定规模以下的服务业行业法人单位(营业收入在1000万元以下而且从业人员平均人数在50人以下)。具体包括：交通运输、仓储和邮政业，信息传输、软件和信息技术服务业，物业管理与房地产中介服务业，租赁和商务服务业，科学研究和技术服务业，水利、环境和公共设施管理业，居民服务、修理和其他服务业，教育，卫生和社会工作，文化、体育和娱乐业等行业。2015年全省共调查有效样本企业1820家。

Note: 'Service Enterprises below Designated Size' refers to service industry corporations below a certain size in the area (operating income bellow 10 million yuan and the average number of employees bellow 50). Specific include: transportation, storage and postal industry, information transmission, software and information technology services industry, property management and real estate intermediary services, leasing and business services, scientific research and technical services, water conservancy, environment and public facilities management industry and residents service, repair and other services, education, health and social work, culture, sports and entertainment industry. In total of 1820 effective samples are surveyed in 2015.

3-7 规模以下交通运输、仓储和邮政业企业样本调查单位主要指标(2015年)
Major Indicators for Sample Units of Transport, Storage and Postal Enterprises below Designated Size(2015)

项　目	Item	单　位	Unit	指标值 Value
单位数	Number of Enterprises	个	unit	341
固定资产原价	Original Value of Fixed Assets	千元	1000 yuan	1081034
资产总计	Total Assets	千元	1000 yuan	2197511
负债合计	Total Liabilities	千元	1000 yuan	1038007
营业收入	Business Revenue	千元	1000 yuan	1003009
营业成本	Operating Costs	千元	1000 yuan	673697
营业税金及附加	Operating Tax and Extra Charges	千元	1000 yuan	21501
销售费用	Selling Expenses	千元	1000 yuan	49069
管理费用	Management Expenses	千元	1000 yuan	118009
财务费用	Financing Expenses	千元	1000 yuan	18658
营业利润	Operating Profit	千元	1000 yuan	68847
应付职工薪酬(本年贷方累计发生额)	Payroll Payable	千元	1000 yuan	150831
应交增值税	Value Added Tax Payable	千元	1000 yuan	16442
从业人员平均人数	Average Number of Employed Persons	人	person	4992

3-8 规模以下信息传输、软件和信息技术服务业企业样本调查单位主要指标(2015年)

Major Indicators for Sample Units of the Information Transmission, Technology Services and Software Enterprises Information below Designated Size (2015)

项　目	Item	单 位	Unit	指标值 Value
单位数	Number of Enterprises	个	unit	210
固定资产原价	Original Value of Fixed Assets	千元	1000 yuan	245355
资产总计	Total Assets	千元	1000 yuan	512660
负债合计	Total Liabilities	千元	1000 yuan	185468
营业收入	Business Revenue	千元	1000 yuan	419677
营业成本	Operating Costs	千元	1000 yuan	271748
营业税金及附加	Operating Tax and Extra Charges	千元	1000 yuan	11482
销售费用	Selling Expenses	千元	1000 yuan	29930
管理费用	Management Expenses	千元	1000 yuan	55792
财务费用	Financing Expenses	千元	1000 yuan	5507
营业利润	Operating Profit	千元	1000 yuan	27043
应付职工薪酬(本年贷方累计发生额)	Payroll Payable	千元	1000 yuan	64658
应交增值税	Value Added Tax Payable	千元	1000 yuan	6274
从业人员平均人数	Average Number of Employed Persons	人	person	1918

3-9 规模以下物业管理与房地产中介服务业企业样本调查单位主要指标(2015年)

Major Indicators for Sample Units of Property Management and Real Estate Conduit Enterprises below Designated Size (2015)

项　目	Item	单 位	Unit	指标值 Value
单位数	Number of Enterprises	个	unit	109
固定资产原价	Original Value of Fixed Assets	千元	1000 yuan	239169
资产总计	Total Assets	千元	1000 yuan	733121
负债合计	Total Liabilities	千元	1000 yuan	404081
营业收入	Business Revenue	千元	1000 yuan	191328
营业成本	Operating Costs	千元	1000 yuan	104676
营业税金及附加	Operating Tax and Extra Charges	千元	1000 yuan	7761
销售费用	Selling Expenses	千元	1000 yuan	20323
管理费用	Management Expenses	千元	1000 yuan	50872
财务费用	Financing Expenses	千元	1000 yuan	1936
营业利润	Operating Profit	千元	1000 yuan	-8533
应付职工薪酬(本年贷方累计发生额)	Payroll Payable	千元	1000 yuan	52328
应交增值税	Value Added Tax Payable	千元	1000 yuan	1880
从业人员平均人数	Average Number of Employed Persons	人	person	2085

3-10 规模以下租赁和商务服务业企业样本调查单位主要指标(2015年)

Major Indicators for Sample Units of Leasing and Business Services Enterprises below Designated Size(2015)

项目	Item	单位	Unit	指标值 Value
单位数	Number of Enterprises	个	unit	181
固定资产原价	Original Value of Fixed Assets	千元	1000 yuan	390356
资产总计	Total Assets	千元	1000 yuan	1906504
负债合计	Total Liabilities	千元	1000 yuan	577444
营业收入	Business Revenue	千元	1000 yuan	415928
营业成本	Operating Costs	千元	1000 yuan	269693
营业税金及附加	Operating Tax and Extra Charges	千元	1000 yuan	10494
销售费用	Selling Expenses	千元	1000 yuan	13681
管理费用	Management Expenses	千元	1000 yuan	50021
财务费用	Financing Expenses	千元	1000 yuan	6427
营业利润	Operating Profit	千元	1000 yuan	49272
应付职工薪酬(本年贷方累计发生额)	Payroll Payable	千元	1000 yuan	71895
应交增值税	Value Added Tax Payable	千元	1000 yuan	6376
从业人员平均人数	Average Number of Employed Persons	人	person	2112

3-11 规模以下科学研究和技术服务业企业样本调查单位主要指标(2015年)

Major Indicators for Sample Units of the Scientific Research and Technical Services Enterprises below Designated Size(2015)

项目	Item	单位	Unit	指标值 Value
单位数	Number of Enterprises	个	unit	156
固定资产原价	Original Value of Fixed Assets	千元	1000 yuan	465416
资产总计	Total Assets	千元	1000 yuan	1087106
负债合计	Total Liabilities	千元	1000 yuan	354046
营业收入	Business Revenue	千元	1000 yuan	518451
营业成本	Operating Costs	千元	1000 yuan	319594
营业税金及附加	Operating Tax and Extra Charges	千元	1000 yuan	9126
销售费用	Selling Expenses	千元	1000 yuan	19028
管理费用	Management Expenses	千元	1000 yuan	95750
财务费用	Financing Expenses	千元	1000 yuan	7641
营业利润	Operating Profit	千元	1000 yuan	34636
应付职工薪酬(本年贷方累计发生额)	Payroll Payable	千元	1000 yuan	96204
应交增值税	Value Added Tax Payable	千元	1000 yuan	8440
从业人员平均人数	Average Number of Employed Persons	人	person	2192

3-12 规模以下水利、环境和公共设施管理业企业样本调查单位主要指标(2015年)

Major Indicators for Sample Units of the Water Conservancy, Environment and Public Facilities Management Enterprises below Designated Size(2015)

项　目	Item	单 位	Unit	指标值 Value
单位数	Number of Enterprises	个	unit	140
固定资产原价	Original Value of Fixed Assets	千元	1000 yuan	722795
资产总计	Total Assets	千元	1000 yuan	1677799
负债合计	Total Liabilities	千元	1000 yuan	871269
营业收入	Business Revenue	千元	1000 yuan	339949
营业成本	Operating Costs	千元	1000 yuan	213302
营业税金及附加	Operating Tax and Extra Charges	千元	1000 yuan	6469
销售费用	Selling Expenses	千元	1000 yuan	15474
管理费用	Management Expenses	千元	1000 yuan	46835
财务费用	Financing Expenses	千元	1000 yuan	11059
营业利润	Operating Profit	千元	1000 yuan	22657
应付职工薪酬(本年贷方累计发生额)	Payroll Payable	千元	1000 yuan	61235
应交增值税	Value Added Tax Payable	千元	1000 yuan	5814
从业人员平均人数	Average Number of Employed Persons	人	person	1978

3-13 规模以下居民服务、修理和其他服务业企业样本调查单位主要指标(2015年)

Major Indicators for Sample Units of Resident Services, Repair Services and other Services Enterprises below Designated Size(2015)

项　目	Item	单 位	Unit	指标值 Value
单位数	Number of Enterprises	个	unit	137
固定资产原价	Original Value of Fixed Assets	千元	1000 yuan	187741
资产总计	Total Assets	千元	1000 yuan	268015
负债合计	Total Liabilities	千元	1000 yuan	89789
营业收入	Business Revenue	千元	1000 yuan	233285
营业成本	Operating Costs	千元	1000 yuan	147149
营业税金及附加	Operating Tax and Extra Charges	千元	1000 yuan	5692
销售费用	Selling Expenses	千元	1000 yuan	13339
管理费用	Management Expenses	千元	1000 yuan	23818
财务费用	Financing Expenses	千元	1000 yuan	3867
营业利润	Operating Profit	千元	1000 yuan	31187
应付职工薪酬(本年贷方累计发生额)	Payroll Payable	千元	1000 yuan	48158
应交增值税	Value Added Tax Payable	千元	1000 yuan	4093
从业人员平均人数	Average Number of Employed Persons	人	person	1710

3-14 规模以下教育企业样本调查单位主要指标(2015年)
Major Indicators for Sample Units of Education Enterprises below Designated Size(2015)

项目	Item	单位	Unit	指标值 Value
单位数	Number of Enterprises	个	unit	118
固定资产原价	Original Value of Fixed Assets	千元	1000 yuan	214012
资产总计	Total Assets	千元	1000 yuan	273057
负债合计	Total Liabilities	千元	1000 yuan	68148
营业收入	Business Revenue	千元	1000 yuan	237973
营业成本	Operating Costs	千元	1000 yuan	129805
营业税金及附加	Operating Tax and Extra Charges	千元	1000 yuan	6074
销售费用	Selling Expenses	千元	1000 yuan	14883
管理费用	Management Expenses	千元	1000 yuan	31405
财务费用	Financing Expenses	千元	1000 yuan	3068
营业利润	Operating Profit	千元	1000 yuan	28039
应付职工薪酬(本年贷方累计发生额)	Payroll Payable	千元	1000 yuan	63628
应交增值税	Value Added Tax Payable	千元	1000 yuan	1229
从业人员平均人数	Average Number of Employed Persons	人	person	2091

3-15 规模以下卫生和社会工作企业样本调查单位主要指标(2015年)
Major Indicators for Sample Units of Health and Social Work Enterprises below Designated Size(2015)

项目	Item	单位	Unit	指标值 Value
单位数	Number of Enterprises	个	unit	215
固定资产原价	Original Value of Fixed Assets	千元	1000 yuan	560130
资产总计	Total Assets	千元	1000 yuan	1094737
负债合计	Total Liabilities	千元	1000 yuan	289835
营业收入	Business Revenue	千元	1000 yuan	467255
营业成本	Operating Costs	千元	1000 yuan	267317
营业税金及附加	Operating Tax and Extra Charges	千元	1000 yuan	5401
销售费用	Selling Expenses	千元	1000 yuan	50837
管理费用	Management Expenses	千元	1000 yuan	63502
财务费用	Financing Expenses	千元	1000 yuan	7980
营业利润	Operating Profit	千元	1000 yuan	36654
应付职工薪酬(本年贷方累计发生额)	Payroll Payable	千元	1000 yuan	130705
应交增值税	Value Added Tax Payable	千元	1000 yuan	828
从业人员平均人数	Average Number of Employed Persons	人	person	3883

3-16 规模以下文化、体育和娱乐业企业样本调查单位主要指标(2015年)

Major Indicators for Sample Units of Cultural, Sports, Entertainment Enterprises below Designated Size(2015)

项 目	Item	单 位	Unit	指标值 Value
单位数	Number of Enterprises	个	unit	213
固定资产原价	Original Value of Fixed Assets	千元	1000 yuan	326210
资产总计	Total Assets	千元	1000 yuan	611422
负债合计	Total Liabilities	千元	1000 yuan	282104
营业收入	Business Revenue	千元	1000 yuan	312863
营业成本	Operating Costs	千元	1000 yuan	163166
营业税金及附加	Operating Tax and Extra Charges	千元	1000 yuan	7414
销售费用	Selling Expenses	千元	1000 yuan	40854
管理费用	Management Expenses	千元	1000 yuan	52663
财务费用	Financing Expenses	千元	1000 yuan	8471
营业利润	Operating Profit	千元	1000 yuan	12776
应付职工薪酬(本年贷方累计发生额)	Payroll Payable	千元	1000 yuan	66836
应交增值税	Value Added Tax Payable	千元	1000 yuan	5154
从业人员平均人数	Average Number of Employed Persons	人	person	2125

主要统计指标解释

国有企业 是指企业全部资产归国家所有,并按《中华人民共和国企业法人登记管理条例》规定登记注册的非公司制的经济组织。不包括有限责任公司中的国有独资公司。

集体企业 指企业资产归集体所有，并按《中华人民共和国企业法人登记管理条例》规定登记注册的经济组织，是社会主义公有制的组成部分。包括城乡所有使用集体投资举办的企业，以及部分个人通过集资自愿放弃所有权并依法经工商行政管理机关认定为集体所有制的企业。

股份合作企业 指以合作制为基础，由企业职工共同出资入股，吸收一定比例的社会资产投资组建，实行自主经营，自负盈亏，共同劳动，民主管理，按劳分配与按股分红相结合的一种集体经济组织。

有限责任公司 指根据《中华人民共和国登记管理条例》规定登记注册，由两个以上，五十个以下的股东共同出资，每个股东以其所认缴的出资额对公司承担有限责任，公司以其全部资产对其债务承担责任的经济组织。

有限责任公司包括国有独资公司以及其他有限责任公司。国有独资公司是指国家授权的投资机构或者国家授权的部门单独投资设立的有限责任公司。其他有限责任公司是指国有独资公司以外的其他有限责任公司。

股份有限公司 指根据《中华人民共和国公司登记管理条例》规定登记注册,其全部注册资本由等额股份构成并通过发行股票筹集资本,股东以其认购的股份对公司承担有限责任,公司以其全部资产对其债务承担责任的经济组织。

固定资产原价 指固定资产的成本，包括企业在购置、自行建造、安装、改建、扩建、技术改造某项固定资产时所发生的全部支出总额。根据会计“固定资产”科目的期末借方余额填报。

资产总计 指企业过去的交易或者事项形成的、由企业拥有或者控制的、预期会给企业带来经济利益的资源。资产一般按流动性（资产的变现或耗用时间长短）分为流动资产和非流动资产。其中流动资产可分为货币资金、交易性金融资产、应收票据、应收账款、预付款项、其他应收款、存货等;非流动资产可分为长期股权投资、固定资产、无形资产及其他非流动资产等。根据会计“资产负债表”中“资产总计”项目的期末余额数填报。

负债合计 指企业过去的交易或者事项形成的，预期会导致经济利益流出企业的现时义务。负债一般按偿还期长短分为流动负债和非流动负债。根据会计“资产负债表”中“负债合计”项目的期末余额数填报。

Explanatory Notes on Main Statistical Indicators

State-owned Enterprises refer to non-corporation economic units where the entire assets are owned by the State and which have registered in accordance with the Regulation of the People's Republic of China on the Management of Registration of Corporation Enterprises. Excluded from this category are sole State-funded corporation in the limited liability Corporations.

Collective-owned Enterprises refer to economic entities registered in accordance with the Regulation of the People's Republic of China on the Management of Registration of Legal Enterprises, where assets are owned collectively. Collective enterprises constitute and integral part of the socialist economy with public ownership. They include urban and rural enterprises invested collectively, and some enterprises registered in industrial and commercial administration agency as collective units where funds are pooled together by individuals who voluntarily give up their right of ownership.

Share-holding Cooperative Enterprises refer to economic units set up on a cooperative basis, with funding partly from employees of the enterprise and partly from outside investment, where the operation and management is decided by all the members who also participate in the production, and the distribution of income is based both on work(labour input)and on shares(capital input).

Limited Liability Corporations refer to economic units registered in accordance with the Regulation of the People's Republic of China on the Management of Registration of Corporations, with capital from 2 to 49 investors, each investor bears limited liability to the corporation depending on his/her holding of shares, and the corporation bears liability to its debt to the maximum of its total assets.

Limited Liability Companies, including wholly state-owned companies and other limited liability companies. Wholly state-owned company is a state authorized investment institution or a separate investment set up by state authorized department. Other Limited Liability Companies refer to limited liability companies except the wholly state-owned companies.

Share-holding Corporations Ltd. Refer to economic units registered in accordance with the Regulation of the People's Republic of China on the Management of Registration of Corporations, with total registered capitals divided into equal shares and raised through issuing stocks. Each investor bears limited liability to the corporation depending on the holding shares, and the corporation bears liability to its debt to the maximum of its total assets.

Original Value of Fixed Assets refers to the cost of fixed assets, or the total expenditure of an enterprise spent on certain fixed assets, through purchase, construction, installation, transformation, expansion or technical upgrading. It is reported according to the year-end debit balance of fixed assets of accounting records.

Total Assets refer to all resources that are owned or controlled by enterprises through previous trades or transactions with expectation of making economic profits. Classified by the degree of liquidity, total assets include current assets, and non-current assets. Current assets can be classified into monetary assets, trading financial assets, notes receivable, accounts receivable, advanced payments, other prepaid money and inventories. Non-current assets can be divided into long-term equity investment, fixed assets, intangible assets and other non-current assets. Data on this indicator can be obtained by the year-end figures of total assets in the Assets and Liability Table of accounting records of enterprises.

Total Liabilities refer to payable liabilities of enterprises that accumulated from previous trades or transactions with expectation of economic profits leaking out. In terms of payment, it can be divided into liquid liabilities and long-term liabilities. Data on this item is obtained from the year-end figures on total liabilities from the Assets and Liability Table fof the accounting record of the enterprises.

人民生活

Chapter 4

People's Living Conditions

资料整理：徐　菁　黄　蓉　郁　雁
盛　坤　李支立

4-1 城镇居民家庭人均收支及恩格尔系数(1980-2015年)

Per Capita Annual Income and Expenditure & Engle's Coefficient of Urban Households(1980-2015)

年 份 Year	城镇居民家庭人均可支配收入 Per Capita Annual Disposable Income of Urban Households		城镇居民家庭人均消费性支出 Average Urban Household Consumption Expenditure		恩格尔系数(%) Engel's Coefficient (%)
	绝对数(元) Value(yuan)	比上年±% Growth Rate Over Preceding Year(%)	绝对数(元) Value(yuan)	比上年±% Growth Rate Over Preceding Year(%)	
1980	413.70		369.30		57.0
1981	456.40	10.3	422.70	14.5	57.1
1982	481.40	5.5	430.70	1.9	57.6
1983	511.20	6.2	465.00	8.0	58.7
1984	590.60	15.5	516.40	11.1	56.4
1985	704.20	19.2	644.20	24.7	50.4
1986	851.30	20.9	751.50	16.7	51.6
1987	951.80	11.8	836.10	11.3	53.0
1988	1128.10	18.5	1058.80	26.6	50.9
1989	1262.60	11.9	1130.70	6.8	53.7
1990	1427.20	13.0	1220.30	7.9	53.5
1991	1592.90	11.6	1380.20	13.1	52.0
1992	1874.20	17.7	1577.70	14.3	50.6
1993	2438.70	30.1	2097.60	33.0	44.9
1994	3346.00	37.2	2733.10	30.3	47.8
1995	4016.70	20.0	3433.80	25.6	48.9
1996	4350.20	8.3	3713.50	8.1	46.6
1997	4673.20	7.4	3855.60	3.8	46.0
1998	4826.40	3.3	4074.40	5.7	43.9
1999	5212.80	8.0	4340.60	6.5	41.1
2000	5524.50	6.0	4644.50	7.0	38.3
2001	5856.00	6.0	4804.80	3.5	37.5
2002	6789.00	15.9	5608.91	16.7	37.2
2003	7322.00	7.9	5963.30	6.3	38.2
2004	8022.80	9.6	6398.50	7.3	39.3
2005	8785.94	9.5	6736.56	5.3	39.0
2006	9802.65	11.6	7397.32	9.8	38.8
2007	11485.80	17.2	8701.18	17.6	39.7
2008	13152.86	14.5	9477.51	8.9	42.2
2009	14367.48	9.2	10294.07	8.6	40.4
2010	16058.37	11.8	11450.97	11.2	38.7
2011	18373.87	14.4	13163.77	15.0	40.7
2012	20839.59	13.4	14495.97	10.1	40.3
2013	22906.42	9.9	15749.50	8.6	39.7
2014	24852.28	9.6	16681.41	8.8	32.3
2015	27051.47	8.8	18192.28	9.1	32.0

注：①1980年度数据仅为第四季度；
②1992年前可支配收入为生活费收入；
③2014年起使用城乡一体化住户收支与生活状况调查数据，与之前的分城镇和农村住户调查的范围、方法、指标口径有所不同(此后相关表同)；
④2014年起，城镇居民人均可支配收入改为城镇常住居民人均可支配收入；
⑤2014年起，食品消费支出包括食品和烟酒。

Note: ①Data in 1980 is for the fourth quarter;
②Disposable income is equal to living expenses before 1992;
③Survey data of income and expenditure of urban and rural household integration was used since 2014, and the scope of the investigation, the method and index are different(But these indexes are same in the Thereafter related tables);
④Since 2014, the per capita disposable income of urban household was changed to the per capita disposable income of urban household;
⑤Since 2014, consumption expenditure on food including food，alcohol and tobacco.

4-2 按收入五等份分组城镇居民家庭基本情况(2015年)

项　目	Item	总 计 Total
家庭居住人口数(人/户)	Household Size(person/household)	2.85
现住房总建筑面积(平方米/人)	Total Floor Space for Current Housing(sq.m/person)	43.18
现住房房屋来源(%)	Source of Current Housing (%)	
租赁公房	Rental Public Housing	4.57
租赁私房	Rental Privately Housing	6.38
自建住房	Self Built Housing	28.94
购买商品房	Commercial Housing	28.86
购买房改住房	Privately Owned House After Housing Reform	23.55
购买保障性住房	Affordable Housing	2.55
拆迁安置房	Removal and Resettlement Housing	1.62
继承或获赠住房	Inheritance or Gift of Housing	0.46
免费借用房	Free Housing	0.91
雇主提供免费住房	Free Housing Provide by Employers	1.02
其他来源	Other sources	1.14
本住户居住空间样式(%)	Residential space style (%)	
单栋楼房	Single building	28.90
单栋平房	Single One-storey House	5.42
四居室及以上单元房	Four Bedroom and Above Apartment	3.68
三居室单元房	Three Bedroom Apartment	26.53
二居室单元房	Two Bedroom Apartment	26.65
一居室单元房	One Bedroom Apartment	6.38
筒子楼或连片平房	Tube-shaped Apartment or Gathered One-storey House	2.17
其他	Others	0.27
现有住房按市场价估计值(元/户)	Existing Housing at Market Value Estimates(yuan/household)	333404.88
租赁房房租(元/户)	Rental Housing Rent(yuan/household)	66.17
住户主要饮用水来源情况(%)	Main Source of Drinking Water	
经过净化处理的自来水	Tap Water After Purification Treatment	94.99
受保护的井水和泉水	Protected Wells and Springs	2.63
不受保护的井水和泉水	Unprotected Wells and Springs	0.90
江河湖泊水	Rivers and lakes	0.58
收集雨水	Rainwater Collected	0.04
桶装水	Bottled Water	0.70
其他水源	Other Water Sources	0.16
住户厕所类型(%)	Type of Household Toilet	
水冲式卫生厕所	Hygiene Water Flush Toilet	90.53
水冲式非卫生厕所	Unhygiene Water flush toilet	1.20
卫生旱厕	Hygiene Toilet with No Flush Facilities	2.14
普通旱厕	Common Toilet with No Flush Facilities	3.50
无厕所	No Toilet	2.63
住户洗澡设施情况(%)	Household Bathing Facilities	
统一供热水	Unified Supplied Hot Water	4.26
家庭自装热水器	Home Self Installed Water Heater	82.39
其他	Others	4.04
无洗澡设施	No Bathing Facilities	9.32

Basic Conditions of Urban Households by Five Equal Parts of Income(2015)

低收入户 Low Income Households	中低收入户 Lower Middle Income Households	中等收入户 Middle Income Households	中高收入户 Upper Middle Income Households	高收入户 High Income Households
3.27	3.19	2.89	2.66	2.24
42.01	41.50	42.27	43.93	47.61
4.48	3.38	3.16	4.00	7.82
8.82	5.95	4.78	6.65	5.71
48.98	36.66	27.25	18.93	12.97
19.76	23.75	31.07	35.14	34.55
12.67	21.88	25.56	27.50	30.08
0.59	3.12	2.98	2.80	3.23
1.18	0.96	2.07	1.93	1.96
0.33	0.60	0.47	0.41	0.47
1.21	1.28	1.02	0.74	0.29
0.30	1.21	0.31	1.56	1.74
1.67	1.21	1.32	0.34	1.17
46.57	35.92	27.14	20.24	14.68
12.41	6.10	3.74	2.56	2.33
2.24	3.36	4.33	4.52	3.94
16.14	22.44	25.63	31.82	36.59
15.85	24.38	32.34	31.71	28.93
3.13	4.77	4.45	7.17	12.35
3.10	2.37	2.30	1.92	1.17
0.56	0.67	0.07	0.06	0.02
216098.95	265662.86	334523.18	402008.30	448548.77
69.07	64.13	55.55	70.26	71.88
87.21	94.33	98.16	96.94	98.28
8.64	2.30	0.55	1.34	0.35
1.85	1.36	0.39	0.56	0.33
0.90	0.47	0.49	0.50	0.53
0.11	0.04			0.04
1.20	1.24	0.33	0.33	0.40
0.08	0.26	0.08	0.34	0.06
78.41	89.58	93.36	94.75	96.48
3.08	1.17	0.53	0.89	0.35
4.55	2.19	1.93	1.66	0.38
9.39	4.15	1.64	1.27	1.09
4.58	2.92	2.54	1.43	1.71
2.28	3.28	4.32	5.60	5.79
74.47	79.21	82.08	87.62	88.54
5.36	5.58	4.79	2.98	1.48
17.89	11.92	8.81	3.80	4.19

4-2 续表

项　目	Item	总　计 Total
住户主要取暖设备状况(%)	Household Main Heating Equipment Status	
由市政或小区集中供暖	Central Heating by Municipal or District	4.04
自行供暖	Self Heating	58.66
无取暖设备	No Heating Equipment	37.30
主要炊用能源状况(%)	The Main Cooking Energy Situation	
柴草	Firewood	3.73
煤炭	Coal	1.30
罐装液化石油气	Canned Liquefied Petroleum Gas	48.96
管道液化石油气	Pipeline Liquefied Petroleum Gas	2.24
管道煤气	Pipe Gas	2.28
管道天然气	Natural Gas Pipeline	33.12
电	Electric	6.24
燃料用油	Fuel Oil	0.04
沼气	Biogas	0.05
其他	Others	0.19
无炊用行为	No Cooking Behavior	1.83
通信设备使用情况	Communications Facilities	
固定电话(部/百户)	Fixed-line Telephone(set/100 household)	33.91
移动电话(部/百户)	Mobile Phone(set/100 household)	223.13
接入互联网的计算机(台/百户)	Network-connected Telephone(set/100 household)	59.83
期末拥有房屋面积(平方米/户)	Housing Area at the End of the Term (m2 / Household)	
自有现住房面积	Owned Housing Area	111.14
出租住房面积	Rental Housing Area	6.47
出租商用建筑物面积	Commercial Building Area	0.22
偶尔居住房面积	Occasional lived Housing Area	1.17
空宅或其他用途房面积	Empty House or Other Use Forms Area	1.48

Continued

低收入户 Low Income Households	中低收入户 Lower Middle Income Households	中等收入户 Middle Income Households	中高收入户 Upper Middle Income Households	高收入户 High Income Households
1.38	2.55	3.72	5.67	6.86
42.56	55.26	61.10	65.38	68.93
56.06	42.19	35.18	28.94	24.21
12.09	3.71	1.07	1.33	0.52
3.22	0.97	0.91	1.10	0.32
61.45	58.96	51.21	41.18	32.03
1.43	1.69	2.93	2.42	2.73
0.31	2.79	2.39	3.10	2.79
14.67	24.51	34.35	43.68	48.34
6.39	6.60	6.37	4.76	7.10
0	0	0.19	0	0
0.08	0.12	0	0.07	0
0.18	0	0	0.53	0.26
0.18	0.64	0.57	1.82	5.93
30.28	34.40	33.28	36.05	35.54
227.05	231.72	228.32	222.28	206.32
42.98	54.88	60.54	64.75	75.95
125.41	120.41	112.81	102.12	94.98
3.27	6.81	7.84	7.55	6.89
0.31		0.32	0.38	0.11
1.04	0.61	0.98	1.22	2.02
1.18	1.44	1.62	1.25	1.89

4-3 城镇居民家庭人均收入与支出情况

单位：元

项 目	Item	2010
家庭总收入	**Total Income**	**17572.83**
可支配收入	Disposable Income	16058.37
工资性收入	Wages Income	11460.49
经营净收入	Net Operation Income	1391.83
财产净收入	Property Net Income	378.34
利息收入	Interest Income	47.53
股息与红利收入	Dividend and Bonus	66.31
保险收益	Insurance Proceeds	0.71
出租房屋收入	Rental Income	153.47
转移净收入	Transferred Net Income	4342.17
养老金或离退休金	Pensions and Retirement Pay	3554.16
社会救济救助收入	Social Relief	66.53
赡养收入	Supporting Income	183.85
借贷收入	**Lending and Loaning Income**	**3356.67**
提取储蓄存款	Saving Deposit	2839.39
借入款	Borrowed funds	357.04
收回借出款	Recalled Loan	20.70
收回储蓄性保险本	Recalled Endowment Assurance	0.58
住房贷款	Accomadation Loan	135.83
汽车贷款	Automobile Loan	
教育贷款	Rerurned Education Loan	
其他贷款	Other Loans	2.13
其他借贷收入	Other Income on Loan	1.00
家庭总支出	**Total Expenditures**	**15612.28**
生活消费支出	Expenditure for Consumption	11450.97
食品	Food	4429.30
衣着	Clothing	1415.68
居住	Residence	1263.16
家庭设备用品及服务	Expenditure for Consumption	1187.54
交通和通信	Transportation, Post and Communications	709.58
教育文化娱乐服务	Recreation, Education and Cutural Services	1205.48
医疗保健	Medicine and Medical Service	867.33
其他商品和服务	Miscellaneous Commodities and Services	372.90
购房与建房支出	Expenditure on House-purchase and Building	651.56
购房	Puchase of the House	647.15
建房	House Building	4.40
转移性支出	Transferred Income	2113.91
社会保障支出	Social Security Expentiduture	1361.38
个人交纳的养老基金	Personal Paid Pension Fund	652.94
个人交纳的住房公积金	Personal Paid Housing Accumulation Fund	478.07
个人交纳的医疗基金	Personal Paid Medical Care Fund	187.80
个人交纳的失业基金	Personal Paid Unemployment Fund	23.95
其他社会保障支出	Others	18.62
财产性支出	Property Expenditure	34.46
储蓄性商业保险支出	Commercial Insurance for Savings	112.51
借贷支出	**Lending and Loaning Expenditure**	**5098.21**
存入储蓄款	Savings	4386.86
借出款	Lending Funds	99.59
归还借款	Returned Loan	191.02
购买有价证券	Purchase of Securities	89.89
其他投资支出	Other Investment Expenditure	7.19
归还住房贷款	Returned Accomadation Loan	206.81
归还汽车贷款	Returned Automobil Loan	0
归还教育贷款	Returned Education Loan	0.13
归还其他贷款	Returned Others Loan	0.28
其他借贷支出	Others	3.94

注：①2014年起可支配收入是常住居民可支配收入，其中财产性收入、转移性收入及其中项都是净收入；
②2014年起股息与红利收入只包括红利收入；
③2014年起食品支出包括食品和烟酒；
④2014年起借贷收入是家庭总收入的其中项之一，借贷支出是家庭总支出的其中项之一。

Per Capita Annual Income and Expenditures of Urban Households

(yuan)

2011	2012	2013	2014	2015
20193.27	**22903.85**	**25180.49**	**27538.89**	**30057.39**
18373.87	20839.59	22906.42	24852.28	27051.47
12622.44	14191.04	15571.83	14215.35	15571.59
1906.73	2158.33	2340.01	3515.07	3792.21
357.15	476.23	535.76	1922.42	1985.26
53.91	84.92	59.08	60.57	60.72
55.19	85.05	112.53	140.00	89.58
0.77	1.26	6.46	4.11	1.82
162.64	219.45	297.18	240.34	253.63
5306.95	6078.25	6732.89	5199.44	5702.40
4484.67	5218.56	5779.62	5275.66	5813.50
89.85	97.42	109.24	98.51	95.83
204.45	244.02	398.47	663.27	386.36
3763.38	**3732.56**	**2599.86**	**1279.24**	**856.29**
3220.02	3120.09	2060.68	929.24	558.84
297.30	362.93	274.60	266.21	179.07
9.14	33.02	72.13	33.99	51.16
1.33	2.84	0	0.35	0.17
230.42	201.37	46.39	36.12	39.50
2.57	3.23	88.41	0.83	15.02
1.72	0	2.83	4.54	1.52
0.56	5.32	36.47	7.23	4.69
0.31	0.25	0.83	0.73	6.33
18123.42	**20107.11**	**20419.53**	**23175.07**	**24798.38**
13163.77	14495.97	15749.50	16681.41	18192.28
5363.68	5837.93	6259.22	5390.63	5828.55
1677.91	1783.41	1881.85	1463.90	1523.08
1489.67	1371.15	1456.30	3575.10	3742.72
1172.11	978.26	1059.22	1024.67	1099.31
915.72	1476.98	1745.05	1802.35	2155.38
1382.20	1651.92	1922.83	1894.84	1972.20
814.81	1029.55	1033.46	1187.81	1482.05
347.68	366.78	391.57	342.11	388.98
879.03	978.94	351.77	564.59	326.23
874.52	964.07	248.24	383.08	192.70
4.50	14.87	103.53	181.51	133.53
2384.97	2708.76	2873.77	1407.82	1603.91
1673.00	1898.46	1420.81	1072.32	1264.16
834.38	950.64	711.17	766.13	886.12
545.46	611.71	423.95		
250.08	274.45	222.56	242.79	318.08
29.94	44.21	44.78	45.72	44.75
13.15	17.45	18.35	17.68	15.21
22.65	24.98	23.69	26.87	59.36
136.82	151.85	80.70	85.36	91.36
5067.40	**5995.09**	**4979.64**	**1128.48**	**835.71**
4423.85	5264.62	4237.54	662.06	288.59
55.94	108.93	66.75	24.55	44.84
244.17	226.96	116.85	120.77	118.92
49.57	56.95	4.83	2.16	1.83
15.19	9.87	82.09	2.40	6.22
130.54	160.32	363.21	279.18	325.02
8.65	8.46	11.44	23.91	35.84
0.10	2.40	2.15	0	0.12
0.18	0.91	13.24	1.86	11.28
2.39	3.83	0.86	11.58	3.05

Note: ①Since 2014, disposable income is a permanent resident disposable income, in which property income, transfer income, and the item is the net income;

②Dividends and bonus income in 2014 only included the bonus income;

③Since 2014, food expenditure including food and tobacco;

④Since 2014, lending income is one of a family's total income, loan expenditure is one of the family's total expenditures.

4-4　按收入五等份分组城镇居民家庭人均收入与支出情况(2015年)

单位：元

项　目	Item	低收入户 Low Income Households
总收入	**Total Income**	**13586.09**
可支配收入	Disposable Income	10621.75
工资性收入	Wages Income	5691.21
工资	Wage	5191.91
实物福利	Physical Benefits	27.87
其他	Others	471.43
经营净收入	Net Business Income	2280.81
第一产业经营净收入	Net Income of the First Industry	467.84
第二产业经营净收入	Net Income of Second Industries	124.99
第三产业经营净收入	Net Income of Third Industries	1687.98
财产净收入	Property Net Income	775.09
利息净收入	Net Interest Income	-1.36
红利收入	Dividend Income	0.94
储蓄性保险净收益	Net Income of Savings Insurance	2.16
转让承包土地经营权租金净收入	Net Income of Renting and Transfer Land Management Right	14.88
出租房屋财产性收入	Property Income of Rental Housing	63.11
出租机械、专利、版权等资产的收入	Rental Machinery, Patents, Copyrights and Other Assets	0.39
房屋虚拟租金	Virtual Rent of House	703.71
转移净收入	Transfer Net Income	1874.64
转移性收入	Transfer Income	2847.61
养老金或离退休金	Pension or Pension	1695.48
社会救济和补助	Social Relief and Subsidies	185.71
政策性生活补贴	Policy Oriented Living Allowance	14.39
报销医疗费	Reimbursement of Medical Expenses	138.49
家庭外出从业人员寄回带回收入	Income of Family Members Sent Back	507.53
赡养收入	Maintenance Income	257.09
其他经常转移收入	Other Frequent Transfer Income	20.13
从政府和组织得到的实物产品和服务折价	Discounts on Physical Products and Services Received from the Government and Organizations	6.49
现金政策性惠农补贴	Cash for the Policy of Agricultural Subsidies	22.31
转移性支出	Expenses on Transfers	972.97
个人所得税	Individual Income Tax	1.98
社会保障支出	Social Security Expenditure	826.31
外来从业人员寄给家人的支出	Expenditure of Employees from Other Provinces Send Home	21.94
赡养支出	Maintenance Expenses	68.68
其他转移性支出	Other Transfer Expenses	54.06
借贷性所得	Loan Income	619.71
提取储蓄存款	Dissaving	369.38
借入款	Borrowed Money	183.29
收回借出款	Recovered Loan	29.25
收回储蓄性保险本金	Recovered Deposit Insurance Principal	0
住房贷款	Housing Loan	0
汽车贷款	Auto Loan	3.76
教育贷款	Educational Loan	6.53
其他贷款	Other Loans	6.70
其他借贷所得	Other Borrowings	20.79

注：2014年起为城镇常住居民人均可支配收入，其中各项均为净收入。

Note: Data since 2014 are about per capita disposable income of urban household , which are net income.

Per Capita Annual Income and Expenditures of Urban Households by Five Equal Parts of Income(2015)

(yuan)

中低收入户 Lower Middle Income Households	中等收入户 Middle Income Households	中高收入户 Upper Middle Income Households	高收入户 High Income Households
21859.04	**28374.24**	**38732.03**	**58250.44**
19427.94	26341.77	34969.59	53979.02
11067.64	15157.93	19769.10	32285.68
10686.90	14494.89	18665.49	29881.27
61.66	93.86	169.32	371.79
319.08	569.18	934.29	2032.62
3462.76	3125.53	3385.34	7827.27
391.62	234.45	422.15	465.22
407.31	354.12	444.46	1548.52
2663.83	2536.96	2518.72	5813.54
1354.12	1887.16	2620.73	4067.02
57.79	28.11	-6.38	276.36
40.45	69.38	67.65	342.26
0.91	2.61	2.81	0.50
17.61	8.82	8.46	5.08
203.85	231.17	374.61	495.26
15.44	0	5.49	2.53
1058.72	1537.75	2128.68	2821.86
3543.42	6171.16	9194.43	9799.05
4767.60	7553.57	11167.89	12757.75
3662.28	6394.04	9697.42	9729.84
121.61	50.36	29.53	61.59
21.52	18.76	38.56	198.85
128.16	301.33	341.01	1147.28
439.67	349.18	590.63	649.35
297.05	341.80	351.00	803.53
65.75	80.87	99.25	128.21
11.24	11.36	15.69	33.45
20.32	5.88	4.80	5.64
1224.18	1382.41	1973.47	2958.69
3.55	27.14	95.90	428.72
970.80	1212.22	1588.74	2022.08
21.91	11.35	60.08	145.31
157.85	95.51	148.91	260.24
70.08	36.20	79.83	102.35
782.49	770.41	1175.83	1052.41
546.78	603.21	538.06	822.65
185.35	67.13	283.93	187.00
33.23	28.97	137.38	38.04
0	0.86	0	0
3.29	0	200.00	1.72
0	67.10	2.84	0
0	0	0	0
13.83	0	0.14	0
0.02	3.14	4.69	0

4-4 续表

单位：元

项　目	Item	低收入户 Low Income Households
总支出	**Total Expenditures**	**16330.36**
消费支出	Expenditure for Consumption	11336.06
食品烟酒	Food	3857.87
衣着	Clothing	803.21
居住	Residence	2292.67
生活用品及服务	Household Facilities Articles and Services	596.14
交通通信	Medicine and Medical Services	1217.85
教育文化娱乐	Traffic and Communications	1578.08
医疗保健	Education, Culture and Recreation Articles and Services	783.62
其他用品和服务	Miscellanecus Commodities and Services	206.63
生产经营费用支出	Production and Operating Expenses	1514.71
第一产业经营费用支出	First Industry Operating Expenses	284.27
第二产业经营费用支出	Second Industrial Operating Expenses	41.47
第三产业经营费用支出	Third Industrial Operating Expenses	1188.97
财产性支出	Expenses on Properties	35.66
转移性支出	Expenses on Transfers	962.12
个人所得税	Individual Income Tax	1.98
社会保障支出	Social Security Expenditure	826.31
外来从业人员寄给家人的支出	Expenditure of Employees from Other Provinces Send Home	21.94
赡养支出	Maintenance Expenses	68.68
其他转移性支出	Other Transfer Expenses	43.21
部分商业保险支出	Part of Commercial Insurance Expenses	47.84
意外伤害保险	Accident Injury Insurance	5.31
商业医疗保险(含大病保险)	Commercialized Health Care Insurance	7.50
其他非储蓄性商业保险	Other Non Savings Commercial Insurance	16.15
其他储蓄性商业保险	Other Savings Commercial Insurance	18.89
购房与建房支出	Purchase and Housing Expenses	241.43
购房	Purchase	69.98
建房	House Building	171.46
借贷性支出	Borrowing Expenses	412.43
存入储蓄款	Savings Deposit	143.97
借出款	Loan	21.68
归还借款	Return Loan	105.39
购买有价证券	Purchase Securities	0
其他投资支出	Other Investment Spending	0
归还住房贷款	Return of Housing Loans	107.17
归还汽车贷款	Return of Auto Loan	18.90
归还教育贷款	Return Education Loan	0.41
归还其他贷款	Return Other Loans	11.17
其他借贷支出	Other Borrowing Costs	3.73

Continued

(yuan)

中低收入户 Lower Middle Income Households	中等收入户 Middle Income Households	中高收入户 Upper Middle Income Households	高收入户 High Income Households
18674.65	**23327.11**	**31770.84**	**39899.35**
13402.67	17687.48	23353.38	29851.85
4768.23	5718.33	7384.48	8598.19
1047.20	1444.79	2035.76	2775.10
2825.19	3608.67	4685.65	6279.24
775.01	1177.29	1411.18	1844.99
1483.49	2111.22	2993.54	3588.65
1386.35	1741.40	2540.77	3032.77
858.30	1532.23	1840.13	2927.05
258.90	353.54	461.87	805.85
736.64	387.28	1500.73	841.10
234.23	99.83	1320.57	161.17
17.96	28.61	1.48	165.14
484.44	258.84	178.68	514.79
58.62	32.38	94.26	89.89
1224.23	1382.41	1973.47	2953.45
3.55	27.14	95.90	428.72
970.80	1212.22	1588.74	2022.08
21.91	11.35	60.08	145.31
157.85	95.51	148.91	260.24
70.13	36.20	79.83	97.11
35.41	101.07	143.38	162.99
9.47	16.97	13.59	18.37
10.87	36.03	33.84	41.20
2.81	13.23	30.41	46.31
12.26	34.85	65.54	57.11
361.14	223.53	542.81	283.46
203.00	26.22	515.31	200.79
158.14	197.31	27.50	82.67
464.64	868.98	944.92	1822.59
182.79	268.46	245.97	728.86
12.81	22.13	28.63	173.00
131.31	93.22	154.43	113.28
2.12	4.48	0	2.83
0.45	6.06	19.66	8.34
121.29	411.20	441.24	692.54
0	53.63	49.11	73.81
0	0	0	0.17
13.62	0.88	4.69	29.14
0.25	8.92	1.18	0.61

4-5 按收入五等份分组城镇居民家庭主要生活用品购买量(2015年)

项　目	Item	计量单位	Unit	总 计 Total
食品烟酒	Food, Alcohol and Tobacco			
食品	Food			
谷物	Cereals	公斤/人	kg / person	58.07
大米	Rice	公斤/人	kg / person	40.96
面粉制品	Flour Products	公斤/人	kg / person	10.44
其他谷物制品	Other Cereal Products	公斤/人	kg / person	2.15
薯类	Tubers	公斤/人	kg / person	6.49
豆类	Beans	公斤/人	kg / person	10.36
食用植物油	Edible Vegetable Oil	公斤/人	kg / person	13.00
食用动物油	Edible Animal Oil	公斤/人	kg / person	0.30
蔬菜和食用菌	Vegetables and Edible Fungi	公斤/人	kg / person	104.32
鲜菜	Fresh Vegetables	公斤/人	kg / person	100.48
干菜及菜制品	Dried Vegetables and Vegetable Products	公斤/人	kg / person	1.99
肉类	Meat	公斤/人	kg / person	27.94
猪肉	Pork	公斤/人	kg / person	20.28
牛肉	Beef	公斤/人	kg / person	2.38
羊肉	Mutton	公斤/人	kg / person	0.81
其他肉类及制品	Other Meats and Products	公斤/人	kg / person	4.46
禽类	Poultry	公斤/人	kg / person	6.39
鸡	Chicken	公斤/人	kg / person	3.73
鸭	Duck	公斤/人	kg / person	0.90
水产品	Aquatic Products	公斤/人	kg / person	17.42
鱼类	Fish	公斤/人	kg / person	14.51
蛋类	Eggs	公斤/人	kg / person	8.47
奶类	Milk	公斤/人	kg / person	11.72
干鲜瓜果类	Dried and Fresh Melons and Fruits	公斤/人	kg / person	42.74
鲜瓜果	Fresh Melons & Fruits	公斤/人	kg / person	38.85
坚果类	Nuts and Processed Products	公斤/人	kg / person	3.12
糖果糕点类	Sweets and Cakes	公斤/人	kg / person	5.96
卷烟	Cigarettes	盒/人	box / person	24.93
啤酒	Beer	公斤/人	kg / person	3.32
白酒	Distilled Spirit	公斤/人	kg / person	3.45
水电燃料	Water, Electricity and Fuels			
水	Water	吨/人	ton/ person	43.81
电	Electric	度/人	degree / person	606.17
煤炭	Coal	公斤/人	kg / person	6.04
管道天然气	Natural Gas Pipeline	立方米/人	m^2 / person	28.04
罐装液化石油气	Canned Liquefied Petroleum Gas	公斤/人	kg / person	13.38

Per Capita Annual Purchase of Major Items of Life of Urban Households by Five Equal Parts of Income(2015)

低收入户 Low Income Households	中 低 收入户 Lower Middle Income Households	中 等 收入户 Middle Income Households	中 高 收入户 Upper Middle Income Households	高收入户 High Income Households
51.82	55.69	56.61	64.09	65.65
39.36	41.97	40.69	44.96	37.57
6.90	8.14	9.04	11.10	20.00
1.55	1.77	2.10	2.63	3.11
5.18	4.97	6.32	8.37	8.62
8.95	9.78	10.40	12.16	11.11
11.58	12.91	12.87	15.00	13.09
0.40	0.31	0.37	0.18	0.20
86.18	97.18	106.01	123.80	116.58
83.11	93.46	102.41	119.09	112.15
1.67	2.12	1.85	2.45	1.94
22.62	24.88	28.64	33.49	32.83
17.81	18.68	20.62	23.14	22.49
1.33	1.77	2.79	3.23	3.28
0.45	0.62	0.76	1.19	1.24
3.03	3.81	4.46	5.93	5.81
4.78	5.95	6.55	7.92	7.43
2.94	3.70	3.93	4.34	3.99
0.59	0.70	0.89	1.21	1.29
14.10	16.50	17.79	19.98	20.17
12.26	14.25	15.00	15.90	15.98
6.81	7.67	8.43	10.52	9.78
6.96	9.91	11.08	16.43	16.71
29.90	41.42	43.57	50.99	52.94
27.24	38.24	39.57	45.92	47.73
2.22	2.56	3.18	3.97	4.18
3.77	4.85	5.77	7.91	8.81
19.72	25.71	25.03	25.97	30.18
3.56	4.06	2.72	3.01	3.05
2.92	3.48	3.39	3.92	3.75
31.15	36.77	44.70	52.74	61.07
457.77	543.98	581.53	723.33	810.54
6.43	7.80	9.25	3.03	2.31
11.40	16.53	30.41	44.29	47.20
13.93	14.89	13.17	12.64	11.51

4-5 续表

项　目	Item	计量单位	Unit	总 计 Total
耐用消费品	Durable Consumer Goods			
洗衣机	Washing Machine	台/百户	set/100 households	4.03
电冰箱(柜)	Refrigerator	台/百户	set/100 households	5.75
空调器	Air Conditioner	台/百户	set/100 households	5.24
吸尘器	Vacuum cleaner	台/百户	set/100 households	0.96
抽油烟机	Exhaust Fans	台/百户	set/100 households	2.06
微波炉	Microwave Oven	台/百户	set/100 households	1.73
非太阳能热水器	Non solar water heater	台/百户	set/100 households	2.80
太阳能热水器	Solar heater	台/百户	set/100 households	0.63
燃气炉具	Gas stove	台/百户	set/100 households	3.25
洗碗机	Dishwasher	台/百户	set/100 households	0.10
消毒碗柜	Disinfection Cupboard	台/百户	set/100 households	0.11
汽车	Motor Vehicles	辆/百户	set/100 households	1.37
摩托车	Motorcycles	辆/百户	set/100 households	0.49
自行车	Bicycles	辆/百户	set/100 households	3.20
电动自行车	Electric bicycle	辆/百户	set/100 households	2.64
电话机	Telephone Sets//Telephone	部/百户	set/100 households	0.75
移动电话机	Mobile Telephone	部/百户	set/100 households	37.36
彩色电视机	Color TV Set	台/百户	set/100 households	4.95
家用台式电脑	Home desktop computer	台/百户	set/100 households	1.85
家用笔记本电脑	Notebook computer	台/百户	set/100 households	1.46
交通工具用燃料	Fuel for transportation			
汽油	Gasoline	升/人	L/person	43.35
柴油	Diesel Oil	升/人	L/person	0.21

Continued

低收入户 Low Income Households	中 低 收入户 Lower Middle Income Households	中 等 收入户 Middle Income Households	中 高 收入户 Upper Middle Income Households	高收入户 High Income Households
3.92	3.49	5.20	4.89	2.66
4.19	4.95	5.47	7.85	6.30
4.24	4.45	3.54	6.84	7.13
0.39	0.25	0.17	0.80	3.17
1.69	1.20	3.32	1.52	2.54
0.83	0.97	1.64	2.05	3.14
1.88	1.89	4.28	3.50	2.46
0.67	0.59	0.68	0.32	0.88
2.89	3.54	3.62	2.46	3.73
0.06	0.02	0.44	0	0
0.07	0	0.31	0.18	0
0.69	1.08	1.53	2.01	1.55
0.56	0.53	0.77	0.59	0
1.93	3.10	2.93	4.19	3.86
2.62	4.24	1.79	2.05	2.51
0.93	1.16	0.58	0.40	0.67
32.28	37.61	35.77	40.59	40.56
4.86	3.97	4.68	5.95	5.29
2.32	1.59	0.77	2.87	1.70
0.61	1.30	1.62	1.82	1.95
21.58	27.89	41.20	58.20	83.23
0.15	0.27	0.34	0.09	0.19

4-6 按收入五等份分组城镇居民家庭人均购买商品支出(2015年)

单位：元

项　目	Item	总　计 Total	低收入户 Low Income Households
购买生活消费品及服务	**Purchase Consumer Goods and Services**	**14863.78**	**9492.33**
食品烟酒	Food, Alcohol and Tobacco	5407.07	3552.32
食品	Food	3596.46	2631.58
谷物	Cereals	318.75	263.09
大米	Rice	210.15	191.03
面粉制品	Flour Products	69.40	44.85
其他谷物制品	Other Cereal Products	16.58	9.69
薯类	Tubers	26.83	20.14
豆类	Beans	71.14	58.10
食用油	Oil and Fats	180.76	153.15
蔬菜和食用菌	Vegetables and Edible Fungi	635.78	480.01
肉类	Meat	844.79	634.47
猪肉	Pork	515.91	440.20
牛肉	Beef	131.09	75.67
羊肉	Mutton	39.42	21.22
禽类	Poultry	156.37	113.70
鸡	Chicken	86.28	66.87
鸭	Duck	19.46	12.20
鹅	Goose	0.68	0.48
其他禽类及制品	Other Poultry and Products	49.95	34.16
水产品	Aquatic Products	301.57	206.76
鱼类	Fish	222.31	165.90
虾类	Shrimp	37.43	16.86
蟹类	Crab	7.53	2.65
蛋类	Eggs	113.28	88.74
鲜蛋	Fresh Eggs	100.90	80.73
蛋制品	Egg Products	12.38	8.02
奶类	Milk	206.88	143.90
鲜奶	Milk	64.63	30.50
酸奶	Yogurt	35.09	15.52
奶粉	Milk Powder	78.57	72.25
其他奶制品	Others	28.58	25.63
干鲜瓜果类	Dried and Fresh Melons and Fruits	377.53	224.96
鲜瓜果	Fresh Melons & Fruits	289.92	176.52
瓜果制品	Melon and Fruit Products	16.33	7.50
坚果类	Nuts and Processed Products	71.28	40.93
糖果糕点类	Sweets and Cakes	125.32	67.90
饮料	Beverages	93.36	60.41
茶叶	Tea	30.85	11.34
咖啡	Coffee	4.40	0.43
卷烟	Cigarettes	379.29	221.59

Per Capita Annual Expenditures on goods of Urban Households by Five Equal Parts of Income(2015)

(yuan)

中 低 收入户 Lower Middle Income Households	中 等 收入户 Middle Income Households	中 高 收入户 Upper Middle Income Households	高收入户 High Income Households
11280.25	**14534.44**	**19068.25**	**23484.92**
4518.81	5378.24	6914.33	7710.46
3107.59	3630.36	4559.06	4563.39
297.73	314.49	386.60	358.03
209.14	207.58	240.77	207.69
60.47	67.86	92.66	93.52
10.93	16.32	24.05	26.53
21.24	24.55	36.87	36.05
62.82	70.47	89.98	81.37
171.12	185.34	210.97	194.49
551.76	636.72	800.34	794.46
725.19	868.93	1066.09	1039.31
465.61	529.58	605.42	578.51
98.25	144.69	180.36	185.38
30.65	37.86	58.84	58.40
140.00	157.00	200.12	191.37
80.44	89.63	104.17	98.30
14.36	18.94	26.30	30.23
0.52	0.40	0.54	1.73
44.69	48.04	69.11	61.12
255.03	305.24	385.60	406.20
203.90	230.32	262.60	274.97
23.14	33.02	58.91	69.08
3.02	7.01	14.51	13.75
102.51	112.35	143.70	130.93
92.68	100.25	126.01	114.26
9.83	12.10	17.69	16.67
170.89	200.85	276.03	279.13
46.98	65.18	99.90	98.78
22.22	30.10	55.84	64.87
75.92	79.36	85.32	82.89
25.78	26.22	34.98	32.59
311.95	388.80	496.17	544.89
248.18	299.87	372.23	409.04
11.16	16.97	24.95	25.98
52.60	71.96	98.99	109.87
96.35	123.13	177.27	194.31
83.76	83.91	116.88	140.75
26.45	24.83	44.81	57.58
2.18	2.49	7.40	12.43
355.88	367.70	456.75	571.03

4-6 续表 1

单位：元

项 目	Item	总 计 Total
酒类	Liquor	202.24
啤酒	Beer	17.36
白酒	Distilled Spirit	167.67
果酒	Fruit Wine	5.62
其他酒	Other Alcohols	11.59
饮食服务	Catering Services	1134.87
食堂用餐	Dining Room	51.60
其他在外饮食	Others Outside the Diet	1078.42
衣着	Clothing and Other Articles of Daily Use	1454.09
衣类	Clothing	1136.67
鞋类	Footwear	317.42
居住	Housing	1261.39
租赁房房租	Rent	158.51
住房维修及管理	Housing Maintenance and Management	425.34
水电燃料及其他	Water, Electricity, Fuels and Others	677.53
水	Water	97.74
电	Electric	357.02
燃料	Fuels	191.14
煤炭	Coal	6.32
管道天然气	Natural Gas Pipeline	70.17
罐装液化石油气	Canned Liquefied Petroleum Gas	110.31
取暖费	Heating Fee	8.30
生活用品及服务	Daily Necessities and Services	1064.87
家具及室内装饰品	Furniture and Interior Decoration	139.59
家用器具	Household Appliances	291.70
耐用消费品	Durable Consumer Goods	245.75
洗衣机	Washing Machine	26.56
电冰箱(柜)	Refrigerator	47.96
空调器	Air Conditioner	70.97
吸尘器	Vacuum Cleaner	2.84
抽油烟机	Exhaust Fans	9.21
微波炉	Microwave Oven	3.63
非太阳能热水器	Non Solar Water Heater	15.13
太阳能热水器	Solar Heater	5.92
燃气炉具	Gas Stove	5.87
洗碗机	Dishwasher	0.11
消毒碗柜	Disinfection Cupboard	0.24
小家电	Small Household Electrical Appliances	45.95
家用纺织品	Home Textiles	88.63
家庭日用杂品	Household Articles for Daily Use	316.66
个人用品	Personal Items	186.57

Continued

(yuan)

低收入户 Low Income Households	中低收入户 Lower Middle Income Households	中等收入户 Middle Income Households	中高收入户 Upper Middle Income Households	高收入户 High Income Households
124.99	184.98	196.99	254.19	287.71
16.76	19.65	14.39	17.23	18.98
100.41	151.98	168.38	210.26	239.22
2.26	3.82	4.31	11.68	7.88
5.56	9.54	9.90	15.02	21.63
513.55	786.35	1098.94	1526.38	2144.56
11.18	10.50	27.31	53.93	198.78
497.71	771.25	1067.49	1465.77	1941.48
768.38	1023.64	1379.31	1949.61	2605.95
581.43	782.63	1063.62	1525.21	2108.06
186.95	241.02	315.68	424.40	497.90
970.13	1129.04	1175.45	1404.05	1826.80
167.89	95.81	168.34	155.28	225.44
289.84	425.97	346.13	437.56	712.69
512.41	607.25	660.98	811.20	888.66
69.38	83.94	101.08	119.33	130.05
266.72	319.49	342.74	428.48	479.82
153.24	172.68	196.79	225.47	226.49
7.54	7.19	9.98	3.51	1.83
25.95	42.30	76.13	110.99	120.45
114.95	118.69	108.52	107.19	97.36
0	0.03	0.82	12.58	37.13
583.01	754.29	1132.41	1368.49	1782.43
68.50	112.66	194.03	116.22	239.84
155.29	184.69	334.18	384.96	483.56
133.28	153.55	283.81	322.73	405.59
19.61	18.20	35.84	36.73	25.06
26.47	32.93	50.13	71.83	70.80
39.79	48.25	48.21	124.81	116.61
0.34	0.27	0.21	1.71	14.90
4.05	1.91	15.48	10.54	17.61
2.22	1.38	3.61	4.11	8.38
8.83	8.68	20.53	18.32	23.00
5.85	4.56	4.72	4.06	11.67
3.52	5.01	9.96	4.00	7.45
0.01	0.08	0.42	0	0
0.12	0	0.34	0.80	0
22.00	31.14	50.37	62.23	77.97
44.32	59.00	80.44	132.75	156.01
210.08	254.46	300.71	414.19	470.78
82.67	113.78	193.89	273.07	334.66

4-6 续表 2

单位：元

项目	Item	总计 Total
家庭服务	Domestic Service	41.72
交通通信	Transport and Communications	1949.30
交通工具	Transport Facility	563.94
汽车	Motor Vehicles	520.63
摩托车	Motorcycles	6.89
自行车	Bicycles	8.28
电动自行车	Electric Bicycle	23.32
其他交通工具	Other Means of Transportation	4.81
交通费	Traffic Expense	258.22
飞机	Aircraf	34.69
火车	Train	54.34
长途汽车	Coach	38.69
市内公共交通	City Public Transport	61.83
出租汽车费	Rental Car Charge	31.28
其他交通费	Other Transportation Expenses	37.40
交通工具用燃料	Fuel for Transportation	276.16
汽油	Gasoline	271.38
柴油	Diesel Oil	1.30
交通工具使用及维修	Vehicle Maintenance	140.56
通信工具	Communication Facility	199.89
电话机	Telephone Sets//Telephone	0.96
移动电话机	Mobile Telephone	190.31
通信服务	Communication Services	510.53
固定电话费	Fixed Telephone Charge	23.56
移动电话费	Mobile Phone Charge	362.16
上网费	Internet Access Fee	119.44
邮费	Postage	1.82
教育文化娱乐	Educational and Cultural Recreation	1921.97
教育	Education	1113.63
学前教育	Pre-school Education	133.22
小学教育	Primary School Education	153.98
初中教育	Junior High School Education	120.99
高中教育	Senior High School Education	211.74
中专职高教育	Secondary Vocational Education	11.78
大专及以上教育	College Degree and above	403.76
成人教育	Adult Education	78.17
文化娱乐	Cultural Recreation	808.33
文娱耐用消费品	Entertainment and Durable Consumer Goods	128.27
彩色电视机	Color Tv Set	49.27
照相机	Camera	5.17
家用台式电脑	Home Desktop Computer	19.07

Continued

(yuan)

低收入户 Low Income Households	中 低 收入户 Lower Middle Income Households	中 等 收入户 Middle Income Households	中 高 收入户 Upper Middle Income Households	高收入户 High Income Households
22.16	29.70	29.16	47.30	97.57
1148.45	1413.90	1935.10	2695.13	3053.52
376.84	405.25	574.63	880.20	687.58
342.41	343.77	538.47	842.72	641.22
8.55	7.34	6.91	10.14	0
3.47	8.68	9.46	6.92	14.89
21.83	32.96	16.17	17.72	27.44
0.59	12.50	3.63	2.71	4.03
118.70	158.94	243.77	361.07	505.99
5.16	10.21	21.25	54.16	108.15
27.42	35.66	47.11	83.41	96.53
28.00	32.23	31.00	42.61	69.10
28.92	44.98	61.99	82.96	109.85
8.94	16.56	35.30	50.55	57.82
20.27	19.29	47.11	47.38	64.54
136.61	177.07	266.84	370.41	527.04
133.59	172.99	257.52	367.09	522.85
0.83	1.65	2.22	0.54	1.16
70.54	92.14	169.96	208.63	196.54
114.85	147.72	166.35	260.28	373.58
0.35	1.70	0.59	0.27	2.06
109.52	140.25	158.25	247.99	355.94
330.91	432.78	513.55	614.55	762.78
12.72	17.93	21.57	36.08	35.72
237.15	309.27	378.01	430.62	522.80
78.42	100.49	109.32	140.91	195.34
0.89	1.20	1.41	2.88	3.40
1518.31	1355.53	1709.26	2487.81	2948.60
1157.23	925.27	1019.91	1397.17	1111.74
109.78	104.93	162.84	211.81	79.15
153.39	131.95	162.39	231.34	86.01
111.82	103.90	144.29	129.38	119.22
277.95	160.36	141.46	287.13	190.98
22.14	16.79	8.99	2.77	3.36
446.11	358.39	324.50	397.99	515.13
36.01	48.06	75.44	136.75	117.90
361.08	430.26	689.35	1090.64	1836.87
83.25	84.08	123.09	189.45	193.86
35.37	34.03	45.23	71.22	71.40
0	6.63	1.30	4.29	16.70
19.47	13.06	10.47	27.51	28.42

4-6 续表 3

单位：元

项目	Item	总计 Total
家用笔记本电脑	Notebook Computer	16.04
中高档乐器	Middle or High-grade Musical Instrument	5.21
健身器材	Health Equipment	3.20
其他文娱用品	Other Entertainment Products	123.26
书、报、杂志及音像制品	Books, Newspapers, Magazines and Audio-visual Products	23.65
文具纸张	Stationery Paper	26.11
体育户外用品	Outdoor Sports Products	8.38
游戏用品和玩具	Games and Toys	25.73
园艺花卉及有关产品	Garden Flowers and Related Products	10.30
宠物及有关产品	Pets and Related Products	4.01
其他文娱用品及维修	Other Recreational Supplies and Maintenance	25.07
文化娱乐服务	Cultural and Recreational Services	556.81
团体旅游	Group Tourism	358.00
景点门票	Attractions Tickets	36.12
体育健身活动	Sports Fitness Activity	11.42
电影、话剧、演出票	Movies, Plays, Performances Tickets	17.51
有线电视费	Cable TV Fee	87.07
其他文化娱乐服务	Other Cultural Entertainment Services	46.68
医疗保健	Health Care	1436.05
医疗器具及药品	Medical Apparatus and Medicine	429.00
医疗服务	Medical Service	1007.06
门诊医疗总费用	Total Medical Expenses	283.46
住院医疗总费用	Total Hospitalization Expenses	723.60
其他用品和服务	Other Supplies and Services	369.04
其他用品	Other Supplies	205.92
首饰及手表	Jewelry and Watches	100.30
其他杂项用品	Other Miscellaneous Items	105.61
其他服务	Other Services	163.13
旅馆住宿费	Hotel Accommodation	29.67
美容美发洗浴	Beauty Salon	70.57
其他杂项服务	Other Miscellaneous Services	62.89

Continued

(yuan)

低收入户 Low Income Households	中低收入户 Lower Middle Income Households	中等收入户 Middle Income Households	中高收入户 Upper Middle Income Households	高收入户 High Income Households
6.83	13.62	17.25	23.84	22.50
0.23	1.29	19.01	4.58	1.10
0.59	1.06	4.70	5.50	5.49
90.69	100.32	134.04	146.65	163.19
14.31	14.83	25.46	29.15	41.36
26.58	25.06	27.90	29.35	20.87
4.43	4.60	11.31	8.98	15.11
23.89	19.71	26.81	30.74	29.90
3.53	6.10	10.31	13.47	22.65
0.18	0.82	5.14	7.75	8.47
17.75	29.21	27.11	27.21	24.83
187.15	245.85	432.22	754.54	1479.82
75.59	124.55	239.98	485.68	1113.82
8.23	17.76	35.17	54.70	83.34
2.15	2.71	14.05	20.81	23.30
4.68	7.64	13.61	30.61	40.48
74.73	71.59	87.39	103.54	107.95
21.78	21.60	42.02	59.19	110.92
751.83	837.31	1488.29	1820.94	2790.61
238.47	295.59	452.65	577.47	698.95
513.36	541.72	1035.65	1243.47	2091.66
184.71	235.70	321.82	329.45	394.88
328.64	306.02	713.82	914.02	1696.78
199.89	247.72	336.38	427.89	766.55
128.78	142.60	193.53	232.74	395.40
53.06	63.17	86.72	119.08	219.04
75.72	79.43	106.82	113.66	176.36
71.11	105.12	142.85	195.15	371.15
6.09	12.54	24.50	39.24	84.58
26.80	42.69	57.68	89.47	169.90
38.23	49.89	60.67	66.44	116.67

4-7 按收入五等份分组城镇居民家庭人均食品消费量(2015年)

项目	Item	计量单位	Unit	总计 Total
粮食	Grain	公斤	kg	98.26
谷物	Cereals	公斤	kg	86.40
小麦	Wheat	公斤	kg	17.77
稻谷	Rice	公斤	kg	64.47
玉米	Corn//Maize	公斤	kg	1.21
薯类	Tubers	公斤	kg	1.38
豆类	Beans	公斤	kg	10.49
植物油	Vegetable Oil	公斤	kg	13.60
动物油	Animal oil	公斤	kg	0.31
蔬菜及菜制品	Vegetable and vegetable products	公斤	kg	112.42
鲜菜	Fresh Vegetables	公斤	kg	108.57
干菜及菜制品	Dried vegetables and vegetable products	公斤	kg	2.00
肉类	Meat	公斤	kg	28.58
猪肉	Pork	公斤	kg	20.91
牛肉	Beef	公斤	kg	2.39
羊肉	Mutton	公斤	kg	0.82
禽类	Poultry	公斤	kg	6.49
鸡	Chicken	公斤	kg	3.82
鸭	Duck	公斤	kg	0.90
鹅	Goose	公斤	kg	0.03
水产品	Aquatic Products	公斤	kg	17.53
鱼类	Fish	公斤	kg	14.61
蛋类及蛋制品	Eggs and egg products	公斤	kg	8.73
奶和奶制品	Milk and dairy products	公斤	kg	11.73
干鲜瓜果类	Dried and Fresh Melons and Fruits	公斤	kg	42.82
糖果糕点类	Sweets and cakes	公斤	kg	5.97
茶叶	Tea	公斤	kg	0.28
酒	Liquor	公斤	kg	6.87
白酒	Distilled Spirit	公斤	kg	3.47
啤酒	Beer	公斤	kg	3.32

Per Capita Annual Consumption on Food of Urban Households by Five Equal Parts of Income(2015)

低收入户 Low Income Households	中低收入户 Lower Middle Income Households	中等收入户 Middle Income Households	中高收入户 Upper Middle Income Households	高收入户 High Income Households
96.61	94.75	93.76	104.29	104.58
86.01	83.82	82.02	90.44	91.64
12.97	14.81	16.02	18.92	30.01
69.93	65.72	61.74	66.37	55.96
1.16	1.11	1.21	1.33	1.26
1.25	1.05	1.30	1.71	1.74
9.35	9.87	10.44	12.13	11.20
12.75	13.56	13.32	15.22	13.39
0.41	0.31	0.37	0.20	0.20
103.17	104.80	111.69	127.42	120.59
100.06	101.06	108.09	122.70	116.15
1.70	2.13	1.85	2.45	1.94
23.97	25.61	28.94	33.68	33.24
19.14	19.41	20.94	23.35	22.83
1.34	1.78	2.79	3.24	3.31
0.46	0.62	0.76	1.19	1.27
4.97	6.06	6.60	7.97	7.51
3.12	3.81	3.98	4.38	4.01
0.60	0.71	0.89	1.21	1.30
0.02	0.02	0.02	0.02	0.08
14.26	16.59	17.85	20.04	20.38
12.42	14.34	15.05	15.96	16.13
7.38	7.94	8.57	10.63	9.89
6.96	9.91	11.03	16.44	16.82
30.08	41.44	43.68	50.99	53.07
3.77	4.87	5.77	7.90	8.83
0.17	0.27	0.22	0.38	0.40
6.59	7.63	6.17	7.09	6.88
2.97	3.51	3.39	3.90	3.75
3.56	4.06	2.72	3.01	3.05

4-8 按收入五等份分组城镇居民家庭每百户耐用消费品拥有量(2015年)

Ownership of Major Durable Consumer Goods Per 100 Urban Households by Five Equal Parts of Income(2015)

项　目	Item	低收入户 Low Income Households	中低收入户 Lower Middle Income Households	中等收入户 Middle Income Households	中高收入户 Upper Middle Income Households	高收入户 High Income Households
摩托车(辆)	Motorcycle (set)	44.49	40.79	30.93	19.42	16.44
助力车(辆)	Man-drawn Vehicle(set)	26.93	29.81	25.44	21.83	17.25
家用汽车(辆)	Household Automobile(set)	10.44	12.49	17.45	21.27	26.77
洗衣机(台)	Washing Machine(set)	85.91	90.53	93.53	92.95	92.20
电冰箱(台)	Refrigerator(set)	92.09	96.29	96.03	98.15	93.51
彩色电视机(台)	Color TV (set)	113.47	116.80	122.90	117.39	113.92
家用电脑(台)	Household Computer(set)	54.01	69.17	74.17	78.93	93.88
组合音响(套)	Hi-Fi Stereo Component System(set)	5.67	5.25	6.88	10.58	13.06
摄像机(架)	Video Camera(set)	0.99	2.91	4.24	7.53	9.75
照相机(架)	Camera(set)	9.17	17.85	24.57	35.35	40.22
中高档乐器(件)	Medium Upscale Musical Instrument(piece)	0.86	1.74	3.99	5.26	4.31
微波炉(台)	Microwave Oven(set)	28.04	36.55	45.45	64.48	63.52
空调器(台)	Air Conditioner(set)	87.66	115.73	130.93	148.98	158.78
热水器(台)	Shower(set)	76.98	84.17	90.08	93.20	92.56
消毒碗柜(台)	Disinfectant Machine(set)	4.93	5.46	7.06	15.56	15.85
洗碗机(台)	Dishwasher(set)	0.35	1.23	1.40	3.67	2.51
排油烟机(台)	Kitchen Ventilator(set)	42.28	59.51	65.37	69.67	70.39
健身器材(套)	Healthy Equipment(set)	1.29	1.93	3.60	5.79	6.49
固定电话(部)	Telephone(set)	30.28	34.40	33.28	36.05	35.54
移动电话(部)	Hand Telephone(set)	227.05	231.72	228.32	222.28	206.32
接入有线电视网络的电视机(台)	Cable Television(set)	90.24	89.37	102.44	97.16	91.11
接入互连网的计算机(台)	Network-connected Computers(set)	42.98	54.88	60.54	64.75	75.95
接入互连网的移动电话(部)	Network-connected Hand Telephone(set)	103.54	109.02	120.46	111.05	119.40

4-9 城镇居民家庭平均每百户耐用消费品拥有量
Ownership of Major Durable Consumer Goods Per 100 Urban Households

项　目	Item	2010	2011	2012	2013	2014	2015
摩托车(辆)	Motorcycle (set)	19.56	21.85	21.90	22.22	31.64	30.41
助力车(辆)	Man-drawn Vehicle(set)	11.56	18.80	20.05	18.61	22.83	24.25
家用汽车(辆)	Household Automobile(set)	5.53	9.69	12.48	13.28	13.65	17.68
洗衣机(台)	Washing Machine(set)	97.75	97.47	98.55	90.15	88.04	91.02
电冰箱(台)	Refrigerator(set)	98.88	99.37	100.36	94.71	93.24	95.21
彩色电视机(台)	Color TV (set)	131.57	132.01	132.52	117.13	116.59	116.90
家用电脑(台)	Household Computer(set)	58.53	75.49	81.91	73.48	69.95	74.05
组合音响(套)	Hi-Fi Stereo Component System(set)	29.69	28.90	27.15	11.10	11.75	8.29
摄像机(架)	Video Camera(set)	5.45	7.91	8.51	6.85	6.24	5.09
照相机(架)	Camera(set)	33.43	36.53	40.50	33.21	28.35	25.44
中高档乐器(件)	Medium Upscale Musical Instrument(piece)	7.00	6.45	6.65	3.22	2.81	3.23
微波炉(台)	Microwave Oven(set)	52.81	62.82	65.56	52.99	44.98	47.61
空调器(台)	Air Conditioner(set)	114.30	135.56	144.04	122.03	119.26	128.43
热水器(台)	Shower(set)	83.31	93.51	96.27	85.63	84.27	87.40
消毒碗柜(台)	Disinfectant Machine(set)	11.16	16.89	16.19	9.60	8.91	9.77
洗碗机(台)	Dishwasher(set)	0.84	1.10	0.73	1.93	2.03	1.83
健身器材(套)	Healthy Equipment(set)	3.53	4.25	4.53	2.34	3.33	3.82
固定电话(部)	Telephone(set)	71.91	61.19	59.32	39.22	41.71	33.91
移动电话(部)	Hand Telephone(set)	165.99	193.76	204.35	207.61	212.26	223.13
接入有线电视网络的电视机(台)	Cable Television(set)	119.56	106.91	103.82	94.93	90.27	94.06
接入互连网的计算机(台)	Network-connected Computers(set)	48.23	62.51	68.87	63.31	55.84	59.83
接入互连网的移动电话(部)	Network-connected Hand Telephone(set)	15.40	30.28	38.01	93.72	94.12	112.70

4-10 市、州城镇居民人均可支配收入
Per Capita Disposable Income of Urban Households by Regions

单位：元 (yuan)

地 区	Region	城镇居民人均可支配收入				城镇常住居民人均可支配收入		
		2010	2011	2012	2013	2013	2014	2015
武汉市	Wuhan	20806.32	23738.09	27061.00	29821.22	30285.80	33270.16	36436
黄石市	Huangshi	14665.50	17003.00	19417.00	21329.58	22967.57	25207.83	27536
十堰市	Shiyan	12652.52	14171.97	16011.26	17694.04	20184.53	22143.23	24057
宜昌市	Yichang	14281.55	16451.41	18774.98	20934.10	22826.37	25025.46	27275
襄阳市	Xiangyang	13332.67	15351.65	17532.00	19329.03	21956.62	24112.76	26282
鄂州市	Ezhou	14787.95	17008.14	19306.60	20878.16	20813.07	22763.25	24774
荆门市	Jingmen	13600.63	15526.06	17677.80	19820.34	22469.89	24627.00	26731
孝感市	Xiaogan	13796.20	15887.83	18091.00	19818.69	21438.83	23490.53	25753
荆州市	Jingzhou	13285.45	14946.97	17010.00	18705.90	21063.13	23128.16	25382
黄冈市	Huanggang	12832.00	14731.21	16765.39	18431.87	18851.40	20729.00	22620
咸宁市	Xianning	12968.21	14874.52	16913.00	18580.62	19671.33	21591.25	23505
随州市	Suizhou	13824.25	15870.32	18171.00	19806.39	19131.87	20958.96	22791
恩施州	Enshi	11406.15	13174.00	15058.00	16639.09	18328.90	20245.00	22198
仙桃市	Xiantao	13021.12	15052.00	17280.00	19065.02	20429.12	22502.68	24641
潜江市	Qianjiang	13879.14	15560.86	17450.85	19187.21	20540.57	22609.00	24721
天门市	Tianmen	12209.85	13885.75	15685.00	17112.34	18703.38	20622.34	22618
神农架林区	Shennongjia	11146.00	12312.00	13567.00	14937.27	18132.72	19810.00	21404

注：2013年前分城镇和农村开展住户调查，为城镇居民人均可支配收入。2014年起使用城乡一体化住户收支与生活状况调查数据，为城镇常住居民人均可支配收入。

Note: Before 2013, the urban and rural household were investigated separately, and the data is for per capita disposable income of urban household. Since 2014, survey data of income and expenditures of urban and rural household integration has been used, and the data is for per capita disposable income of urban household.

4-11 农村居民家庭人均收支及恩格尔系数(1981-2015年)
Per Capita Annual Income and Expenditure & Engle's Coefficient of Rural Households(1981-2015)

年 份 Year	农村居民家庭人均纯收入(元) Per Capita Annual Disposable Income of Rural Households (yuan)	比上年±% Growth Rate Over Preceding Year (%)	农村居民家庭人均生活消费支出(元) Average Rural Households Consumption Expenditure (yuan)	比上年±% Growth Rate Over Preceding Year (%)	#食品消费支出(元) #Food Expenditure (yuan)	比上年±% Growth Rate Over Preceding Year (%)	恩格尔系数(%) Engel's Coefficient (%)
1981	217.44	27.9	183.78	20.3	114.75	16.7	62.4
1982	286.07	31.6	226.96	23.5	140.64	22.6	62.0
1983	299.24	4.6	252.47	11.2	156.03	10.9	61.8
1984	392.29	31.1	305.03	20.8	186.56	19.6	61.2
1985	421.24	7.4	334.63	9.7	197.86	6.1	59.1
1986	445.13	5.7	373.53	11.6	217.19	9.8	58.2
1987	460.66	3.5	408.69	9.4	234.79	8.1	57.5
1988	497.84	8.1	450.62	10.3	258.09	9.9	57.3
1989	571.84	14.9	540.13	19.9	321.72	24.7	59.6
1990	670.80	17.3	607.58	12.5	376.18	16.9	61.9
1991	626.92	-6.5	615.40	1.3	369.18	-1.9	60.0
1992	677.82	8.1	611.84	-0.6	373.39	1.1	61.0
1993	783.18	15.5	722.09	18.0	446.62	19.6	61.9
1994	1170.06	49.4	1012.95	40.3	657.16	47.1	64.9
1995	1511.22	29.2	1245.10	22.9	753.91	14.7	60.6
1996	1863.62	23.3	1630.41	30.9	974.42	29.2	59.8
1997	2102.20	12.8	1660.13	1.8	928.54	-4.7	55.9
1998	2172.24	3.3	1699.43	2.4	918.95	-1.0	54.1
1999	2217.08	2.1	1572.90	-7.4	863.47	-6.0	54.9
2000	2268.50	2.3	1555.61	-1.1	827.25	-4.2	53.2
2001	2352.16	3.7	1649.18	6.0	856.25	3.5	51.9
2002	2444.06	3.9	1745.63	5.8	872.49	1.9	50.0
2003	2566.76	5.0	1801.63	3.2	930.98	6.7	51.7
2004	2890.01	12.6	2088.98	15.9	1076.35	15.6	51.5
2005	3099.20	7.2	2430.19	16.3	1192.26	10.8	49.1
2006	3419.35	10.3	2732.46	12.4	1278.80	7.3	46.8
2007	3997.41	16.9	3090.00	13.1	1479.04	15.7	47.9
2008	4656.38	16.5	3652.57	18.2	1711.34	15.7	46.9
2009	5035.26	8.1	3725.40	2.0	1668.35	-2.5	44.8
2010	5832.27	15.8	4090.78	9.8	1763.05	5.7	43.1
2011	6897.92	18.3	5010.74	22.5	1954.62	10.9	39.0
2012	7851.71	13.8	5726.73	14.3	2154.01	10.2	37.6
2013	8866.95	12.9	6279.52	9.7	2308.45	7.2	36.8
2014	10849.06	11.9	8680.93	10.6	2724.10	6.1	31.4
2015	11843.89	9.2	9803.15	12.9	2952.69	8.4	30.1

注：①2014年起使用城乡一体化住户收支与生活状况调查，与之前的分城镇和农村住户调查的范围、方法、指标口径有所不同，部分指标变化在0411—0425各表后注释。

②2014年起农民人均纯收入改为农村常住居民人均可支配收入。

③2014年起食品消费支出包括食品和烟酒。

Note: ①Survey data of income and expenditure of urban and rural household integration was used since 2014, and the scope of the investigation, the method and index are different(But these indexes are same in the Thereafter related tables);

②In 2014 the per capita disposable income of rural household was changed to the per capita disposable income of rural household;

③Since 2014, consumption expenditure on food including food, alcohol and tobacco.

4-12 农村居民家庭基本情况
Basic Conditions of Rural Households

项目	Item	2010	2011	2012	2013	2014	2015
调查户数(户)	Number of Households Surveyed(household)	3300	3300	3300	2096	2522	2540
调查户常住人口(人)	Number of Permanent Residents Per Households (person)	13123	13120	13140	7921	7233	7309
平均每户整半劳动力(人)	Average Full-Time and Part-Time Labors Per Household (person)	3.14	3.12	3.12	2.88	2.03	2.04
平均每个劳动力负担人口(人)	Average Person Supported by Each Labor (person)	1.27	1.27	1.28	1.31	1.41	1.41
劳动力文化程度状况(%)	Education Attainments(%)						
不识字或识字很少	Few Illiteracy and Illiteracy	5.2	5.2	4.0	6.1	8.4	7.6
小学程度	Primary School	22.8	23.0	24.2	29.1	34.1	33.9
初中程度	Junior School	54.6	54.2	54.0	48.0	44.2	45.3
高中程度	Senior Secondary School	15.5	15.7	14.8	13.2	11.0	10.6
大专及以上	Junior College and Above	1.9	1.9	3.1	3.5	2.3	2.6
期末实际经营的土地面积(亩/人)	Land Area Dealing in Actually at the End of Term (mu/person)	2.54	3.27	3.48	3.78	5.50	4.98
耕地	Farmland	1.69	1.62	1.71	1.78	2.41	2.73
山地/林地	Woodland	0.67	1.23	1.41	1.78	2.77	1.92
园地	Gardening Land	0.05	0.11	0.11	0.07	0.10	0.09
养殖水面	Aquatic Space	0.13	0.31	0.26	0.16	0.22	0.24
期末住房情况	Housing Conditions at the Year-end						
住房面积(平方米/人)	Dwelling Space(sq.m/person)	40.99	44.24	44.98	41.84	54.78	55.61
住房价值(元/人)	Value of Houses(yuan/person)	11971	15563	19453	26808	38264	43442
住房类型(%)	Housing Styles(%)						
楼房面积	Building Space	66.77	71.72	73.17	72.14	62.64	63.48
砖瓦平房面积	Bungalow Space	27.64	23.08	21.74	26.74	35.93	34.26
住房结构(%)	Housing Structure(%)						
钢筋混泥土结构面积	Reinforced Structure	58.89	56.28	59.27	76.06	67.91	70.70
砖木结构面积	Brick and Wood Structure	35.47	33.91	31.26	18.81	25.30	22.41
期内新建(购)住房情况	Newly-built Houses Within the Year						
新建(购)住房面积(平方米/人)	Newly-built House Space(sq.m/person)	1.27	1.98	1.37	1.60	2.01	1.41
新建(购)住房价值(元/人)	Value in Each Squre Meter(yuan/person)	641	1478	998	1709	2259	2024

4-13 按收入五等份分组农村居民家庭基本情况(2015年)
Basic Conditions of Rural Households by Five Equal Parts of Income(2015)

项 目	Item	低收入户 Low Income Households	中 低 收入户 Lower Middle Income Households	中 等 收入户 Middle Income Households	中 高 收入户 Upper Middle Income Households	高收入户 High Income Households
家庭常住人口(人)	Number of Permanent Residents Per Households(person)	1638.54	1633.83	1465.00	1384.71	1186.75
就业劳动力(人)	Number of Employed Persons	1046.17	1053.58	1059.33	1042.25	990.08
劳动力文化程度状况(人)	Education Attainments(person)					
文盲或半文盲	Few Illiteracy and Illiteracy	126.92	85.00	80.00	68.00	33.50
小学程度	Primary School	427.75	387.33	349.00	335.92	260.58
初中程度	Junior Secondary School	393.58	487.50	514.00	475.50	481.33
高中程度	Senior Secondary School	83.92	82.75	101.83	126.83	156.92
大专及以上	Junior College and Above	14.00	11.00	14.50	36.00	57.75
人均年末住房面积(平方米)	Per Capita Housing Area at the Year-end(sq.m)	48.99	50.18	54.37	60.82	67.86
人均年末经营耕地面积(亩)	Per Capita Arable Land Area Business at the year-end(mu)	1.77	1.66	2.38	3.23	5.45
人均主要农产品消费量(公斤)	Per Capita Consumption of Major Farm Products(kg)					
粮食	Grain	123.49	138.78	152.04	175.10	183.48
蔬菜及制品	Fresh Vegetables and Related Products	102.34	108.73	124.58	139.07	151.22
食用油	Edible Oil	13.10	14.48	14.77	18.31	21.27
水果	Fruits	15.86	18.81	21.28	26.58	33.18
猪肉	Pork	20.63	21.19	22.40	28.11	30.60
牛羊肉	Butcher	0.69	0.95	1.20	1.21	1.88
家禽	Poultry	2.60	3.33	4.29	5.50	6.40
蛋类及制品	Eggs and Related Products	6.40	7.27	0.66	9.15	10.62
水产品	Aquatic Products	8.40	9.86	11.82	13.53	16.85
卷烟(盒)	Cigarette(Boxes)	31.78	33.81	37.37	45.41	57.26
酒 类	Liquor and Drinks	9.60	11.26	12.23	14.39	18.13

4-14 农村居民家庭人均总收入及构成
Per Capita Total Income and Composition of Rural Households

单位：元、% (yuan、%)

项目	Item	2010	2011	2012	2013	2014	2015
总收入(元)	**Total Income(yuan)**	**7699.27**	**9387.20**	**10525.66**	**11896.06**	**14836.14**	**15819.16**
工资性收入	Wages Income	2186.11	2703.05	3189.84	3868.21	3298.61	3682.91
家庭经营收入	Household Business Income	5077.04	6134.62	6718.36	7022.00	8699.22	8928.74
农业	Farming	3115.06	3682.89	4056.77	4049.41	4663.10	4927.80
林业	Forestry	65.63	79.26	88.49	140.80	272.35	292.41
牧业	Animal Husbandry	869.13	1013.07	1044.46	1077.50	1610.39	1235.80
渔业	Fishery	329.55	389.88	423.50	403.93	476.41	696.02
工业	Industry	69.15	135.22	144.59	60.66	204.82	160.40
建筑业	Construction	154.25	167.18	177.49	307.83	188.27	110.67
交通、运输、邮电业	Transport and Telecommunications Industries	155.76	277.54	322.49	328.76	353.50	461.56
批发和零售贸易、餐饮业	Wholesale and Retail Trade, Catering Industry	220.55	273.17	317.95	401.46	572.30	646.44
社会服务和文教卫生业	Social services and cultural and educational sector	78.53	91.43	113.54	177.96	211.73	189.00
农林牧渔服务业	Agriculture, Forestry, Animal Husbandry and Fishery Services					133.44	171.08
其他行业	Other Industry	18.79	23.55	26.87	10.54	12.93	37.56
财产性收入	Property Income	106.92	84.45	65.87	99.13	135.33	166.91
转移性收入	Transferred Income	329.20	465.09	551.59	906.73	2702.98	3040.61
总收入构成(%)	**Composition of Total Income(%)**						
工资性收入	Wages Income	28.4	28.8	30.3	32.5	22.2	23.3
家庭经营收入	Household Business Income	65.9	65.4	63.8	59.0	58.6	56.4
财产性收入	Property Income	1.4	0.9	0.6	0.8	0.9	1.1
转移性收入	Transferred Income	4.3	5.0	5.2	7.6	18.2	19.2

4-15 农村居民家庭人均现金收入及构成
Per Capita Cash Income and Composition of Rural Households

单位：元、%　　(yuan、%)

项　目	Item	2010	2011	2012	2013	2014	2015
现金收入(元)	**Cash Income(yuan)**	**6664.44**	**8232.92**	**9337.04**	**10819.88**	**13243.58**	**13958.40**
工资性收入	Wages Income	2185.60	2696.32	3186.99	3858.97	3282.57	3663.96
家庭经营现金收入	Cash Income from Household Business	4063.37	5011.97	5546.68	5959.60	7328.03	7336.22
农业	Farming	2306.34	2807.96	3096.78	3179.27	3614.71	3658.73
林业	Forestry	60.38	80.14	88.34	142.91	163.40	172.04
牧业	Animal Husbandry	675.22	773.47	837.81	891.19	1404.35	1039.15
渔业	Fishery	323.77	380.89	418.62	395.83	468.59	689.58
工业	Industry	69.15	135.22	144.59	60.66	204.82	160.40
建筑业	Construction	154.25	167.18	177.49	307.83	188.27	110.67
交通、运输、邮电业	Transport and Telecommunications Industries	155.76	277.54	322.49	328.76	353.50	461.56
批发和零售贸易、餐饮业	Wholesale and Retail Trade, Catering Industry	220.55	273.17	317.95	401.46	572.30	646.44
社会服务和文教卫生业	Social services and cultural and educational sector	78.53	91.43	113.54	177.96	211.73	189.00
农林牧渔服务业	Agriculture, Forestry, Animal Husbandry and Fishery Services					133.44	171.08
其他行业	Other Industry	19.42	23.55	26.87	10.54	12.93	37.56
财产性收入	Property Income	86.55	63.91	58.91	99.26	135.33	166.91
转移性收入	Transferred Income	328.92	460.73	544.46	902.05	2497.66	2791.31
现金收入构成(%)	**Composition of Cash Income(%)**						
工资性收入	Wages Income	32.8	32.8	34.1	35.7	24.8	26.2
家庭经营现金收入	Cash Income from Household Business	61.0	60.9	59.4	55.1	55.3	52.6
财产性收入	Property Income	1.3	0.8	0.6	0.9	1.0	1.2
转移性收入	Transferred Income	4.9	5.6	5.8	8.3	18.9	20.0

4-16 农村居民家庭人均纯收入(可支配收入)及构成
Per Capita Net Income of Rural Households (Disposable Income) and Composition

单位：元、% (yuan、%)

项　　目	Item	2010	2011	2012	2013	2014	2015
全年纯收入(元)	**Net Income(yuan)**	**5832.27**	**6897.92**	**7851.71**	**8866.95**	**10849.06**	**11843.89**
工资性收入	Wages Income	2186.11	2703.05	3189.84	3648.20	3298.61	3682.91
家庭经营纯收入	Net Income from Household Business	3234.94	3731.34	4123.49	4616.55	5009.34	5281.41
财产性收入	Property Income	106.92	84.45	65.87	84.13	125.44	160.78
转移性收入	Transferred Income	304.30	379.08	472.51	518.07	2415.66	2718.79
纯收入构成(%)	**Composition of Net Income(%)**						
工资性收入	Wages Income	37.5	39.2	40.6	41.1	30.4	31.1
家庭经营纯收入	Net Income from Household Business	55.5	54.1	52.5	52.1	46.2	44.6
财产性收入	Property Income	1.8	1.2	0.8	0.9	1.2	1.4
转移性收入	Transferred Income	5.2	5.5	6.0	5.8	22.3	23.0

注：2014年起为农村常住居民人均可支配收入、工资性收入、家庭经营净收入、财产净收入、转移净收入。
Note: Since 2014, indexes are per capita disposable income of rural household, wage income, net income from household business, property net income, transferred net income.

4-17 按收入五等份分组农村居民家庭人均收入情况(2015年)
Per Capita Income of Rural Households by Five Equal Parts of Income(2015)

单位：元、% (yuan、%)

项　　目	Item	低收入户 Low Income Households	中低收入户 Lower Middle Income Households	中等收入户 Middle Income Households	中高收入户 Upper Middle Income Households	高收入户 High Income Households
总收入(元)	**Total Income(yuan)**	**8335.79**	**9686.95**	**13722.14**	**18724.03**	**33965.88**
工资性收入	Wages Income	1271.96	2354.25	3620.71	5371.18	6996.55
家庭经营收入	Household Business Income	5540.29	4775.17	6914.20	9535.90	21203.09
财产性收入	Property Income	30.67	69.87	87.19	170.07	586.90
转移性收入	Transferred Income	1492.87	2487.65	3100.04	3646.87	5179.35
总收入构成(%)	**Composition of Total Income(%)**					
工资性收入	Wages Income	15.3	24.3	26.4	28.7	20.6
家庭经营收入	Household Business Income	66.5	49.3	50.4	50.9	62.4
财产性收入	Property Income	0.4	0.7	0.6	0.9	1.7
转移性收入	Transferred Income	17.9	25.7	22.6	19.5	15.2
可支配收入(元)	**Disposable Income(yuan)**	**3150.31**	**7671.94**	**10914.77**	**15388.09**	**26760.56**
工资性收入	Wages Income	1271.96	2354.25	3620.71	5371.18	6996.55
家庭经营净收入	Net Income from Household Business	625.49	2989.59	4371.69	6591.43	14547.50
财产净收入	Property Net Income	23.60	69.71	85.66	163.74	568.33
转移净收入	Transferred Net Income	1229.26	2258.38	2836.71	3261.74	4648.19
可支配收入构成(%)	**Composirion of Disposasle Income(%)**					
工资性收入	Wages Income	40.4	30.7	33.2	34.9	26.1
家庭经营净收入	Net Income from Household Business	19.9	39.0	40.1	42.8	54.4
财产净收入	Property Net Income	0.7	0.9	0.8	1.1	2.1
转移净收入	Transferred Net Income	39.0	29.4	26.0	21.2	17.4

注：2014年起为农村常住居民人均可支配收入、工资性收入、家庭经营净收入、财产净收入、转移净收入。
Note: Since 2014, indexes are per capita disposable income of rural household, wage income, net income from household business, property net income, transferred net income.

4-18 农村居民家庭人均总支出及构成
Per Capita Total Expenditure and Composition of Rural Households

单位：元、% (yuan、%)

项　　目	Item	2010	2011	2012	2013	2014	2015
总支出(元)	**Total Expenditure(yuan)**	**6131.23**	**7971.52**	**8923.73**	**9477.33**	**16775.27**	**18257.83**
家庭经营费用支出	Expenditure for Household Business	1713.15	2199.08	2402.73	2408.72	3413.49	3366.25
农业	Farming	866.74	1029.67	1076.28	1049.49	1329.35	1566.04
林业	Forestry	7.74	16.65	16.33	19.52	27.68	23.91
牧业	Animal Husbandry	470.43	593.09	693.65	753.88	1279.08	923.32
渔业	Fishery	125.68	216.01	230.50	174.04	217.63	366.77
工业	Industry	18.89	54.66	84.17	28.31	78.83	57.14
建筑业	Construction	54.95	61.78	54.28	120.30	158.47	43.86
交通、运输、邮电业	Transport and Telecommunications Industries	60.29	107.32	120.00	81.99	74.77	136.61
批发和零售贸易、餐饮业	Wholesale and Retail Trade, Catering Industry	88.76	90.88	100.13	82.03	166.42	175.88
社会服务和文教卫生业	Social Services and Cultural, Educational, and Public Health Services	14.89	19.82	20.52	69.33	39.98	18.10
农林牧渔服务业	Agriculture, Forestry, Animal Husbandry and Fishery Services					36.77	44.08
其他行业	Other Industry	4.78	9.22	6.85	2.19	4.51	10.54
购置住房、生产性固定资产支出	Purchase of Housing, Productive Fixed Assets	142.67	231.28	240.00	315.23	876.97	1244.33
税费支出	Taxes and Fee	10.28	9.28	11.09			
生活消费支出	Consumption Expenditure	4090.78	5010.74	5726.73	6279.52	8680.93	9803.15
食品	Food	1763.05	1954.62	2154.01	2308.45	2724.10	2952.69
衣着	Clothing	217.61	272.12	316.41	347.67	495.73	549.14
居住	Residence	816.42	1086.86	1206.16	1415.73	1944.56	2150.27
家庭设备、用品及服务	Household Facilities, Articles and Services	262.26	359.57	397.86	425.00	574.31	599.92
交通通讯	Transport, Post and Telecommunications	331.35	414.36	496.10	605.95	816.43	1218.42
教育文化娱乐	Educational and Cultural Recreation	288.12	341.87	394.63	407.42	1010.19	1118.15
医疗保健	Medicines and Medical Services	295.24	438.20	591.87	624.40	907.33	985.09
其他商品和服务	Other Commodities and Services	116.73	143.14	169.68	144.90	208.28	229.48
财产性支出	Expenditure for Property	10.74	8.45	11.10	2.13	8.67	6.12
转移性支出	Transferred Expenditure	163.60	512.69	532.08	471.73	287.31	321.74
商业保险支出	Commercial Insurance Expenses					29.16	37.45
非经常性转移支出	Non Recurrently Transferred Expenditure					2313.24	2630.25
借贷性支出	Borrowing Expenses					1165.51	848.53
总支出构成(%)	**Composition of Total Expenditure(%)**						
家庭经营费用支出	Expenditure for Household Business	27.9	27.6	26.9	25.4	20.3	18.4
购置住房、生产性固定资产支出	Purchase of Housing, Productive Fixed Assets	2.3	2.9	2.7	3.3	5.2	6.8
生活消费支出	Consumption Expenditure	66.7	62.9	64.2	66.3	51.7	53.7
财产性支出	Expenditure for Property	0.2	0.1	0.1	0.0	0.1	0.0
转移性支出	Transferred Expenditure	2.7	6.4	6.0	5.0	1.7	1.8

4-19 农村居民家庭人均现金支出及构成
Per Capita Cash Expenditure and Composition of Rural Households

单位：元、% (yuan、%)

项 目	Item	2010	2011	2012	2013	2014	2015
现金支出(元)	**Cash Expenditure(yuan)**	**5294.37**	**7194.75**	**8149.22**	**8563.81**	**14668.88**	**15923.32**
家庭经营费用支出	Expenditure for Household Business	1562.32	2051.67	2285.75	2243.66	3249.87	3222.08
农业	Farming	794.43	989.38	1052.29	1025.61	1312.12	1549.04
林业	Forestry	7.35	16.57	16.32	19.52	27.68	23.90
牧业	Animal Husbandry	397.50	487.52	602.75	617.69	1134.39	798.39
渔业	Fishery	121.66	214.64	228.53	172.26	215.92	364.55
工业	Industry	18.67	54.66	84.17	28.31	78.83	57.14
建筑业	Construction	54.39	61.77	54.28	120.30	158.47	43.86
交通、运输、邮电业	Transport and Telecommunications Industries	60.29	107.23	119.96	81.99	74.77	136.61
批发和零售贸易、餐饮业	Wholesale and Retail Trade, Catering Industry	88.36	90.88	100.13	82.03	166.42	175.88
社会服务和文教卫生业	Social Services and Cultural, Educational, and Public Health Services	14.89	19.81	20.48	69.33	39.98	18.10
农林牧渔服务业	Agriculture, Forestry, Animal Husbandry and Fishery Services					36.77	44.08
其他行业	Other Industry	4.78	9.22	6.83	2.19	4.51	10.54
购置住房、生产性固定资产支出	Purchase of Housing, Productive Fixed Assets	142.17	231.28	240.00	315.23	876.97	1244.33
税费支出	Taxes and Fee	10.28	9.28	10.85			
生活消费支出	Consumption Expenditure	3406.12	4382.95	5070.68	5531.07	6738.17	7612.82
财产性支出	Expenditure for Property	10.74	8.45	11.10	2.13	8.67	6.12
转移性支出	Transferred Expenditure	162.25	511.12	530.85	471.72	287.31	321.74
商业保险支出	Commercial Insurance Expenses					29.16	37.45
非经常性转移支出	Non Recurrently Transferred Expenditure					2313.24	2630.25
借贷性支出	Borrowing Expenses					1165.51	848.53
现金支出构成(%)	**Composition of Cash Expenditure(%)**						
家庭经营费用支出	Expenditure for Household Business	29.5	28.5	28.0	26.2	22.2	20.2
购置住房、生产性固定资产支出	Purchase of Housing, Productive Fixed Assets	2.7	3.2	2.9	3.7	6.0	7.8
生活消费支出	Consumption Expenditure	64.3	60.9	62.2	64.6	45.9	47.8
财产性支出	Expenditure for Property	0.2	0.1	0.1	0.0	0.1	0.0
转移性支出	Transferred Expenditure	3.1	7.1	6.5	5.5	2.0	2.0

4-20 按收入五等份分组农村居民家庭人均支出情况(2015年)
Per Capita Expenditures of Rural Households by Five Equal Parts of Income(2015)

单位：元、% (yuan、%)

项目	Item	低收入户 Low Income Households	中低收入户 Lower Middle Income Households	中等收入户 Middle Income Households	中高收入户 Upper Middle Income Households	高收入户 High Income Households
总支出(元)	**Annual Total Expenditures(yuan)**	**15744.36**	**13201.82**	**16430.29**	**18860.87**	**30327.81**
生活消费支出	Consumption Expenditure	7119.89	8488.79	9504.60	10903.44	14451.45
家庭经营费用支出	Expenditure for Household Business	4540.16	1584.84	2369.01	2713.22	6200.58
财产性支出	Property Expenditure	7.07	0.16	1.53	6.34	18.57
转移性支出	Transferred Expenditure	263.61	228.92	263.32	385.13	531.14
部分商业保险支出	Commercial Insurance Expenses	19.82	16.90	24.16	29.57	116.12
购置住房及生产性固定资产支出	Purchase of Housing, Productive Fixed Assets	1020.76	519.22	1009.92	998.60	3132.87
非经常性转移支出	Non Recurrently Transferred Expenditure	1887.29	1955.07	2497.38	2972.37	4366.28
借贷性支出	Borrowing Expenses	885.76	407.91	760.36	852.20	1510.81
总支出构成(%)	**Composition of Annual Total Expenditures (%)**					
生活消费支出	Consumption Expenditure	45.2	64.3	57.8	57.8	47.7
家庭经营费用支出	Expenditure for Household Business	28.8	12.0	14.4	14.4	20.4
财产性支出	Property Expenditure	0.0	0.0	0.0	0.0	0.1
转移性支出	Transferred Expenditure	1.7	1.7	1.6	2.0	1.8
部分商业保险支出	Commercial Insurance Expenses	0.1	0.1	0.1	0.2	0.4
购置住房及生产性固定资产支出	Purchase of Housing, Productive Fixed Assets	6.5	3.9	6.1	5.3	10.3
非经常性转移支出	Non Recurrently Transferred Expenditure	12.0	14.8	15.2	15.8	14.4
借贷性支出	Borrowing Expenses	5.6	3.1	4.6	4.5	5.0

4-21 农村居民家庭年人均出售主要农副产品情况
Annual Selling of Farm and Sideline Products of Rural Households per Capita

单位：千克 (kg)

项 目	Item	2010	2011	2012	2013	2014	2015
粮 食	Grain	447.78	451.98	489.22	591.56	770.96	888.88
#小麦	Wheat	75.44	86.70	91.93	79.55	111.05	129.72
稻谷	Paddy	331.71	302.69	329.15	432.85	528.86	588.64
棉花	Cotton	55.03	88.30	93.94	72.29	48.98	30.33
油料	Oil Producer	72.15	60.91	58.57	73.99	77.34	52.15
糖料	Sugar	6.43	0.16	0.17	2.16	2.08	2.21
烟草	Tobacco	2.77	2.97	3.82	7.89	7.07	14.35
蔬菜	Vegetable	139.41	137.62	143.53	99.54	134.68	163.39
瓜 类	Melon	19.69	17.40	17.60	40.74	33.63	10.12
水果	Fruits	78.09	66.13	109.87	62.86	111.30	97.70
茶叶	Tea	1.95	4.17	8.08	5.02	5.01	7.55
猪肉	Pork	30.92	22.91	25.68	28.51	58.86	41.76
家禽	Poultry	8.38	2.28	2.80	1.65	8.63	4.26
蛋类	Eggs	11.19	10.33	13.01	16.54	29.12	14.59
水产品	Aquatic Products	38.70	43.09	43.25	39.61	40.65	68.30

4-22 农村居民家庭人均主要食品消费量
Per Capita Main Food Consumption of Rural Households

单位：千克 (kg)

项 目	Item	2010	2011	2012	2013	2014	2015
粮 食	Grain	178.37	162.86	151.06	125.59	153.08	152.05
#小麦	Wheat	17.60	17.41	15.55	10.17	16.74	17.90
稻谷	Paddy	146.13	135.87	126.67	104.27	121.21	118.83
豆类	Peas and beans	3.22	2.53	1.97	3.85	7.25	7.86
蔬菜及菜制品	Fresh Vegetables and Processed Products	137.51	131.68	119.33	88.16	118.03	123.06
鲜菜	Fresh Vegetables	136.22	130.67	118.25	86.56	116.30	121.40
油脂类	Oil and Fats	5.49	8.17	10.39	11.05	29.71	16.04
植物油	Edible Vegetable Oil	5.13	7.71	9.93	10.61	29.02	15.24
动物油	Edible Animal Oil	0.36	0.46	0.47	0.43	0.70	0.79
肉禽及其制品	Meat and Processed Products	22.79	22.90	22.80	22.91	29.82	31.20
猪肉	Pork	17.98	17.40	17.63	18.11	23.12	24.12
牛羊肉	Beef and Mutton	0.57	0.65	0.53	0.63	0.93	1.14
家禽	Poultry	2.91	3.23	2.94	2.87	4.19	4.27
蛋类及蛋制品	Eggs and Processed Products	4.47	5.03	5.02	4.68	6.65	8.31
奶及奶制品	Milk and Dariy Products	1.22	1.55	1.67	2.11	3.53	3.58
水产品	Aquatic Products	8.33	8.38	8.54	7.93	11.10	11.75
鱼类	Ffish	7.93	8.03	8.09	7.58	10.55	10.97
干鲜瓜果	Fresh and Dried Fruits	15.70	16.38	16.83	13.33	20.74	22.42
酒 类	Liquor and Drinks	10.77	11.40	11.12	10.08	14.25	12.78
#白酒	Wine Spirit	3.70	3.69	3.52	3.65	5.82	5.51
啤 酒	Beer	7.01	7.67	7.53	6.41	8.41	7.24

4-23 农村居民家庭主要生活用品购买量

Per Capita Annual Purchase of Major Items of Life of Rural Households

项　目	Item	单位	Unit	2010	2011	2012	2013	2014	2015
粮 食	Grain	(千克/人)	(kg/person)	29.46	42.35	44.45	38.34	44.06	47.43
植物油	Edible Vegetable Oil	(千克/人)	(kg/person)	3.61	5.20	5.70	5.11	7.41	8.07
动物油	Edible Animal Oil	(千克/人)	(kg/person)	0.33	0.43	0.39	0.27	0.47	0.49
蔬菜	Vegetables	(千克/人)	(kg/person)	17.73	19.40	18.27	16.51	25.95	27.28
猪肉	Pork	(千克/人)	(kg/person)	7.43	8.38	8.71	8.76	13.13	14.32
牛羊肉	Beef and Mutton	(千克/人)	(kg/person)	0.51	0.56	0.47	0.54	0.85	1.04
家禽	Poultry	(千克/人)	(kg/person)	1.17	1.26	1.24	0.97	2.40	2.46
鲜蛋	Fresh Eggs	(千克/人)	(kg/person)	1.30	1.85	2.20		2.83	4.32
鲜活鱼类	Fresh Fish	(千克/人)	(kg/person)	6.99	7.11	7.06		9.58	10.13
卷烟	Tobacco	(盒/人)	(pack/person)	27.50	31.12	31.42	26.93	41.00	40.03
酒	Wine	(千克/人)	(kg/person)	10.72	11.37	11.06	10.06	16.23	12.76
水 果	Fruits	(千克/人)	(kg/person)	6.22	6.87	8.27		17.63	19.69
服 装	Clothing	(件/人)	(piece/person)	1.95	2.46	2.52			
鞋 类	Shoes	(双/人)	(two/person)	1.36	1.39	1.80		2.10	2.37
水泥	Cement	(千克/人)	(kg/person)	150.72	236.88	149.81			
钢材	Steel	(千克/人)	(kg/person)	10.21	13.85	9.72			
生活用煤	Coal	(千克/人)	(kg/person)	19.70	14.77	13.18		14.84	15.18
电视机	TV Sets	(台/百户)	(set/100 households)	3.70	6.67	6.48	5.76	5.31	7.17
洗衣机	Washing Machine	(台/百户)	(set/100 households)	3.21	6.09	5.09	4.44	4.93	4.35
电风扇	Electric Fans	(台/百户)	(set/100 households)	10.52	10.79	13.67			
电冰箱	Refrigerators	(台/百户)	(set/100 households)	7.00	8.30	7.12	6.16	6.03	6.61
自行车	Bycicle	(辆/百户)	(set/100 households)	4.67	7.18	7.30	6.54	6.99	6.27
摩托车	Motocycle	(辆/百户)	(set/100 households)	3.88	6.09	5.30	3.91	3.65	3.51
热水器	Shower	(台/百户)	(set/100 households)	4.36	6.18	5.70	3.58	2.75	3.20
电话机	Telephone Sets	(部/百户)	(set/100 households)	3.36	3.41	2.76	1.86	1.03	1.37
手机	Mobile Phones	(部/百户)	(set/100 households)	18.92	25.39	28.00	33.40	39.75	39.44

4-24 农村居民家庭每百户耐用消费品拥有量
Ownership of Major Durable Consumer Goods Per 100 Rural Households

项　目	Item	2010	2011	2012	2013	2014	2015
彩色电视机(台)	Color TV(set)	109.18	114.36	116.24	114.35	116.50	118.46
照相机(架)	Camera(set)	2.64	3.55	3.64	5.24	4.89	3.84
洗衣机(台)	Washing Mathine(set)	47.97	57.09	62.42	53.79	57.94	65.02
电冰箱(台)	Refrigerator(set)	51.48	73.73	80.18	75.82	79.53	84.75
摩托车(辆)	Motorcycle(set)	64.12	72.33	74.76	68.84	76.52	77.87
摄像机(台)	Video Camera(set)	0.70	1.42	1.52	0.62	0.50	0.44
抽油烟机(台)	Exhaust Fan(set)	10.03	13.70	15.82	10.94	13.59	14.89
空调机(台)	Air Conditioner(set)	18.36	28.58	33.15	33.05	37.79	43.49
热水器(台)	Shower(set)	32.00	48.24	55.91	52.16	58.01	61.71
电话机(部)	Telephone(set)	55.70	41.94	40.06	31.44	37.15	27.43
移动电话(部)	Mobile Telephone(set)	152.27	204.82	215.06	211.52	223.46	232.18
家用计算机(台)	Computer(set)	7.39	15.58	19.73	22.14	25.72	26.23
汽车(生活用)(台)	Automobile(set)	0.91	2.06	2.42	4.65	5.06	7.16

4-25 市、州农村居民人均纯收入(可支配收入)

Per Capita Annual Net Income of Rural Households (Disposable Income) by Regions

单位：元 (yuan)

地区	Region	农村居民人均纯收入				农村常住居民人均可支配收入		
		2010	2011	2012	2013	2013	2014	2015
武汉市	Wuhan	8295	9814	11190	12713	14390	16160	17722
黄石市	Huangshi	5524	6487	7477	8492	9781	10957	12004
十堰市	Shiyan	3499	4044	4566	5226	6212	7046	7779
宜昌市	Yichang	5980	7055	8046	9121	10458	11837	12990
襄阳市	Xiangyang	6365	7549	8684	9785	11176	12534	13650
鄂州市	Ezhou	6645	7909	9072	10210	11309	12692	13812
荆门市	Jingmen	6951	8248	9387	10615	12082	13481	14716
孝感市	Xiaogan	5943	7029	7988	9023	10360	11597	12655
荆州市	Jingzhou	6453	7664	8710	9909	11280	12625	13728
黄冈市	Huanggang	4634	5438	6142	6966	8385	9388	10252
咸宁市	Xianning	5606	6588	7505	8480	9709	10891	11940
随州市	Suizhou	6279	7427	8419	9490	10702	11984	13022
恩施自治州	Enshi	3255	3939	4571	5235	6364	7194	7969
仙桃市	Xiantao	6807	8006	9076	10365	11809	13193	14422
天门市	Tianmen	6207	7407	8507	9608	10809	12086	13178
潜江市	Qianjiang	6486	7684	8785	10017	11448	12862	14076
神农架林区	Shennongjia	4083	4640	5110	5677	6305	6920	7578

注：2013年前分城镇和农村开展住户调查，为农民人均纯收入。2014年起使用城乡一体化住户收支与生活状况调查数据，为农村常住居民人均可支配收入。

Note: Before 2013, the urban and rural household were investigated separately, and the data is for per capita disposable income of rural household. Since 2014, survey data of income and expenditures of urban and rural household integration has been used, and the data is for per capita disposable income of rural household.

4-26 农村居民家庭固定资产投资情况
Fixed Assets Investment of Rural Households

单位：亿元 (100 million yuan)

项　目	Item	2010	2011	2012	2013	2014	2015
新增固定资产原值	**New Original Value of Fixed Assets**	**283.90**	**437.77**	**446.89**	**526.31**	**516.68**	**423.90**
固定资产投资完成额	**Finished Value of Investment of the Fixed Assets**	**302.79**	**444.85**	**429.58**	**510.48**	**473.63**	**477.48**
按投资来源分	Investment by Source						
国内贷款	Domestic Loans	4.95	19.91	1.30	3.41		
自筹资金	Self-raising Funds	279.21	419.70	427.72	506.65	472.81	467.66
其他资金	Others	18.62	5.24	0.56	0.42	0.82	9.82
按投资构成分	According to Constitute Sub-investment						
建筑工程	Construction	247.27	341.67	335.09	406.63	404.09	399.60
安装工程	Installation						
设备工、器具购置	For Equipment, the Purchase of Equipment	28.80	70.49	64.96	74.69	46.65	63.67
其他	Others	26.72	32.70	29.53	29.16	22.89	14.21
按投资方向分	According to the Investment Direction Pm						
农业	Agriculture	32.88	84.06	90.34	83.84	76.18	103.90
采矿业	Mining				0.17		
制造业	Manufacturing	1.50	2.71	3.40	0.55	0.27	3.65
电力、燃气及水的生产和供应业	Production and Supply of Electricity, Gas and Water				0.62	0.74	
建筑业	Construction	8.33			16.92	0.47	0.17
交通运输、仓储和邮政业	Transport, Storage and Post	12.21	40.30	19.24	48.30	30.19	15.14
信息传输、计算机服务和软件业	Information Transmission, Computer Services and Software						
批发和零售业	Wholesale and Retail Trades	0.02			0.82	0.25	0.23
住宿和餐饮业	Hotels and Catering Services	0.04			0.16	0.03	
金融业	Financial Intermediation						
房地产业	Real Estate	247.27	311.15	309.15	358.21	365.26	353.09
租赁和商务服务业	Leasing and Business Services						
科学研究、技术服务和地质 勘查业	Scientific Research, Technical Services, and Geological Prospecting						
水利、环境和公共设施管理业	Management of Water Conservancy, Environment and Public Facilities						
居民服务和其他服务业	Serices to Households and Other Services		6.52	7.45	0.89	0.24	1.30
教育	Education	0.30					
卫生、社会保障和社会福利业	Health, Social Securities and Social Welfare						
文化、体育和娱乐业	Culture, Sports and Enterainment	0.26					
公共管理和社会组织	Public Management and Social Organizations						
国际组织	International Organizations						
按具体投资项目分	Based on specific investment projects pm						
房屋	Housing	247.27	341.67	335.09	389.46	400.63	397.52
道路	Road						
桥梁	Bridge						
设备	Equipment	28.80	30.19	45.73	74.69	46.65	63.67
水利	Water				2.17	1.30	0.23
其他	Others	26.72	72.99	48.76	44.16	25.05	16.06
施工房屋面积(万平方米)	Acreage of House Construction(10 000 sq.m)	4086.90	4896.31		5598.80	4543.88	4289.18
竣工房屋面积(万平方米)	Acreage of House Completion(10 000 sq.m)	3755.67	4494.97		4584.52	3671.35	3666.76
竣工房屋投资完成额	Completion Amount of Investment in House	234.89	334.58		386.32	351.79	343.94

4-27 贫困地区农村居民家庭人均总收入

单位：元

项　目	Item	2000	2005
全年总收入	**Total Income**	**2083.17**	**2450.07**
工资性收入	Income from Wages and Salaries	482.50	700.38
在非企业组织中劳动得到的收入	Non business organizations	36.40	60.38
在本乡地域内劳动得到的收入	Local employment	213.89	248.89
常住人口外出从业得到的收入	Out-of Work	232.21	391.11
家庭经营收入	Income from Household Operations	1512.44	1593.47
第一产业	Primary Industry	1356.41	1460.07
农业收入	Farming	889.56	935.94
林业收入	Forestry	28.63	35.80
牧业收入	Animal Husbandry	431.80	479.65
渔业收入	Fishery	6.42	8.68
第二产业	Secondary Industry	40.56	34.61
工业收入	Industry	24.75	21.13
建筑业收入	Construction	15.81	13.48
第三产业	Tertiary Industry	115.47	98.79
交通运输、邮电业收入	Transport, Postal and Telecommunication Services		48.03
批发和零售贸易、餐饮业收入	Wholesale and Retail Trades and Catering Services		21.83
财产性收入	Income from Properties	8.99	27.86
转移性收入	Income from Transfers	79.24	128.36

4-28 贫困地区农村居民家庭人均总支出

单位：元

项　目	Item	2000	2005
全年总支出	**Total Expenditure**	**1872.82**	**2453.49**
家庭经营费用支出	Expenditure for Household Operations	401.98	601.83
第一产业	Primary Industry	369.70	551.71
农业支出	Agriculture	180.20	287.63
林业支出	Forestry	2.32	5.40
牧业支出	Animal Husbandry	186.51	256.83
渔业支出	Fishery	0.67	1.85
第二产业	Secondary Industry	10.98	17.22
工业支出	Industry	6.92	10.80
建筑业支出	Construction	4.06	6.42
第三产业	Tertiary Industry	21.30	32.90
交通运输、邮电业支出	Transport, Postal and Telecommunication Services		17.58
批发和零售贸易、餐饮业支出	Wholesale and Retail Trades and Catering Services		6.02
购置生产性固定资产支出	Purchase of Productive Fixed Assets	21.35	33.55
税费支出	Taxes and Fees	32.16	3.96
生活消费支出	Expenses on Household Consumption	1337.99	1698.13
食品	Food	774.32	912.75
衣着	Clothing	58.65	76.29
居住	Housing//Residence	163.91	190.10
家庭设备、用品及服务	Household Facilities, Articles and Services	60.10	73.89
交通和通讯	Transport and Communications	47.07	128.58
文化、教育、娱乐用品及服务	Recreation, Education and Culture Articles	162.86	190.77
医疗保健	Health Care	45.75	91.85
其他商品和服务	Others	25.32	33.91
财产性支出	Expenses on Properties	1.03	2.48
转移性支出	Expenses on Transfers	78.31	113.54

Per Capita Annual Total Income of Rural Households of Poor Area

(yuan)

2010	2011	2012	2013	2014	2015
4428.61	**5649.37**	**6392.05**	**7492.39**	**10133.83**	**11008.38**
1524.03	1989.59	2430.92	3027.51	2839.28	2913.80
93.54	116.79	147.05			
570.71	765.75	937.85			
859.78	1107.05	1346.02			
2584.36	3246.21	3488.01	3597.82	4727.14	5107.29
2342.95	2815.13	2985.54	2922.25	3621.24	3656.02
1603.56	1781.41	1943.09	1888.86	2187.93	2269.04
96.39	85.91	89.80	125.66	285.87	318.56
623.27	925.49	923.19	815.79	1091.55	1025.52
19.74	22.32	29.47	91.92	55.89	42.90
59.41	109.13	129.39	103.77	188.27	185.29
22.90	63.87	68.03	54.98	109.73	98.58
36.51	45.26	61.36	48.79	78.54	86.71
182.00	321.94	373.08	571.81	917.64	1265.98
90.61	156.58	181.46	201.94	249.91	327.75
52.61	102.71	123.58	272.96	460.68	612.59
35.82	35.64	40.59	84.43	88.55	77.93
284.40	377.93	432.53	782.62	2478.86	2909.36

Per Capita Annual Expenditures of Rural Households of Poor Area

(yuan)

2010	2011	2012	2013	2014	2015
4235.52	**5127.85**	**6537.87**	**7088.53**	**13232.21**	**14347.79**
881.09	1177.24	1358.34	1361.14	1898.56	1810.30
800.67	998.37	1136.25	1130.31	1463.02	1294.03
434.03	493.73	569.93	468.74	671.49	616.05
14.25	10.88	11.58	14.14	16.99	17.94
349.20	486.11	541.34	578.98	738.06	648.02
3.19	7.66	13.40	57.61	36.49	12.02
19.46	55.96	87.31	44.35	137.39	74.65
9.80	37.65	63.68	32.47	64.76	41.21
9.66	18.30	23.63	11.80	72.63	33.44
60.96	122.91	134.78	186.48	298.14	441.62
36.21	67.31	70.05	75.32	76.42	121.95
18.72	38.54	46.09	85.92	148.36	250.36
53.03	61.98	102.13	168.02		
0.67	2.71	2.89	0.02		
3091.52	3469.52	4559.76	5076.24	7249.33	8663.14
1440.68	1638.61	1931.78	2123.51	2363.16	2862.71
150.44	188.29	268.21	334.53	432.06	491.07
547.61	552.66	763.79	966.34	1657.13	2108.74
183.09	230.16	312.04	356.25	495.04	526.82
242.35	273.58	397.77	445.09	712.08	937.67
215.26	208.08	289.49	315.84	733.67	829.59
240.62	270.74	470.74	416.73	711.59	729.31
71.46	107.39	37.26	117.95	144.60	177.23
3.66	3.15	23.87	1.18	10.48	5.40
204.77	408.73	488.49	478.40	215.63	265.68

4-29 贫困地区农村居民家庭人均纯收入(可支配收入)

单位：元

项　　目	Item	2010
全年纯收入	**Net Income**	**3460.29**
工资性收入	Income from Wages and Salaries	1524.03
在非企业组织中劳动得到的收入	Non business organizations	93.54
在本乡地域内劳动得到的收入	Local employment	570.71
常住人口外出从业得到的收入	Out-of Work	859.78
家庭经营收入	Income from Household Operations	1657.59
第一产业	Primary Industry	1500.34
农业收入	Farming	1145.83
林业收入	Forestry	81.87
牧业收入	Animal Husbandry	256.22
渔业收入	Fishery	16.41
第二产业	Secondary Industry	39.25
工业收入	Industry	12.74
建筑业收入	Construction	26.51
第三产业	Tertiary Industry	118.00
交通运输、邮电业收入	Transport, Postal and Telecommunication Services	52.04
批发和零售贸易、餐饮业收入	Wholesale and Retail Trades and Catering Services	33.52
财产性收入	Income from Properties	35.82
转移性收入	Income from Transfers	24285.00

注：2014年起为农村常住居民人均可支配收入、工资性收入、家庭经营净收入、财产净收入、转移净收入。

Note: Since 2014, indexes are per capita disposable income of rural household, wage income, net income from household business, property net income, transferred net income.

4-30 贫困地区农村居民家庭人均现金收入

单位：元

项　　目	Item	2000	2005
全年现金收入	**Cash Income**	**1237.86**	**1592.04**
工资性收入	Income from Wages and Salaries	531.59	700.38
在非企业组织中劳动得到的收入	Non business organizations	35.12	60.38
在本乡地域内劳动得到的收入	Local employment	212.96	248.89
常住人口外出从业得到的收入	Out-of Work	283.51	391.11
家庭经营现金收入	Income from Household Operations	631.43	754.86
第一产业	Primary Industry	4754.00	621.46
农业现金收入	Farming	242.19	324.35
林业现金收入	Forestry	23.68	28.23
牧业现金收入	Animal Husbandry	205.85	262.88
渔业现金收入	Fishery	3.68	6.00
第二产业	Secondary Industry	40.36	34.61
工业现金收入	Industry	24.75	21.13
建筑业现金收入	Construction	15.81	13.48
第三产业	Tertiary Industry	115.47	98.79
交通运输、邮电业现金收入	Transport, Postal and Telecommunication Services		48.03
批发和零售贸易、餐饮业现金收入	Wholesale and Retail Trades and Catering Services		21.83
财产性收入	Income from Properties	6.37	27.86
转移性收入	Income from Transfers	68.47	108.94

Per Capita Annual Net Income of Rural Households (Disposable Income) of Poor Area

(yuan)

2011	2012	2013	2014	2015
4286.19	**4882.16**	**5674.89**	**7831.44**	**8681.99**
1989.59	2430.92	3027.51	2839.28	2913.80
116.79	147.05			
765.75	937.85			
1107.05	1346.02			
1943.52	2020.63	2099.90	2652.22	3052.01
1726.88	1759.14	1721.70	2052.24	2264.65
1234.25	1323.35	1376.14	1447.41	1596.95
74.65	77.10	111.27	268.4	299.62
403.40	343.26	200.49	317.16	337.49
14.58	15.43	33.80	19.27	30.60
49.15	39.37	48.24	31.32	89.14
24.29	2.85	13.58	13.76	45.88
24.86	36.52	34.67	17.56	43.26
167.50	222.12	329.96	568.66	698.22
67.85	101.30	98.09	151.20	162.47
60.28	74.68	170.37	294.94	328.06
35.64	40.59	84.43	76.73	72.49
317.44	390.03	463.04	2263.20	2643.68

Per Capita Annual Cash Income of Rural Households of Poor Area

(yuan)

2010	2011	2012	2013	2014	2015
3169.28	**4429.98**	**5162.56**	**6330.00**	**8556.47**	**9541.60**
1524.01	1986.73	2428.20	3024.06	2835.26	2907.21
93.54	116.44	146.69			
570.69	763.40	935.69			
859.78	1106.89	1345.81			
1326.31	2030.03	2269.51	2440.22	3320.22	3805.47
1085.24	1598.96	1767.41	1764.65	2214.32	2354.20
606.44	909.29	1005.74	952.44	1185.14	1427.61
66.87	92.70	88.21	129.23	120.41	115.59
396.13	575.35	646.45	591.86	854.12	769.01
15.79	21.62	27.01	91.11	54.65	41.99
59.08	109.13	129.02	103.77	188.27	185.29
22.90	63.87	68.03	54.98	109.73	98.58
36.17	45.26	60.99	48.79	78.54	86.71
182.00	321.94	373.08	571.18	917.64	1265.98
90.61	156.58	181.46	201.94	249.91	327.75
52.61	102.71	123.58	272.96	917.64	612.59
35.51	36.15	32.58	84.43	88.55	77.93
283.45	377.07	432.27	781.28	2312.43	2750.99

4-31 贫困地区农村居民家庭人均现金支出

单位：元

项　目	Item	2000	2005
全年现金支出	**Cash Expenditure**	**1179.58**	**1745.27**
家庭经营费用现金支出	Cash Expenditure for Household Operations	282.09	422.80
第一产业	Primary Industry	250.91	374.54
农业现金支出	Agriculture	184.89	231.42
林业现金支出	Forestry	1.66	3.33
牧业现金支出	Animal Husbandry	63.70	138.01
渔业现金支出	Fishery	0.66	1.78
第二产业	Secondary Industry	10.22	16.68
工业现金支出	Industry	632.00	10.73
建筑业现金支出	Construction	3.90	5.95
第三产业	Tertiary Industry	20.96	31.59
购置生产性固定资产支出	Purchase of Productive Fixed Assets	21.35	33.55
税费支出	Taxes and Fees	31.32	4.12
生活消费支出	Expenses on Household Consumption	766.52	1169.89
食品	Food	242.56	422.39
衣着	Clothing	56.13	76.29
居住	Housing//Residence	128.11	152.22
家庭设备、用品及服务	Household Facilities, Articles and Services	58.71	73.89
交通和通讯	Transport and Communications	47.07	128.58
文化、教育、娱乐用品及服务	Recreation, Education and Culture Articles	162.86	190.77
医疗保健	Health Care	45.75	91.85
其他商品和服务	Others	25.32	33.91
财产性支出	Expenses on Properties	0.98	2.48
转移性支出	Expenses on Transfers	77.32	112.42

Per Capita Annual Cash Expenditures of Rural Households of Poor Area

(yuan)

2010	2011	2012	2013	2014	2015
3247.45	**4156.59**	**5537.17**	**6058.58**	**9824.79**	**11781.14**
591.29	875.55	1077.84	1120.05	1595.40	1558.72
510.87	701.07	857.80	889.66	1159.86	1042.45
340.42	412.51	491.05	429.37	616.79	567.66
5.42	10.70	10.83	14.14	16.99	17.94
161.85	270.43	342.53	378.10	489.61	444.84
3.18	7.44	13.39	57.37	36.48	12.01
19.46	55.96	87.19	44.35	137.39	74.65
9.80	37.65	63.68	32.47	64.76	41.21
9.66	18.30	23.50	11.88	72.63	33.44
60.96	118.53	132.86	186.48	298.14	441.62
53.03	61.98	102.13	168.02		
0.67	2.71	2.89	0.02		
2393.40	2801.38	3839.90	4286.93	5437.98	6348.07
768.57	983.87	1253.23	1537.72	1117.29	2086.76
149.14	186.81	267.81	333.17	430.76	489.24
523.58	541.17	722.93	765.74	639.16	731.26
182.41	229.73	311.99	355.76	494.17	522.71
242.35	273.58	397.77	444.49	712.08	937.63
215.26	208.08	289.49	315.51	733.67	829.56
240.62	270.74	470.74	416.70	566.67	573.91
71.46	107.39	125.94	117.84	142.04	177.00
3.66	3.15	23.87	1.18	10.48	5.40
204.62	407.29	488.14	478.40	215.63	265.68

主要统计指标解释

一、城镇住户

城镇家庭人口 指居住在一起，经济上合在一起共同生活的家庭成员。凡计算为家庭人口的成员其全部收支都包括在本家庭中。

城镇家庭总收入 指家庭成员得到的工薪收入、经营净收入、财产性收入、转移性收入之和，不包括出售财物收入和借贷收入。

城镇家庭可支配收入 指家庭成员得到可用于最终消费支出和其它非义务性支出以及储蓄的总和，即居民家庭可以用来自由支配的收入。它是家庭总收入扣除交纳的所得税、个人交纳的社会保障支出以及记账补贴后的收入。计算公式为:

可支配收入=家庭总收入-交纳所得税-个人交纳的社会保障支出-记账补贴

城镇家庭总支出 指除借贷支出以外的全部家庭支出。包括消费性支出、购房建房支出、转移性支出、财产性支出、社会保障支出。

城镇家庭消费性支出 指家庭用于日常生活的支出，包括食品、衣着、家庭设备用品及服务、医疗保健、交通和通信、娱乐教育文化服务、居住、杂项商品和服务等八大类支出。

城镇家庭服务性消费支出 指居民家庭用于本家庭支付社会提供的各种文化和生活方面的非商品性服务费用。不包括为别人付款服务。服务消费与商品消费不同，其特点在于其劳动过程和消费过程在时间与空间上的统一。

城镇家庭收入五等份分组方法 将所有调查户按户人均可支配收入由低到高排序，各按20%的比例依次分成五等份: 低收入户、中等偏低收入户、中等收入户、中等偏上收入户、高收入户。

二、农村住户

农村住户（农村常住户） 指长期（一年以上）居住在乡镇（不包括城关镇）范围内的住户，以及长期居住在城关镇所辖行政村范围内的农村住户。户口不在本地而在本地居住一年及以上的住户也包括在本地农村常住户范围内；有本地户口，但举家外出谋生一年以上的住户，无论是否保留承包耕地都不包括在本地农村住户范围内。

常住人口 指全年经常在家或在家居住6个月以上，而且经济和生活与本户连成一体的人口。外出从业人员在外居住时间虽然在6个月以上，但收入主要带回家中，经济与本户连为一体，仍视为家庭常住人口；在家居住，生活和本户连成一体的国家职工、退休人员也为家庭常住人口。但是现役军人、中专及以上（走读生除外）的在校学生、以及常年在外（不包括探亲、看病等）且已有稳定的职业与居住场所的外出从业人员，不算家庭常住人口。家庭常住人口主要作为计算农村住户平均每人收入、消费和积累水平及分析家庭人口状况的依据。

整、半劳动力 整劳动力指男子18周岁到50周岁，女子18周岁到45周岁；半劳动力指男子16周岁到17周岁，51周岁到60周岁；女子16周岁到17周岁，46周岁到55周岁，同时具有劳动能力的人。虽然在劳动年龄之内，但已丧失劳动能力的人，不应算为劳动力；超过劳动年龄，但能经常参加劳动，计入半劳动力数内。常住人口中的职工，若这些职工为劳动力，就包括在本户的整半劳动力中。

总收入 指调查期内农村住户和住户成员从各种来源渠道得到的收入总和。按收入的性质划分为工资性收入、家庭经营收入、财产性收入和转移性收入。

工资性收入 指农村住户成员受雇于单位或个人，靠出卖劳动而获得的收入。

家庭经营收入 指农村住户以家庭为生产经营单位进行生产筹划和管理而获得的收入。农村住户家庭经营活动按行业划分为农业、林业、牧业、渔业、工业、建筑业、交通运输业邮电业、批发和零售贸易餐饮业、社会服务业、文教卫生业和其他家庭经营。

财产性收入 指金融资产或有形非生产性资产的所有者向其他机构单位提供资金或将有形非生产性资产供其支配，作为回报而从中获得的收入。

转移性收入 指农村住户和住户成员无须付出任何对应物而获得的货物、服务、资金或资产所有权等，不包括无偿提供的用于固定资本形成的资金。一般情况下，是指农村住户在二次分配中的所有收入。

现金收入 指农村住户和住户成员在调查期内得到以现金形态表现的收入。按来源分成工资性收入、家庭经营现金收入、财产性收入、转移性收入。

纯收入 指农村住户当年从各个来源得到的总收入相应地扣除所发生的费用后的收入总和。纯收入主要用于再生产投入和当年生活消费支出，也可用于储蓄和各种非义务性支出。“农民人均纯收入”按人口平均的纯收入水平，反映的是一个地区农村居民的平均收入水平。计算方法:

纯收入=总收入-家庭经营费用支出-税费支出-生产性固定资产折旧-赠送农村外部亲友支出

总支出 指农村住户用于生产、生活和再分配的全部支出。包括家庭经营费用支出、购置生产性固定资产支出、生产性固定资产折旧、税费支出、生活消费支出、财产性支出和转移性支出。

三、城乡一体化住户（2014 年起）

住户 指居住在一个住宅内，共同分享生活开支或收入的一群人。居住在同一房间内、不共同分享生活开支的人群，每个人都视为一个住户。住家保姆、住家家庭帮工视为单独的住户。根据居住的状态，可将住户分为家庭居住户和集体居住户。家庭居住户指的是以家庭成员关系为主，居住在同一住宅内共同生活的住户。同一住宅内有住家保姆或住家家庭帮工的，仍被视为家庭居住。集体居住户指的是相互没有家庭成员关系，居住在同一房间内，不共同分享生活开支，独立生活的住户。如在工棚、工厂的集体宿舍以及在工作地的集体居住户，每个人都视为一个住户。

住户成员 指居住在一个住宅内，所有与本住户分享生活开支或收入的人员。

常住成员 指住户成员中，经常在家居住、或者调查期内居住时间超过一半的人员，以及本住户供养的学生。季度调查的常住成员包括: ①过去三个月已经居住或未来三个月打算居住时间超过 1.5 个月的住户成员。②过去三个月内每月至少在调查住宅居住一天以上，且没有在其他自有或独自租借的普通住宅中住过的人。或者说，在外与人合住或住在工棚、集体宿舍、工作地或其他临时性住所、又定期回家居住的人，也是本住户常住成员。③由本住户供养的在校学生（包括大中专学生和研究生）。常住成员是住户收支的调查对象。

居民可支配收入 指调查户在调查期内获得的、可用于最终消费支出和储蓄的总和，即调查户可以用来自由支配的收入。既包括现金，也包括实物收入。按照收入的来源，可支配收入包含四项，分别为: 工资性收入、经营净收入、财产净收入和转移净收入。

其中: 经营净收入=经营收入-经营费用-生产性固定资产折旧－生产税

财产净收入=财产性收入-财产性支出

转移净收入=转移性收入-转移性支出

工资性收入 指就业人员通过各种途径得到的全部劳动报酬和各种福利，包括受雇于单位或个人、从事各种自由职业、兼职和零星劳动得到的全部劳动报酬和福利。

经营净收入 指住户或住户成员从事生产经营活动所获得的净收入，是全部经营收入中扣除经营费用、生产性固定资产折旧和生产税之后得到的净收入。

财产净收入 指住户或住户成员将其所拥有的金融资产、住房等非金融资产和自然资源交由其他机构单位、住户或个人支配而获得的回报并扣除相关的费用之后得到的净收入。财产净收入包括利息净收入、红利收入、储蓄性保险净收益、转让承包土地经营权租金净收入、出租房屋净收入、出租其他资产净收入和自有住房折算净租金等。不包括转让资产所有权的溢价所得，这应该计入“非收入所得”。

转移性收入 指国家、单位、社会团体对住户的各种经常性转移支付和住户之间的经常性收入转移。包括政府、非行政事业单位、社会团体对居民转移的养老金或退休金、社会救济和补助、惠农补贴、政策性生活补贴、救灾款、经常性捐赠和赔偿以及报销医疗费等; 住户之间的赡养收入、经常性捐赠和赔偿以及农村地区（村委会）在外（含国外）工作的本住户非常住成员寄回带回的收入等。不包括住户之间的实物馈赠。

转移性支出 指调查户对国家、单位、住户或个人的经常性或义务性转移支付。包括缴纳的税款、各项社会保障支出、赡养支出、经常性捐赠和赔偿支出以及其他经常转移支出等。

转移净收入=转移性收入-转移性支出

恩格尔系数 指食品支出金额在生活消费总支出金额中所占比例。计算公式为:

$$恩格尔系数=\frac{食品支出额}{消费支出总金额}\times 100\%$$

居民消费支出 指住户用于满足家庭日常生活消费需要的全部支出，包括用于消费品的支出和用于服务性消费的支出。根据用途不同，可划分为食品烟酒、衣着、居住、生活用品及服务、交通通信、教育文化娱乐、医疗保健、其他用品及服务八大类。根据来源不同，可划分为现金消费支出、实物消费支出（含自产自用、来自单位、来自政府和其他社会组织）。

Explanatory Notes on Main Statistical Indicators

I. Urban Households

Population of Urban Households refer to members of the household living and sharing economically together. All income and expenditure of the population of the household are included in the income and expenditure of the household.

Total Income of Urban Households refer to the sum of wage and salary, net business income, income from properties, and income from transfers members of the households during survey period, excluding income from selling of properties and income from borrowings. It is calculated on real income, no matter the income is supplied again or beforehand.

Disposable Income of Urban Households refers to the actual income at the disposal of members of the households which can be used for final consumption, other non-compulsory expenditure and savings. This equals to total income minus income tax, personal contribution to social security and sample household subsidy for keeping diaries. Following formula is used:

Disposable income = total household income - income tax - personal contribution to social security - sample household subsidy for keeping diaries

Total Expenditure of Urban Households refer to all expenditure of the households except expenditure on leading. It includes expenditure on consumption, on purchasing or building houses, on transfers, on properties and on social security.

Consumption Expenditure of Urban Households refers to total expenditure of the sample households for consumption in daily life, including expenditure on eight categories such as food, clothing, household appliances and services, health care and medical services, transport and communications, recreation, education and cultural services, housing, miscellaneous goods and services.

Expenditure of Urban Households on Consumption of Services refer to expenditure of households on services of various kinds provided by the society, not including services paid for other persons. Services are offered and consumed at the same time and place.

Urban Households by Five Equal Parts of Income All households in the sample are grouped, by per capita disposable income of the household, into groups of lowest income, low income, lower middle income, middle income, upper middle income, high income and highest income, each group consisting of 20% of all households.

II. Rural Household

Rural Households refer to resident households in rural areas. Resident households in rural areas are the households residing for more than one year in the areas under the jurisdiction of administration of township governments (excluding county towns), and in the areas under the jurisdiction of administration of villages in county towns. Migrated households residing in the current addresses for over one year with their household registration in other places are included in the resident households of their current addresses. For households with their household registration in one place but all members of the households moving away for living in another place for over one year, they will not be included in the rural households of the area where they are registered, irrespective of whether they still keep their contracted land.

Resident Population refers to population staying at home permanently or for over 6 months during a year and sharing life economically with the household. Members of the household staying away from the household for over 6 months but keeping a close economic relation with the household by sending the majority of income to the household are regarded as resident population of the household. Government staff and workers or retirees living as close members of the household are also considered as resident population. However, servicemen, students of secondary technical schools or schools of higher education and persons with stable jobs and residence outside the household (excluding those visiting relatives or seeking medical service) are not included as resident population of the household. Resident population is used in calculating income, consumption, accumulation on per capita basis of rural households and in analyzing composition of rural households.

Full/Semi Labour Force Full labour force refers to persons capable of work, aged 18-50 for males and 18-45 for females. Semi labour force refers to persons capable of work, aged 16-17 and 51-60 for males and 16-17 and 46-55 for females. Persons at their working ages but not capable of work are not to be included as labour force. Persons not at working ages but participating regularly in work are included in semi labour force. For staff and workers as resident population of the household, they are included as full or semi labour force of the household if they are in the labour force.

Total Income refers to the sum of income earned from various sources by the rural households and their members during the reference period, and is classified as income from wages and salaries, income from household operations, income from properties and income from transfers.

Income from Wages and Salaries refers to income from labour earned by the members of rural households employed by other units or individuals.

Income from Household Operations refers to income by the rural households as units of production and operations. Operations by rural households are classified by economic activities as agriculture, forestry, animal husbandry, fishery, manufacturing, construction, transportation, post and telecommunicat-ions, wholesale, retail and catering, social service, culture, education, health, and other household operations.

Income from Properties refers to the income received as returns by owners of financial assets or tangible non-productive assets by providing capitals or tangible non-productive assets to other institutional units.

Income from Transfers refers to the receipt by rural households and their members of goods, services, capitals or rights of assets without giving or repaying accordingly, excluding capitals provided to them for the formation of fixed assets. In general, it refers to all income received by rural households through redistribution.

Cash Income refers to income received by rural households and their members in the form of cash during the reference period. It is classified, by source of income, into income from wages and salaries, cash income from household operations, income from properties and income from transfers.

Net Income refers to the total income of rural households from all sources minus all corresponding expenses. The formula for calculation is as follows:

Net income=total income-household operation expenses-taxes and fees depreciation of fixed assets for production - subsidy for participating in household survey

Net income is mainly used as input for reproduction and as consumption expenditure of the year, and also used for savings and non-compulsory expenses of various forms. "Per capita net income of farmers" is the level of net income averaged by population which reflects the average income level of rural households in a given area.

Total Expenditure refers to total expenses of rural households on production, consumption and redistribution, including expenditure on household operations, on purchase of productive fixed assets, depreciation of productive fixed assets, taxes and fees, expenses on household consumption, expenses on properties and expenses on transfers.

Ⅲ. Urban and Rural Integration (From2014)

Household means a group of people who live in a dwelling and share living expenses or income. Everyone who live in a same room, but do not share living expenses is considered as a household. Live-in nanny and home domestic workers are considered as separate households. Depending on the state of residence, it can be divided into family households and collective households. family households refer to the family members in the same house. Nanny or home family workers are also regarded as the family residence In the same residential home. Collective households refer to the people who have no family relationships, live in the same room, do not share their living expenses, and live alone. As in the barracks, factory dormitories and work in the collective residential households, everyone as a household.

Household Member refers to the household who are living in a house and share the expenses or income of the household.

Permanent Member refers to a household member, who often lives at home, stay for more than half during the period of survey, and students households support. Permanent members of the quarterly survey are including: ①household members who have lived more than 1.5 months in the past three months, or intend to live for more than 1.5 months in the next three months. ②people who have lived in the investigated house at least one day every month in the past three months, and had not lived in a other owned or rented ordinary residence alone. In other words, people who live outside with others, or live in the shed, dormitories, temporary shelter for work or others, and also regularly return home to live, are also permanent members of the household. ③Students at school (including college students, undergraduates and graduates) who are supported by households. Permanent members are respondent of income and expenditure of households.

Per Capita Disposable Income of the Household refers to the actual income of the households, which obtained by suvery households during the survey period, and can be used for final consumption expenditure and savings according to the survey on household income and expenditure and living Conditions, that is the income which is can be dominated by suvery household freely, dividing per capita income obtained by the resident households. Disposable income includes both cash and in kind income. Divided by source of income, disposable income contains four items, consisting of wage income, net business income, net property income, net transferred income.

Where:

Net Business Income=Business Income-Business Expenditure - Depreciation of Fixed Assets for Production - Taxes on Production

Net Property Income=Property Income-Property Expenditure

Net Transferred Income=Transferred Income-Transferred Expenditure

Wage Income refers to all the labor remuneration and welfare of the employees through various means. All labor remuneration and benefits, including the employment of units or individuals engaged in various free occupations, part-time and sporadic labor.

Net Business Income refers to the income of the household or household members engaged in the production and operation activities, is the net income of all operating expenses, production of fixed assets depreciation and production tax.

Property Net Income refers to the income received by the household or household members of the financial assets, housing, and other non financial assets and natural resources, which are obtained by other institutional units, households or individuals, and net income after deducting expenses. Property net income includes interest income, dividend income, savings insurance net income, transfer contract land management right to rent, rental housing net income, rental income and other assets of the net rent and other assets. Excluding the premium income from the transfer of property rights, which should be included in the "non income".

Transferred Income refers to the country, the unit, the social group to the tenants of a variety of recurrent transfer payments and the transfer of the regular income between households. Including residents' pension or retirement benefits from the government, the non administrative institutions, social groups, social benefits and subsidies, subsidies benefit farmers, policy subsidy, relief funds, regular donation and compensation and reimbursement of medical expenses; between tenants alimony income, often donations and compensation and the income of the rural areas households (Village) (including foreign) return back to home. Does not include the physical gifts between households.

Transferred Expenditure refers to regular or voluntary transfer payment from the investigation to the country the unit, the household or the individual. Including the payment of the tax, the social security expenses, maintenance expenses, regular donations and compensation expenses, and other frequent transfer expenses, etc..

Net Transferred Income = Transferred Income - Transferred Expenditure

Engel's Coefficient refers to the percentage of expenditure on food in the total consumption expenditure, using the following formula:

$$\text{Engel's Coefficient} = \frac{\text{expenditure on food}}{\text{total consumption expenditure}} \times 100\%$$

Per Capita Consumption Expenditure of Household refers to all expenditure which households used to meet needs of all the daily household consumption during the period of survey, including expenditure on consumer goods and services consumption, dividing per capita expenditure obtained by permanent households. Divided by function, consumption expenditure contains eight categories, consisting of food alcohol and tobacco, clothing, housing, supplies and services, transportation and communications, education, culture and entertainment, health care, other supplies and services.

价格调查

Chapter 5

Price Survey

资料整理：董胜男　余　南　肖　强
　　　　　张文怡　李筱霏

5-1 居民消费、商品零售、农业生产资料价格总指数(1984-2015年)
Consumer Goods Retail, Agricultural Production Materials Price Index(1984-2015)

(上年＝100) (preceding year=100)

年 份 Year	居民消费价格指数 Consumer Price Index			商品零售价格指数 Retail Price Index			农业生产资料价格指数 Price Indices of Farming Production Material		
	全 省 Province	城 市 Urban Areas	农 村 Rural Areas	全 省 Province	城 市 Urban Areas	农 村 Rural Areas	全 省 Province	城 市 Urban Areas	农 村 Rural Areas
1984	102.2	102.9	101.4	103.0	102.7	103.2	108.4		108.4
1985	108.4	110.3	106.2	107.5	110.6	105.2	103.8		103.8
1986	105.5	106.0	104.8	104.2	105.4	103.1	100.5		100.5
1987	107.5	108.7	106.4	107.6	108.6	107.0	111.1		111.1
1988	119.0	120.5	117.2	119.5	121.5	117.8	118.1		118.1
1989	116.3	114.1	118.2	117.0	113.9	119.0	121.5		121.5
1990	104.2	103.1	105.1	102.9	102.3	103.3	102.9		102.9
1991	104.9	106.2	103.6	104.3	105.6	103.1	102.3		102.3
1992	109.6	110.5	108.1	107.0	108.4	104.7	106.6		106.6
1993	118.4	118.8	117.6	115.0	116.2	113.2	117.4		117.4
1994	125.3	127.0	124.1	124.6	124.0	125.1	122.4		122.4
1995	120.0	120.1	119.1	116.6	115.1	118.3	129.0		129.0
1996	109.4	110.2	107.9	106.5	106.2	106.9	108.6		108.6
1997	103.2	102.6	103.6	101.5	100.8	102.2	96.0		96.0
1998	98.4	97.9	99.0	97.1	96.3	98.0	91.9		91.9
1999	97.8	97.2	98.3	95.9	95.2	96.7	93.9		93.9
2000	99.0	100.0	98.2	97.8	98.1	97.1	97.6		97.6
2001	100.3	100.4	99.8	97.4	97.0	98.0	99.3		99.3
2002	99.6	99.2	100.8	98.8	98.4	99.5	101.0		101.0
2003	102.2	102.6	101.3	101.2	101.4	100.8	100.8		100.8
2004	104.9	104.5	105.8	104.1	103.1	105.4	111.3		111.3
2005	102.9	102.7	103.3	102.1	101.9	102.4	115.1		115.1
2006	101.6	101.4	101.9	101.1	100.8	101.6	101.4		101.4
2007	104.8	104.7	105.1	104.2	103.4	105.4	108.0		108.0
2008	106.3	105.5	107.4	106.3	105.4	107.6	127.2		127.2
2009	99.6	99.3	100.0	98.6	98.4	98.9	95.3		95.3
2010	102.9	102.8	103.1	103.1	103.0	103.4	101.9		101.9
2011	105.8	105.5	106.3	105.6	105.1	106.2	113.5		113.5
2012	102.9	102.8	103.0	102.6	102.4	102.7	103.5		107.2
2013	102.8	102.7	103.0	101.8	101.6	102.1	103.1		103.1
2014	102.0	102.0	101.9	100.9	100.8	101.0	97.9		97.9
2015	101.5	101.4	101.7	100.5	100.4	100.7	100.4		100.4

5-2 居民消费价格分类指数(2015年)
Consumer Price Indices by Category(2015)

(上年＝100) (preceding year=100)

指　标	Item	全　省 Province	城　市 Urban Areas	农　村 Rural Areas
居民消费价格总指数	**Consumer Price Index**	**101.5**	**101.4**	**101.7**
非食品价格指数	**Non-food Price Index**	**101.2**	**101.2**	**101.2**
服务项目价格指数	**Items of Service Price Index**	**101.9**	**101.6**	**102.5**
工业品价格指数	**Industrial Product Pprice Index**	**100.7**	**100.8**	**100.4**
扣除食品和能源价格指数	**Deduction Food and Energy Price Index**	**101.5**	**101.4**	**101.6**
扣除鲜菜鲜果总指数	**Deduction Fresh Vegetables Fresh Fruit General Index**	**101.4**	**101.4**	**101.5**
消费品价格指数	**Consumable Price Index**	**101.4**	**101.4**	**101.4**
食品	**Food**	**102.2**	**102.0**	**102.6**
粮食	Grain	101.2	101.1	101.6
大米	Rice	100.7	100.2	101.6
面粉	Flour	102.4	103.5	101.3
粮食制品	Grain Products	101.5	101.4	101.8
淀粉	Starches and Tubers	101.8	102.1	101.2
干豆类及豆制品	Beans and Bean Products	103.0	103.1	102.9
干豆	Beans	106.1	106.9	104.7
豆制品	Bean Products	102.3	102.3	102.4
油脂	Oil or Fat	95.6	94.8	96.9
食用植物油	Oil of Plant	97.8	97.5	98.1
植物油制品	Vegetable Oil Processed Products	93.2	93.6	91.2
肉禽及其制品	Meal,Poultry and Processed Products	105.0	105.3	104.4
食用畜肉及副产品	Edible Domestic Animal's Meat and By-products	105.8	106.0	105.4
猪肉	Pork	109.1	109.0	109.3
牛肉	Beef	99.6	99.2	100.4
羊肉	Mutton	97.5	97.1	98.0
畜肉副产品	Animal By-products	104.7	105.5	103.7
禽	Poultry	104.7	105.5	103.8
鸡	Chicken	104.0	104.5	103.4
鸭	Duck	106.9	109.1	104.7
加工肉禽	Poultry Meat Processed Products	102.6	103.0	101.4
畜肉制品	Domestic Animal's Processed Products	101.7	101.8	101.3
禽制品	Poultry Processed Products	103.7	104.3	101.5
蛋	Eggs	98.0	98.2	97.7
鲜蛋	Fresh Eggs	96.8	96.9	96.6
蛋制品	Eggs Processed Products	104.4	105.7	102.4
水产品	Aquatic Products	100.1	100.9	98.6
鱼	Fish	98.7	99.6	97.2
淡水鱼	Fish in Fresh Water	97.5	98.2	96.6
海水鱼	Fish in Sea Water	106.0	106.8	103.8

5-2 续表 1 Continued

(上年＝100) (preceding year=100)

指　标	Item	全　省 Province	城　市 Urban Areas	农　村 Rural Areas
其他水产品	Others	103.4	103.5	103.1
虾蟹类	Decapod Crustacean	102.5	102.7	102.0
菜	Vegetables	106.1	105.4	107.8
鲜菜	Fresh Vegetables	106.7	105.9	108.9
干菜及菜制品	Dried Vegetables and Vegetable Products	104.0	102.1	106.2
薯类	Tubers	95.6	96.9	93.7
调味品	Flavoring	102.4	102.5	102.2
盐	Salt	100.5	100.5	100.5
酱油	Soy Sauce	102.1	101.6	102.9
醋	Vinegar	102.4	103.1	101.2
味精	Monosodium Glutamate	101.7	102.0	101.1
糖	Sweet	101.1	101.3	100.9
食糖	Sugar	101.1	103.1	99.0
糖果	Candy	101.0	100.7	101.3
巧克力制品	Chocolate Goods	100.3	100.1	100.8
糖类小食品	Sugar-coated Food Stuff	101.8	101.5	102.4
茶及饮料	Tea and Beverages	101.1	100.8	101.6
茶叶	Tea	100.3	98.8	102.1
饮料	Beverages	101.4	101.4	101.3
固体饮料	Solid Beverages	97.7	97.4	98.2
液体饮料	Liquid Beverages	101.7	102.0	101.1
冷冻饮品	Frozen Beverages	103.1	102.6	104.2
干鲜瓜果	Dried and Fresh Melons and Fruits	99.7	98.7	102.6
鲜瓜果	Fresh Fruits	99.0	97.7	102.4
干(坚)果	Dried(nut)Fruits and Melon and Fruit Products	102.0	101.5	103.2
糕点饼干面包	Cake,Biscuit and Bread	101.0	101.2	100.3
糕点	Cake	101.1	101.8	98.8
饼干	Cookie	99.9	99.4	101.1
面包	Bread	102.1	102.4	101.0
液体乳及乳制品	Liquid Breast and Dairy Products	98.3	97.7	101.2
巴氏杀菌奶或消毒奶	Pasteurization Milk or Disinfection Milk	96.6	96.1	100.7
酸奶	Sour Milk	100.2	99.7	102.1
奶粉	Milk Powder	101.3	101.3	101.5
在外用膳食品	Picnic Food	102.3	101.9	103.3
主食	Staple Food	102.7	102.5	103.2
炒菜	Fried Dishers	100.8	100.2	102.3
地方小吃	Local Snacks	107.4	107.9	106.3
其他食品	Other Foods	100.9	100.9	100.8

5-2 续表 2 Continued

(上年＝100) (preceding year=100)

指　　标	Item	全　省 Province	城　市 Urban Areas	农　村 Rural Areas
烟酒	**Tobacco,Liquor**	**102.6**	**102.4**	**102.9**
烟草	Tobacco	104.4	103.8	105.8
高档卷烟	Home-made Cigarette	103.9	103.7	104.5
中档卷烟	Imported Cigarette	104.4	103.7	105.9
酒	Liquor	99.8	100.5	97.9
白酒	Liquer	99.6	100.4	97.0
葡萄酒	Wine	98.8	99.6	96.8
啤酒	Beer	100.3	101.0	99.1
衣着	**Clothing**	**102.7**	**103.3**	**101.3**
服装	Garments	102.6	103.3	101.0
男式服装	Men's Garment	102.1	102.7	100.9
大衣	Overcoat	101.1	102.1	99.3
毛线衣	Knitted Woolen Clothes	102.5	102.5	102.6
夹克衫	Jacket	104.8	105.4	103.3
衬衫	Shirt	103.4	104.6	100.6
T恤衫	T-shirts	102.1	103.7	99.5
裤子	Trousers	102.1	102.4	101.2
西服	Suits	101.8	101.6	102.3
运动衫裤	Sport Clothing	101.9	102.9	99.1
内衣	Underwear	99.0	97.5	102.1
羽绒衣	Down Clothing	101.0	103.4	97.1
女式服装	Women's dress	103.1	104.0	100.8
大衣	Overcoat	103.4	104.9	100.0
毛线衣	Knitted Woolen Clothes	103.3	104.2	100.9
羽绒衣	Down Clothing	100.2	102.0	96.0
套装	Suits	105.1	107.3	101.2
衬衫	Shirt	104.3	105.3	101.7
T恤衫	T-shirts	100.9	101.4	99.7
裙子	Skirt	100.7	99.7	103.7
裤子	Trousers	107.7	109.0	101.8
运动衫裤	Sports Wear	100.1	100.3	99.5
内衣	Underwear	101.5	101.0	102.8
儿童服装	Children's Garment	102.2	102.6	101.7
上 衣	Suits	102.9	104.5	100.5
裤子	Trousers	101.7	101.0	103.0
裙子	Skirt	102.1	101.5	103.7
衣着材料	Clothing Material	102.9	103.8	101.5
棉布	Cotton Cloth	102.2	102.8	101.0
化纤布	Chemical Fiber Cloth	103.3	104.2	101.8
毛线	Woolen Threads	101.0	99.2	102.5

5-2 续表 3 Continued

(上年＝100) (preceding year=100)

指 标	Item	全 省 Province	城 市 Urban Areas	农 村 Rural Areas
鞋袜帽	Footwear,Socks and Hats	102.3	102.6	101.6
鞋	Shoes	102.5	102.9	101.7
男鞋	Men's Shoes	102.3	102.2	102.5
女鞋	Women's Shoes	103.0	103.6	100.9
童鞋	Children's Shoes	101.9	102.0	101.9
袜子	Socks and Stockings	100.5	99.9	101.3
男袜	Men's Socks	100.1	99.2	101.4
女袜	Women's Socks	100.8	100.5	101.3
帽子	Hats	100.6	100.2	100.8
男帽	Man Cap	100.3	100.3	100.2
女帽	Bonnet	100.8	100.2	101.3
衣着加工服务费	Clothing Processing	108.3	110.1	105.7
缝纫	Sewing	104.0	102.9	105.1
清洗	Washing	109.5	111.9	105.6
家庭设备用品及维修服务	**Household Facilities and Articles**	**100.6**	**100.7**	**100.4**
耐用消费品	Durable Consumer Goods	98.3	97.7	99.4
家具	Furniture	99.8	99.7	100.0
柜	Counters	99.4	99.2	100.0
床	Beds	99.4	99.2	99.8
桌	Desks	100.6	101.1	99.6
椅	Chairs	100.6	100.4	101.0
沙发	Sofas	99.8	99.7	100.1
家庭设备	Household Facilities	97.5	96.6	99.2
洗衣机	Washing Machine	96.7	95.7	98.1
电风扇	Electric Fan	99.6	100.1	99.2
电冰箱(柜)	Refrigerator	99.0	99.0	98.9
吸排油烟机	Smoke Exhauster	95.3	92.9	99.9
空调器	Air Conditioner	95.5	93.9	99.3
热水器	Shower Heater	99.4	99.2	99.9
微波炉	Microwave Oven	98.6	98.4	99.1
室内装饰品	Interior Decorations	100.5	100.5	100.6
纺织装饰品	Fabric Decorations	100.5	100.1	101.3
装饰灯具	Lamp Decorations	100.7	101.1	100.3
床上用品	Bed Articles	100.4	100.6	99.7
被子	Quilts	100.2	100.0	100.6
床上套件	Bed Sets	99.9	100.4	98.2
家庭日用杂品	Daily Use Household Articles	101.5	102.0	100.3
茶具	Tea-set	101.3	102.1	100.2
餐具	Cooking-set	102.0	102.7	101.1

5-2 续表 4 Continued

(上年=100) (preceding year=100)

指　标	Item	全　省 Province	城　市 Urban Areas	农　村 Rural Areas
厨具	Cook-set	101.0	101.9	100.1
家用手工工具	Family Tool	100.1	99.8	100.4
洗涤用品	Wash Articles	101.8	102.4	100.2
家庭服务及加工维修服务	Household Service and Maintenance	107.8	108.2	106.5
家庭服务	Household Service	109.7	110.5	106.6
加工维修服务	The Processed Upkeep	104.3	103.3	106.2
医疗保健和个人用品	**Medicine and Personal Articles**	**101.7**	**101.6**	**102.0**
医疗保健	Medicine	102.6	102.6	102.6
医疗器具及用品	Edical Appliances and Articles	102.0	100.3	104.3
中药材及中成药	Traditional Chines Herbs	105.0	105.7	103.4
中药材	Chines Herbal Material	99.5	98.8	100.9
中成药	Chines Patent drugs	108.1	109.2	105.1
西药	Western Medicine	102.3	102.2	102.8
抗菌素(抗感染药)	Antibiotics	100.3	99.9	101.1
消化系统用药	Digestive System	105.5	105.9	104.3
呼吸系统用药	Respiratory System	101.0	100.5	101.9
解热镇痛药	Antipyretic Analgesics	102.3	102.6	101.6
抗肿瘤药	Antineoplastic Agents	100.2	100.0	100.9
激素类药	Hormonal Drugs	104.4	104.2	104.8
心血管系统用药	Cardiovascular System	100.3	99.7	102.9
中枢神经系统用药	Central Nervous System	101.2	99.9	104.8
消毒防腐及创伤外科用药	Disinfectant and Preservative and Trauma Surgery Medicine	104.4	104.5	104.1
泌尿系统用药	Urinary System Drugs	102.2	101.0	104.5
维生素类	Vitamin	106.5	107.1	104.1
保健器具及用品	Healthy Appliances and Articles	102.2	102.3	102.0
保健器具	Healthy Appliance	100.8	100.2	102.0
滋补保健用品	Tonic and Healthy Goods	102.6	102.7	102.1
医疗保健服务	Medical and Health Service	100.5	100.0	101.5
挂号费	Registering Fee	100.0	100.0	100.0
注射费	Injection Fee	100.0	100.0	100.0
检查费	Examination Fee	99.5	100.0	98.4
手术费	Operation Fee	100.8	100.0	102.4
床位费	Bed Fee	101.1	100.0	102.7
理疗费	Physiotherapy Fees	100.0	100.0	100.0
化验费	Laboratory Fees	100.7	100.0	103.0
个人用品及服务	Pesonal Articles and Services	99.8	99.2	101.0
化妆美容用品	Making-up Articles	99.9	99.7	100.2
化妆美容器具	Making-up Utensil	100.6	100.9	100.3
美容化妆品	Cosmetic Products	100.9	100.3	101.8
护肤品	Skin Care Products	99.6	100.0	99.0
护发美容品	Hair Care Cosmetics	98.4	97.3	100.0

5-2 续表 5 Continued

(上年＝100) (preceding year=100)

指 标	Item	全 省 Province	城 市 Urban Areas	农 村 Rural Areas
清洁化妆用品	Clean Toiletries	99.6	99.2	100.5
洗发用品	Shampoo Articles	99.2	98.6	100.4
洗浴用品	Bathing Articles	99.8	99.6	100.2
个人饰品	Personal Ornaments	95.6	94.8	97.3
首饰	Jewelry	87.4	84.3	93.4
皮件	Leather Goods	102.2	103.1	99.8
手表	Watchs	100.0	100.2	99.8
领带	Ties	99.1	99.0	99.4
个人服务	Personal Service	103.1	102.4	104.2
美容	Making-up	102.2	102.7	101.1
理(烫)发	Haircut(Perm)	103.9	103.2	104.8
洗浴	Bathing	103.4	100.6	107.2
交通和通信	**Transportation and Communication**	**100.2**	**100.5**	**99.5**
交通	Transportation	100.6	101.2	99.1
交通工具	Transportation Means	99.9	99.7	100.1
助动自行车	Boosting Bicycle	100.5	100.5	100.6
轿车	Car	94.1	94.0	94.5
自行车	Bicycle	100.3	100.4	100.2
车用燃料及零配件	Fuel and Accessories for Vehicle	86.6	86.8	86.3
汽油	Petrol	81.4	81.4	81.4
柴油	Diesel Oil	81.3	80.8	81.6
零配件	Accessories	99.4	99.1	99.9
车辆使用及维修费	Vehicle Using and Maintenance	101.6	101.0	103.2
保险费	Insurance	100.0	100.0	100.0
停车费	Parking fee	103.2	102.9	104.4
车辆修理服务费	Vehicle Maintenance Service	101.6	100.3	104.1
市区公共交通费	City Bus Transport	106.0	106.8	103.4
公共汽车票	Bus Ticket	103.6	104.0	101.2
出租汽车	Taxi	111.0	112.6	104.5
城市间交通费	Inter-city Transportation	99.9	100.2	99.4
飞机票	Plane Ticket	94.7	94.7	94.9
火车票	Train Ticket	100.0	100.0	100.0
长途汽车	Long-distance Coach	100.8	101.6	99.6
短途汽车	Short-distance Coach	99.0	99.3	98.4
通信	Communication	99.6	99.4	99.9
通信工具	Communication Tools	98.0	97.6	98.5
固定电话机	Stationary Telephone	99.6	99.9	99.5
移动电话机	Mobile Telephone	97.3	97.1	97.7

5-2 续表 6 Continued

(上年＝100) (preceding year=100)

指　标	Item	全　省 Province	城　市 Urban Areas	农　村 Rural Areas
通信服务	Communication Service	99.9	99.7	100.3
移动通信费	Mobile Communications	99.1	98.7	99.8
市内电话费	Telephone Charge Within a City	100.0	100.0	100.0
长途电话费	Long-Distance call Charge	99.9	100.0	99.6
月租费	Monthly Renting Fee	99.9	99.9	100.0
上网费	Internet Access Fee	101.7	101.2	103.2
邮政邮寄	Postal mail	100.3	100.0	100.4
其他邮寄	Others	100.0	100.0	100.0
娱乐教育文化用品及服务	**Recreation,Education,Culture Articles and Services**	**101.3**	**100.8**	**102.2**
文娱用耐用消费品及服务	Durable Consumer Goods for Recreational	97.2	95.8	99.3
电视机	Television	95.9	95.1	96.8
激光视盘机	Video-disc Player	99.4	99.0	99.6
摄像机	Video-camera	99.4	99.4	100.0
照相机	Camera	97.4	96.6	100.1
家用音响	Stereo-set	98.5	97.2	99.6
便携式音响	Portable Audio	99.9	99.9	99.9
电脑	Computer	96.9	94.7	100.5
修理服务	Repair Service Fee	101.5	101.4	101.7
教育	Education	102.1	101.7	102.8
教材及参考书	Texts and Reference Book	100.8	100.1	101.8
工具书	Reference Book	100.5	99.9	101.2
教材	Text-book	100.0	100.4	99.4
参考书	Reference Book	101.9	99.8	104.1
教育软件	Educational Software	100.0	100.0	100.0
教育服务	Education Services	102.3	101.9	103.0
学前教育	Pre-school Education	108.3	106.8	113.7
中等教育	Secondary Education	100.7	100.0	102.3
高等教育	Higher Education	102.5	102.4	102.6
专业技能培训	Technical Training	100.7	99.8	102.4
文化娱乐类	Cultural Entertainment	101.0	101.1	100.8
文化娱乐用品	Cultural and Recreational Supplies	100.5	100.7	99.8
乐器	Musical Instrument	100.0	100.0	100.2
音像光盘和视盘	Stereo-CD and Tape	100.4	99.4	103.1
电子存储器	Electronic Storage Device	96.8	96.5	97.8
儿童玩具	Toy for Children	99.5	99.7	99.0
纸张本册	Paper List	101.9	102.6	100.1
文具	Stationary	102.4	103.3	99.9
体育用品	Athletic Articles	100.8	101.2	99.5

5-2 续表 7 Continued

(上年＝100) (preceding year=100)

指　　标	Item	全　省 Province	城　市 Urban Areas	农　村 Rural Areas
书报杂志	Newspapers and Magazines	102.5	102.5	102.7
书籍	Books	100.0	100.0	100.0
报纸	Newspaper	100.2	100.0	100.9
杂志	Magazine	110.3	110.5	110.0
文娱费	Recreation	100.7	100.8	100.6
电影票	Video-movie Ticket	102.2	103.3	99.4
景点门票	Attractions Tickets	103.7	102.5	106.6
有线电视	Cabled TV	100.1	100.1	100.2
健身活动	Healthy Activities	100.4	100.4	100.5
旅游	Tourism	101.4	100.4	105.9
旅行社收费	Travel Agency Charges	101.9	100.8	108.2
宾馆住宿	Hotel Accommodation	98.9	97.8	101.5
其他住宿	Other Accommodations	100.9	100.5	102.3
居住	**Residence**	**100.6**	**100.4**	**101.0**
建房及装修材料	Building and Decorating Material	100.5	100.2	100.9
木材	Timber	102.9	101.0	105.6
木地板	Wood Floor	99.5	99.4	99.7
砖	Brick	101.1	100.6	101.4
水泥	Cement	99.0	99.9	98.5
涂料	Paint	100.9	100.2	101.9
板材	Board	100.7	100.7	100.6
玻璃	Glass	100.0	100.7	99.2
粘胶	Glue	100.3	100.6	99.9
厨卫设备	Kitchen Equipment	100.2	99.7	100.9
租房	Tenancy	102.8	102.1	105.5
公房房租	Public Housing rent	100.8	100.6	101.6
私房房租	Talk Accommodation	103.7	102.5	107.5
其他费用	Other Rents	103.5	104.0	100.3
自有住房	Self-owned House	101.5	101.2	102.5
住房估算租金	Rent	102.0	101.7	103.6
物业管理费用	Property Management Fees	100.0	100.0	100.0
维护修理费用	Maintenance Expenses	101.9	100.2	102.7
水、电、燃料	Water,Electricity and Fuels	98.7	98.8	98.3
水	Water	103.1	103.8	100.6
电	Electricity	99.3	99.2	99.5
液化石油气	Liquefied Petroleum Gas	92.3	92.2	92.4
管道燃气	Piped Gas	100.1	100.0	100.3
其他燃料	Other Fuel	99.5	99.9	99.3

5-3　分月居民消费价格指数(2015年)

(上年同月＝100)

指　标	Item	1 月 January	2 月 February	3 月 March
居民消费价格总指数	**Consumer Price Index**	**101.0**	**101.7**	**101.7**
非食品价格指数	**Non-food Price Index**	**101.1**	**101.4**	**101.3**
服务项目价格指数	**Items of Service Price Index**	**101.9**	**102.5**	**102.3**
工业品价格指数	**Industrial Product Pprice Index**	**100.5**	**100.5**	**100.5**
扣除食品和能源价格指数	**Deduction Food and Energy Price Index**	**101.3**	**101.6**	**101.5**
扣除鲜菜鲜果总指数	**Deduction Fresh Vegetables Fresh Fruit General Index**	**100.9**	**101.3**	**101.4**
消费品价格指数	**Consumable Price Index**	**100.7**	**101.3**	**101.5**
食品	**Food**	**101.0**	**102.2**	**102.6**
粮食	Grain	102.1	101.7	101.4
大米	Rice	101.2	101.0	100.5
面粉	Flour	103.1	102.8	102.4
粮食制品	Grain Products	102.8	101.9	101.6
淀粉	Starches and Tubers	101.3	101.3	101.8
干豆类及豆制品	Beans and Bean Products	103.6	102.9	102.9
干豆	Beans	111.7	111.5	110.4
豆制品	Bean Products	101.8	101.1	101.2
油脂	Oil or Fat	91.7	91.8	91.8
食用植物油	Oil of Plant	96.7	96.1	96.2
植物油制品	Vegetable Oil Processed Products	88.2	88.3	88.2
肉禽及其制品	Meal,Poultry and Processed Products	99.0	101.5	103.7
食用畜肉及副产品	Edible Domestic Animal's Meat and By-products	96.3	99.2	102.3
猪肉	Pork	95.2	99.3	103.3
牛肉	Beef	99.0	100.4	101.4
羊肉	Mutton	97.2	97.1	99.0
畜肉副产品	Animal By-products	94.4	94.9	99.0
禽	Poultry	106.0	109.2	109.3
鸡	Chicken	105.9	109.4	109.2
鸭	Duck	106.7	109.9	110.3
加工肉禽	Poultry Meat Processed Products	102.1	102.3	103.2
畜肉制品	Domestic Animal's Processed Products	101.1	101.1	101.7
禽制品	Poultry Processed Products	103.3	103.7	105.1
蛋	Eggs	108.7	109.8	109.0
鲜蛋	Fresh Eggs	109.4	110.6	109.5
蛋制品	Eggs Processed Products	104.7	105.8	106.3
水产品	Aquatic Products	98.9	99.8	100.5
鱼	Fish	96.9	97.9	98.9
淡水鱼	Fish in Fresh Water	95.8	96.9	98.0
海水鱼	Fish in Sea Water	103.9	104.6	104.9

Consumer Price Indices by Month(2015)

(same month of preceding year=100)

4 月 April	5 月 May	6 月 June	7 月 July	8 月 August	9 月 September	10 月 October	11 月 November	12 月 December
101.9	**101.5**	**101.8**	**101.8**	**101.9**	**101.4**	**101.3**	**101.1**	**101.2**
101.2	**101.3**	**101.5**	**101.4**	**101.2**	**101.0**	**100.9**	**100.9**	**101.0**
102.1	**102.1**	**102.2**	**102.1**	**101.9**	**101.3**	**101.2**	**101.3**	**101.4**
100.5	**100.8**	**101.0**	**100.9**	**100.6**	**100.8**	**100.7**	**100.7**	**100.7**
101.5	**101.6**	**101.8**	**101.7**	**101.5**	**101.4**	**101.2**	**101.2**	**101.3**
101.4	**101.3**	**101.5**	**101.7**	**101.7**	**101.5**	**101.4**	**101.2**	**101.3**
101.7	**101.3**	**101.6**	**101.6**	**101.9**	**101.4**	**101.3**	**101.0**	**101.1**
103.2	**102.0**	**102.2**	**102.5**	**103.4**	**102.2**	**101.9**	**101.5**	**101.5**
101.3	101.2	101.1	101.2	101.3	101.0	100.9	100.8	101.0
100.5	100.5	100.6	100.7	101.0	100.8	100.6	100.4	100.4
102.5	102.3	102.1	102.4	102.4	102.7	102.7	102.1	101.1
101.5	101.3	101.0	101.0	100.8	100.8	101.1	101.6	102.5
102.0	102.9	102.3	102.1	102.6	101.7	101.5	100.9	101.5
103.3	103.4	103.3	103.0	103.0	103.0	102.9	102.5	102.6
110.6	109.9	107.7	106.9	106.0	101.2	100.0	99.7	99.4
101.7	101.9	102.3	102.1	102.3	103.4	103.5	103.2	103.3
93.7	95.7	96.4	96.3	96.9	97.1	96.9	99.2	100.3
97.4	98.0	98.2	98.4	98.2	97.9	97.9	99.4	99.4
90.7	93.4	94.4	93.9	94.6	95.1	94.7	98.0	100.1
105.1	103.4	104.4	106.5	109.3	108.0	107.3	105.8	105.7
105.7	103.5	104.9	108.3	112.8	111.0	110.0	107.9	107.7
109.1	105.0	107.1	112.7	119.0	116.6	115.3	112.7	112.9
100.2	100.1	100.5	100.5	100.3	99.1	98.9	98.0	97.4
98.8	98.7	98.8	98.7	98.7	98.2	97.1	95.0	93.3
102.3	104.0	105.6	106.4	112.4	111.9	109.8	108.9	108.4
105.9	103.8	104.0	104.1	104.0	103.2	103.1	102.3	102.2
105.2	102.7	103.2	103.2	103.0	102.2	102.3	101.2	101.3
108.3	107.1	106.3	106.4	106.3	105.8	105.4	105.6	105.2
102.7	102.8	102.8	102.7	102.9	102.5	102.4	102.2	102.5
101.3	101.3	101.1	101.4	102.3	102.2	102.0	101.9	102.6
104.4	104.6	104.8	104.2	103.6	102.8	102.9	102.4	102.4
103.2	96.1	95.1	93.3	94.3	93.3	92.6	91.9	92.7
102.7	94.3	93.3	91.0	92.3	91.7	90.8	90.0	91.0
106.1	106.1	104.7	105.7	105.4	102.6	102.4	102.2	101.6
100.0	99.5	100.5	101.3	101.6	100.3	100.1	99.7	99.1
98.1	97.5	99.1	100.1	100.4	99.6	99.1	98.7	97.9
97.0	96.3	97.9	99.0	99.2	98.2	97.6	97.6	96.9
105.0	105.3	106.4	107.0	108.5	109.1	108.1	105.8	103.9

5-3 续表 1

(上年同月=100)

指　标	Item	1 月 January	2 月 February	3 月 March
其他水产品	Others	103.6	104.3	104.2
虾蟹类	Decapod Crustacean	101.6	104.4	103.4
菜	Vegetables	101.0	105.9	104.9
鲜菜	Fresh Vegetables	101.0	106.5	105.5
干菜及菜制品	Dried Vegetables and Vegetable Products	102.9	103.2	104.4
薯类	Tubers	94.8	92.6	91.5
调味品	Flavoring	102.9	102.6	102.5
盐	Salt	100.0	100.0	100.0
酱油	Soy Sauce	103.2	103.1	103.7
醋	Vinegar	102.9	102.9	102.4
味精	Monosodium Glutamate	100.7	100.7	101.7
糖	Sweet	101.7	101.5	101.0
食糖	Sugar	101.1	100.4	100.1
糖果	Candy	101.4	101.3	100.9
巧克力制品	Chocolate Goods	101.8	100.4	100.1
糖类小食品	Sugar-coated Food Stuff	102.8	103.5	102.6
茶及饮料	Tea and Beverages	101.0	101.3	101.5
茶叶	Tea	102.7	102.1	102.2
饮料	Beverages	100.4	101.0	101.1
固体饮料	Solid Beverages	96.0	96.2	96.6
液体饮料	Liquid Beverages	100.1	101.2	101.3
冷冻饮品	Frozen Beverages	104.0	104.0	103.9
干鲜瓜果	Dried and Fresh Melons and Fruits	105.6	106.7	109.1
鲜瓜果	Fresh Fruits	106.5	108.2	111.2
干(坚)果	Dried(nut)Fruits and Melon and Fruit Products	102.8	102.2	102.7
糕点饼干面包	Cake,Biscuit and Bread	101.8	101.4	101.4
糕点	Cake	102.4	102.2	102.1
饼干	Cookie	100.5	99.9	99.9
面包	Bread	102.6	102.3	102.4
液体乳及乳制品	Liquid Breast and Dairy Products	98.5	97.8	97.3
巴氏杀菌奶或消毒奶	Pasteurization Milk or Disinfection Milk	96.8	96.1	95.4
酸奶	Sour Milk	101.8	101.1	100.1
奶粉	Milk Powder	100.6	99.8	100.4
在外用膳食品	Picnic Food	102.5	102.9	102.4
主食	Staple Food	103.6	104.8	103.4
炒菜	Fried Dishers	100.7	100.8	101.1
地方小吃	Local Snacks	106.5	106.9	105.7
其他食品	Other Foods	102.7	102.1	101.6

Continued

(same month of preceding year=100)

4 月 April	5 月 May	6 月 June	7 月 July	8 月 August	9 月 September	10 月 October	11 月 November	12 月 December
104.3	103.9	103.8	104.3	104.2	101.8	102.4	101.9	101.9
102.5	101.6	102.7	104.4	104.4	101.4	101.5	100.8	101.3
111.0	107.9	112.3	109.2	111.4	104.1	102.2	102.6	102.5
112.7	109.2	113.8	110.2	112.6	104.2	102.1	102.6	102.4
104.4	104.2	104.0	103.8	103.8	104.7	104.6	104.0	104.0
86.7	87.9	97.1	98.7	101.5	100.7	98.8	99.1	101.2
101.9	101.9	101.6	102.1	102.7	102.5	102.9	102.6	102.7
100.0	100.0	99.6	99.6	99.5	100.6	102.1	102.1	102.1
102.2	101.0	99.9	99.9	102.1	102.3	102.7	102.7	102.9
100.7	101.6	102.3	102.6	103.8	102.6	102.6	101.9	103.0
101.9	101.3	100.9	101.9	102.3	102.0	102.6	102.0	101.9
101.3	101.6	101.3	101.6	101.0	100.4	101.0	100.7	100.5
100.8	101.7	101.6	103.2	102.1	100.4	100.7	100.8	100.9
100.6	101.3	100.5	100.8	101.1	101.1	101.8	100.9	100.2
100.6	101.1	101.6	100.5	99.1	98.5	99.6	100.1	100.8
103.3	102.2	102.0	101.9	101.0	100.6	101.0	100.7	100.5
101.2	100.5	100.3	100.9	101.0	100.9	101.4	101.5	101.3
101.4	100.3	100.1	99.8	98.8	98.4	99.4	99.6	99.3
101.2	100.6	100.4	101.4	101.9	101.9	102.2	102.3	102.1
96.1	97.4	97.2	98.2	98.0	97.8	98.8	100.3	100.0
101.7	101.2	101.3	102.3	102.5	102.2	102.5	102.3	102.1
103.7	101.3	100.7	101.5	103.2	103.9	104.0	103.5	103.4
105.4	102.2	97.3	96.8	96.8	94.7	94.8	93.5	94.1
106.2	101.9	95.8	94.8	95.0	92.5	92.5	91.3	92.2
102.9	103.3	102.4	102.8	102.5	101.3	101.2	100.0	99.3
101.1	100.7	100.8	101.0	101.4	101.1	101.0	100.3	100.1
101.8	101.3	100.6	100.5	101.2	100.2	100.5	100.4	100.0
99.5	99.2	99.2	99.5	100.1	100.7	100.1	99.9	100.0
102.1	101.9	102.7	103.1	102.9	102.3	102.3	100.6	100.2
97.7	97.0	97.7	98.7	98.2	99.5	99.6	98.5	98.8
95.7	94.7	95.8	97.2	96.7	98.5	98.3	97.2	97.2
100.7	99.7	99.2	100.6	99.9	100.3	100.5	98.8	99.3
100.9	101.4	101.8	101.1	100.8	101.5	102.7	102.2	102.7
102.4	102.0	102.2	102.3	102.2	102.2	102.4	102.3	102.2
102.5	102.0	102.2	102.4	102.2	102.0	102.4	102.4	102.6
101.1	100.5	100.6	100.6	100.7	100.9	101.0	100.9	100.8
107.7	107.6	108.1	108.4	107.9	107.8	107.7	107.1	107.0
102.2	101.7	100.5	99.8	99.6	100.3	100.1	100.3	99.6

5-3 续表 2

(上年同月=100)

指标	Item	1月 January	2月 February	3月 March
烟酒	**Tobacco,Liquor**	**99.9**	**99.7**	**99.8**
烟草	Tobacco	100.1	100.0	99.9
高档卷烟	High-grade	100.1	100.1	100.1
中档卷烟	Mid-grade	100.1	100.0	99.9
酒	Liquor	99.7	99.3	99.7
白酒	Liquer	99.2	98.6	99.4
葡萄酒	Wine	99.5	98.6	98.3
啤酒	Beer	100.8	101.0	99.9
衣着	**Clothing**	**102.3**	**102.8**	**102.5**
服装	Garments	102.3	102.9	102.2
男式服装	Men's Garment	101.1	102.1	101.5
大衣	Overcoat	99.2	102.4	101.5
毛线衣	Knitted Woolen Clothes	100.4	103.0	103.9
夹克衫	Jacket	103.9	104.4	105.2
衬衫	Shirt	101.8	101.1	100.1
T恤衫	T-shirts	101.5	101.3	101.2
裤子	Trousers	101.3	102.5	101.4
西服	Suits	99.3	101.1	100.9
运动衫裤	Sport Clothing	99.9	99.9	101.1
内衣	Underwear	101.7	101.2	99.1
羽绒衣	Down Clothing	101.3	103.2	100.9
女式服装	Women's dress	103.2	103.6	102.7
大衣	Overcoat	103.6	104.4	103.6
毛线衣	Knitted Woolen Clothes	102.8	103.2	104.0
羽绒衣	Down Clothing	99.6	102.4	99.8
套装	Suits	105.1	104.6	105.1
衬衫	Shirt	102.0	102.0	100.6
T恤衫	T-shirts	100.8	100.9	100.4
裙子	Skirt	101.2	100.8	99.5
裤子	Trousers	109.9	109.4	107.1
运动衫裤	Sports Wear	99.0	99.0	99.5
内衣	Underwear	101.5	103.0	102.0
儿童服装	Children's Garment	102.6	102.8	102.6
套装	Suits	102.4	103.6	103.9
裤子	Trousers	101.7	100.8	100.6
裙子	Skirt	105.9	106.0	104.3
衣着材料	Clothing Material	105.0	105.0	104.7
棉布	Cotton Cloth	103.4	103.3	103.3
化纤布	Chemical Fiber Cloth	106.4	106.6	105.4
毛线	Woolen Threads	104.0	103.1	101.9

Continued

(same month of preceding year=100)

4 月 April	5 月 May	6 月 June	7 月 July	8 月 August	9 月 September	10 月 October	11 月 November	12 月 December
100.0	**101.9**	**104.2**	**104.1**	**104.2**	**104.3**	**104.2**	**104.3**	**104.3**
100.0	103.5	106.9	106.9	107.0	107.2	107.1	107.1	107.1
100.1	102.5	104.5	104.5	106.8	106.9	107.0	107.0	107.0
100.0	103.5	107.0	107.0	107.0	107.1	107.1	107.1	107.1
100.0	99.6	100.0	99.8	99.8	100.0	99.8	100.0	100.1
99.4	99.2	99.5	99.1	99.7	100.2	100.0	100.1	100.3
99.2	98.5	99.1	99.7	98.2	99.0	98.2	98.7	98.6
100.9	100.7	101.7	102.0	100.1	99.2	99.2	99.2	99.1
102.8	**103.1**	**102.8**	**102.7**	**102.6**	**102.8**	**102.6**	**102.5**	**102.6**
102.5	103.2	102.5	102.6	102.6	102.7	102.6	102.6	102.6
102.2	103.0	102.4	102.4	102.3	102.1	102.3	102.1	102.1
100.8	100.8	100.8	100.8	101.1	101.0	101.5	101.6	101.8
102.3	102.8	102.6	102.5	102.5	102.6	102.4	102.5	102.9
106.7	106.4	105.2	104.7	104.7	104.1	104.7	103.7	103.8
102.6	105.0	104.4	103.8	104.7	104.2	104.6	104.6	104.6
102.2	103.9	103.3	103.7	102.5	101.2	101.9	101.4	101.2
101.6	103.0	102.0	103.1	102.3	101.5	101.9	101.8	102.2
101.8	102.2	101.6	101.9	102.2	102.4	102.8	102.9	102.2
102.0	101.9	102.9	102.4	102.2	102.8	102.0	102.4	103.4
99.6	100.2	99.3	98.5	98.2	98.4	98.0	97.6	96.8
100.8	100.8	100.7	100.7	100.7	100.7	100.8	100.9	100.6
102.7	103.4	102.8	103.1	103.1	103.4	103.0	103.1	103.2
103.0	103.1	103.1	103.1	103.1	103.1	103.5	104.0	103.5
103.4	103.6	103.7	103.6	103.6	102.9	102.7	103.0	103.4
99.8	99.8	99.7	99.8	99.9	100.0	100.1	100.6	100.9
106.6	106.3	105.4	105.5	105.7	104.2	104.0	104.5	104.5
102.8	104.4	104.4	105.6	105.3	107.0	106.2	105.5	105.7
101.5	102.3	100.7	101.7	99.4	100.5	100.9	100.5	100.6
100.0	101.0	99.2	100.9	100.3	101.6	101.3	101.3	101.5
105.7	108.7	106.9	107.0	107.9	108.9	106.1	106.8	108.1
100.4	99.5	101.6	99.9	99.8	99.9	100.6	101.0	100.6
101.8	101.8	101.5	101.5	101.4	101.6	101.8	100.7	99.3
103.1	103.2	101.7	100.9	101.5	102.0	102.3	102.2	101.9
104.5	104.1	102.8	101.5	102.5	102.5	102.7	102.3	101.6
102.4	102.8	100.8	100.1	100.6	101.8	102.6	102.8	103.3
101.6	102.4	100.8	100.9	100.5	101.2	100.8	100.8	100.7
104.4	103.8	102.7	102.1	101.8	101.4	101.7	101.6	101.4
103.3	102.7	102.0	101.8	101.4	101.0	101.3	101.5	101.4
104.4	103.9	103.0	102.7	102.6	101.4	101.2	101.2	101.2
101.2	100.8	100.9	100.6	100.1	99.7	99.8	99.7	99.7

5-3 续表 3

(上年同月=100)

指　标	Item	1 月 January	2 月 February	3 月 March
鞋袜帽	Footwear,Socks and Hats	101.4	101.5	102.5
鞋	Shoes	101.7	101.7	102.8
男鞋	Men's Shoes	101.6	101.2	102.5
女鞋	Women's Shoes	102.6	102.8	103.5
童鞋	Children's Shoes	99.3	99.9	101.5
袜子	Socks and Stockings	99.2	100.1	100.2
男袜	Men's Socks	98.5	99.5	99.5
女袜	Women's Socks	99.8	100.6	100.7
帽子	Hats	100.6	100.3	100.8
男帽	Man Cap	100.7	100.1	100.5
女帽	Bonnet	100.5	100.5	101.1
衣着加工服务费	Clothing Processing	106.5	109.4	108.5
缝纫	Sewing	105.6	106.0	104.2
清洗	Washing	106.6	110.0	109.4
家庭设备用品及维修服务	**Household Facilities and Articles**	**101.1**	**101.6**	**101.2**
耐用消费品	Durable Consumer Goods	99.4	99.1	99.4
家具	Furniture	100.0	100.3	100.8
柜	Counters	98.9	99.3	99.6
床	Beds	100.0	100.2	100.2
桌	Desks	100.3	100.1	101.0
椅	Chairs	101.4	100.9	101.8
沙发	Sofas	100.8	101.4	102.2
家庭设备	Household Facilities	99.1	98.5	98.6
洗衣机	Washing Machine	98.1	97.2	96.6
电风扇	Electric Fan	100.3	100.3	100.3
电冰箱(柜)	Refrigerator	99.2	99.0	98.7
吸排油烟机	Smoke Exhauster	97.9	97.0	96.3
空调器	Air Conditioner	99.1	98.1	98.6
热水器	Shower Heater	99.3	99.2	99.1
微波炉	Microwave Oven	99.0	98.7	98.9
室内装饰品	Interior Decorations	100.1	100.0	100.4
纺织装饰品	Fabric Decorations	100.2	100.1	100.0
装饰灯具	Lamp Decorations	101.0	100.0	101.0
床上用品	Bed Articles	100.6	100.4	100.1
被子	Quilts	99.6	100.2	101.0
床上套件	Bed Sets	100.4	99.9	99.0
家庭日用杂品	Daily Use Household Articles	101.8	101.6	101.9
茶具	Tea-set	102.8	101.3	101.3
餐具	Cooking-set	103.8	102.5	102.1
厨具	Cook-set	102.3	102.1	101.2
家用手工工具	Family Tool	99.8	99.9	99.6
洗涤用品	Wash Articles	101.5	102.1	102.5

Continued

(same month of preceding year=100)

4 月 April	5 月 May	6 月 June	7 月 July	8 月 August	9 月 September	10 月 October	11 月 November	12 月 December
102.8	102.1	102.9	102.7	102.3	102.8	102.4	102.0	102.2
103.1	102.5	103.3	103.0	102.5	103.0	102.6	102.1	102.3
103.7	103.8	103.8	102.9	101.9	102.2	101.3	100.9	101.3
103.2	101.8	103.3	103.5	103.0	103.7	103.3	102.4	102.6
101.7	101.4	102.0	101.9	102.0	103.0	103.3	103.7	103.5
100.3	99.7	100.5	100.4	100.8	101.1	100.9	101.1	101.6
99.3	98.4	100.4	100.8	101.2	101.3	100.8	100.6	100.7
101.0	100.7	100.7	100.0	100.5	100.9	101.1	101.5	102.3
100.5	100.2	101.2	100.8	100.7	100.8	100.4	100.4	100.3
99.7	99.0	100.3	100.6	100.5	100.8	100.4	100.4	100.3
101.1	101.1	101.9	100.9	100.9	100.8	100.4	100.5	100.2
109.1	109.4	109.2	108.4	107.8	108.2	107.5	107.3	107.9
104.0	104.2	104.2	103.8	104.0	103.7	103.4	102.9	102.2
110.3	110.7	110.4	109.6	108.9	109.7	109.0	108.8	109.9
100.9	**100.5**	**100.3**	**100.3**	**100.3**	**100.3**	**100.2**	**100.1**	**100.0**
98.9	98.3	98.0	97.7	97.7	98.0	97.9	97.5	97.6
100.7	100.5	100.2	99.5	99.4	99.0	99.0	98.8	99.2
99.4	99.9	99.7	99.2	99.6	99.1	99.4	99.0	99.8
100.3	100.7	100.1	99.4	98.5	98.3	98.3	98.2	98.5
101.0	100.8	101.0	101.0	100.8	100.6	100.0	99.8	100.6
101.6	101.6	101.4	101.1	100.2	99.1	99.5	99.4	99.3
101.8	100.7	100.1	98.6	98.9	98.6	98.2	98.2	98.3
97.9	97.2	96.8	96.8	96.8	97.5	97.3	96.9	96.7
96.8	96.1	95.8	95.8	96.1	96.8	97.3	97.2	96.9
99.6	99.7	99.3	99.4	98.6	99.2	99.6	99.7	99.8
98.5	98.5	99.0	99.0	98.9	99.3	99.3	99.2	99.1
95.2	94.9	94.6	94.2	94.0	94.7	95.2	94.7	95.4
97.0	95.0	94.0	94.1	94.5	95.5	94.0	93.2	92.9
99.4	99.3	99.1	98.8	99.0	99.8	100.1	100.0	100.1
98.5	98.2	98.1	98.2	97.7	98.2	99.3	99.2	99.2
100.1	100.3	100.3	100.5	100.7	101.0	101.3	101.0	100.9
99.8	100.2	100.0	100.4	100.8	101.1	101.3	101.1	100.8
100.6	100.5	100.7	100.9	100.7	101.0	101.2	100.6	100.5
99.6	100.1	100.4	101.2	100.6	100.1	100.4	100.7	100.3
99.7	98.7	99.3	100.9	101.0	100.3	100.3	100.8	100.1
98.5	100.2	99.8	100.2	99.9	99.5	100.5	100.5	100.4
102.1	101.4	101.6	101.6	101.7	101.4	101.4	101.1	100.9
100.9	100.3	101.1	100.8	100.9	101.2	101.3	101.6	102.2
102.1	101.8	102.6	101.9	102.1	101.7	101.8	101.1	100.6
100.2	100.9	101.1	100.8	101.1	101.1	100.5	100.3	100.9
99.5	99.3	100.9	100.4	100.2	99.6	100.2	100.6	101.1
102.5	102.1	102.3	102.2	102.1	101.7	101.4	101.1	100.6

5-3 续表 4

(上年同月＝100)

指 标	Item	1 月 January	2 月 February	3 月 March
家庭服务及加工维修服务	Household Service and Maintenance	107.2	113.2	108.1
家庭服务	Household Service	109.7	118.2	110.3
加工维修服务	The Processed Upkeep	102.9	104.2	104.2
医疗保健和个人用品	**Medicine and Personal Articles**	**100.8**	**101.0**	**100.8**
医疗保健	Medicine	101.2	100.9	101.5
医疗器具及用品	Edical Appliances and Articles	100.6	100.6	100.7
中药材及中成药	Traditional Chines Herbs	101.5	101.1	101.6
中药材	Chines Herbal Material	98.7	97.7	97.9
中成药	Chines Patent drugs	103.0	103.1	103.8
西药	Western Medicine	101.4	101.0	101.8
抗菌素(抗感染药)	Antibiotics	99.2	99.4	99.4
消化系统用药	Digestive System	107.1	103.7	103.9
呼吸系统用药	Respiratory System	101.4	101.0	101.9
解热镇痛药	Antipyretic Analgesics	100.1	100.5	102.4
抗肿瘤药	Antineoplastic Agents	100.3	100.5	100.4
激素类药	Hormonal Drugs	102.3	102.1	102.0
心血管系统用药	Cardiovascular System	99.3	99.4	100.1
中枢神经系统用药	Central Nervous System	100.9	100.9	100.9
消毒防腐及创伤外科用药	Disinfectant and Preservative and Trauma	101.0	101.3	102.6
泌尿系统用药	Urinary System Drugs	100.1	100.2	100.0
维生素类	Vitamin	104.6	103.0	107.9
保健器具及用品	Healthy Appliances and Articles	102.0	101.7	103.1
保健器具	Healthy Appliance	100.8	100.8	100.5
滋补保健用品	Tonic and Healthy Goods	102.3	101.9	103.8
医疗保健服务	Medical and Health Service	100.5	100.5	100.5
挂号费	Registering Fee	100.0	100.0	100.0
注射费	Injection Fee	100.0	100.0	100.0
检查费	Examination Fee	99.5	99.5	99.5
手术费	Operation Fee	100.9	100.9	100.9
住院费	In-patient Expense	100.3	100.3	100.3
理疗费	Physiotherapy Fees	100.0	100.0	100.0
化验费	Laboratory Fees	100.9	100.9	100.9
个人用品及服务	Pesonal Articles and Services	99.7	101.1	99.4
化妆美容用品	Making-up Articles	100.0	100.3	99.2
化妆美容器具	Making-up Utensil	100.6	100.6	100.3
美容化妆品	Cosmetic Products	101.0	101.0	100.5
护肤品	Skin Care Products	99.6	100.3	99.1
护发美容品	Hair Care Cosmetics	98.9	99.0	96.4

Continued

(same month of preceding year=100)

4 月 April	5 月 May	6 月 June	7 月 July	8 月 August	9 月 September	10 月 October	11 月 November	12 月 December
108.0	107.5	107.1	107.4	107.2	106.9	106.6	107.0	107.1
109.8	109.4	109.0	109.4	108.4	108.6	108.1	108.1	108.3
105.0	104.2	103.8	104.0	105.1	104.0	104.0	105.0	105.0
100.8	**101.3**	**102.4**	**102.3**	**102.1**	**102.2**	**102.5**	**102.4**	**102.3**
101.5	102.1	103.4	103.5	103.3	103.2	103.6	103.4	103.1
102.5	102.4	102.3	102.2	102.1	102.3	102.7	102.5	102.5
101.6	103.6	107.0	107.2	107.6	107.6	107.6	107.1	106.7
98.3	98.2	98.4	99.1	100.4	101.3	102.1	101.4	101.3
103.4	106.7	111.9	111.7	111.7	111.0	110.7	110.3	109.6
101.8	102.2	103.2	103.2	102.5	102.3	102.9	103.1	102.6
99.8	100.5	100.3	101.0	101.0	100.8	100.5	100.8	100.8
104.9	105.5	108.8	108.9	106.6	106.0	106.1	104.5	100.5
101.9	102.0	101.8	101.5	99.8	100.3	100.5	100.2	99.3
102.3	102.1	102.0	100.7	100.5	100.1	103.8	106.5	106.9
100.1	100.2	100.2	100.2	100.1	100.0	100.2	100.2	100.1
102.0	102.0	104.7	104.9	104.8	105.0	105.1	108.0	109.9
99.1	99.6	100.3	100.8	100.7	100.7	101.3	100.8	101.2
100.8	101.0	101.4	101.6	101.6	101.1	101.5	101.3	101.2
101.9	104.3	106.9	106.9	105.6	105.6	105.6	105.5	105.6
100.6	100.4	101.7	103.4	102.7	103.2	103.8	105.1	105.2
107.6	107.3	110.3	110.6	108.5	105.8	105.9	103.8	103.7
103.4	101.3	101.9	102.2	102.3	102.3	102.2	101.9	102.5
100.5	100.6	100.7	100.8	101.0	101.1	101.0	100.7	100.9
104.1	101.5	102.2	102.5	102.6	102.6	102.5	102.2	102.9
100.5	100.5	100.5	100.5	100.5	100.5	100.7	100.4	100.4
100.0	100.0	100.0	100.0	100.0	100.0	100.0	100.0	100.0
100.0	100.0	100.0	100.0	100.0	100.0	100.0	100.0	100.0
99.5	99.5	99.3	99.3	99.3	99.3	99.3	99.9	99.9
100.9	100.9	100.9	100.9	100.9	100.9	100.9	100.0	100.0
100.3	100.3	101.1	101.0	101.0	101.0	102.4	102.4	102.4
100.0	100.0	100.0	100.0	100.0	100.0	100.0	100.0	100.0
100.9	100.9	100.9	100.9	100.9	100.9	100.9	100.0	100.0
99.3	99.6	99.9	99.4	99.3	99.9	100.1	100.0	100.5
99.3	99.6	100.6	99.9	99.4	100.1	100.1	100.1	100.5
100.4	100.2	100.4	100.4	100.4	100.5	100.7	100.7	101.5
100.5	101.0	101.0	101.0	101.0	101.0	101.1	100.7	100.8
99.4	99.3	100.5	99.7	98.9	99.4	99.3	99.6	100.2
96.3	97.1	100.0	98.0	96.6	99.3	99.7	99.8	100.0

5-3 续表 5

(上年同月=100)

指 标	Item	1 月 January	2 月 February	3 月 March
清洁化妆用品	Clean Toiletries	98.6	99.0	98.8
洗发用品	Shampoo Articles	98.1	98.8	98.7
洗浴用品	Bathing Articles	98.6	98.3	98.2
个人饰品	Personal Ornaments	98.3	97.1	95.9
首饰	Jewelry	96.2	92.4	88.7
皮件	Leather Goods	99.6	100.7	101.2
手表	Watchs	100.3	100.3	100.2
领带	Ties	101.2	100.3	100.8
个人服务	Personal Service	101.5	106.6	102.6
美容	Making-up	100.4	103.7	102.5
理(烫)发	Haircut(Perm)	102.3	110.5	103.0
洗浴	Bathing	101.9	102.6	101.7
交通和通信	**Transportation and Communication**	**99.3**	**100.4**	**100.9**
交通	Transportation	99.0	100.8	101.6
交通工具	Transportation Means	100.6	100.6	100.5
助动自行车	Boosting Bicycle	100.9	100.9	100.6
轿车	Car	97.9	97.6	98.5
自行车	Bicycle	100.5	100.6	100.6
车用燃料及零配件	Fuel and Accessories for Vehicle	84.4	83.7	85.9
汽油	Petrol	78.4	77.5	80.4
柴油	Diesel Oil	78.7	77.1	80.9
零配件	Accessories	99.3	99.3	99.2
车辆使用及维修费	Vehicle Using and Maintenance	101.2	103.0	102.0
保险费	Insurance	100.0	100.0	100.0
停车费	Parking fee	102.1	103.4	103.3
车辆修理服务费	Vehicle Maintenance Service	101.7	101.0	101.1
市区公共交通费	City Bus Transport	100.9	106.7	106.6
公共汽车票	Bus Ticket	99.8	100.5	102.3
出租汽车	Taxi	102.7	116.8	115.2
城市间交通费	Inter-city Transportation	99.6	99.9	102.9
飞 机 票	Plane Ticket	103.3	99.9	98.0
火 车 票	Train Ticket	100.1	100.0	100.0
长途汽车	Long-distance Coach	98.6	99.6	107.3
短途汽车	Short-distance Coach	100.0	101.2	100.7
通信	Communication	99.8	99.8	100.0
通信工具	Communication Tools	97.3	97.7	98.4
固定电话机	Stationary Telephone	100.0	100.0	100.0
移动电话机	Mobile Telephone	96.2	96.8	97.7

Continued

(same month of preceding year=100)

4 月 April	5 月 May	6 月 June	7 月 July	8 月 August	9 月 September	10 月 October	11 月 November	12 月 December
98.7	99.3	100.2	99.9	99.8	100.4	100.1	99.7	101.2
98.5	98.8	99.0	99.6	99.1	99.9	100.1	99.3	100.7
98.1	99.6	101.3	100.0	100.3	100.8	100.0	100.3	102.0
96.1	95.7	94.7	93.4	93.9	94.7	95.6	95.8	95.7
88.4	87.8	84.8	81.4	82.2	84.9	87.3	87.7	87.4
102.2	102.4	102.9	103.1	103.2	103.1	102.9	102.6	102.3
100.3	100.0	100.2	100.1	100.0	100.0	100.0	99.5	99.5
100.4	99.8	98.7	98.8	99.6	97.3	97.1	97.4	98.2
102.3	102.6	102.8	103.0	102.8	103.2	103.2	103.1	103.3
102.2	102.2	102.2	102.3	102.0	102.0	102.1	102.3	102.4
102.6	102.9	103.5	103.8	103.6	103.9	103.9	103.3	103.4
103.1	103.3	103.2	103.2	103.2	103.6	103.6	105.2	105.8
100.3	**100.1**	**100.2**	**100.3**	**100.0**	**99.7**	**99.9**	**100.2**	**100.4**
100.5	100.4	100.5	100.7	100.3	100.2	100.5	101.0	101.4
100.5	100.5	100.1	99.6	99.5	99.3	99.2	99.1	99.0
101.1	101.3	101.0	100.2	100.2	100.1	100.1	100.1	100.1
96.2	95.8	95.0	94.7	93.2	91.6	90.9	89.5	88.4
100.6	100.6	100.2	100.1	100.1	100.1	100.1	100.1	100.1
86.0	88.9	88.3	86.5	84.3	84.5	86.9	89.7	90.4
80.6	84.7	84.0	81.5	78.6	78.6	81.7	85.5	86.1
81.2	85.1	84.4	81.8	77.8	77.8	81.2	84.8	86.2
99.1	99.1	99.1	99.0	99.0	99.9	99.9	99.9	99.9
101.3	101.4	101.4	101.3	101.7	101.5	101.5	101.4	101.5
100.0	100.0	100.0	100.0	100.0	100.0	100.0	100.0	100.0
103.3	103.3	103.3	103.3	103.3	103.3	103.3	103.1	103.1
101.1	101.4	101.4	101.1	102.3	101.9	101.9	101.9	102.1
105.1	105.1	105.1	106.5	106.5	106.5	106.5	107.8	109.2
102.1	102.1	102.1	104.6	104.6	104.6	104.6	106.9	109.0
110.7	110.7	110.7	110.7	110.7	110.7	110.7	111.1	112.0
100.4	99.0	100.2	100.4	99.4	99.4	99.5	99.2	99.3
97.4	77.2	103.7	108.5	88.5	91.6	92.5	85.3	88.6
100.0	100.0	100.0	100.0	100.0	100.0	100.0	100.0	100.0
102.0	100.7	100.6	100.4	100.5	100.2	100.1	100.1	100.1
98.3	98.3	98.4	98.6	98.6	98.6	98.6	98.6	98.6
100.0	99.8	99.8	99.8	99.8	99.1	99.2	99.2	99.1
98.7	98.4	98.4	98.4	98.1	98.1	97.5	97.5	97.4
100.0	99.4	99.5	99.5	99.4	99.4	99.4	99.4	99.4
98.2	98.0	97.9	97.9	97.6	97.5	96.7	96.6	96.6

5-3 续表 6

(上年同月＝100)

指 标	Item	1 月 January	2 月 February	3 月 March
通信服务	Communication Service	100.2	100.1	100.2
移动通信费	Mobile Communications	100.0	100.0	100.0
市内电话费	Telephone Charge Within a City	100.0	100.0	100.0
长途电话费	Long-Distance call Charge	100.0	100.0	100.0
月租费	Monthly Renting Fee	100.0	100.0	100.0
上网费	Namely	101.1	100.8	101.6
邮政邮寄	Postal mail	100.0	100.0	100.0
其他邮寄	Others	100.0	100.0	100.0
娱乐教育文化用品及服务	**Recreation,Education,Culture Articles and Services**	**101.6**	**101.8**	**101.8**
文娱用耐用消费品及服务	Durable Consumer Goods for Recreational	97.2	96.6	96.7
电视机	Television	95.2	94.4	94.7
激光视盘机	Video-disc Player	99.8	99.6	99.5
摄像机	Video-camera	99.7	99.7	99.9
照相机	Camera	97.1	96.9	97.2
家用音响	Stereo-set	98.2	98.1	98.3
便携式音响	Portable Audio	100.9	100.7	100.7
电脑	Computer	96.4	96.1	96.0
修理服务	Repair Service Fee	102.2	102.3	102.3
教育	Education	102.8	102.9	103.0
教材及参考书	Texts and Reference Book	101.0	100.9	101.4
工具书	Reference Book	100.6	100.8	100.8
教材	Text-book	100.3	100.1	100.1
参考书	Reference Book	101.9	101.8	103.0
教育软件	Educational Software	100.0	100.2	100.2
教育服务	Education Services	103.1	103.1	103.2
学前教育	Pre-school Education	108.5	108.5	110.7
中等教育	Secondary Education	100.8	100.7	100.7
高等教育	Higher Education	103.7	103.7	103.7
专业技能培训	Technical Training	101.3	101.3	101.1
文化娱乐类	Cultural Entertainment	101.5	101.3	101.3
文化娱乐用品	Cultural and Recreational Supplies	100.3	100.4	100.2
乐器	Musical Instrument	100.1	100.1	100.1
音响光盘和磁带	Stereo-CD and Tape	98.6	98.6	98.7
电子存储器	Electronic Storage Device	96.5	96.5	95.6
儿童玩具	Children's Toy	99.5	99.6	99.7
纸张本册	Paper List	100.6	100.5	101.1
文具	Stationary	102.7	103.0	101.9
体育用品	Athletic Articles	101.6	101.6	101.6

Continued

(same month of preceding year=100)

4 月 April	5 月 May	6 月 June	7 月 July	8 月 August	9 月 September	10 月 October	11 月 November	12 月 December
100.2	100.0	100.0	100.0	100.0	99.3	99.5	99.4	99.3
100.0	99.6	99.6	99.6	99.6	97.7	97.7	97.4	97.4
100.0	100.0	100.0	100.0	100.0	100.0	100.0	100.0	100.0
100.0	100.0	100.0	100.0	99.7	99.7	99.7	99.7	99.7
100.0	99.8	99.8	99.8	99.8	99.8	99.8	99.8	99.8
101.6	101.4	101.2	101.2	101.5	101.3	102.7	103.2	102.6
100.4	100.4	100.4	100.4	100.4	100.4	100.4	100.4	100.4
100.0	100.0	100.0	100.0	100.0	100.0	100.0	100.0	100.0
101.8	**101.8**	**101.9**	**101.7**	**101.6**	**100.6**	**100.4**	**100.2**	**100.3**
96.9	97.0	97.0	97.1	97.1	97.6	97.7	97.7	97.9
95.1	95.6	96.2	96.2	96.4	96.9	96.8	96.5	96.5
99.5	99.4	99.4	99.3	98.9	99.3	99.4	99.4	99.3
99.9	99.6	99.4	99.4	99.3	98.9	99.0	99.1	99.4
96.8	95.9	96.2	96.3	96.8	97.9	98.9	99.4	99.7
98.0	98.2	98.4	98.6	98.3	99.0	98.6	99.1	99.0
100.9	100.5	100.2	99.3	99.2	99.1	99.1	99.2	99.3
96.6	96.9	96.5	97.0	97.0	97.6	97.6	97.6	97.6
101.9	102.1	102.1	102.2	101.1	100.7	100.5	100.4	100.4
103.0	103.0	103.0	103.0	102.8	100.5	100.5	100.4	100.4
101.3	101.1	101.3	101.0	100.5	100.1	100.4	100.4	100.4
100.6	100.4	100.4	100.4	100.6	100.2	100.2	100.2	100.2
100.1	99.8	99.8	99.8	99.8	99.9	99.9	99.9	99.9
102.8	102.8	103.2	102.5	101.2	100.1	101.1	101.1	101.1
100.0	100.0	100.0	100.0	100.0	100.0	100.0	100.0	100.0
103.2	103.2	103.2	103.2	103.2	100.6	100.5	100.4	100.4
110.8	111.3	111.3	111.3	109.5	104.6	104.6	104.6	104.6
100.7	100.7	100.7	100.7	100.7	100.6	100.6	100.6	100.6
103.7	103.7	103.7	103.7	103.7	100.0	100.0	100.0	100.0
101.0	100.9	100.7	101.1	101.2	100.9	100.1	99.5	99.5
101.5	101.1	100.8	100.9	100.9	101.1	101.0	100.6	100.6
100.2	99.9	99.9	100.6	100.7	100.8	100.9	100.7	100.8
100.2	100.1	100.0	100.0	99.8	100.0	100.0	100.0	100.0
99.2	100.0	99.3	102.0	102.1	101.8	101.8	101.5	101.7
96.1	95.9	98.0	97.4	97.2	97.2	97.2	97.3	97.3
99.3	98.9	98.6	99.5	99.5	99.8	100.1	99.7	99.7
101.6	102.0	101.4	102.9	102.9	103.1	102.6	102.1	102.2
101.9	101.8	102.0	102.5	103.2	102.8	102.2	102.1	102.6
101.4	99.7	99.6	100.1	100.2	100.6	101.5	100.9	100.8

5-3 续表 7

(上年同月=100)

指　标	Item	1 月 January	2 月 February	3 月 March
书报杂志	Newspapers and Magazines	103.4	103.2	102.7
书籍	Books	100.6	100.3	100.1
报纸	Newspaper	100.2	100.2	100.2
杂志	Magazine	113.1	113.0	110.7
文娱费	Recreation	101.4	101.1	101.3
电影票	Video-movie Ticket	106.0	104.0	105.8
景点门票	Attractions Tickets	104.4	104.5	104.5
有线电视	Cabled TV	100.2	100.2	100.2
健身活动	Healthy Activities	100.5	100.3	100.3
旅游	Tourism	99.8	102.1	101.1
旅行社收费	Travel Agency Charges	99.8	102.5	101.5
宾馆住宿	Hotel Accommodation	99.4	100.4	99.3
其他住宿	Other Accommodations	100.9	101.7	101.1
居住	**Residence**	**101.3**	**101.2**	**101.1**
建房及装修材料	Building and Decorating Material	100.6	100.7	100.8
木材	Timber	104.5	104.8	103.8
木地板	Wood Floor	99.0	98.8	98.9
砖	Brick	101.0	100.8	101.0
水泥	Cement	98.1	98.8	99.9
涂料	Paint	100.9	101.0	100.9
板材	Board	101.2	101.1	101.2
玻璃	Glass	100.0	100.0	99.7
粘胶	Glue	99.5	99.5	99.5
厨卫设备	Kitchen Equipment	100.3	100.2	100.2
租房	Tenancy	103.5	103.5	102.8
公房房租	Public Housing rent	102.4	101.4	100.5
私房房租	Talk Accommodation	105.1	104.6	103.7
其他费用	Other Rents	100.2	103.9	103.9
自有住房	Self-owned House	102.1	101.7	101.6
住房估算租金	Rent	102.1	101.9	101.7
物业管理费用	Property Management Fees	100.0	100.0	100.0
维护修理费用	Maintenance Expenses	104.7	103.3	103.5
水、电、燃料	Water,Electricity and Fuels	100.1	100.0	100.0
水	Water	106.2	106.2	106.2
电	Electricity	99.9	99.9	99.8
液化石油气	Liquefied Petroleum Gas	95.6	95.0	95.7
管道燃气	Piped Gas	100.1	100.1	100.1
其他燃料	Other Fuel	99.5	99.5	99.5

Continued

(same month of preceding year=100)

4 月 April	5 月 May	6 月 June	7 月 July	8 月 August	9 月 September	10 月 October	11 月 November	12 月 December
102.5	102.5	102.5	102.5	102.7	102.6	102.5	101.9	101.8
99.9	99.9	99.9	99.9	100.5	100.2	99.9	99.6	99.2
100.2	100.2	100.2	100.2	100.2	100.2	100.2	100.2	100.2
110.1	110.1	110.1	110.1	110.1	110.1	110.1	108.3	108.2
101.8	101.2	100.5	100.3	100.3	100.6	100.4	100.0	99.9
106.7	105.2	100.5	99.5	100.0	101.9	101.2	98.6	98.0
105.1	103.2	103.2	103.2	103.2	103.2	103.2	103.2	103.2
100.3	100.3	100.3	100.3	100.0	100.0	100.0	100.0	100.0
100.7	100.6	100.6	100.4	100.4	100.5	100.5	100.2	100.2
101.3	101.7	102.8	100.8	100.4	102.8	101.2	100.6	101.5
101.9	102.3	104.0	101.3	100.7	103.7	101.6	101.1	102.3
98.6	99.1	98.3	98.3	98.8	98.9	99.4	98.0	98.0
101.2	100.9	100.6	100.9	100.5	100.9	101.7	100.3	100.6
100.8	**100.8**	**100.8**	**100.6**	**100.2**	**100.2**	**99.9**	**100.0**	**100.3**
100.5	100.4	100.5	100.4	100.2	100.5	100.4	100.5	100.8
102.1	101.9	102.0	102.0	101.8	103.2	103.3	103.0	102.9
99.6	99.5	99.6	99.6	99.3	99.4	99.2	99.8	101.4
101.1	100.9	101.2	101.2	101.1	101.0	101.0	101.2	101.2
99.5	99.3	98.7	98.6	98.7	99.4	99.1	98.8	99.0
101.3	101.1	101.0	100.8	100.9	101.0	100.5	100.8	100.8
100.6	100.5	100.4	100.3	100.1	100.5	100.6	100.6	101.5
99.3	99.8	100.2	100.1	99.8	99.6	100.1	100.5	100.7
100.3	100.4	100.3	100.3	100.2	100.4	100.5	100.7	101.4
100.6	100.4	100.6	100.4	99.8	99.8	99.8	99.9	99.9
102.8	102.9	103.1	102.7	102.4	102.4	102.2	102.5	102.6
100.5	100.5	100.8	100.8	100.6	100.6	100.3	100.3	100.3
103.8	104.0	104.3	103.5	103.0	103.1	102.9	103.3	103.5
103.7	103.7	103.7	103.7	103.7	103.7	103.7	103.7	103.7
101.6	101.6	101.7	101.6	101.3	101.2	101.2	101.4	101.5
101.9	102.1	102.3	102.1	101.7	101.7	101.7	102.0	102.2
100.0	100.0	100.0	100.0	100.0	100.0	100.0	100.0	100.0
102.2	102.2	101.6	101.5	101.4	100.8	100.7	100.7	100.7
99.4	99.4	99.1	98.8	97.9	97.9	97.1	97.1	97.4
104.7	104.7	104.7	104.7	100.2	100.0	100.0	100.0	100.0
99.8	99.8	99.8	99.8	99.8	99.8	97.6	97.6	97.8
93.5	93.2	92.0	89.9	88.9	89.3	90.8	91.0	92.0
100.1	100.1	100.1	100.1	100.1	100.1	100.1	100.1	100.0
99.7	99.6	99.6	99.5	99.5	99.6	99.6	99.3	99.2

5-4 居民消费价格分类指数
Consumer Price Indices by Category

(上年＝100) (preceding year=100)

指 标	Item	2014	2015
居民消费价格总指数	**Consumer Price Index**	**102.0**	**101.5**
非食品价格指数	**Non-food Price Index**	**101.8**	**101.2**
服务项目价格指数	**Items of Service Price Index**	**103.3**	**101.9**
工业品价格指数	**Industrial Product Pprice Index**	**100.6**	**100.7**
扣除食品和能源价格指数	**Deduction Food and Energy Price Index**	**101.8**	**101.5**
扣除鲜菜鲜果总指数	**Deduction Fresh Vegetables Fresh Fruit General Index**	**101.8**	**101.4**
消费品价格指数	**Consumable Price Index**	**101.4**	**101.4**
食品	**Food**	**102.3**	**102.2**
粮食	Grain	102.8	101.2
淀粉	Starches and Tubers	101.1	101.8
干豆类及豆制品	Beans and Bean Products	103.9	103.0
油脂	Oil or Fat	93.3	95.6
肉禽及其制品	Meal,Poultry and Their Products	100.7	105.0
食用畜肉及副产品	Edible Domestic Animal's Meat and By-products	99.4	105.8
禽	Poultry	104.6	104.7
加工肉禽	Poultry Meat Processed Products	101.8	102.6
蛋	Eggs	109.0	98.0
水产品	Aquatic Products	100.8	100.1
鱼	Fish	99.0	98.7
其他水产品	Other Aquatic Products	105.2	103.4
菜	Vegetables	99.2	106.1
调味品	Flavoring	102.2	102.4
糖	Sweet	100.9	101.1
茶及饮料	Tea and Beverages	101.7	101.1
茶叶	Tea	104.3	100.3
饮料	Beverages	100.7	101.4
干鲜瓜果	Dried and Fresh Melons and Fruits	111.8	99.7
糕点、饼干、面包	Cake,Cookie,Bread	101.9	101.0
液体乳及乳制品	Milk and Its Products	105.2	98.3
在外用膳食品	Picnic Food	103.8	102.3
其他食品	Other Food and Food Processing	102.5	100.9
烟酒	**Tobacco,Liquor**	**99.7**	**102.6**
烟草	Tobacco	100.0	104.4
酒	Liquor	99.4	99.8
衣着	**Clothing**	**102.0**	**102.7**
服装	Garments	101.8	102.6
男式服装	Men's Wear	100.6	102.1
女式服装	Women's Wear	102.5	103.1
儿童服装	Children's Clothing	103.3	102.2
衣着材料	Clothing Material	105.2	102.9
鞋袜帽	Footwear,Socks and Hats	101.9	102.3
鞋	Shoes	102.2	102.5
袜子	Socks and Stockings	99.4	100.5
帽子	Hats	100.8	100.6
衣着加工服务费	Clothing Processing	104.9	108.3

5-4 续表 Continued

(上年＝100) (preceding year=100)

指 标	Item	2014	2015
家庭设备用品及维修服务	**Household Facilities and Articles**	**101.5**	**100.6**
耐用消费品	Durable Consumer Goods	99.7	98.3
家 具	Furniture	101.1	99.8
家庭设备	Household Facilities	98.9	97.5
室内装饰品	Interior Decorations	100.6	100.5
床上用品	Bed Articles	101.5	100.4
家庭日用杂品	Daily-Use Household Articles	100.9	101.5
家庭服务及加工维修服务	Household Service and Maintenance	112.1	107.8
医疗保健和个人用品	**Medic-care and Personal Articles**	**100.7**	**101.7**
医疗保健	Medic-care and Health	100.9	102.6
医疗器具及用品	Medical Appliances and Articles	99.9	102.0
中药材及中成药	Traditional Chines Herbs and Patent Drugs	102.0	105.0
西药	Western Medicine	100.5	102.3
保健器具及用品	Healthy Appliances and Articles	100.3	102.2
医疗保健服务	Medical Care and Health Service	100.5	100.5
个人用品及服务	Personal Articles and Services	100.4	99.8
化妆美容用品	Making-up Articles	100.7	99.9
清洁化妆用品	Health Supplies	100.1	99.6
个人饰品	Personal Ornaments	94.9	95.6
个人服务	Personal Service	104.9	103.1
交通和通信	**Transportation and Communication**	**100.2**	**100.2**
交通	Transportation	100.9	100.6
交通工具	Transportation Means	99.9	99.9
车用燃料及零配件	Fuels and Accessory for Vehicles	99.2	86.6
车辆使用及维修费	Vehicle Use and Maintenance	102.9	101.6
市区公共交通费	City-bus Fares	102.0	106.0
城市间交通费	Inter-city Bus Fares	100.4	99.9
通信	Telecommunication	99.4	99.6
通信工具	Communication Tool	95.9	98.0
通信服务	Communication Service	100.0	99.9
娱乐教育文化用品及服务	**Recreation,Education,Culture Articles and Services**	**101.7**	**101.3**
文娱用耐用消费品及服务	Durable Consumer Goods for Receational Use	95.9	97.2
教育	Education	102.6	102.1
教材及参考书	Text Book and Reference Book	101.3	100.8
教育服务	Education Service	102.8	102.3
文化娱乐类	Cultural and Recreational Articles	100.4	101.0
文化娱乐用品	Cultural and Recreational Goods	100.3	100.5
书报杂志	Newspapers and Magazines	101.3	102.5
文娱费	Recreation Expense	100.1	100.7
旅游	Tourism	104.3	101.4
居住	**Residence**	**103.3**	**100.6**
建房及装修材料	Building and Decoration Materials	101.4	100.5
租房	Tenancy	105.4	102.8
自有住房	Housing	105.2	101.5
水、电、燃料	Water,Electricity and Fuels	101.2	98.7

5-5 主要城市居民消费价格总指数(1984-2015年)
Major Urban Consumer Price Index(1984-2015)

(上年=100) (preceding year=100)

年 份 Year	武汉市 Wuhan	黄石市 Huangshi	十堰市 Shiyan	宜昌市 Yichang	襄阳市 Xiangyang	孝感市 Xiaogan	荆州市 Jingzhou	咸宁市 Xianning
1984	104.1	104.2	103.6	101.0	100.6	101.1	103.5	
1985	111.1	111.3	114.1	110.7	108.7	109.7	112.6	
1986	106.2	106.1	103.4	109.1	106.8	107.9	104.7	
1987	108.2	108.2	106.4	107.5	107.7	111.3	109.9	
1988	120.5	122.2	120.0	126.8	119.7	116.9	120.7	
1989	113.4	117.4	112.3	116.1	113.3	114.9	113.9	113.9
1990	103.0	102.6	107.1	104.1	103.9	102.5	104.4	103.4
1991	107.3	107.8	109.5	107.0	107.4	105.0	105.0	107.4
1992	111.4	111.8	108.2	110.8	111.8	110.5	107.4	110.3
1993	119.8	120.5	119.9	121.8	117.3	111.3	119.8	120.0
1994	126.3	125.9	128.1	136.6	124.8	122.0	127.2	125.6
1995	118.4	120.0	119.8	124.1	118.6	115.5	117.4	122.1
1996	112.2	108.0	110.0	109.6	110.4	108.3	107.3	108.8
1997	103.1	101.0	102.9	101.5	104.4	102.3	99.2	101.5
1998	97.4	97.1	98.4	100.8	97.8	99.2	99.2	98.0
1999	96.1	94.7	97.7	101.5	97.8	97.5	98.0	99.8
2000	100.6	96.9	98.8	101.3	99.8	99.0	100.6	98.6
2001	99.5	98.3	98.8	99.5	99.1	99.1	99.8	99.5
2002	98.6	100.8	98.3	101.2	100.0	99.2	99.8	100.0
2003	102.3	101.4	101.6	104.5	102.5	101.9	102.1	101.3
2004	103.3	104.1	103.6	104.0	104.4	105.0	104.2	106.0
2005	102.7	101.9	102.1	102.4	101.9	101.9	101.5	102.0
2006	101.4	101.3	101.4	101.2	101.3	102.8	102.0	103.2
2007	104.1	104.8	105.8	106.4	105.1	104.7	105.3	106.4
2008	105.7	106.8	106.3	105.1	105.2	106.9	106.4	108.4
2009	99.4	99.5	100.8	100.1	98.7	99.2	98.8	99.3
2010	103.0	102.2	102.7	103.1	102.1	103.2	102.4	103.1
2011	105.2	105.3	106.0	106.8	105.8	105.6	105.3	105.7
2012	102.8	103.1	102.4	103.4	102.8	103.1	102.7	102.8
2013	102.4	102.5	103.4	103.3	102.9	103.1	103.1	102.8
2014	101.9	102.2	101.5	102.2	101.5	102.0	102.1	101.8
2015	101.4	101.6	101.4	101.5	102.0	101.3	101.5	101.4

5-6 主要城市居民消费价格分类指数(2015年)
Major Urban Consumer Price Indices by Category(2015)

(上年＝100) (preceding year=100)

指标	Item	武汉市 Wuhan	黄石市 Huangshi	十堰市 Shiyan	宜昌市 Yichang
居民消费价格总指数	**Consumer Price Index**	**101.4**	**101.6**	**101.4**	**101.5**
非食品价格指数	**Non-food Price Index**	**101.3**	**100.6**	**101.0**	**101.3**
服务项目价格指数	**Items of Service Price Index**	**101.8**	**101.3**	**101.9**	**101.2**
工业品价格指数	**Industrial Product Pprice Index**	**100.9**	**100.1**	**100.3**	**101.3**
扣除食品和能源价格指数	**Deduction Food and Energy Price Index**	**101.5**	**101.0**	**101.4**	**101.5**
扣除鲜菜鲜果总指数	**Deduction Fresh Vegetables Fresh Fruit General Index**	**101.3**	**101.6**	**101.3**	**101.4**
消费品价格指数	**Consumable Price Index**	**101.2**	**101.7**	**101.2**	**101.7**
食品	**Food**	**101.5**	**103.4**	**102.1**	**102.0**
粮食	Grain	101.2	101.6	101.5	101.5
淀粉	Starches and Tubers	101.3	103.9	104.2	103.0
干豆类及豆制品	Beans and Bean Products	103.1	108.7	99.5	103.8
油脂	Oil or Fat	94.9	95.8	93.9	91.9
肉禽及其制品	Meal,Poultry and Their Products	104.5	105.4	107.3	104.2
食用畜肉及副产品	Edible Domestic Animal's Meat and By-products	105.0	106.0	109.3	103.6
禽	Poultry	104.8	101.2	105.8	105.2
加工肉禽	Poultry Meat Processed Products	102.6	106.0	101.7	105.8
蛋	Eggs	100.1	96.7	98.2	99.7
水产品	Aquatic Products	102.5	101.4	99.6	99.9
鱼	Fish	102.5	97.8	97.7	93.8
其他水产品	Other Aquatic Products	102.4	107.8	103.9	112.2
菜	Vegetables	104.1	102.7	104.4	105.9
调味品	Flavoring	101.8	103.7	102.3	102.2
糖	Sweet	101.4	102.9	99.8	103.6
茶及饮料	Tea and Beverages	101.3	103.3	98.3	100.4
茶叶	Tea	97.9	100.2	100.0	99.5
饮料	Beverages	102.7	103.9	97.8	100.7
干鲜瓜果	Dried and Fresh Melons and Fruits	98.2	99.4	100.6	96.9
糕点饼干	Cake,Cookie,Bread	101.5	108.8	97.0	101.8
液体乳及乳制品	Milk and Its Products	98.4	103.3	91.7	95.8
在外用膳食品	Picnic Food	100.3	105.6	102.3	103.6
其他食品	Other Food and Food Processing	100.1	102.5	102.4	102.2
烟酒	**Tobacco,Liquor**	**103.5**	**99.3**	**101.1**	**102.0**
烟草	Tobacco	104.2	100.4	104.4	105.0
酒	Liquor	102.3	97.2	96.8	97.1
衣着	**Clothing**	**103.0**	**102.7**	**102.1**	**105.1**
服装	Garments	102.8	102.9	102.0	104.6
男式服装	Men's Wear	101.8	102.4	103.3	102.4
女式服装	Women's Wear	103.2	103.6	101.1	105.9
儿童服装	Children's Clothing	104.2	101.1	101.6	105.1
衣着材料	Clothing Material	105.3	100.2	108.8	100.1
鞋袜帽	Footwear,Socks and Hats	102.7	101.7	102.1	106.9
鞋	Shoes	103.3	101.8	101.4	107.5
袜子	Socks and Stockings	98.9	100.6	108.6	99.6
帽子	Hats	98.0	102.3	110.2	100.9
衣着加工服务费	Clothing Processing	113.3	115.1	100.0	101.2

5-6 续表 1 Continued

(上年＝100)　　(preceding year=100)

指　标	Item	武汉市 Wuhan	黄石市 Huangshi	十堰市 Shiyan	宜昌市 Yichang
家庭设备用品及维修服务	**Household Facilities and Articles**	**99.3**	**102.3**	**100.2**	**103.0**
耐用消费品	Durable Consumer Goods	96.1	99.4	97.8	98.3
家　具	Furniture	99.6	99.8	100.0	98.9
家庭设备	Household Facilities	93.9	99.2	96.8	98.1
室内装饰品	Interior Decorations	99.6	99.8	106.1	101.2
床上用品	Bed Articles	99.3	105.5	100.3	99.6
家庭日用杂品	Daily-Use Household Articles	101.7	99.9	104.2	106.5
家庭服务及加工维修服务	Household Service and maintenance	105.3	116.7	99.7	116.8
医疗保健和个人用品	**Medic-care and Personal Articles**	**102.0**	**100.4**	**100.7**	**101.5**
医疗保健	Medic-care and health	103.6	100.8	100.2	102.0
医疗器具及用品	Medical Appliances and Articles	100.0	101.4	101.1	101.2
中药材及中成药	Traditional Chines Herbs and Patent Drugs	110.3	100.0	100.3	102.8
西药	Western Medicine	101.9	101.1	100.2	102.7
保健器具及用品	Healthy Appliances and Articles	102.6	104.9	100.0	102.5
医疗保健服务	Medical Care and Health Service	100.0	100.0	100.0	100.0
个人用品及服务	Personal Articles and Services	97.8	99.5	101.8	100.0
化妆美容用品	Making-up Articles	99.0	100.1	101.5	100.9
清洁化妆用品	Health Supplies	97.0	100.1	106.5	100.3
个人饰品	Personal ornaments	92.7	97.8	96.3	95.8
个人服务	Personal Service	100.4	100.0	102.6	102.9
交通和通信	**Transportation and Communication**	**100.5**	**100.7**	**100.2**	**99.0**
交通	Transportation	101.4	100.7	99.4	101.8
交通工具	Transportation Means	99.1	100.5	100.3	99.6
车用燃料及零配件	Fuels and Accessory for vehicles	86.3	86.7	87.7	84.4
车辆使用及维修费	Vehicle Use and Maintenance	101.7	100.0	100.9	100.2
市区公共交通费	City-bus Fares	107.8	104.9	100.0	109.5
城市间交通费	Inter-city Bus Fares	99.7	99.3	100.9	99.4
通信	Telecommunication	99.6	100.8	101.1	95.4
通信工具	Communication Tool	95.5	96.4	103.1	89.9
通信服务	Communication Service	100.0	101.3	100.9	95.8
娱乐教育文化用品及服务	**Recreation,Education,Culture Articles and Services**	**101.4**	**100.1**	**101.4**	**99.1**
文娱用耐用消费品及服务	Durable Consumer Goods for Receational Use	91.1	98.1	97.5	98.0
教育	Education	103.0	100.4	101.1	101.0
教材及参考书	Text Book and Reference Book	99.7	100.0	103.3	99.5
教育服务	Education Service	103.3	100.5	100.8	101.2
文化娱乐类	Cultural and Recreational Articles	101.5	101.0	101.9	99.7
文化娱乐用品	Cultural and Recreational Goods	100.9	100.0	104.3	100.8
书报杂志	Newspapers and Magazines	104.3	100.0	99.9	100.0
文娱费	Recreation Expense	100.9	102.1	101.3	99.0
旅游	Tourism	100.3	99.7	104.2	92.8
居住	**Residence**	**100.6**	**99.7**	**100.9**	**101.2**
建房及装修材料	Building and Decoration Materials	100.6	100.2	99.7	98.6
租房	Tenancy	101.3	101.8	102.5	108.6
自有住房	Housing	101.1	100.7	103.4	101.9
水、电、燃料	Water,Electricity and Fuels	99.6	97.3	97.2	98.6

5-6 续表 2 Continued

(上年＝100) (preceding year=100)

指　标	Item	襄阳市 Xiangyang	孝感市 Xiaogan	荆州市 Jingzhou	咸宁市 Xianning
居民消费价格总指数	**Consumer Price Index**	**102.0**	**101.3**	**101.5**	**101.4**
非食品价格指数	**Non-food Price Index**	**101.6**	**100.9**	**100.7**	**101.0**
服务项目价格指数	**Items of Service Price Index**	**101.3**	**101.6**	**101.3**	**102.4**
工业品价格指数	**Industrial Product Pprice Index**	**101.9**	**100.4**	**100.1**	**100.1**
扣除食品和能源价格指数	**Deduction Food and Energy Price Index**	**102.0**	**101.1**	**100.9**	**101.8**
扣除鲜菜鲜果总指数	**Deduction Fresh Vegetables Fresh Fruit General Index**	**101.8**	**101.3**	**101.2**	**101.2**
消费品价格指数	**Consumable Price Index**	**102.2**	**101.2**	**101.5**	**101.1**
食品	**Food**	**102.7**	**102.1**	**103.0**	**102.3**
粮食	Grain	100.9	101.7	100.5	101.4
淀粉	Starches and Tubers	101.7	102.6	103.7	103.4
干豆类及豆制品	Beans and Bean Products	100.6	101.2	105.1	100.6
油脂	Oil or Fat	99.5	95.1	92.1	92.1
肉禽及其制品	Meal,Poultry and Their Products	109.3	105.4	105.9	103.9
食用畜肉及副产品	Edible Domestic Animal's Meat and By-products	110.8	106.1	106.9	104.1
禽	Poultry	109.4	110.9	105.7	104.3
加工肉禽	Poultry Meat Processed Products	104.0	100.3	102.5	102.4
蛋	Eggs	88.6	94.0	102.2	96.0
水产品	Aquatic Products	97.4	99.2	100.0	97.1
鱼	Fish	95.8	99.1	99.4	96.3
其他水产品	Other Aquatic Products	100.3	99.3	101.2	99.4
菜	Vegetables	108.7	107.6	108.7	111.7
调味品	Flavoring	105.4	100.6	104.8	103.9
糖	Sweet	99.7	101.5	99.0	104.4
茶及饮料	Tea and Beverages	99.4	101.2	98.1	99.2
茶叶	Tea	100.1	100.0	99.3	94.1
饮料	Beverages	99.2	101.6	97.6	101.8
干鲜瓜果	Dried and Fresh Melons and Fruits	97.7	94.9	105.6	99.7
糕点饼干	Cake,Cookie,Bread	97.5	101.5	97.2	98.7
液体乳及乳制品	Milk and Its Products	97.1	95.2	97.4	101.3
在外用膳食品	Picnic Food	101.3	103.6	102.9	102.8
其他食品	Other Food and Food Processing	101.4	100.3	101.6	103.5
烟酒	**Tobacco,Liquor**	**102.0**	**100.6**	**103.2**	**100.7**
烟草	Tobacco	103.0	102.5	104.5	104.6
酒	Liquor	100.5	98.4	101.4	92.9
衣着	**Clothing**	**105.8**	**102.5**	**102.1**	**102.7**
服装	Garments	107.8	103.1	102.0	102.0
男式服装	Men's Wear	106.2	104.6	102.5	102.1
女式服装	Women's Wear	110.5	102.5	101.6	101.8
儿童服装	Children's Clothing	95.7	100.0	101.5	102.0
衣着材料	Clothing Material	100.0	100.0	102.9	100.8
鞋袜帽	Footwear,Socks and Hats	99.5	100.9	102.0	104.6
鞋	Shoes	99.6	101.0	102.0	104.7
袜子	Socks and Stockings	98.6	100.0	102.1	105.0
帽子	Hats	99.8	100.0	101.6	100.0
衣着加工服务费	Clothing Processing	111.6	100.0	105.6	104.5

5-6 续表 3 Continued

(上年=100) (preceding year=100)

指 标	Item	襄阳市 Xiangyang	孝感市 Xiaogan	荆州市 Jingzhou	咸宁市 Xianning
家庭设备用品及维修服务	**Household Facilities and Articles**	**100.6**	**99.4**	**103.7**	**102.8**
耐用消费品	Durable Consumer Goods	99.8	98.7	99.4	100.4
家 具	Furniture	99.8	100.7	99.6	102.0
家庭设备	Household Facilities	99.8	97.6	99.3	99.8
室内装饰品	Interior Decorations	100.6	100.0	100.2	98.9
床上用品	Bed Articles	104.9	99.9	100.2	105.0
家庭日用杂品	Daily-Use Household Articles	100.6	100.0	102.0	101.0
家庭服务及加工维修服务	Household Service and Maintenance	100.8	100.6	118.2	116.8
医疗保健和个人用品	**Medic-care and Personal Articles**	**103.4**	**99.9**	**101.4**	**101.4**
医疗保健	Medic-care and health	104.8	100.0	100.7	102.6
医疗器具及用品	Medical Appliances and Articles	100.7	100.0	99.3	103.8
中药材及中成药	Traditional Chines Herbs and Patent Drugs	107.0	99.9	99.8	101.1
西药	Western Medicine	106.5	100.0	101.2	105.2
保健器具及用品	Healthy Appliances and Articles	100.0	100.0	104.6	102.7
医疗保健服务	Medical Care and Health Service	100.0	100.0	100.0	100.0
个人用品及服务	Personal Articles and Services	100.0	99.5	103.3	99.3
化妆美容用品	Making-up Articles	100.7	99.5	99.7	99.4
清洁化妆用品	Health Supplies	102.0	100.8	100.1	99.4
个人饰品	Personal Ornaments	94.6	97.4	93.9	96.7
个人服务	Personal Service	102.2	99.9	116.4	101.2
交通和通信	**Transportation and Communication**	**102.2**	**99.5**	**100.1**	**98.8**
交通	Transportation	103.0	99.1	100.9	98.5
交通工具	Transportation Means	100.8	99.3	100.1	99.0
车用燃料及零配件	Fuels and Accessory for Vehicles	88.0	87.5	87.6	85.5
车辆使用及维修费	Vehicle Use and Maintenance	101.0	100.1	100.2	104.2
市区公共交通费	City-bus Fares	111.9	100.3	104.4	103.2
城市间交通费	Inter-city Bus Fares	101.3	99.9	101.1	97.6
通信	Telecommunication	101.0	100.0	99.1	99.3
通信工具	Communication Tool	102.8	100.0	97.9	94.6
通信服务	Communication Service	100.6	100.0	99.3	100.0
娱乐教育文化用品及服务	**Recreation,Education,Culture Articles and Services**	**100.3**	**101.7**	**100.6**	**102.5**
文娱用耐用消费品及服务	Durable Consumer Goods for Receational Use	99.7	100.0	99.5	100.0
教育	Education	100.1	100.5	100.7	102.1
教材及参考书	Text Book and Reference Book	99.8	99.8	99.8	103.7
教育服务	Education Service	100.1	100.6	100.8	101.7
文化娱乐类	Cultural and Recreational Articles	100.9	100.0	101.0	102.5
文化娱乐用品	Cultural and Recreational Goods	98.1	100.0	100.1	99.0
书报杂志	Newspapers and Magazines	103.2	101.3	102.6	103.3
文娱费	Recreation Expense	101.6	99.5	100.8	104.7
旅游	Tourism	100.9	109.3	100.2	110.3
居住	**Residence**	**99.6**	**101.4**	**98.6**	**99.4**
建房及装修材料	Building and Decoration Materials	100.4	100.0	100.2	100.8
租房	Tenancy	100.6	105.3	100.0	104.4
自有住房	Housing	100.6	101.7	99.1	102.1
水、电、燃料	Water,Electricity and Fuels	98.5	100.5	96.8	94.2

5-7 商品零售价格分类指数(2015年)
Retail Price Indices by Category(2015)

(上年＝100) (preceding year=100)

指　标	Item	全　省 Provice	城　市 Urban Areas	农　村 Rural Areas
商品零售价格总指数	**Retail General Price Index**	**100.5**	**100.4**	**100.7**
食品	**Food**	**102.3**	**102.1**	**102.6**
粮食	Grain	101.3	101.1	101.7
大米	Rice	100.9	100.3	101.7
面粉	Flour	102.1	103.5	101.4
粮食制品	Grain Products	101.5	101.3	101.8
淀粉	Starches	101.8	102.4	101.3
干豆类及豆制品	Bean and Its Products	103.0	103.1	102.9
干豆	Dried Beans	105.4	106.3	104.6
豆制品	Soybean Products	102.4	102.4	102.5
油脂	Oil or Fat	95.8	94.8	96.9
食用植物油	Oil of Plant	97.9	97.7	98.0
植物油制品	Vegetable Oil Processed Product	92.9	93.5	91.3
肉禽及其制品	Meal,Poultry and Their Products	105.1	105.7	104.4
食用畜肉及副产品	Edible Domestic Animal's Meat and By-products	106.0	106.5	105.4
猪肉	Pork	109.6	109.7	109.3
牛肉	Beef	99.6	98.9	100.3
羊肉	Mutton	97.7	97.2	98.0
畜肉副产品	Animal By-products	104.9	106.2	103.8
禽	Poultry	104.5	105.6	103.7
鸡	Chicken	103.8	104.7	103.1
鸭	Duck	106.4	108.7	105.0
肉禽加工制品	Poultry Meat Processed Products	102.5	103.2	101.4
畜肉制品	Domestic Animal's Processed Products	101.7	101.8	101.5
禽制品	Poultry Processed Products	103.6	104.8	101.3
蛋	Eggs	97.9	97.6	98.4
鲜蛋	Fresh eggs	96.7	96.2	97.4
蛋制品	Eggs Processed Products	104.4	106.1	102.4
水产品	Aquatic Products	99.6	100.6	98.6
鱼	Fish	98.1	99.0	97.2
淡水鱼	Fish in Fresh Water	97.1	97.8	96.6
海水鱼	Fish in Sea Water	104.8	105.5	103.7
其他水产品	Other Aquatic Products	103.3	103.7	102.8
虾蟹类	Decapod Crustacean	102.6	103.1	101.9
菜	Vegetables	106.6	105.7	107.9
鲜菜	Fresh Vegetables	107.3	106.2	108.9
干菜及菜制品	Dried Vegetables and Vegetable Products	104.8	102.4	106.4
薯类	Tubers	94.7	95.7	93.8

5-7 续表 1 Continued

(上年＝100) (preceding year=100)

指　标	Item	全　省 Provice	城　市 Urban Areas	农　村 Rural Areas
调味品	Flavoring	102.4	102.9	102.0
盐	Salt	100.4	100.5	100.3
酱油	Soy Sauce	102.6	102.4	102.8
醋	Vinegar	102.3	103.4	101.1
味精	Monosodium Glutamate	101.7	102.4	101.1
糖	Sweet	100.9	101.0	100.8
食糖	Sugar	100.0	101.4	99.1
糖果	Candy	100.9	100.6	101.1
巧克力制品	Chocolate Goods	100.3	100.1	100.7
糖制小食品	Sugar-coated food stuff	102.1	102.0	102.3
干鲜瓜果	Dried and Fresh Melons and Fruits	100.3	98.9	102.6
鲜瓜果	Fresh Fruits	99.8	98.1	102.4
干(坚)果	Dried(nut)Fruits and Melon and Fruit Products	102.0	101.3	103.2
糕点饼干面包	Cake,Cookies,Bread	100.6	100.8	100.4
糕点	Cake	100.7	102.0	98.9
饼干	Cookie	100.2	99.5	101.1
面包	Bread	101.1	101.1	101.0
液体乳及乳制品	Milk and Its Products	98.6	97.6	101.2
巴氏杀菌奶或消毒奶	Pasteurized Milk or Milk Disinfection	97.0	95.9	100.6
酸奶	Yogurt	100.5	99.7	102.2
奶粉	Milk Powder	101.2	101.0	101.5
在外用膳食品	Picnic food	102.5	102.1	103.2
主食	Staple Food	102.8	102.6	103.0
炒菜	Fried Dishes	101.1	100.3	102.3
地方小吃	Local Snacks	107.2	108.2	105.9
其他食品	Other Food	101.1	101.4	100.9
饮料、烟酒	**Beverages, Tobacco and Liquor**	**102.1**	**102.0**	**102.3**
茶及饮料	Tea and Beverages	101.0	100.1	101.6
茶叶	Tea	101.3	99.3	102.1
饮料	Beverages	100.9	100.4	101.3
固体饮料	Solid Beverage	97.7	97.0	98.2
液体饮料	Drink Liquids	101.2	101.3	101.1
冷冻饮品	Frozen Drinks	102.7	101.0	104.1
烟草	Tobacco	104.7	103.8	105.9
高档卷烟	Home-made Cigarette	104.0	103.6	104.5
中档卷烟	Imported Cigarette	104.8	103.7	105.9
酒	Wine	99.3	100.4	97.8
白酒	Liquor	98.8	100.2	96.9
葡萄酒	Grape Spending	98.5	99.7	96.9
啤酒	Beer	100.1	101.1	99.1

5-7 续表 2 Continued

(上年＝100) (preceding year=100)

指 标	Item	全 省 Provice	城 市 Urban Areas	农 村 Rural Areas
服装、鞋帽	**Garments, Shoes and Hats**	**102.4**	**103.3**	**101.1**
服装	Garments	102.5	103.6	101.0
男式服装	Men's Garment	102.1	103.0	101.0
大衣	Overcoat	100.9	102.2	99.4
毛线衣	Knitted Woolen Clothes	102.4	102.3	102.5
夹克衫	Jacket	104.5	105.3	103.2
衬衫	Shirt	103.8	105.7	100.9
T恤衫	T-shirts	102.1	104.7	99.4
裤子	Trousers	102.8	103.9	101.1
西服	Suits	101.6	101.1	102.4
运动衫裤	Sport Clothing	102.0	103.4	99.7
内衣	Underwear	99.6	97.6	102.1
羽绒衣	Down Clothing	99.5	102.0	96.8
女式服装	Women's dress	103.0	104.3	100.8
大衣	Overcoat	102.8	105.0	99.9
毛线衣	Knitted Woolen Clothes	103.5	104.9	100.9
羽绒衣	Down Clothing	99.1	101.3	95.7
套装	Suits	103.9	106.3	101.3
衬衫	Shirt	104.3	106.2	101.5
T恤衫	T-shirts	101.4	101.9	100.6
裙子	Skirt	100.3	98.7	103.3
裤子	Trousers	108.3	110.6	101.7
运动衫裤	Sports Wear	99.9	100.0	99.7
内衣	Underwear	101.8	101.1	102.8
儿童服装	Children's Garment	101.9	102.2	101.6
上衣	Suits	102.0	103.8	100.5
裤子	Trousers	102.1	101.3	102.9
裙子	Skirt	101.7	100.4	103.6
鞋袜帽	Footwear,Socks and Hats	102.1	102.5	101.6
鞋	Shoes	102.3	102.8	101.7
男鞋	Men's Shoes	102.5	102.5	102.6
女鞋	Women's Shoes	102.4	103.2	100.9
童鞋	Children's Shoes	101.8	102.1	101.6
袜子	Socks and Stockings	100.8	100.2	101.3
男袜	Men's Socks	100.5	99.6	101.4
女袜	Women's Socks	101.0	100.7	101.3
帽子	Hats	100.6	100.8	100.5
男帽	Man Cap	100.5	101.5	100.2
女帽	Bonnet	100.7	100.4	100.8
领带	Tie	99.8	99.2	100.4

5-7 续表 3 Continued

(上年＝100) (preceding year=100)

指标	Item	全省 Provice	城市 Urban Areas	农村 Rural Areas
纺织品	**Textiles**	**101.0**	**101.5**	**100.4**
衣着材料	Clothing Material	102.4	103.4	101.4
棉布	Cotton Cloth	102.4	103.6	101.0
棉混纺布	Cotton -chemical Fiber Blended Cloth	103.7	105.7	101.7
化纤布	Chemical Fiber Cloth	101.6	100.0	102.4
毛线	Woolen Threads	102.1	103.5	100.6
床上用品	Bed Articles	100.0	100.4	99.5
被子	Quilts	100.1	100.1	100.2
床上套件	Bed Sets	100.0	100.6	98.9
家用电器及音像器材	**Household Appliances, Music and Video Equipment**	**97.9**	**97.0**	**99.0**
家庭设备	Household Facilities	98.0	97.0	99.2
洗衣机	Washing Machine	97.3	96.4	98.2
电风扇	Electric Fan	99.5	99.9	99.3
电冰箱(柜)	Refrigerator	99.0	99.0	98.9
吸排油烟机	Smoke Exhauster	96.8	94.3	100.1
空调器	Air Conditioner	96.4	94.6	99.3
热水器	Shower Heater	99.8	99.7	100.0
微波炉	Microwave Oven	98.8	98.7	98.9
其他	Others	99.8	99.7	99.9
文娱用耐用消费品	Durable Consumer Goods for Recreational	97.3	96.6	98.5
电视机	Television	96.3	95.8	97.0
激光视盘机	Video-disc Player	99.4	99.2	99.8
摄像机	Video-camera	99.4	99.3	99.6
家用音响设备	Home Audio Equipment	98.2	97.3	99.5
便携式音响	Portable Audio	100.0	99.9	100.2
音像器材	Audiovisual Equipment	99.6	99.9	99.3
专业音响器材	Professional Audio Equipment	99.5	100.0	99.1
专业声像器材	Professional Audio-visual Equipment	99.7	99.7	99.7
文化办公用品	**Cultural and Office Goods**	**99.9**	**99.5**	**100.4**
纸张本册	This Paper List	101.7	102.7	100.2
文具	Stationary	102.2	103.7	99.9
电脑	Computer	97.8	95.4	100.4
电脑附件	Computer Accessories	100.5	100.3	100.9
电子存储器	Eletronic Memory	97.1	96.6	98.2
打印机及配件	Printer and Accessories	100.1	100.1	100.2
扫描仪	Scanner	99.6	99.3	100.3
复印机	Copier	100.0	100.0	100.0
计算器	Calculators	99.9	99.6	100.4
教学设备	Teaching Equipment	99.4	99.5	99.2

5-7 续表 4 Continued

(上年＝100) (preceding year=100)

指　　标	Item	全　省 Provice	城　市 Urban Areas	农　村 Rural Areas
日用品	**Articles for Daily Use**	**100.5**	**100.9**	**100.1**
日用百货	General Merchandise for Daily Use	100.2	100.3	100.1
自行车	Bicycle	100.3	100.4	100.2
助动自行车	Boosting Bicycle	100.5	100.6	100.4
雨具	Rain Gear	100.9	101.8	100.0
剃须刀具	With Razor	99.6	99.5	99.8
电池	Battery	100.9	101.9	100.4
卫生纸	Toilet Paper	99.2	99.3	99.1
日用杂品	Grocery for Daily Use	101.4	102.1	100.5
茶具	Tea-set	101.1	101.6	100.2
餐具	Cooking-set	102.2	102.9	101.1
厨具	Cook-set	101.0	101.7	100.1
洗涤用品	Wash Articles	100.7	101.1	100.1
洗衣粉	Detergent	100.9	101.4	100.3
肥皂类	Soap	100.1	101.7	98.2
清洁洗涤剂	Clean the Detergent	100.7	100.3	101.2
其他日用品	Other Daily Necessities	100.3	100.8	99.8
儿童玩具	Toy for Children	99.5	99.6	99.3
照明器具	Lighting Utensil	100.7	101.1	100.1
钟表眼镜及配件	Clock and Watch Glasses and Fittings	100.1	100.2	99.8
日用普通饰品	Ordinary Ornaments of Daily Expenses	100.3	100.6	100.0
日用皮革制品	Daily Leather and Fur Products	101.6	103.4	99.9
体育娱乐用品	**Sports and Recreation Articles**	**100.2**	**100.1**	**100.3**
体育用品	Sports Goods	100.6	100.6	100.5
球类	Ball	101.6	102.1	100.8
棋牌	Chess and Card	100.5	100.8	100.1
健身器材	Body-building Apparatus	99.9	99.5	100.6
娱乐用品	Amusement articles	99.9	99.8	100.0
游艺器材	Apparatus of Recreation	99.7	99.6	99.8
乐器	Musical Instrument	100.0	100.0	100.2
交通、通信用品	**Transportation and Communication Appliances**	**97.6**	**97.2**	**98.2**
交通运输机械	Machinery of Communications and Transportation	97.2	96.9	97.6
轿车	Car	94.5	94.3	94.9
客车	Passenger Train	99.5	99.6	99.4
货车	Truck	99.6	99.7	99.6
通信器材	Apparatus of Communication	98.1	97.5	98.8
固定电话机	Stationary Telephone	99.7	99.9	99.6
移动电话机	Mobile Telephone	97.6	97.0	98.4
传真机	Fax-machine	99.5	99.0	100.0

5-7 续表 5 Continued

(上年＝100) (preceding year=100)

指 标	Item	全 省 Provice	城 市 Urban Areas	农 村 Rural Areas
家具	**Furniture**	**99.9**	**99.7**	**100.2**
柜	Cupboard	99.5	99.2	100.3
床	Beds	99.6	99.3	99.9
桌	Desks	100.4	101.0	99.8
椅	Chairs	100.9	100.5	101.4
沙发	Sofas	99.9	99.7	100.1
化妆品	**Cosmetic Products**	**100.0**	**99.8**	**100.4**
护肤品	Skin Care Product	99.7	100.0	99.0
美容化妆品	Cosmetics	100.8	100.4	101.5
护发美容品	Hair Care Cosmetics	98.8	98.2	100.0
洗发用品	Shampoo Articles	99.7	99.2	100.4
洗浴用品	Clean the Cosmetics	100.1	100.1	100.2
药物美容用品	Cosmetic Articles of Medicine	100.2	100.0	100.4
金银珠宝	**Jewel of Gold and Silver**	**92.5**	**90.3**	**94.8**
金饰品	Gold Ornaments	92.8	92.2	93.2
银饰品	Silver Ornaments	99.4	99.1	99.8
铂金饰品	Platinum Ornaments	87.8	81.9	94.7
中西药品及医疗保健用品	**Traditional Chinese and Western Medicines and Health**	**103.3**	**103.2**	**103.3**
医疗器具及用品	Edical Appliances and Articles	102.7	100.5	104.6
中药材及中成药	Traditional Chines Herbs	104.3	105.0	103.5
中药材	Chines Herbal Material	100.2	99.0	101.2
中成药	Chines Patent drugs	106.7	107.9	105.1
西药	Western Medicine	102.7	102.3	103.3
抗菌素(抗感染药)	Anti-microbial Drugs	100.6	99.9	101.2
消化系统用药	The Digestive System Drugs	105.0	105.3	104.6
呼吸系统用药	Respiratory Drug	101.4	100.7	102.0
解热镇痛及非甾体抗炎药	Antipyretic and Analgesic & NSAIDs	102.6	103.1	101.8
抗肿瘤药	Anticancer Drugs	100.3	100.0	100.9
激素类药	Hormone Endocrine Function and Regulation of Drugs	104.8	104.9	104.6
心血管系统用药	Circulatory System Administration	101.0	100.1	103.1
中枢神经系统用药	Nervous System Drugs	101.9	100.0	104.9
消毒防腐及创伤外科用药	Specialist drug	106.8	105.1	108.8
泌尿系统用药	Urinary system drugs	103.0	101.5	104.6
维生素类	Vitamin	106.1	107.1	104.0
保健器具及用品	Healthy Appliances and Articles	102.0	102.2	101.7
保健器具	Healthy Appliance	100.9	100.2	101.4
滋补保健用品	Tonic and Healthy Goods	102.3	102.6	101.9

5-7 续表 6 Continued

(上年＝100) (preceding year=100)

指 标	Item	全 省 Provice	城 市 Urban Areas	农 村 Rural Areas
书报杂志及电子出版物	**Books, Newspapers, Magazines and Electronic Publications**	**101.4**	**100.8**	**102.3**
教材及参考书	Texts and Reference Books	100.8	100.1	101.7
工具书	Reference Book	100.5	99.9	101.5
教材	Text-book	100.0	100.3	99.5
参考书	Reference Book	101.8	99.9	104.0
教育软件	Educational Software	100.0	100.0	100.0
书报杂志	Newspapers and Magazines	102.5	102.4	102.6
书籍	Books	100.0	99.9	100.0
报纸	Newspapers	100.3	100.0	100.9
杂志	Magazine	109.9	110.1	109.7
电子音像制品	Electronic Audio-video Products	100.9	99.2	103.3
音响光盘和磁带	Audio CD and Tape	101.1	99.0	103.7
计算机软件	Computer Software	100.6	100.0	101.6
燃料	**Fuels**	**89.9**	**89.9**	**89.9**
煤炭及制品	Coal and Its Products	99.0	99.9	98.3
原煤	Coal	97.4	100.0	95.1
煤制品	Coal Products	99.6	99.9	99.4
石油及制品	Oil and Its Products	88.2	88.6	87.3
液化石油气	Liquified Petroleum Gas	92.4	92.1	92.9
管道燃气	Pipeline Gas	100.0	100.0	100.1
汽油	Gasoline	81.4	81.4	81.4
柴油	Kerosene	81.3	81.1	81.5
建筑材料及五金电料	**Building Materials and Hardware**	**99.7**	**99.7**	**99.6**
建筑装璜材料	Building Decoration Materials	99.6	99.7	99.4
木材	Wood	103.4	100.9	105.7
木地板	Wood Floor	99.4	99.2	99.6
钢材	Steel	88.9	94.8	82.7
砖	Brick	100.7	100.5	100.9
水泥	Cement	99.2	99.9	98.6
涂料	Paint	100.9	100.2	101.4
板材	Plywood	100.6	100.7	100.5
玻璃	Glass	99.8	100.8	98.9
粘胶	Viscose	100.2	100.8	99.7
管材	Paint	100.4	100.3	100.6
厨卫设备	Kitchen Equipment	100.3	99.8	100.9
五金电料	Hardware	99.9	99.8	100.0
五金工具	Hardware Tools	100.5	100.8	100.1
电工电料	Electricians and Electric Materials Will Be	99.6	99.0	100.2
水暖器材	Plumbing Equipment	99.9	99.9	99.8

5-8 商品零售价格分类指数
Retail Price Indices by Category

(上年＝100) (preceding year=100)

指　标	Item	2014	2015
商品零售价格总指数	**Retail General Price Index**	**100.9**	**100.5**
食品类	**Food**	**102.3**	**102.3**
粮食	Grain	102.9	101.3
淀粉	Starches and Tubers	101.7	101.8
干豆类及豆制品	Beans and Bean Products	104.1	103.0
油脂	Oil or Fat	93.4	95.8
肉禽及其制品	Meal,Poultry and Their Products	100.9	105.1
食用畜肉及副产品	Edible Domestic Animal's Meat and By-products	99.5	106.0
禽	Poultry	104.8	104.5
肉禽加工制品	Poultry Meat Processed Products	101.8	102.5
蛋	Eggs	109.1	97.9
水产品	Aquatic Products	100.9	99.6
鱼	Fish	99.5	98.1
其他水产品	Other Aquatic Products	104.7	103.3
菜	Vegetables	98.8	106.6
调味品	Flavoring	102.0	102.4
糖	Sweet	100.5	100.9
干鲜瓜果	Dried and Fresh Melons and Fruits	111.2	100.3
糕点饼干面包	Cake,Cookie,Bread	101.7	100.6
液体乳及乳制品	Milk and Its Products	105.4	98.6
在外用膳食品	Picnic Food	103.6	102.5
其他食品	Other Food	103.3	101.1
饮料、烟酒	**Tobacco,Liquor and Articles**	**100.2**	**102.1**
茶及饮料	Tea and Drinks	102.5	101.0
茶叶	Tea	105.5	101.3
饮料	Beverage	101.1	100.9
烟草	Tobacco	100.0	104.7
酒	Liquor	99.0	99.3
服装、鞋帽	**Garments, Shoes and Hats**	**101.9**	**102.4**
服装	Garments	101.9	102.5
男式服装	Men's Wear	100.7	102.1
女式服装	Women's Wear	102.5	103.0
儿童服装	Children's Clothing	104.1	101.9
鞋袜帽	Footwear,Socks and Hats	101.8	102.1
鞋	Shoes	102.1	102.3
袜子	Socks and Stockings	100.0	100.8
帽子	Hats	100.4	100.6
其他	Others	100.6	99.8

5-8 续表 Continued

(上年＝100) (preceding year=100)

指　标	Item	2014	2015
纺织品	**Textiles**	**102.2**	**101.0**
衣着材料	Clothing Material	104.0	102.4
床上用品	Bed Articles	101.0	100.0
家用电器及音像器材	**Electric Household Appliance and Sound Apparatus**	**98.2**	**97.9**
家庭设备	Household Facilities	99.4	98.0
文娱用耐用消费品	Durable Consuming Goods for Entertainment	96.1	97.3
音像器材类	Sound Apparatus	99.8	99.6
文化办公用品	**Cultural and Office Goods**	**98.8**	**99.9**
日用品	**Articles for Daily Use**	**100.9**	**100.5**
日用百货	Merchandiles for Daily Use	100.8	100.2
日用杂品	Sundries for Daily Use	102.1	101.4
洗涤用品	Washing and Cleaning Goods	100.3	100.7
其他日用品	Other Daily-use Goods	100.8	100.3
体育娱乐用品	**Sports and Entertainment Goods**	**100.1**	**100.2**
体育用品	Sports Goods	100.2	100.6
娱乐用品	Recreational Goods	100.0	99.9
交通、通信用品	**Traffic and Telecommunication Goods**	**96.3**	**97.6**
交通运输机械	Traffic and Transport Machinery	97.0	97.2
通信器材类	Telecommunication Apparatus	95.5	98.1
家具	**Furniture**	**101.1**	**99.9**
化妆品类	**Cosmetics**	**100.5**	**100.0**
金银珠宝类	**Gold and Silver Jewls**	**91.8**	**92.5**
中西药品及医疗保健用品类	**Chinese and Western Medicines and Health Supplies**	**101.6**	**103.3**
医疗器具及用品	Medical-care Apparatus and Goods	100.3	102.7
中药材及中成药	Chinese Herbs and Patent Medicine	102.8	104.3
西药	Western Medicine	100.9	102.7
保健品及器具	Healthy Devices and Goods	100.7	102.0
书报杂志及电子出版物类	**Books, Magazines and Electronic Publications**	**100.8**	**101.4**
教材及参考书	Texts and Reference Books	101.3	100.8
书报杂志	Newspapers and Magazines	101.1	102.5
电子音像制品	Electronic Audio and Video Products	98.8	100.9
燃料类	**Fuels**	**99.7**	**89.9**
煤炭及制品类	Coal and Its Products	99.3	99.0
石油及制品类	Oil and Its Products	99.7	88.2
建筑材料及五金电料类	**Building Apparatus and Hardwares**	**101.1**	**99.7**
建筑装璜材料	Building Decoration Materials	101.1	99.6
五金电料类	Hardwares and Electrical Apparatus	101.4	99.9

5-9 分月商品零售价格分类指数(2015年)

(上年同月=100)

指　标	Item	1 月 January	2 月 February	3 月 March
商品零售价格总指数	**Retail General Price Index**	**100.0**	**100.4**	**100.6**
食品类	**Food**	**101.1**	**102.5**	**102.7**
粮食	Grain	102.3	101.8	101.4
淀粉	Starches and Tubers	101.4	101.3	102.0
干豆类及豆制品	Beans and Bean Products	103.5	103.0	102.7
油脂	Oil or Fat	92.2	92.1	92.1
肉禽及其制品	Meal,Poultry and Their Products	99.1	101.6	103.8
食用畜肉及副产品	Edible Domestic Animal's Meat and By-products	96.3	99.2	102.4
禽	Poultry	106.0	109.7	109.5
肉禽加工制品	Poultry Meat Processed Products	102.1	102.3	103.2
蛋	Eggs	108.5	110.2	109.3
水产品	Aquatic Products	98.5	99.6	100.4
鱼	Fish	96.6	97.9	99.0
其他水产品	Other Aquatic Products	103.1	103.9	104.0
菜	Vegetables	101.4	106.6	104.9
调味品	Flavoring	103.2	102.9	102.8
糖	Sweet	101.1	101.0	100.6
干鲜瓜果	Dried and Fresh Melons and Fruits	105.6	107.2	109.4
糕点饼干面包	Cake,Cookie,Bread	101.4	101.1	101.0
液体乳及乳制品	Milk and Its Products	99.1	98.5	97.9
在外用膳食品	Picnic Food	102.6	103.0	102.6
其他食品	Other Food	103.2	102.2	101.7
饮料、烟酒	**Tobacco,Liquor and Articles**	**100.0**	**99.9**	**99.9**
茶及饮料	Tea and Drinks	101.5	101.5	101.7
茶叶	Tea	104.6	104.0	104.1
饮料	Beverage	100.1	100.3	100.5
烟草	Tobacco	100.1	100.0	100.0
酒	Liquor	99.0	98.7	98.8
服装、鞋帽	**Garments, Shoes and Hats**	**102.1**	**102.5**	**102.1**
服装	Garments	102.4	103.0	102.0
男式服装	Men's Wear	101.1	102.0	101.3
女式服装	Women's Wear	103.5	103.8	102.6
儿童服装	Children's Clothing	102.8	103.0	102.3
鞋袜帽	Footwear,Socks and Hats	101.3	101.3	102.4
鞋	Shoes	101.5	101.4	102.6
袜子	Socks and Stockings	99.8	100.7	100.5
帽子	Hats	100.2	100.3	100.5
其他	Others	102.0	101.2	101.5

Retail Price Indices by Category and Month(2015)

(same month of preceding year=100)

4 月 April	5 月 May	6 月 June	7 月 July	8 月 August	9 月 September	10 月 October	11 月 November	12 月 December
100.7	**100.5**	**100.7**	**100.8**	**100.9**	**100.5**	**100.5**	**100.4**	**100.5**
103.3	**102.1**	**102.3**	**102.8**	**103.7**	**102.4**	**102.0**	**101.6**	**101.6**
101.3	101.2	101.2	101.3	101.4	101.2	101.1	101.0	101.1
101.9	102.6	102.0	102.1	102.2	101.7	101.6	101.1	101.9
103.2	103.3	103.0	102.7	102.6	103.4	103.2	102.8	102.8
94.0	95.9	96.5	96.6	97.2	97.4	97.3	99.2	100.2
105.0	103.4	104.3	106.8	109.6	108.0	107.3	105.9	106.0
105.7	103.7	105.2	109.0	113.3	111.1	110.0	108.1	108.0
105.3	102.9	103.4	103.6	103.5	102.7	103.0	102.3	102.5
102.6	102.6	102.4	102.5	102.9	102.6	102.6	102.2	102.6
103.1	95.6	94.7	92.9	94.0	93.3	92.6	91.8	92.9
99.6	98.9	99.7	100.8	101.1	99.7	99.3	99.0	98.6
97.7	97.0	98.1	99.4	99.8	98.7	97.9	97.7	97.1
104.1	103.7	103.7	104.3	104.3	102.0	102.7	102.1	102.0
111.7	108.2	113.1	110.3	112.5	104.7	102.5	103.0	102.5
102.4	102.3	101.9	102.1	102.7	102.1	102.5	102.2	102.2
100.9	101.1	100.9	101.4	101.0	100.4	101.0	100.8	100.5
105.7	102.7	97.6	97.9	97.7	95.4	95.5	94.4	94.9
100.7	100.3	100.3	100.6	100.9	100.7	100.5	100.2	100.0
98.4	97.8	98.2	99.0	98.4	99.3	99.6	98.5	98.8
102.5	102.2	102.4	102.4	102.4	102.5	102.6	102.5	102.4
102.8	102.1	100.7	100.3	99.9	100.7	100.3	100.3	99.6
100.0	**101.4**	**103.3**	**103.3**	**103.3**	**103.5**	**103.5**	**103.6**	**103.6**
101.3	100.3	100.4	100.9	100.8	100.7	101.1	101.0	100.7
102.2	100.8	101.2	101.1	100.0	99.3	99.7	99.6	99.2
100.9	100.1	100.1	100.9	101.2	101.4	101.8	101.8	101.5
100.0	103.9	107.5	107.5	107.6	107.7	107.6	107.6	107.6
99.0	98.7	99.4	99.3	99.2	99.6	99.4	99.9	100.2
102.4	**102.9**	**102.5**	**102.5**	**102.3**	**102.4**	**102.3**	**102.2**	**102.4**
102.3	103.3	102.4	102.5	102.4	102.5	102.5	102.5	102.7
102.0	103.0	102.3	102.5	102.3	102.0	102.4	102.3	102.3
102.5	103.5	102.6	103.0	102.8	103.1	102.6	102.9	103.1
102.8	103.0	101.5	100.4	100.8	101.3	101.8	101.7	101.6
102.7	102.1	102.9	102.7	102.1	102.6	102.1	101.7	101.9
103.0	102.4	103.2	103.0	102.3	102.8	102.3	101.7	101.9
100.6	99.9	101.0	100.6	101.0	101.3	101.1	101.3	101.8
100.4	100.1	101.4	100.9	100.8	100.9	100.5	100.6	100.6
101.2	100.3	99.2	99.2	99.8	98.0	97.9	98.2	98.9

5-9 续表

(上年同月＝100)

指 标	Item	1 月 January	2 月 February	3 月 March
纺织品	**Textiles**	**101.8**	**101.8**	**101.7**
衣着材料	Clothing Material	104.4	104.1	103.7
床上用品	Bed Articles	100.1	100.3	100.4
家用电器及音像器材	**Electric Household Appliance and Sound Apparatus**	**98.5**	**98.1**	**98.1**
家庭设备	Household Facilities	99.4	98.8	98.8
文娱用耐用消费品	Durable Consuming Goods for Entertainment	97.0	96.5	96.5
音像器材类	Sound Apparatus	99.7	99.7	99.6
文化办公用品	**Cultural and Office Goods**	**99.6**	**99.6**	**99.5**
日用品	**Articles for Daily Use**	**100.7**	**100.8**	**100.6**
日用百货	Merchandiles for Daily Use	100.7	100.6	100.3
日用杂品	Sundries for Daily Use	102.8	102.0	101.5
洗涤用品	Washing and Cleaning Goods	100.2	101.0	100.6
其他日用品	Other Daily-use Goods	100.0	100.1	100.3
体育娱乐用品	**Sports and Entertainment Goods**	**100.1**	**100.2**	**100.4**
体育用品	Sports Goods	100.8	100.8	100.9
娱乐用品	Recreational Goods	99.6	99.8	99.9
交通、通信用品	**Traffic and Telecommunication Goods**	**98.1**	**98.2**	**98.8**
交通运输机械	Traffic and Transport Machinery	98.9	98.7	99.1
通信器材类	Telecommunication Apparatus	97.0	97.6	98.4
家具	**Furniture**	**100.2**	**100.4**	**100.8**
化妆品类	**Cosmetics**	**99.8**	**100.1**	**99.5**
金银珠宝类	**Gold and Silver Jewls**	**98.5**	**96.5**	**93.3**
中西药品及医疗保健用品类	**Chinese and Western Medicines and Health Supplies**	**101.6**	**101.4**	**101.8**
医疗器具及用品	Medical-care Apparatus and Goods	100.8	100.8	101.0
中药材及中成药	Chinese Herbs and Patent Medicine	101.7	101.5	101.7
西药	Western Medicine	101.5	101.2	101.8
保健品及器具	Healthy Devices and Goods	101.9	101.7	102.1
书报杂志及电子出版物类	**Books, Magazines and Electronic Publications**	**101.5**	**101.4**	**101.4**
教材及参考书	Texts and Reference Books	101.0	100.9	101.4
书报杂志	Newspapers and Magazines	103.2	103.0	102.6
电子音像制品	Electronic Audio and Video Products	99.1	99.1	99.3
燃料类	**Fuels**	**89.3**	**88.6**	**90.2**
煤炭及制品类	Coal and Its Products	99.4	99.5	99.5
石油及制品类	Oil and Its Products	87.3	86.6	88.4
建筑材料及五金电料类	**Building Apparatus and Hardwares**	**100.2**	**100.2**	**100.2**
建筑装璜材料	Building Decoration Materials	100.0	100.0	100.1
五金电料类	Hardwares and Electrical Apparatus	100.7	100.8	100.7

Continued

(same month of preceding year=100)

4 月 April	5 月 May	6 月 June	7 月 July	8 月 August	9 月 September	10 月 October	11 月 November	12 月 December
100.9	**100.9**	**100.5**	**101.0**	**100.8**	**100.3**	**100.6**	**100.7**	**100.5**
103.4	102.9	102.2	102.0	101.5	101.0	101.2	101.1	101.0
99.4	99.5	99.4	100.3	100.3	99.8	100.3	100.4	100.1
97.9	**97.5**	**97.4**	**97.5**	**97.6**	**98.0**	**98.0**	**97.8**	**97.8**
98.3	97.7	97.4	97.5	97.5	98.0	97.8	97.5	97.4
96.8	96.9	97.2	97.3	97.4	98.0	98.2	98.1	98.3
99.6	99.5	99.5	99.5	99.5	99.4	99.6	99.6	99.6
99.7	**99.8**	**99.8**	**100.1**	**100.1**	**100.1**	**100.1**	**100.0**	**100.1**
100.6	**100.4**	**100.8**	**100.6**	**100.6**	**100.5**	**100.4**	**100.2**	**100.4**
100.5	100.4	100.4	100.0	100.0	100.0	99.8	99.7	99.9
101.2	101.0	101.6	101.2	101.5	101.3	101.2	100.8	101.1
101.0	100.6	101.1	100.8	100.9	100.5	100.5	100.3	100.5
100.1	99.7	100.3	100.5	100.5	100.6	100.7	100.3	100.4
100.3	**99.8**	**99.8**	**99.9**	**100.1**	**100.3**	**100.5**	**100.3**	**100.5**
100.7	99.9	99.8	100.0	100.4	100.7	101.0	101.0	100.8
99.9	99.8	99.8	99.8	99.8	100.0	100.0	99.8	100.2
98.3	**98.2**	**98.0**	**98.1**	**97.5**	**97.1**	**96.7**	**96.3**	**95.9**
97.9	97.8	97.4	97.6	96.9	96.2	95.9	95.2	94.5
98.8	98.8	98.6	98.6	98.3	98.3	97.7	97.7	97.7
100.6	**100.5**	**100.3**	**99.7**	**99.5**	**99.1**	**99.1**	**99.0**	**99.4**
99.5	**99.7**	**100.5**	**100.1**	**99.8**	**100.3**	**100.3**	**100.1**	**100.7**
92.8	**92.8**	**91.3**	**88.8**	**88.4**	**90.7**	**92.2**	**92.6**	**92.0**
102.1	**102.7**	**104.2**	**104.3**	**104.2**	**104.0**	**104.3**	**104.3**	**104.1**
103.4	103.4	103.3	103.2	103.1	103.3	103.7	103.4	103.4
101.9	103.1	105.6	105.8	106.4	106.2	106.0	105.7	105.7
102.2	102.5	103.6	103.6	102.9	102.7	103.5	103.8	103.4
102.5	101.4	101.9	102.1	102.2	102.3	102.1	101.7	102.1
101.5	**101.5**	**101.6**	**101.7**	**101.6**	**101.3**	**101.5**	**101.2**	**101.2**
101.3	101.1	101.3	101.0	100.5	100.1	100.4	100.4	100.4
102.4	102.4	102.4	102.4	102.6	102.6	102.4	101.9	101.7
100.0	100.6	100.5	102.3	102.5	102.2	102.2	101.8	102.1
89.8	**91.6**	**91.0**	**89.5**	**87.8**	**87.9**	**89.7**	**91.5**	**92.2**
99.0	98.9	98.9	98.8	98.8	98.8	98.9	98.6	98.6
88.1	90.2	89.5	87.7	85.7	85.8	87.9	90.0	90.9
99.8	**99.6**	**99.7**	**99.4**	**99.2**	**99.3**	**99.3**	**99.3**	**99.6**
99.7	99.6	99.6	99.3	99.1	99.3	99.3	99.3	99.6
99.9	99.6	100.0	99.7	99.6	99.3	99.4	99.4	99.6

5-10 主要城市商品零售价格总指数(1984-2015年)
Major Cities in Overall Retail Price Index(1984-2015)

(上年=100) (preceding year=100)

年 份 Year	武汉市 Wuhan	黄石市 Huangshi	十堰市 Shiyan	宜昌市 Yichang	襄阳市 Xiangyang	孝感市 Xiaogan	荆州市 Jingzhou	咸宁市 Xianning
1984	104.0	103.1	103.4	100.9	100.4	104.4	103.4	
1985	111.6	112.1	115.1	110.6	109.1	104.7	113.1	
1986	105.8	106.0	102.4	107.8	106.2	105.3	104.5	
1987	108.2	108.6	105.6	107.2	107.0	109.9	110.4	
1988	121.8	122.7	121.4	127.6	120.4	121.0	122.0	
1989	113.9	117.4	111.6	116.7	112.8	116.8	113.9	116.8
1990	102.5	101.2	105.1	103.2	102.3	104.5	103.7	101.8
1991	106.7	107.2	106.6	105.6	105.6	105.6	104.8	104.4
1992	110.0	109.2	108.8	109.9	107.5	102.8	106.6	107.9
1993	118.8	116.7	116.4	119.5	113.1	102.5	114.8	115.6
1994	124.1	122.3	120.4	127.5	123.2	120.4	122.5	127.7
1995	114.0	115.6	117.0	119.1	113.9	119.5	124.6	117.7
1996	106.0	106.6	108.4	106.3	106.6	107.7	106.3	105.9
1997	100.7	100.1	101.2	99.9	101.4	101.4	100.9	101.4
1998	96.2	96.3	96.6	96.3	97.6	97.9	96.9	97.2
1999	93.7	94.7	95.6	99.8	95.3	97.1	96.9	96.4
2000	97.4	96.9	98.0	101.7	97.5	98.7	99.9	97.9
2001	96.0	97.2	97.7	99.9	97.6	99.3	97.9	97.9
2002	97.7	99.0	99.5	102.5	98.8	99.6	98.4	98.4
2003	100.4	100.4	100.6	102.4	99.1	100.0	100.5	101.4
2004	101.0	102.2	102.9	103.6	103.5	103.3	104.1	104.9
2005	100.9	100.6	100.9	102.1	100.3	101.3	101.8	101.8
2006	100.7	100.5	101.3	101.2	100.0	102.3	101.1	101.2
2007	103.0	103.4	104.5	104.8	103.6	102.9	106.3	105.9
2008	105.1	107.0	106.3	105.1	104.7	105.9	106.7	108.0
2009	98.4	98.8	99.9	99.8	98.1	99.5	97.0	98.8
2010	103.1	102.5	103.3	102.1	102.8	103.5	102.0	103.5
2011	105.6	105.5	105.0	105.4	105.7	105.6	105.2	105.9
2012	102.3	102.3	101.7	102.4	103.2	103.2	102.4	102.4
2013	100.9	101.1	102.8	101.7	102.2	102.7	102.0	102.2
2014	100.5	101.3	100.5	101.0	101.2	101.2	100.7	100.9
2015	100.0	100.4	100.3	100.6	101.5	100.3	100.7	100.4

5-11 主要城市商品零售价格分类指数(2015年)
Major Cities in the Retail Price Indices by Category(2015)

(上年＝100) (preceding year=100)

指　标	Item	武汉市 Wuhan	黄石市 Huangshi	十堰市 Shiyan	宜昌市 Yichang
商品零售价格总指数	**Retail General Price Index**	**100.0**	**100.4**	**100.3**	**100.6**
食品类	**Food**	**101.4**	**103.2**	**102.2**	**102.0**
粮食	Grain	101.0	101.6	101.5	101.5
淀粉	Starches and Tubers	101.3	103.9	104.2	103.0
干豆类及豆制品	Beans and Bean Products	103.1	108.8	99.5	103.8
油脂	Oil or Fat	94.9	95.5	93.9	91.9
肉禽及其制品	Meal,Poultry and Their Products	104.4	105.7	107.3	104.2
食用畜肉及副产品	Edible Domestic Animal's Meat and By-products	105.0	106.4	109.3	103.6
禽	Poultry	104.8	101.2	105.8	105.2
肉禽加工制品	Poultry Meat Processed Products	102.6	106.3	101.7	105.8
蛋	Eggs	100.1	96.5	98.2	99.7
水产品	Aquatic Products	102.5	101.4	99.6	99.9
鱼	Fish	102.5	97.8	97.7	93.8
其他水产品	Other Aquatic Products	102.4	107.7	103.9	112.2
菜	Vegetables	104.1	102.4	104.4	105.9
调味品	Flavoring	101.8	103.7	102.3	102.2
糖	Sweet	101.1	103.0	99.8	103.6
干鲜瓜果	Dried and Fresh Melons and Fruits	98.2	99.4	100.6	96.9
糕点饼干面包	Cake,Cookie,Bread	101.5	108.7	97.0	101.8
液体乳及乳制品	Milk and Its Products	98.4	103.2	91.7	95.8
在外用膳食品	Picnic Food	100.3	105.2	102.3	103.6
其他食品	Other Food	100.1	102.5	102.4	102.2
饮料、烟酒	**Tobacco,Liquor and Articles**	**103.3**	**99.9**	**100.5**	**101.7**
茶及饮料	Tea and Drinks	101.1	102.9	98.3	100.4
茶叶	Tea	97.9	100.2	100.0	99.5
饮料	Beverage	102.7	103.7	97.8	100.7
烟草	Tobacco	104.2	100.3	104.4	105.0
酒	Liquor	102.3	97.3	96.8	97.1
服装、鞋帽	**Garments, Shoes and Hats**	**102.7**	**102.7**	**102.3**	**105.2**
服装	Garments	102.8	103.0	102.0	104.6
男式服装	Men's Wear	101.8	102.4	103.3	102.4
女式服装	Women's Wear	103.2	103.9	101.1	105.9
儿童服装	Children's Clothing	104.2	101.1	101.6	105.1
鞋袜帽	Footwear,Socks and Hats	102.7	101.7	102.1	106.9
鞋	Shoes	103.3	101.8	101.4	107.5
袜子	Socks and Stockings	98.9	100.5	108.6	99.6
帽子	Hats	98.0	102.4	110.2	100.9
其他	Others	97.8	100.0	111.8	100.0

5-11 续表 1 Continued

(上年＝100) (preceding year=100)

指　标	Item	武汉市 Wuhan	黄石市 Huangshi	十堰市 Shiyan	宜昌市 Yichang
纺织品	**Textiles**	**100.4**	**100.6**	**103.7**	**99.1**
衣着材料	Clothing Material	105.3	100.2	108.8	100.1
床上用品	Bed Articles	99.3	100.7	100.4	98.8
家用电器及音像器材	**Electric Household Appliance and Sound Apparatus**	**93.4**	**98.1**	**95.9**	**97.7**
家庭设备	Household Facilities	93.9	99.2	96.8	98.1
文娱用耐用消费品	Durable Consuming Goods for Entertainment	91.5	96.5	94.0	97.0
音像器材类	Sound Apparatus	99.9	100.0	99.8	99.6
文化办公用品	**Cultural and Office Goods**	**97.6**	**100.1**	**103.4**	**100.3**
日用品	**Articles for Daily Use**	**100.8**	**100.2**	**101.0**	**101.5**
日用百货	Merchandiles for Daily Use	99.8	99.8	100.4	100.8
日用杂品	Sundries for Daily Use	101.8	99.7	100.1	110.2
洗涤用品	Washing and Cleaning Goods	100.9	101.3	98.3	98.0
其他日用品	Other Daily-use Goods	101.0	100.0	105.3	100.9
体育娱乐用品	**Sports and Entertainment Goods**	**100.0**	**102.3**	**100.6**	**99.5**
体育用品	Sports Goods	101.3	99.9	99.9	100.2
娱乐用品	Recreational Goods	98.9	104.2	101.1	99.1
交通、通信用品	**Traffic and Telecommunication Goods**	**96.1**	**95.7**	**99.9**	**96.3**
交通运输机械	Traffic and Transport Machinery	96.3	95.2	98.2	99.2
通信器材类	Telecommunication Apparatus	95.8	96.5	102.6	89.5
家具	**Furniture**	**99.6**	**99.8**	**100.0**	**98.9**
化妆品类	**Cosmetics**	**97.8**	**99.9**	**104.0**	**100.5**
金银珠宝类	**Gold and Silver Jewls**	**83.9**	**95.8**	**86.3**	**90.2**
中西药品及医疗保健用品类	**Chinese and Western Medicines and Health Supplies**	**104.6**	**101.0**	**100.2**	**102.7**
医疗器具及用品	Medical-care Apparatus and Goods	100.0	101.4	101.1	101.2
中药材及中成药	Chinese Herbs and Patent Medicine	110.3	100.0	100.3	102.8
西药	Western Medicine	101.9	101.1	100.2	102.7
保健品及器具	Healthy Devices and Goods	102.6	104.9	100.0	102.5
书报杂志及电子出版物类	**Books, Magazines and Electronic Publications**	**101.7**	**100.0**	**101.4**	**99.8**
教材及参考书	Texts and Reference Books	99.7	100.0	103.3	99.5
书报杂志	Newspapers and Magazines	104.3	100.0	99.9	100.0
电子音像制品	Electronic Audio and Video Products	101.1	100.0	100.0	100.0
燃料类	**Fuels**	**90.6**	**88.3**	**88.1**	**89.6**
煤炭及制品类	Coal and Its Products	99.9	100.0	100.0	99.9
石油及制品类	Oil and Its Products	89.2	86.9	86.6	88.1
建筑材料及五金电料类	**Building Apparatus and Hardwares**	**100.3**	**99.5**	**99.4**	**98.3**
建筑装璜材料	Building Decoration Materials	100.4	99.2	98.8	98.0
五金电料类	Hardwares and Electrical Apparatus	99.9	100.4	100.8	98.8

5-11 续表 2 Continued

(上年＝100) (preceding year=100)

指 标	Item	襄阳市 Xiangyang	孝感市 Xiaogan	荆州市 Jingzhou	咸宁市 Xiangning
商品零售价格总指数	**Retail General Price Index**	**101.5**	**100.3**	**100.7**	**100.4**
食品类	**Food**	**102.7**	**102.0**	**103.1**	**102.4**
粮食	Grain	100.9	101.7	100.5	101.4
淀粉	Starches and Tubers	101.7	102.6	103.7	103.4
干豆类及豆制品	Beans and Bean Products	100.5	101.2	105.1	100.6
油脂	Oil or Fat	99.4	95.1	92.1	92.1
肉禽及其制品	Meal,Poultry and Their Products	109.3	105.4	105.9	103.9
食用畜肉及副产品	Edible Domestic Animal's Meat and By-products	111.4	106.1	106.9	104.1
禽	Poultry	109.4	110.9	105.7	104.3
肉禽加工制品	Poultry Meat Processed Products	103.7	100.3	102.5	102.4
蛋	Eggs	88.5	94.0	102.2	96.0
水产品	Aquatic Products	97.3	99.2	100.0	97.1
鱼	Fish	95.8	99.1	99.4	96.3
其他水产品	Other Aquatic Products	100.2	99.3	101.2	99.4
菜	Vegetables	108.7	107.6	108.7	111.7
调味品	Flavoring	105.5	100.6	104.8	103.9
糖	Sweet	99.7	101.5	99.0	104.4
干鲜瓜果	Dried and Fresh Melons and Fruits	97.7	94.9	105.6	99.7
糕点饼干面包	Cake,Cookie,Bread	97.5	101.5	97.2	98.7
液体乳及乳制品	Milk and Its Products	97.1	95.2	97.4	101.3
在外用膳食品	Picnic Food	101.2	103.6	102.9	102.8
其他食品	Other Food	101.4	100.3	101.6	103.5
饮料、烟酒	**Tobacco,Liquor and Articles**	**101.6**	**100.7**	**102.4**	**100.0**
茶及饮料	Tea and Drinks	99.3	101.2	98.1	99.1
茶叶	Tea	100.1	100.0	99.3	94.1
饮料	Beverage	99.1	101.6	97.6	101.8
烟草	Tobacco	103.0	102.5	104.5	104.6
酒	Liquor	100.5	98.4	101.4	92.9
服装、鞋帽	**Garments, Shoes and Hats**	**105.6**	**102.5**	**102.0**	**102.6**
服装	Garments	107.8	103.1	102.0	102.0
男式服装	Men's Wear	106.2	104.6	102.5	102.1
女式服装	Women's Wear	110.4	102.5	101.6	101.8
儿童服装	Children's Clothing	95.7	100.0	101.5	102.0
鞋袜帽	Footwear,Socks and Hats	99.5	100.9	102.0	104.6
鞋	Shoes	99.6	101.0	102.0	104.7
袜子	Socks and Stockings	98.6	100.0	102.1	105.0
帽子	Hats	99.8	100.0	101.6	100.0
其他	Others	88.0	100.0	100.6	100.4

5-11 续表 3 Continued

(上年＝100) (preceding year=100)

指　标	Item	襄阳市 Xiangyang	孝感市 Xiaogan	荆州市 Jingzhou	咸宁市 Xiangning
纺织品	**Textiles**	**103.9**	**100.0**	**101.7**	**103.5**
衣着材料	Clothing Material	100.0	100.0	102.9	100.8
床上用品	Bed Articles	105.2	100.0	101.1	105.3
家用电器及音像器材	**Electric Household Appliance and Sound Apparatus**	**100.2**	**98.6**	**99.6**	**99.9**
家庭设备	Household Facilities	99.8	97.6	99.3	99.8
文娱用耐用消费品	Durable Consuming Goods for Entertainment	100.6	100.0	100.0	100.2
音像器材类	Sound Apparatus	100.0	99.8	99.8	100.0
文化办公用品	**Cultural and Office Goods**	**98.9**	**100.0**	**100.3**	**102.5**
日用品	**Articles for Daily Use**	**101.2**	**101.3**	**101.2**	**100.1**
日用百货	Merchandiles for Daily Use	101.4	102.7	100.2	98.5
日用杂品	Sundries for Daily Use	101.5	100.0	100.2	100.6
洗涤用品	Washing and Cleaning Goods	104.0	101.7	104.3	102.9
其他日用品	Other Daily-use Goods	98.8	100.0	99.5	98.5
体育娱乐用品	**Sports and Entertainment Goods**	**99.6**	**100.0**	**99.6**	**99.6**
体育用品	Sports Goods	99.5	100.0	100.4	99.3
娱乐用品	Recreational Goods	99.7	100.0	99.0	100.0
交通、通信用品	**Traffic and Telecommunication Goods**	**99.0**	**98.6**	**97.5**	**95.7**
交通运输机械	Traffic and Transport Machinery	97.2	97.2	97.1	96.4
通信器材类	Telecommunication Apparatus	101.7	100.0	97.9	94.6
家具	**Furniture**	**99.9**	**100.8**	**99.6**	**102.0**
化妆品类	**Cosmetics**	**101.1**	**100.1**	**100.1**	**99.7**
金银珠宝类	**Gold and Silver Jewls**	**96.0**	**100.4**	**95.0**	**91.9**
中西药品及医疗保健用品类	**Chinese and Western Medicines and Health Supplies**	**105.9**	**100.0**	**100.9**	**103.5**
医疗器具及用品	Medical-care Apparatus and Goods	100.7	100.0	99.3	103.8
中药材及中成药	Chinese Herbs and Patent Medicine	107.0	99.9	99.8	101.1
西药	Western Medicine	106.6	100.0	101.2	105.2
保健品及器具	Healthy Devices and Goods	100.0	100.0	104.6	102.7
书报杂志及电子出版物类	**Books, Magazines and Electronic Publications**	**101.4**	**100.3**	**99.4**	**103.3**
教材及参考书	Texts and Reference Books	99.9	99.8	99.8	103.7
书报杂志	Newspapers and Magazines	103.2	101.3	102.6	103.3
电子音像制品	Electronic Audio and Video Products	99.5	100.0	91.0	101.7
燃料类	**Fuels**	**90.5**	**91.6**	**91.1**	**85.0**
煤炭及制品类	Coal and Its Products	99.9	100.2	100.0	96.5
石油及制品类	Oil and Its Products	89.2	90.6	89.9	81.1
建筑材料及五金电料类	**Building Apparatus and Hardwares**	**100.0**	**98.8**	**100.1**	**99.0**
建筑装璜材料	Building Decoration Materials	100.4	98.2	100.1	98.8
五金电料类	Hardwares and Electrical Apparatus	99.2	100.3	100.0	99.9

5-12 农业生产资料价格分类指数(2015年)
Price Indices for Means of Agricultural Production by Category(2015)

(上年＝100) (preceding year=100)

指 标	Item	全 省 Province	城 市 Urban Areas	农 村 Rural Areas
农业生产资料价格指数	**Price Index for Means of Agricultural Production**	**100.4**		**100.4**
农用手工工具	Agricultural Craft Tool	102.0		102.0
饲料	Forage	97.3		97.3
混合饲料	Mixed Forage	97.6		97.6
其他	Others	96.7		96.7
产品畜	Animals for Products	110.1		110.1
幼禽家畜	Domestic Animals and Young Poultry	110.1		110.1
半机械化农具	Semi-mechanized Farm Tools	100.3		100.3
机械化农具	Mechanized Farm Machinery	99.6		99.6
农用机械	Agricultural Machinery	99.6		99.6
化学肥料	Chemical Fertilizer	99.0		99.0
氮肥	Nitrogen Fertilizer	99.0		99.0
磷肥	Phosphate Fertilizer	100.2		100.2
钾肥	Calcium Fertilizer	98.0		98.0
复合肥料	Compounded Fertilizer	97.9		97.9
农药及农药械	Pesticide & Its Appliances	100.7		100.7
化学农药	Chemical Pesticide	100.8		100.8
杀虫剂	Insecticide	101.4		101.4
杀菌剂	Disinfectant	100.4		100.4
除草剂	Herbicide	99.9		99.9
农药器械	Pesticide Apparatus	99.6		99.6
农用机油	Oil for Farm Machinery	89.5		89.5
其他农业生产资料	Other Agricultural Productions	100.5		100.5
农用种子	Seeds for Farm	101.0		101.0
其他	Others	99.0		99.0
农用薄膜	Agricultural Membrane	98.0		98.0
其他	Others	100.4		100.4
农业生产服务	Agricultural Production Service	101.8		101.8
排灌费	Irrigation Costs	100.2		100.2
机械作业费	Machinery Operating Costs	104.9		104.9
农业用电	Electricity Consumed	99.9		99.9
农业用工	Agricultural Labor	103.0		103.0

5-13 分月农业生产资料价格指数(2015年)

(上年同月=100)

指标	Item	1月 January	2月 February	3月 March
农业生产资料价格指数	**Price Indices for Means of Agricultural Production**	**97.5**	**97.8**	**98.8**
农用手工工具	Agricultural Craft Tool	104.2	104.2	104.6
饲料	Forage	100.2	99.2	99.0
混合饲料	Mixed Forage	100.2	99.2	99.0
其他	Others	100.1	99.0	99.0
产品畜	Animals for Products	93.9	97.6	101.0
幼禽家畜	Domestic Animals and Young Poultry	93.9	97.6	101.0
半机械化农具	Semi-mechanized Farm Tools	101.2	101.0	100.0
机械化农具	Mechanized Farm Machinery	99.7	99.7	100.1
农用机械	Agricultural Machinery	99.7	99.7	100.1
化学肥料	Chemical Fertilizer	95.4	95.7	97.1
氮肥	Nitrogen Fertilizer	94.7	94.5	95.9
磷肥	Phosphate Fertilizer	99.4	99.6	100.5
钾肥	Calcium Fertilizer	93.5	94.2	96.1
复合肥料	Compounded Fertilizer	94.5	96.0	98.1
农药及农药械	Pesticide & Its Appliances	100.6	100.7	100.6
化学农药	Chemical Pesticide	100.8	100.8	100.8
杀虫剂	Insecticide	100.6	100.7	101.0
杀菌剂	Disinfectant	100.0	100.0	100.0
除草剂	Herbicide	102.3	102.3	100.9
农药器械	Pesticide Apparatus	99.0	99.0	99.3
农用机油	Oil for Farm Machinery	88.7	87.3	89.0
其他农业生产资料	Other Agricultural Productions	98.7	99.1	99.2
农用种子	Seeds for Farm	98.4	99.0	99.3
其他	Others	99.7	99.6	99.2
农用薄膜	Agricultural Membrane	99.3	99.1	98.3
其他	Others	100.2	100.2	100.4
农业生产服务	Agricultural Production Service	102.4	101.7	101.9
排灌费	Irrigation Costs	100.5	100.5	100.5
机械作业费	Machinery Operating Costs	102.7	102.7	103.1
农业用电	Electricity Consumed	100.0	100.0	100.0
农业用工	Agricultural Labor	107.0	104.2	104.8

Price Indices for Means of Agricultural Production by Month(2015)

(same month of preceding year=100)

4 月 April	5 月 May	6 月 June	7 月 July	8 月 August	9 月 September	10 月 October	11 月 November	12 月 December
99.6	**100.3**	**100.8**	**101.7**	**101.8**	**101.6**	**101.4**	**101.5**	**101.5**
103.0	101.7	101.7	101.6	101.6	101.0	100.9	100.3	99.9
98.3	98.1	98.0	98.7	97.9	95.5	94.3	94.1	93.9
98.3	98.6	98.4	99.3	98.2	95.1	95.3	94.8	94.9
98.2	97.4	97.4	97.8	97.3	96.2	92.6	92.9	92.2
107.3	107.9	108.3	113.3	117.5	117.6	118.0	120.4	120.9
107.3	107.9	108.3	113.3	117.5	117.6	118.0	120.4	120.9
99.9	100.3	100.5	100.7	100.7	100.3	100.1	100.1	98.7
99.7	99.6	100.5	100.4	99.0	99.1	99.4	99.4	99.1
99.7	99.6	100.5	100.4	99.0	99.1	99.4	99.4	99.1
97.5	98.9	100.2	100.8	100.7	101.1	100.5	99.9	99.9
96.4	98.9	100.8	101.8	101.8	101.9	101.2	100.4	100.4
100.7	100.2	100.6	100.4	100.2	101.3	100.5	99.7	99.7
97.1	98.4	98.8	99.1	99.6	100.0	99.9	99.9	100.1
98.0	98.1	98.5	99.0	98.6	99.0	98.8	98.6	98.5
100.9	101.0	101.1	100.8	100.7	100.7	100.7	100.6	100.4
101.1	101.1	101.2	100.8	100.8	100.8	100.8	100.8	100.6
101.6	101.8	102.0	101.5	101.4	101.4	101.4	101.4	101.4
100.3	100.4	100.6	100.6	100.7	100.7	100.7	100.7	100.0
100.4	99.8	99.4	99.3	99.3	99.1	99.0	99.0	98.9
99.3	99.8	100.1	100.1	100.1	100.1	100.1	99.1	99.1
89.1	91.5	91.1	89.6	87.2	87.3	88.7	91.8	92.8
100.2	100.9	101.1	101.3	101.3	101.1	101.0	101.1	101.1
100.6	101.5	101.9	102.1	102.1	102.0	101.8	101.9	101.9
99.0	98.9	98.9	99.1	99.1	98.6	98.6	98.8	98.6
97.7	97.9	98.0	98.1	98.1	97.4	97.4	97.6	97.4
100.8	100.2	100.2	100.4	100.4	100.4	100.4	100.4	100.4
101.6	101.6	101.4	102.2	102.2	102.0	101.8	101.5	101.5
100.5	100.5	100.0	100.0	100.0	100.0	100.0	100.0	100.0
103.0	104.1	104.0	107.4	107.4	106.5	106.2	105.9	105.9
100.0	100.0	100.0	100.0	100.0	100.0	99.7	99.7	99.7
103.7	102.4	102.3	102.3	102.3	102.3	102.3	101.4	101.4

5-14 农业生产资料价格分类指数
Price Indices for Means of Agricultural Production by Category

(上年＝100) (preceding year=100)

指　　标	Item	2010	2011	2012	2013	2014	2015
农业生产资料价格指数	**Price Indices for Means of Agricultural Production**	**101.9**	**113.5**	**107.2**	**103.1**	**97.9**	**100.4**
农用手工工具	Agricultural Craft Tool	103.6	108.1	105.2	103.0	104.0	102.0
饲料	Forage	104.3	105.1	105.1	107.3	102.1	97.3
混合饲料	Mixed Forage	103.0	106.9	104.9	106.4	102.1	97.6
其他	Others	106.4	102.2	105.4	108.8	102.0	96.7
产品畜	Animals for Products	97.5	151.5	112.8	101.6	94.6	110.1
幼禽家畜	Domestic Animals and Young Poultry	97.5	151.5	112.8	101.6	94.6	110.1
半机械化农具	Semi-mechanized Farm Tools	101.0	105.6	103.5	102.0	101.3	100.3
机械化农具	Mechanized Farm Machinery	101.8	105.1	101.9	100.5	99.8	99.6
农用机械	Agricultural Machinery	101.8	105.1	101.9	100.5	99.8	99.6
化学肥料	Chemical Fertilizer	97.8	116.2	109.6	102.2	94.0	99.0
氮肥	Nitrogen Fertilizer	100.5	119.5	113.0	104.2	92.6	99.0
磷肥	Phosphate Fertilizer	96.3	115.3	104.6	100.0	99.4	100.2
钾肥	Calcium Fertilizer	92.1	105.1	104.3	100.2	93.4	98.0
复合肥料	Compounded Fertilizer	93.4	114.4	107.7	99.4	93.6	97.9
农药及农药械	Pesticide & Its Appliances	101.1	104.7	101.6	100.2	100.2	100.7
化学农药	Chemical Pesticide	101.2	104.9	101.3	100.1	100.3	100.8
杀虫剂	Insecticide	101.3	106.6	101.7	99.2	99.6	101.4
杀菌剂	Disinfectant	101.4	105.4	103.0	102.0	100.0	100.4
除草剂	Herbicide	100.5	99.7	98.4	100.4	102.8	99.9
农药器械	Pesticide Apparatus	100.3	103.0	104.1	100.8	99.2	99.6
农用机油	Oil for Farm Machinery	107.4	111.8	106.1	105.3	99.7	89.5
其他农业生产资料	Other Agricultural Productions	111.1	110.7	105.9	104.4	99.7	100.5
农用种子	Seeds for Farm	114.9	113.0	107.6	105.4	99.3	101.0
其他	Others	100.1	104.8	101.1	101.4	101.0	99.0
农用薄膜	Agricultural Membrane	100.4	106.7	101.5	101.6	101.3	98.0
其他	Others	99.6	102.3	100.7	101.1	100.5	100.4
农业生产服务	Agricultural Production Service	104.3	103.9	107.0	107.3	103.6	101.8
排灌费	Irrigation Costs	100.7	107.7	103.4	100.5	100.8	100.2
机械作业费	Machinery Operating Costs	105.4	103.5	106.7	110.2	103.0	104.9
农业用电	Electricity Consumed		98.5	101.2	102.4	100.3	99.9
农业用工	Agricultural Labor		115.7	123.8	118.5	111.1	103.0

5-15 工业生产者出厂价格分类指数(1990-2015年)
Producer Price Indices for Industrial Products by Category(1990-2015)

(上年＝100) (preceding year=100)

年份 Year	工业生产者出厂价格指数 Producer Price Indices for Industrial Products	轻工业 Light Industry	以农产品为原料 Agricultural products as raw materials	以非农产品为原料 Non-agricultural Products as Raw Materials	重工业 Heavy Industry	采掘 Mining & Quarrying Industry	原料 Raw Materials Industry	加工 Processing Industry	生产资料 Means of Production	生活资料 Consumer Goods
1990	109.0	111.4	113.1	103.1	106.4	103.7	108.6	100.6	106.2	112.1
1991	108.1	102.1			114.2				113.4	102.1
1992	111.0	107.7			113.5				112.6	108.5
1993	125.2	110.5	110.9	108.3	137.0	123.1	148.8	123.5	134.5	111.0
1994	126.2	127.9	131.4	111.1	125.1	113.0	138.5	111.4	124.3	129.3
1995	113.1	121.8	123.2	115.6	106.4	114.9	100.1	113.9	108.4	120.3
1996	102.7	101.1	101.1	101.3	103.8	105.6	103.7	103.7	103.4	101.4
1997	98.7	98.0	98.2	97.0	99.2	97.7	100.4	98.8	98.8	98.5
1998	96.2	95.3	95.5	94.5	97.1	97.4	95.0	99.2	97.0	95.3
1999	97.8	97.3	97.1	96.9	98.3	100.4	97.7	98.6	98.0	97.5
2000	101.6	98.6	97.9	101.3	103.5	114.8	107.8	98.6	103.3	97.6
2001	98.9	97.7	98.2	94.3	99.6	104.0	100.0	98.7	99.4	97.7
2002	98.2	97.7	97.9	95.8	98.4	101.9	99.2	97.5	98.0	98.5
2003	103.5	101.9	103.7	99.6	104.5	118.6	108.9	99.5	104.3	100.8
2004	105.7	105.3	107.4	102.3	106.0	118.1	109.5	102.3	106.4	103.1
2005	104.5	100.9	100.5	101.4	106.5	120.6	109.8	102.9	105.9	99.4
2006	102.9	101.3	100.8	102.3	103.8	115.8	106.0	101.3	103.7	99.9
2007	103.9	104.5	104.8	103.9	103.5	105.9	105.7	102.0	104.0	103.3
2008	106.1	106.0	106.0	105.9	106.2	111.4	108.3	104.4	106.3	105.2
2009	95.6	97.2	97.4	96.8	94.7	81.3	94.1	96.4	94.7	98.9
2010	104.9	103.5	105.3	101.4	105.6	119.2	109.1	101.8	105.8	101.9
2011	106.6	109.6	111.1	104.0	105.5	120.2	106.8	103.7	107.3	104.5
2012	100.3	101.9	101.9	102.0	99.8	101.8	98.7	100.1	99.5	102.6
2013	99.2	101.6	101.8	101.0	98.3	96.5	97.6	98.8	98.1	101.7
2014	98.4	99.9	100.0	99.5	97.9	96.0	96.6	98.7	97.8	100.1
2015	96.7	99.3	99.3	99.3	95.7	84.5	93.0	97.9	95.2	100.5

5-16 按工业部门分工业生产者出厂价格指数(1990-2015年)
Producer Price Indices for Industrial Products by Sector(1990-2015)

(上年=100) (preceding year=100)

年 份 Year	冶金工业 Metallurgical Industry	电力工业 Power Industry	煤炭及炼焦工业 Coal Industry	化学工业 Chemical Industry	机械工业 Machine Manufacturing Idustry
1990	113.7	100.8	88.2	102.2	100.3
1991	126.1	100.8	115.5	100.8	98.6
1992	119.2	99.8	111.8	103.9	107.7
1993	166.3	119.1	114.5	105.5	123.0
1994	113.0	176.4	118.6	115.6	109.3
1995	92.7	110.6	119.9	127.4	107.9
1996	102.2	110.3	118.9	105.5	101.6
1997	95.8	112.3	98.4	93.7	100.3
1998	92.4	101.9	95.2	92.7	100.4
1999	96.2	101.3	97.7	95.4	99.0
2000	103.1	103.2	97.8	96.9	98.9
2001	99.0	100.9	113.2	98.1	98.3
2002	97.9	102.3	119.3	99.0	97.0
2003	110.5	104.4	122.3	101.7	98.0
2004	115.8	100.7	118.2	106.3	99.8
2005	108.6	103.6	116.9	107.3	100.7
2006	102.5	102.1	98.2	100.3	102.2
2007	109.7	102.6	104.1	107.1	101.5
2008	112.3	102.4	126.6	110.3	102.7
2009	86.8	103.8	100.6	92.8	97.8
2010	112.3	102.6	108.4	105.0	99.7
2011	107.8	103.1	118.3	108.6	100.0
2012	94.0	103.3	103.3	100.6	100.9
2013	95.5	100.8	93.5	98.4	99.4
2014	93.1	100.1	94.2	98.7	99.4
2015	89.7	98.9	91.8	98.5	99.5

5-16 续表 Continued

(上年＝100) (preceding year=100)

年 份 Year	建筑材料工业 Building Materials Industry	森林工业 Timber Industry	食品工业 Food Industry	纺织工业 Textile Industry	造纸工业 Paper Industry
1990	99.7	101.5	119.8	109.9	104.6
1991	104.2	97.9	104.9	100.8	97.1
1992	115.1	106.1	110.9	108.9	100.0
1993	139.6	134.0	117.1	106.1	105.6
1994	107.7	111.7	121.8	142.7	99.9
1995	105.4	91.5	123.6	120.4	150.7
1996	104.3	104.3	105.2	96.5	97.5
1997	98.4	96.6	94.8	104.2	92.6
1998	99.3	96.7	96.9	93.4	93.1
1999	98.8	97.4	98.3	96.3	96.4
2000	98.4	95.6	94.2	104.0	100.1
2001	98.5	94.8	98.4	96.3	100.2
2002	99.0	95.8	100.0	93.2	98.1
2003	100.0	98.4	102.5	106.8	99.3
2004	103.9	100.0	107.8	108.7	99.4
2005	101.7	100.3	101.2	99.6	102.5
2006	105.0	100.3	100.0	102.4	100.2
2007	106.2	104.8	106.4	99.0	99.5
2008	107.9	106.0	108.5	101.6	106.2
2009	99.3	100.1	99.3	96.3	94.5
2010	101.0	101.3	103.2	113.4	101.9
2011	113.5	104.5	109.2	119.0	107.3
2012	98.9	102.7	103.5	96.7	100.1
2013	98.4	102.7	102.0	99.4	100.6
2014	100.5	101.4	100.4	98.6	98.9
2015	96.0	99.7	100.0	97.0	98.4

5-17 分月工业生产者出厂价格指数(2015年)

(上年同月=100)

类 别	Item	全 年 Annual Year	1 月 January	2 月 February	3 月 March
工业生产者出厂价格指数	**Producer Price Indices for Industrial Products**	**96.7**	**96.5**	**96.4**	**96.7**
#轻工业	#Light Industry	99.3	99.4	99.2	99.1
以农产品为原料	Using Farm Produces as Raw Materials	99.3	99.2	99.1	99.1
以非农产品为原料	Using Non-farm Produces as Raw Materials	99.3	100.0	99.4	99.0
重工业	Heavy Industry	95.7	95.5	95.3	95.9
采掘	Mining and Quarrying	84.5	84.1	80.9	83.5
原料	Raw Material	93.0	92.1	92.0	93.4
加工	Processing	97.9	98.1	98.1	98.1
#生产资料	# Means of Production	95.2	95.1	94.9	95.4
采掘	Mining and Quarrying	84.5	84.1	80.9	83.5
原料	Raw Material	92.7	91.8	91.7	93.1
加工	Processing	97.2	97.6	97.6	97.5
生活资料	Life Material	100.5	100.2	100.2	100.2
食品	Food	100.4	100.3	100.2	100.2
衣着	Clothing	100.5	100.5	100.3	100.1
一般日用品	Articles for Daily Use	100.4	100.4	100.4	100.0
耐用消费品	Durable Consumers' Goods	100.9	99.9	99.9	100.4
按工业部门分	**Grouped by Department of Industry**				
冶金工业	Metallurgical Industry	89.7	89.8	89.6	90.5
电力工业	Power Industry	98.9	99.7	99.9	100.3
煤炭及炼焦工业	Coal and Coking Industry	91.8	92.2	92.3	92.7
石油工业	Petroleum Industry	75.0	73.0	69.6	73.6
化学工业	Chemical Industry	98.5	98.4	98.2	98.6
机械工业	Machine Buiding Industry	99.5	99.3	99.4	99.4
建筑材料工业	Buiding Material Industry	96.0	95.9	96.0	96.2
森林工业	Timber Industry	99.7	99.7	99.7	99.6
食品工业	Food Industry	100.0	100.1	100.1	99.9
纺织工业	Textile Industry	97.0	96.5	96.4	96.7
缝纫工业	Tailoring Industry	100.5	100.6	100.4	100.1
皮革工业	Leather Industry	101.4	98.4	98.9	99.9
造纸工业	Paper Industry	98.4	97.2	96.9	96.6
文教艺术用品工业	Cultural, Educational and Handicraft Articles	100.3	100.2	100.2	100.3
其它工业	Other Industry	100.9	101.6	101.3	100.0

Producer Price Indices for Industrial Products by Month(2015)

(same month of preceding year=100)

4 月 April	5 月 May	6 月 June	7 月 July	8 月 August	9 月 September	10 月 October	11 月 November	12 月 December
96.9	**96.7**	**96.9**	**96.6**	**96.6**	**96.5**	**96.7**	**96.9**	**96.6**
99.3	99.2	99.2	99.1	99.2	99.6	99.5	99.5	99.5
99.4	99.2	99.1	99.1	99.3	99.7	99.6	99.6	99.7
99.2	99.2	99.5	99.3	99.1	99.2	99.3	99.3	98.9
96.0	95.8	96.1	95.7	95.7	95.4	95.7	95.9	95.5
84.2	84.6	86.4	85.7	84.6	83.4	84.7	85.7	86.2
93.4	93.0	93.4	92.6	93.1	92.8	93.3	94.2	93.2
98.2	98.0	98.2	98.1	97.9	97.7	97.7	97.5	97.3
95.5	95.3	95.5	95.1	95.0	94.8	95.1	95.4	95.0
84.2	84.6	86.4	85.7	84.6	83.4	84.7	85.7	86.2
93.0	92.7	93.1	92.3	92.8	92.6	93.0	94.1	92.9
97.6	97.4	97.4	97.1	96.8	96.8	96.9	96.7	96.6
100.3	100.3	100.6	100.7	100.8	100.9	100.8	100.6	100.6
100.1	100.2	100.3	100.4	100.6	100.7	100.4	100.4	100.5
100.5	100.3	100.2	100.8	100.8	101.1	101.1	100.2	100.2
100.4	100.7	100.8	100.6	100.1	99.9	100.4	100.2	100.5
100.6	100.3	101.0	101.1	101.5	101.7	101.5	101.3	101.0
90.5	89.8	90.2	89.3	90.1	89.6	89.8	89.9	87.8
99.8	98.5	98.5	98.3	98.2	98.1	98.5	98.7	98.7
93.9	94.6	93.1	92.8	93.6	93.4	88.7	86.9	87.2
74.5	76.7	78.5	75.8	73.7	72.3	74.6	78.7	79.9
98.7	98.9	99.2	99.3	98.6	98.0	97.9	98.2	98.0
99.5	99.4	99.7	99.6	99.6	99.6	99.6	99.6	99.3
96.1	95.7	96.0	96.0	96.1	96.4	96.5	95.2	95.7
99.4	99.3	99.5	99.6	99.7	99.9	99.8	99.8	99.9
100.0	100.0	99.9	100.0	100.2	100.2	99.9	99.9	100.0
97.5	96.9	96.2	95.8	96.0	97.6	98.0	98.3	98.5
100.5	100.3	100.2	100.8	100.8	101.0	101.0	100.1	100.1
101.7	102.0	101.6	101.7	101.7	101.9	102.6	102.8	103.3
97.7	98.1	98.7	98.1	98.9	99.0	99.5	99.9	100.0
100.3	100.4	100.6	100.7	100.7	99.8	99.9	100.0	100.0
100.8	101.0	101.8	100.4	100.3	100.5	101.2	101.1	100.4

5-18 分行业工业生产者出厂价格指数(2015年)

(上年同月=100)

类别	Item	全年 Annual Year	1月 January	2月 February
煤炭开采和洗选业	Coal Mining and Selecting Industry	92.4	92.2	91.8
烟煤和无烟煤的开采洗选	The Bituminous Coal and Anthracite Coals Mining and Dressing	92.4	92.1	91.7
黑色金属矿采选业	Black Metal Mineral Mining and Selecting Industry	87.8	86.6	86.3
铁矿采选	The Iron Mineral Mining and Selecting	78.9	77.5	77.2
其他黑色金属矿采选	Other Black Metal Mineral Mining and Selecting	100.0	100.0	99.9
有色金属矿采选业	Colored Metal Mineral Mining and Selecting	89.8	89.8	89.2
常用有色金属矿采选	The Regular Colored Metal Mineral Mining and Selecting	90.3	89.8	89.3
贵金属矿采选	The Precious Metal Mineral Mining and Selecting	93.0	96.5	95.6
非金属矿采选业	Non-Metal Mineral Mining and Selecting	100.1	98.3	98.3
化学矿采选	Chemical Mineral Mining and Selecting	97.5	93.2	93.4
采盐	Salt Mining	93.5	100.8	90.6
石棉及其他非金属矿采选	Asbestos and Other Non-Metal Mineral Mining and Selecting			
农副食品加工业	Farm and Side-Line Food Processed Industry	99.5	99.6	99.6
谷物磨制	Corn Whetted	100.5	101.2	101.6
饲料加工	Forage Processed	97.0	100.2	99.8
植物油加工	Planting-Oil Processed	97.0	95.5	95.8
制糖	Sugar Made			
屠宰及肉类加工	Slaughtered Meta and Meat Processes	101.0	97.0	97.4
水产品加工	Fishery Product Processed	101.5	102.4	102.1
其他农副食品加工	Other Farm and Side-line Food Processed	101.9	102.9	102.6
食品制造业	Food Manufacture Industry	100.6	101.3	100.8
焙烤食品制造	Baked Food Manufacturing	100.3	99.9	99.8
方便食品制造	Convenient Food Manufacturing	103.9	104.9	105.5
液体乳及乳制品制造	Milk and Dairy Products Manufacturing	100.1	100.9	101.0
罐头制造	Canning	100.8	102.8	101.7
调味品、发酵制品制造	Condiment, Ferment Product Manufacturing	99.6	99.6	99.2
其他食品制造	Other Food Manufacturing	99.0	100.2	98.6
饮料制造业	Beverage Manufacture Industry	100.5	100.8	101.0
酒精制造	Alcohol Manufacturing			
酒的制造	Wine Manufacturing	100.9	100.9	101.0
软饮料制造	Soft Beverage Manufacturing	99.3	100.0	100.2
精制茶加工	Refined-tea Process	101.4	102.6	103.0
烟草制品业	Tobacco Product Industry	100.7	100.0	100.0
烟叶复烤	Tobacco Leaves Retroacting	127.0	127.0	127.0
卷烟制造	Cigarette Manufacturing	100.7	100.0	100.0

Producer Price Indices for Industrial Products by Industry(2015)

(same month of preceding year=100)

3 月 March	4 月 April	5 月 May	6 月 June	7 月 July	8 月 August	9 月 September	10 月 October	11 月 November	12 月 December
92.4	93.4	92.8	92.7	93.3	93.3	95.1	91.3	90.3	90.9
92.3	93.4	92.8	92.7	93.3	93.3	95.1	91.3	90.3	90.9
86.2	85.5	86.0	87.5	87.9	87.7	88.8	90.5	90.9	90.2
76.9	75.7	76.3	78.4	79.0	78.6	80.3	83.0	83.7	82.4
100.0	100.0	100.0	100.0	100.0	100.0	100.0	100.0	100.0	100.0
91.7	91.6	91.1	90.3	87.8	87.4	89.2	90.8	88.5	90.0
93.4	93.2	92.2	91.2	89.0	87.8	89.9	91.0	88.2	89.4
90.9	92.1	91.8	92.0	87.1	91.4	91.4	97.4	95.2	94.7
99.4	99.9	100.1	100.5	100.9	100.5	100.4	100.2	101.0	101.5
96.0	96.6	97.1	98.0	99.4	98.9	98.2	98.0	100.9	101.3
91.7	91.2	94.5	92.8	92.6	93.6	93.8	90.8	94.2	95.8
99.3	99.3	99.2	99.4	99.6	99.9	100.0	99.4	99.3	99.5
100.5	100.5	100.5	100.6	100.6	100.7	100.4	99.7	99.9	99.7
98.9	99.2	99.3	98.0	96.4	95.6	94.8	94.3	93.7	93.7
96.6	95.2	95.2	95.7	96.5	97.6	99.5	98.7	98.4	99.6
98.6	100.9	100.0	100.8	102.7	103.8	102.8	102.4	102.3	102.9
102.2	102.0	102.1	101.0	101.5	101.7	101.4	100.2	100.7	100.8
101.6	101.4	101.2	102.5	102.4	102.2	101.7	101.6	101.4	101.0
100.8	101.1	101.0	100.5	100.2	100.2	100.2	100.2	100.3	100.2
100.3	100.3	100.3	100.2	100.1	100.4	100.4	100.5	100.4	100.5
106.0	106.3	105.8	105.2	104.1	103.6	102.5	101.2	101.4	100.3
100.0	99.8	99.9	99.8	99.5	100.1	99.8	99.6	99.9	100.3
101.3	100.7	100.8	99.6	99.9	99.9	100.5	100.9	100.9	101.1
99.3	99.2	99.2	99.2	99.4	99.6	99.9	99.7	100.2	100.6
98.2	99.8	99.5	98.6	98.4	98.0	98.4	99.2	99.4	99.2
101.0	100.9	100.6	100.3	100.1	100.1	100.3	100.2	100.2	100.4
101.2	101.0	100.9	100.9	100.9	100.9	100.9	100.8	100.8	101.1
99.7	99.3	99.5	99.0	98.6	98.7	99.0	98.9	98.7	98.9
103.1	102.6	102.1	100.3	100.4	100.3	100.3	100.7	100.7	100.6
100.0	100.0	101.1	101.1	101.1	101.1	101.1	101.1	101.1	101.1
127.0	127.0	127.0	127.0	127.0	127.0	127.0	127.0	127.0	127.0
100.0	100.0	101.1	101.1	101.1	101.1	101.1	101.1	101.1	101.1

5-18 续表 1

(上年同月＝100)

类　别	Item	全　年 Annual Year	1 月 January	2 月 February
纺织业	Textile Industry	97.1	96.6	96.5
棉、化纤纺织及印染精加工	Cotton and Chemical Fiber Textile and Printing and Dyeing Refined Processing	95.4	94.4	93.9
麻纺织	Hemp Textile	100.8	105.2	103.8
丝绢纺织及精加工	Silk-textile and Refined Process	100.0	100.0	100.0
纺织制成品制造	Textile Products Manufacturing	102.5	102.6	104.5
针织品、编织品及其制品制造	Knitwear, Knitted Products	98.3	99.4	99.9
纺织服装、鞋、帽制造业	Textile Clothing, Shoe, Hat Industry	100.6	100.7	100.5
纺织服装制造	Textile Clothing Manufacturing	100.7	100.8	100.6
皮革、毛皮、羽毛(绒)及其制品业	Leather, Furriery, Feather and It Products Industry	101.1	99.8	100.0
皮革鞣制加工	Leather Processing	100.0	100.0	100.0
皮革制品制造	Leather Product Processing	102.2	97.9	98.5
羽毛(绒)加工及制品制造	Feather Processing and Its Products Manufacturing	99.5	109.1	107.1
木材加工及木、竹、藤、棕、草制品业	Bamboo, Ratten, Palm and Grass Product Manufacture Industry	99.6	99.7	99.8
锯材、木片加工	Sawn-Material and Wood-plice Processing	98.9	99.4	99.3
人造板制造	Artificial Plank Manufacturing	99.6	99.7	100.2
木制品制造	Timber Product Manufacturing	100.0	100.0	98.0
竹、藤、棕、草制品制造	Bamboo, Ratten, Palm and Grass Product Manufacturing	100.0	100.0	100.0
家具制造业	Furniture Manufacture Industry	99.5	100.2	100.2
木质家具制造	Timber Furniture Manufacture	99.9	99.8	99.6
金属家具制造	Metal Furniture Manufacturing	99.7	100.6	99.1
造纸及纸制品业	Paper Making and Paper Products Industry	98.3	97.1	96.9
纸浆制造	Paper Pulp Manufacturing			
造纸	Paper Making	99.0	97.3	97.3
纸制品制造	Paper Products Manufacturing	97.8	97.0	96.5
印刷业和记录媒介的复制	Painting Industry and Duplication Of Medium Recoder	100.5	100.5	100.6
印刷	Painting	100.5	100.5	100.6
装订及其他印刷服务活动	Binding and Other Painting Service Activity	100.0	100.0	100.0
文教体育用品制造业	Culture, Education and Athletics Manufacture Industry	99.9	98.9	98.7
文化用品制造	Culture Articles Manufacturing	99.7	99.7	99.7
体育用品制造	Arthelitic Articles Manufacturing			
石油加工、炼焦及核燃料加工业	Petroleum Process, Coking and Nuclear Fuel Processing Industry	78.5	74.9	74.1
精炼石油产品的制造	Refineed Coking Petroleum Manufacturing	78.0	74.2	73.3
化学原料及化学制品制造业	Chemical Material and Chemical Product Manufacturing	98.3	98.1	97.9
基础化学原料制造	Basic Chemical Material Manufacturing	95.7	97.6	96.5

Continued

(same month of preceding year=100)

3 月 March	4 月 April	5 月 May	6 月 June	7 月 July	8 月 August	9 月 September	10 月 October	11 月 November	12 月 December
96.7	97.5	96.8	96.3	95.8	96.1	97.7	98.1	98.3	98.6
94.4	95.2	95.3	95.9	95.4	95.5	95.3	96.0	96.4	96.7
102.3	103.5	99.3	100.9	102.2	103.2	99.6	97.9	97.8	94.8
100.0	100.0	100.0	100.0	100.0	100.0	100.0	100.0	100.0	100.0
104.5	105.3	102.4	97.1	96.4	96.8	105.2	105.3	105.1	105.4
96.9	94.8	95.7	97.1	98.0	98.8	99.9	100.6	99.3	99.6
100.4	100.9	100.6	100.4	101.0	100.9	101.1	101.1	100.1	100.1
100.5	100.9	100.6	100.4	101.0	100.9	101.2	101.1	100.1	100.1
101.1	102.7	103.1	102.5	101.8	100.5	100.0	100.5	100.9	100.9
100.0	100.0	100.0	100.0	100.0	100.0	100.0	100.0	100.0	100.0
100.2	103.0	103.3	102.4	102.5	102.5	102.9	104.1	104.5	105.1
108.7	108.7	109.9	108.7	102.6	93.1	88.3	87.4	89.1	86.5
99.7	99.5	99.2	99.3	99.5	99.7	99.9	99.8	99.8	99.8
99.0	99.5	99.3	99.0	99.0	98.8	99.0	98.6	97.4	98.3
99.9	99.7	99.5	99.6	99.6	99.5	99.5	99.6	99.5	99.5
98.9	98.4	97.5	98.4	99.4	101.0	102.1	101.6	102.6	102.4
100.0	100.0	100.0	100.0	100.0	100.0	100.0	100.0	100.0	100.0
100.0	99.4	99.8	99.8	99.5	99.1	99.1	98.8	98.8	99.0
99.5	99.3	100.1	100.2	100.1	99.7	100.1	100.0	100.2	100.4
99.6	99.7	99.9	99.4	99.6	99.4	99.7	99.2	100.0	100.0
96.6	97.7	98.1	98.6	98.1	98.9	99.0	99.5	99.9	100.0
97.4	98.6	99.0	98.8	98.7	99.4	99.9	100.0	100.6	100.9
95.9	96.8	97.3	98.5	97.5	98.4	98.1	99.0	99.3	99.2
100.6	100.7	100.8	101.1	101.3	101.3	99.6	99.8	99.9	100.0
100.6	100.7	100.8	101.1	101.4	101.3	99.6	99.8	99.9	100.0
100.0	100.0	100.0	100.0	100.0	100.0	100.0	100.0	100.0	100.0
99.3	99.2	100.1	100.5	100.5	100.5	100.2	100.3	100.3	100.2
99.7	99.7	99.5	99.5	99.5	99.5	99.5	100.0	100.0	100.0
76.9	77.6	80.3	81.0	78.3	76.7	76.8	78.6	83.1	85.1
76.2	76.8	79.5	80.5	77.7	76.0	76.2	78.5	83.6	85.4
98.3	98.5	98.6	99.1	99.3	98.4	97.7	97.6	98.2	97.3
97.6	97.2	96.5	97.0	96.2	95.7	94.2	93.6	93.9	91.8

5-18 续表 2

(上年同月＝100)

类　别	Item	全　年 Annual Year	1 月 January	2 月 February
肥料制造	Fertilizer Manufacture	99.7	99.4	99.4
农药制造	Insectcide Manufacture	91.1	93.6	89.9
涂料、油墨、颜料及类似产品制造	Coating, Printing Ink, Pigment and The Similar Products Manufacture	99.8	100.1	99.9
合成材料制造	Compounded Material Manufacture	91.7	94.1	95.0
专用化学产品制造	Specialized Chemical Product Manufacture	101.6	97.7	99.4
日用化学产品制造	Daily Chemical Product Manufacture	96.8	94.7	94.8
医药制造业	Medical Manufacture Industry	102.1	103.1	103.2
化学药品原药制造	Original Medicine of Chemical Medicine Manufacture	104.6	105.0	106.3
化学药品制剂制造	Chemical Medicine Agent Manufacture	103.6	106.3	105.3
中成药制造	Medium Paternt Manufacture	99.3	103.8	103.8
兽用药品制造	Medicine in Herbs Manufacture	103.4	102.4	102.3
生物、生化制品的制造	Biology, Bio-chemical Product Manufacture	99.4	99.3	99.3
橡胶制品业	Rubber Product Industry	94.8	92.0	93.0
轮胎制造	Tire Manufacture	92.5	84.1	87.3
橡胶板、管、带的制造	Rubber Plank, Pipe, Band Manufacture	94.2	93.5	93.9
日用及医用橡胶制品制造	Daily and Medical-purpose Rubber Product Manufacture	96.6	94.3	94.3
橡胶靴鞋制造	Rubber Shoes Manufacture	98.6	96.7	96.3
塑料制品业	Plastic Product Industry	97.0	97.2	96.8
塑料薄膜制造	Plastic Thin Film Manufacture	98.5	92.7	91.7
塑料板、管、型材的制造	Plastic Plate, Pipe Type Manufacture	96.8	97.9	97.1
塑料丝、绳及编织品的制造	Plastic Silk, Rope and Knitted Products Manufacture	97.4	99.7	99.9
塑料包装箱及容器制造	Plastic Packing Box and Container Manufacture	97.0	97.9	97.4
日用塑料制造	Daily Pastic Manufacture	94.3	94.9	94.3
其他塑料制品制造	Other Plastic Manufacture	96.5	93.7	93.7
非金属矿物制品业	Non-metal Mineral Product Industry	95.4	95.4	95.5
水泥、石灰和石膏的制造	Cement, Lime and Gypsum Manufacture	90.5	91.6	92.2
水泥及石膏制品制造	Cement and Gypsum Product Manufacture	99.2	98.7	98.8
砖瓦、石材及其他建筑材料制造	Brick, Stone Material and Other Buildings Material Manufacture	99.1	99.4	98.9
玻璃及玻璃制品制造	Glass and Glass Product Manufacture	95.6	93.0	92.3
陶瓷制品制造	Ceramics Product Manufacture	99.3	99.1	98.5
石墨及其他非金属矿物制品制造	Graphite and Other Non-metal Mineralses Product Manufacture	96.6	96.8	96.2
黑色金属冶炼及压延加工业	Black Metal Coking and Pressint Process Industry	87.9	88.3	88.0
炼钢	Steel Making	87.9	85.4	85.1
钢压延加工	Pressed Steel Processing	87.3	93.8	93.2
铁合金冶炼	Iron-alloy Smeltering	95.7	97.8	98.6

Continued

(same month of preceding year=100)

3 月 March	4 月 April	5 月 May	6 月 June	7 月 July	8 月 August	9 月 September	10 月 October	11 月 November	12 月 December
99.6	99.4	100.6	101.5	101.9	100.6	99.0	98.8	98.8	98.1
90.7	92.9	91.3	90.0	91.3	89.0	89.6	89.5	93.3	92.4
99.9	99.6	99.8	99.8	99.8	99.8	99.7	99.8	99.8	99.9
96.3	96.9	96.0	93.0	93.2	91.6	90.2	86.5	84.9	82.6
99.3	100.9	100.2	100.5	100.9	100.7	102.5	104.0	106.3	106.4
94.6	93.9	94.3	97.1	98.5	98.4	98.5	99.0	99.4	99.3
103.3	102.5	103.1	102.4	102.1	101.3	101.0	100.9	100.1	101.9
106.2	106.0	106.0	104.0	104.5	102.8	102.6	104.4	101.0	106.1
107.0	104.7	106.4	104.5	104.6	102.2	101.3	100.1	100.0	101.3
104.7	100.2	100.8	103.3	100.0	99.8	98.4	93.4	92.3	92.0
102.3	102.4	103.4	103.6	104.0	104.3	104.0	104.0	103.8	103.8
98.9	98.9	99.1	99.7	99.7	99.7	99.1	99.5	99.6	99.6
93.5	94.5	93.9	94.2	95.4	95.8	95.8	96.0	96.3	97.2
88.6	91.5	89.9	91.4	98.7	96.7	95.4	95.9	96.6	96.9
94.4	95.2	95.3	93.7	92.8	94.2	96.3	94.8	93.1	93.5
94.8	94.8	95.0	95.1	94.8	98.1	98.1	100.0	100.0	100.1
97.6	98.4	98.0	98.0	98.7	100.0	100.0	100.0	100.0	100.0
96.9	97.0	97.1	97.9	97.8	97.4	96.5	96.5	96.4	96.5
95.5	98.3	98.9	101.7	102.0	100.0	100.0	100.0	100.4	101.5
97.7	97.6	97.6	97.1	96.8	96.7	95.7	95.9	96.3	95.7
98.6	98.1	98.2	98.5	98.4	97.7	95.7	95.4	94.2	94.4
96.6	96.5	96.8	98.4	98.4	97.8	97.0	95.9	95.5	96.1
93.7	93.4	93.4	93.5	92.8	93.2	93.7	96.1	96.0	96.6
93.6	93.6	93.6	98.7	98.7	98.9	98.4	98.6	98.4	98.9
95.5	95.5	95.0	95.3	95.3	95.6	95.8	95.9	94.6	95.0
92.2	91.3	90.6	90.2	89.9	90.7	90.9	91.3	87.3	87.5
98.1	97.9	97.7	98.9	99.8	99.9	100.1	100.1	100.2	100.2
98.7	99.3	99.3	99.6	99.2	98.4	98.8	98.6	99.2	100.0
94.3	95.5	94.1	95.2	96.4	95.9	96.8	97.0	98.2	98.8
99.7	99.3	98.9	98.8	98.8	99.4	99.4	100.0	100.0	100.0
95.8	96.0	96.3	97.0	96.5	98.0	96.6	97.1	96.3	96.6
88.6	88.4	87.4	87.9	87.2	88.7	88.0	87.8	88.4	86.2
86.7	86.7	86.5	87.9	87.3	90.7	90.1	90.0	91.3	88.0
91.6	91.1	88.7	87.3	86.1	84.3	83.3	82.9	82.3	82.0
99.9	101.1	98.4	97.4	96.3	95.3	91.9	91.2	90.5	89.9

5-18 续表 3

(上年同月=100)

类　别	Item	全　年 Annual Year	1 月 January	2 月 February
有色金属冶炼及压延加工业	Coloured Metal Coking and Pressint Process Industry	92.4	90.8	91.2
常用有色金属冶炼	General Non-ferrous Metal Coking	93.0	89.8	90.4
贵金属冶炼	Precious Metal Smeltering	87.8	88.3	86.8
有色金属合金制造	Non-ferrous Metal Alloy Manufacture	97.5	91.1	91.0
金属制品业	Metal Product Industry	95.0	96.0	95.5
结构性金属制品制造	Structural Metal Product	95.2	97.8	96.9
金属工具制造	Metal Tools Manufacture	99.8	98.4	98.8
集装箱及金属包装容器制造	Container and Metal Packing Container Manufacture	93.4	95.6	95.5
金属丝绳及其制品的制造	Metal Silk Rope and Its Product Manufacture	91.2	86.1	86.2
建筑、安全用金属制品制造	Building, Metal Productin Safety Producing Manufacture	100.0	100.0	100.0
不锈钢及类似日用金属制品制造	Stainless Steel and Similar Daily Metal Product Manufacture	100.9	104.5	104.2
其他金属制品制造	Other Metal Product Manufacture	97.5	97.1	96.4
通用设备制造业	General Equipment Manufacture	99.3	99.2	99.2
锅炉及原动机制造	Boiler and Original Motor	96.4	94.3	94.3
金属加工机械制造	Metal Process and Machinery Manufacture	99.0	101.5	100.8
起重运输设备制造	Hoisting Transportation Equipment Manufacture	100.3	100.3	100.3
泵、阀门、压缩机及类似机械的制造	Pump, Valve, Compressor and Its Similar Mechanical Manufacture	99.4	99.9	100.2
风机、衡器、包装设备等通用设备制造	Wind-fanning Machine, Scaling and Packing Equipment	105.6	103.1	103.6
金属铸、锻加工	Metal Foundry, Forging Process	98.8	99.7	99.4
专用设备制造业	General Equipment Manufacture	100.3	101.0	101.0
矿山、冶金、建筑专用设备制造	Ore Mountain, Metallurgy, Building Special Equipment Manufacture	100.1	100.1	100.1
化工、木材、非金属加工专用设备制造	Chemical Engineering, Timber, Non-Metal Processed Special Equipments Manufacture	102.7	104.0	103.9
食品、饮料、烟草及饲料生产专用设备制造	The Food, Beverage, Tobacco and Foddar Production Special Equipments Manufacture	101.2	101.0	102.3
农、林、牧、渔专用机械制造	Agriculture, Forestry Animal Husbandry and Fishery Specific Machinery Manufacture	99.9	99.9	100.0
环保、社会公共安全及其他专用设备制造	Environment Protection, Public Social Secure and Other Specific Equipment Manufacture	98.6	101.2	100.6
交通运输设备制造业	Transportation Equipment Manufacture Industry	99.9	99.3	99.5
铁路运输设备制造	Rail Transportation Equipment Manufacture	100.9	101.8	101.9
汽车制造	Vehicle Manufacture	99.9	99.3	99.4

Continued

(same month of preceding year=100)

3 月 March	4 月 April	5 月 May	6 月 June	7 月 July	8 月 August	9 月 September	10 月 October	11 月 November	12 月 December
95.3	96.2	95.6	94.9	92.3	91.7	91.3	92.2	90.6	87.0
96.0	96.1	95.4	95.3	93.0	92.9	92.7	93.8	92.7	87.9
85.0	88.1	90.0	91.0	81.6	79.3	82.7	90.9	98.7	94.0
90.5	99.4	99.6	100.3	100.2	99.9	99.9	100.1	99.8	99.9
95.0	94.9	94.7	95.4	95.0	94.9	94.5	94.5	94.7	94.3
96.1	95.9	95.5	95.9	95.4	95.2	94.0	93.4	93.6	93.0
99.1	99.3	99.1	99.4	100.0	100.0	100.5	101.2	101.0	101.4
93.5	92.8	91.8	92.8	91.6	92.0	92.4	93.7	94.7	95.3
87.6	88.2	89.4	91.5	94.5	94.5	94.6	94.4	94.5	94.5
100.0	100.0	100.0	100.0	100.0	100.0	100.0	100.0	100.0	100.0
103.4	103.6	103.6	103.8	99.2	98.1	97.8	98.4	98.9	95.9
96.5	96.9	97.5	97.0	96.6	97.5	97.1	97.5	99.3	100.1
99.2	99.5	99.8	100.1	99.8	99.4	99.1	98.8	98.7	98.5
95.9	95.1	97.7	97.7	97.6	96.8	96.8	96.8	97.1	97.1
100.7	100.6	99.9	100.7	99.4	97.7	96.8	97.0	96.5	96.0
100.5	100.5	100.3	100.3	100.3	100.2	100.2	100.1	100.1	100.1
100.5	100.0	99.5	99.4	99.8	99.1	98.6	98.7	98.5	98.3
99.1	104.7	105.0	108.1	108.0	109.8	109.3	106.1	105.3	105.7
99.7	99.6	99.3	99.1	98.9	98.4	98.2	98.1	98.1	97.7
101.0	101.2	100.8	100.5	100.4	99.8	99.7	99.6	99.7	99.3
100.2	100.0	99.7	99.7	99.6	99.5	99.9	100.2	101.0	100.9
104.3	107.1	106.3	103.8	104.0	99.5	99.7	99.9	100.2	100.3
103.3	103.1	102.7	101.9	101.8	101.5	101.1	98.9	98.6	98.4
99.8	99.9	99.9	99.9	99.9	99.9	99.9	99.9	99.9	99.9
99.7	99.9	99.3	99.7	98.9	99.0	98.1	97.8	93.7	93.3
99.5	99.7	99.6	100.1	100.1	100.3	100.4	100.4	100.4	100.1
100.9	101.3	101.1	100.9	100.8	100.8	100.6	100.6	100.4	100.1
99.5	99.7	99.6	100.1	100.1	100.3	100.4	100.4	100.4	100.1

5-18 续表 4

(上年同月＝100)

类　别	Item	全　年 Annual Year	1 月 January	2 月 February
船舶及浮动装置制造	Ships and Floating Equipment Manufacture	100.0	99.8	99.9
交通器材及其他交通运输设备制造	Transportation Equipment and Other Transportations Equipments Manufacture	104.1	103.8	103.9
电气机械及器材制造业	Electricity Machine and Its Equipment Manufacture	97.6	98.3	97.8
电机制造	Electric Engineering Manufacture	98.4	98.7	98.7
输配电及控制设备制造	Electricity Mixed and Control Equipments Manufacture	99.1	99.3	99.1
电线、电缆、光缆及电工器材制造	Wire, Cable, Fiber Optic Cable and the Electric Device Manufacture	94.4	93.8	94.5
电池制造	Battery Manufacture	100.7	98.5	97.8
家用电力器具制造	Electric Power Apparatus Manufacture	96.3	100.2	97.7
其他电气机械及器材制造	Other Electricity Machines and Device Manufacture	97.9	98.8	98.9
通信设备、计算机及其他电子设备制造业	Tele-communication Equipment, Computer and Other Electron Equipment Manufacture Industry	98.9	99.1	99.4
通信设备制造	Tele-communication Equipment Manufacture	95.8	96.1	96.6
雷达及配套设备制造	Radar and Its Equipment Manufacture	100.0	100.0	100.0
电子器件制造	Electronic Appliances	99.0	98.8	98.7
电子元件制造	Electronic Components	100.5	98.7	101.3
其他电子设备制造	Other Electronic Equipment			
仪器仪表及文化、办公用机械制造业	Instrument, Meter and Cultural and Office	99.9	99.7	99.8
通用仪器仪表制造	General Instrument and Meters	99.6	99.8	99.8
专用仪器仪表制造	Special Instrument and Meter	100.0	100.0	100.0
钟表与计时仪器制造	Clock and Timing Instrument	100.0	100.0	100.0
光学仪器及眼镜制造	Optical Instrument and Glasses	100.4	98.0	99.0
工艺品及其他制造业	Handicrafts and Other Manufacture Industry	100.2	102.1	102.7
工艺美术品制造	Handicraft Art Work Manufacture	96.9	100.5	100.9
日用杂品制造	Daily Groceries Manufacture	115.5	108.7	110.7
电力、热力的生产和供应业	Electronic, Thermodynamic Product and Supply Industry	99.0	99.9	100.0
电力生产	Electric Power Production	99.2	99.6	99.6
电力供应	Electric Power Supply	99.0	100.1	100.3
燃气生产和供应业	Fuel Production and Supply Industry	97.9	101.1	100.4
燃气生产和供应业	Fuel Production and Supply Industry	97.9	101.1	100.4
水的生产和供应业	Water Production and Supply Industry	105.6	105.5	104.2
自来水的生产和供应	Tapping-water Production and Supply	105.6	105.6	104.2
污水处理及其再生利用	Sewage Treatment and Recycled Use	125.0	100.0	100.0

Continued

(same month of preceding year=100)

3 月 March	4 月 April	5 月 May	6 月 June	7 月 July	8 月 August	9 月 September	10 月 October	11 月 November	12 月 December
99.8	100.0	100.0	100.0	100.0	100.0	100.0	100.0	100.0	100.0
103.6	103.2	104.2	103.3	105.4	104.6	103.9	104.0	104.0	105.2
97.9	98.1	98.0	97.8	97.5	97.1	97.3	97.0	96.9	96.8
98.5	98.5	98.3	98.4	98.2	98.4	99.6	97.8	97.6	97.6
99.1	99.0	99.2	99.3	99.1	98.8	98.6	98.9	99.3	99.8
95.4	96.2	96.1	96.6	95.2	93.8	93.0	92.9	92.4	92.7
98.4	100.3	101.7	102.3	101.9	101.5	101.9	100.4	102.5	101.3
97.4	96.9	95.9	94.6	95.1	95.4	96.1	96.5	95.5	95.1
96.7	96.7	98.1	98.1	97.9	97.9	97.9	97.8	97.9	97.8
99.5	98.8	98.2	99.1	98.5	98.6	98.7	98.9	98.8	98.8
96.9	95.8	95.5	95.8	95.5	95.7	95.6	95.3	95.2	95.1
100.0	100.0	100.0	100.0	100.0	100.0	100.0	100.0	100.0	100.0
98.9	99.1	99.4	98.8	99.1	99.0	98.6	99.4	99.1	98.9
100.8	99.7	98.5	98.8	98.7	98.7	102.7	102.8	102.8	102.8
99.8	100.0	100.2	100.1	99.7	99.7	99.8	99.9	99.9	99.7
99.9	99.7	100.1	100.1	99.0	99.1	99.2	99.4	99.5	99.0
100.0	100.0	100.0	100.0	100.0	100.0	100.0	100.0	100.0	100.0
100.0	100.0	100.0	100.0	100.0	100.0	100.0	100.0	100.0	100.0
99.0	101.0	101.0	101.0	101.0	101.0	101.0	101.0	101.0	101.0
98.8	101.3	101.4	101.1	97.9	96.4	98.9	101.2	101.7	99.5
96.0	98.5	98.5	97.9	93.7	91.7	94.6	97.4	98.0	95.0
111.9	114.1	114.6	115.6	117.4	118.4	118.5	118.2	117.8	119.2
100.4	99.9	98.6	98.5	98.4	98.3	98.2	98.6	98.8	98.7
99.6	99.5	98.7	98.8	98.8	98.8	98.8	99.2	99.7	99.3
100.9	100.2	98.5	98.4	98.1	98.0	97.9	98.3	98.3	98.5
101.5	100.2	100.2	99.8	98.4	96.4	95.3	95.0	94.8	92.6
101.5	100.2	100.2	99.8	98.4	96.4	95.3	95.0	94.8	92.6
104.4	104.3	104.4	107.1	106.6	106.9	106.6	106.0	105.8	105.4
104.4	104.3	104.3	107.0	106.5	106.8	106.5	106.0	105.8	105.3
100.0	100.0	137.5	137.5	137.5	137.5	137.5	137.5	137.5	137.5

5-19 分月工业生产者出厂价格环比指数(2015年)

(上月=100)

类　别	Item	全　年 Annual Year	1 月 January	2 月 February
全部工业品	**Total Industrial Products**	**96.6**	**99.2**	**99.7**
#轻工业	Light Industry	99.5	99.9	99.9
以农产品为原料	Using Farm Produces as Raw Materials	99.7	99.8	99.9
以非农产品为原料	Using Non-farm Produces as Raw Materials	98.9	100.2	99.7
重工业	Heavy Industry	95.5	98.9	99.6
采掘	Mining and Quarrying	86.2	95.3	95.5
原料	Raw Material	93.2	97.9	99.4
加工	Processing	97.3	99.7	100.0
#生产资料	Means of Production	95.0	98.9	99.5
采掘	Mining and Quarrying	86.2	95.3	95.5
原料	Raw Material	92.9	97.9	99.4
加工	Processing	96.6	99.6	99.9
生活资料	Life Material	100.6	100.0	100.0
食品	Food	100.5	100.0	99.9
衣着	Clothing	100.2	100.0	100.1
一般日用品	Articles for Daily Use	100.5	100.1	100.2
耐用消费品	Durable Consumers' Goods	101.0	100.0	100.0
按工业部门分	**Grouped by Department of Industry**			
冶金工业	Metallurgical Industry	87.8	98.3	99.2
电力工业	Power Industry	98.7	100.1	100.2
煤炭及炼焦工业	Coal and Coking Industry	87.2	99.3	99.6
石油工业	Petroleum Industry	79.9	88.4	94.0
化学工业	Chemical Industry	98.0	99.6	99.9
机械工业	Machine Buiding Industry	99.3	99.9	100.0
建筑材料工业	Buiding Material Industry	95.7	99.1	99.5
森林工业	Timber Industry	99.9	100.0	100.1
食品工业	Food Industry	100.0	99.9	99.9
纺织工业	Textile Industry	98.5	99.2	99.8
缝纫工业	Tailoring Industry	100.1	100.0	100.1
皮革工业	Leather Industry	103.3	100.1	100.3
造纸工业	Paper Industry	100.0	100.0	99.7
文教艺术用品工业	Cultural, Educational and Handicraft Articles	100.0	99.9	100.0
其它工业	Other Industry	100.4	101.2	100.8

Prducer Price Chain Index for Industrial Products by Month(2015)

(preceding month=100)

3 月 March	4 月 April	5 月 May	6 月 June	7 月 July	8 月 August	9 月 September	10 月 October	11 月 November	12 月 December
100.0	**100.0**	**99.9**	**100.0**	**99.6**	**99.8**	**99.7**	**99.8**	**99.8**	**99.3**
99.8	100.1	99.9	100.0	100.0	99.9	100.3	99.9	99.9	100.0
99.8	100.1	99.9	100.0	100.1	100.0	100.3	99.9	99.9	100.0
99.9	100.1	99.9	99.8	99.8	99.8	100.2	100.1	99.8	99.9
100.0	99.9	99.8	100.0	99.4	99.7	99.5	99.7	99.7	99.1
102.8	100.6	100.0	101.4	99.2	98.0	97.2	99.7	98.5	97.5
100.4	99.8	100.0	99.8	99.1	100.1	99.0	99.5	99.7	98.3
99.7	99.9	99.8	99.9	99.6	99.6	99.8	99.8	99.8	99.6
99.9	99.9	99.8	99.8	99.4	99.7	99.5	99.7	99.7	99.1
102.8	100.6	100.0	101.4	99.2	98.0	97.2	99.7	98.5	97.5
100.3	99.8	100.0	99.8	99.0	100.1	99.0	99.5	99.7	98.2
99.6	99.9	99.7	99.7	99.6	99.6	99.9	99.8	99.7	99.6
100.0	100.1	100.0	100.3	100.1	100.0	100.1	100.0	100.0	100.0
99.9	100.0	100.3	100.2	100.2	100.1	100.0	99.9	100.1	100.0
99.5	100.2	99.6	100.1	100.1	100.1	100.3	100.1	100.0	100.3
100.0	100.5	100.0	99.8	99.8	99.5	100.1	100.5	99.9	100.2
100.4	99.9	99.8	100.8	100.1	100.2	100.2	100.1	99.8	99.7
98.9	99.5	99.7	99.1	98.5	100.1	98.5	99.2	99.0	97.1
100.4	99.5	98.7	99.9	99.8	100.0	100.0	100.1	100.2	99.9
100.1	100.3	98.9	97.9	98.5	100.0	97.8	95.1	98.7	100.3
105.7	100.5	103.4	102.7	97.1	95.9	96.2	99.8	98.7	96.6
100.5	100.2	100.0	100.0	99.9	99.5	99.7	99.5	99.7	99.5
99.8	100.0	99.9	100.1	99.9	100.0	100.0	99.9	99.9	99.8
99.5	99.9	99.4	99.3	99.0	99.4	100.0	100.2	100.1	100.0
99.9	100.0	100.0	100.1	100.1	99.8	100.0	99.9	100.1	100.0
99.8	99.9	100.3	100.1	100.2	100.0	100.0	99.9	100.1	100.0
99.8	100.6	99.1	100.0	99.8	99.9	101.2	99.8	99.6	99.6
99.4	100.2	99.5	100.1	100.0	100.1	100.3	100.1	100.0	100.3
100.6	100.0	100.5	99.9	100.5	100.0	100.2	100.7	100.2	100.2
99.7	100.9	99.7	100.0	99.9	99.6	100.4	100.1	99.6	100.3
100.1	100.0	100.0	100.0	100.0	100.0	100.0	100.0	100.0	100.0
99.9	100.3	99.9	100.1	99.5	99.2	99.9	100.5	99.3	99.8

5-20 分行业工业生产者出厂价格环比指数(2015年)

(上月=100)

类别	Item	全年 Annual Year	1月 January	2月 February
煤炭开采和洗选业	Coal Mining and Selecting Industry	90.9	99.4	99.3
烟煤和无烟煤的开采洗选	The Bituminous Coal and Anthracite Coals Mining and Dressing	90.9	99.4	99.3
黑色金属矿采选业	Black Metal Mineral Mining and Selecting Industry	90.2	99.3	99.8
铁矿采选	The Iron Mineral Mining and Selecting	82.4	98.7	99.8
其他黑色金属矿采选	Other Black Metal Mineral Mining and Selecting	100.0	100.0	99.9
有色金属矿采选业	Colored Metal Mineral Mining and Selecting	90.0	95.8	98.7
常用有色金属矿采选	The Regular Colored Metal Mineral Mining and Selecting	89.4	95.2	98.7
贵金属矿采选	The Precious Metal Mineral Mining and Selecting	94.7	101.3	98.4
非金属矿采选业	Non-Metal Mineral Mining and Selecting	101.5	100.0	100.0
化学矿采选	Chemical Mineral Mining and Selecting	101.3	100.1	100.1
采盐	Salt Mining	95.8	102.9	94.4
石棉及其他非金属矿采选	Asbestos and Other Non-Metal Mineral Mining and Selecting			
农副食品加工业	Farm and Side-Line Food Processed Industry	99.5	99.7	99.9
谷物磨制	Corn Whetted	99.7	100.2	100.0
饲料加工	Forage Processed	93.7	99.9	99.8
植物油加工	Planting-Oil Processed	99.6	99.1	99.8
制糖	Sugar Made			
屠宰及肉类加工	Slaughtered Meta and Meat Processes	102.9	98.5	99.4
水产品加工	Fishery Product Processed	100.8	100.0	99.9
其他农副食品加工	Other Farm and Side-line Food Processed	101.0	100.0	100.0
食品制造业	Food Manufacture Industry	100.2	100.0	99.8
焙烤食品制造	Baked Food Manufacturing	100.5	99.9	100.0
方便食品制造	Convenient Food Manufacturing	100.3	100.3	99.6
液体乳及乳制品制造	Milk and Dairy Products Manufacturing	100.3	100.5	100.1
罐头制造	Canning	101.1	100.0	100.5
调味品、发酵制品制造	Condiment, Ferment Product Manufacturing	100.6	100.0	99.9
其他食品制造	Other Food Manufacturing	99.2	99.8	99.1
饮料制造业	Beverage Manufacture Industry	100.4	100.1	100.1
酒精制造	Alcohol Manufacturing			
酒的制造	Wine Manufacturing	101.1	100.2	100.1
软饮料制造	Soft Beverage Manufacturing	98.9	99.9	100.2
精制茶加工	Refined-tea Process	100.6	100.0	100.0

Producer Price Chain Index for Industrial Products by Industry(2015)

(preceding month=100)

3 月 March	4 月 April	5 月 May	6 月 June	7 月 July	8 月 August	9 月 September	10 月 October	11 月 November	12 月 December
100.1	99.7	98.6	99.7	99.6	98.9	99.6	96.2	99.3	100.0
100.1	99.7	98.6	99.7	99.6	98.9	99.6	96.2	99.3	100.0
99.5	98.7	99.1	99.3	99.1	98.4	99.6	99.9	99.3	97.7
99.0	97.7	98.3	98.7	98.2	96.9	99.3	99.8	98.6	95.6
100.1	100.0	100.0	100.0	100.0	100.0	100.0	100.0	100.0	100.0
100.0	100.5	100.4	98.2	98.1	99.2	101.4	99.9	97.3	100.2
100.3	100.5	100.5	97.8	98.2	98.9	101.7	99.6	97.1	100.4
98.2	100.3	100.1	99.9	96.7	101.5	100.0	101.6	97.4	99.4
100.7	100.6	99.7	99.8	100.2	99.6	100.2	100.0	100.2	100.5
101.4	100.8	98.7	99.5	100.5	99.0	100.3	100.1	100.7	100.4
98.3	101.6	99.7	96.9	101.1	101.3	101.2	98.0	98.8	101.8
99.6	99.9	100.3	100.2	100.3	100.1	99.9	99.7	100.1	100.0
99.8	100.0	100.1	100.0	100.2	99.8	99.8	99.7	100.1	99.9
98.8	99.1	100.2	99.1	99.4	99.3	99.5	99.5	99.2	99.7
100.3	99.4	99.9	100.1	100.0	100.0	100.0	99.7	101.1	100.2
98.5	100.7	101.5	101.2	102.3	102.1	100.4	99.6	98.9	99.9
100.2	100.2	100.0	100.2	100.4	100.0	100.1	99.6	100.1	100.0
99.2	100.0	100.6	101.5	100.3	99.9	99.9	99.8	99.9	99.9
100.1	100.0	100.1	100.1	100.1	99.9	100.0	100.2	100.1	99.9
100.5	100.1	100.0	100.0	100.0	100.0	100.0	100.0	100.0	100.0
100.6	100.4	100.2	100.5	100.5	99.7	99.4	99.7	100.3	99.1
99.4	99.6	100.0	100.2	100.4	100.0	99.9	100.1	100.0	100.0
99.9	99.6	100.2	100.0	100.3	100.5	100.1	99.9	99.9	100.3
100.1	99.9	100.3	100.0	100.1	100.0	100.2	100.0	100.1	99.9
99.7	100.0	100.0	100.0	99.8	99.5	100.4	100.8	100.2	99.9
100.1	100.0	99.9	99.8	100.1	100.0	100.0	100.0	100.0	100.3
100.2	100.0	100.0	100.0	100.3	99.9	100.0	100.0	100.0	100.4
99.6	99.8	99.7	99.6	99.8	100.1	99.9	100.0	100.0	100.2
100.4	100.5	99.8	99.7	100.1	100.0	100.1	100.1	100.0	99.9

5-20 续表 1

(上月=100)

类别	Item	全年 Annual Year	1月 January	2月 February
烟草制品业	Tobacco Product Industry	101.1	100.1	100.0
烟叶复烤	Tobacco Leaves Retroacting	127.0	127.0	100.0
卷烟制造	Cigarette Manufacturing	101.1	100.0	100.0
纺织业	Textile Industry	98.6	99.2	99.8
棉、化纤纺织及印染精加工	Cotton and Chemical Fiber Textile and Printing and Dyeing Refined Processing	96.7	99.2	99.2
丝绢纺织及精加工	Silk-textile and Refined Process	100.0	100.0	100.0
纺织制成品制造	Textile Products Manufacturing	105.4	99.5	101.6
针织品、编织品及其制品制造	Knitwear, Knitted Products	99.6	99.6	99.9
纺织服装、鞋、帽制造业	Textile Clothing, Shoe, Hat Industry	100.1	100.0	100.1
纺织服装制造	Textile Clothing Manufacturing	100.1	100.0	100.1
皮革、毛皮、羽毛(绒)及其制品业	Leather, Furriery, Feather and It Products Industry	100.9	100.2	99.8
皮革鞣制加工	Leather Processing	100.0	100.0	100.0
皮革制品制造	Leather Product Processing	105.1	100.2	100.4
木材加工及木、竹、藤、棕、草制品业	Bamboo, Ratten, Palm and Grass Product Manufacture Industry	99.8	100.0	100.1
锯材、木片加工	Sawn-Material and Wood-plice Processing	98.3	100.2	99.9
人造板制造	Artificial Plank Manufacturing	99.5	99.8	100.3
木制品制造	Timber Product Manufacturing	102.4	100.6	99.1
竹、藤、棕、草制品制造	Bamboo, Ratten, Palm and Grass Product Manufacturing	100.0	100.0	100.0
家具制造业	Furniture Manufacture Industry	99.0	100.1	99.8
木质家具制造	Timber Furniture Manufacture	100.4	100.0	100.0
造纸及纸制品业	Paper Making and Paper Products Industry	100.0	100.0	99.7
纸浆制造	Paper Pulp Manufacturing			
造纸	Paper Making	100.9	100.0	99.9
纸制品制造	Paper Products Manufacturing	99.2	100.0	99.6
印刷业和记录媒介的复制	Painting Industry and Duplication Of Medium Recoder	100.0	99.9	100.0
印刷	Painting	100.0	99.8	100.0
装订及其他印刷服务活动	Binding and Other Painting Service Activity	100.0	100.0	100.0
文教体育用品制造业	Culture, Education and Athletics Manufacture Industry	100.2	100.0	100.0
文化用品制造	Culture Articles Manufacturing	100.0	100.0	100.0
体育用品制造	Arthelitic Articles Manufacturing			
石油加工、炼焦及核燃料加工业	Petroleum Process, Coking and Nuclear Fuel Processing Industry	85.1	90.0	97.6
精炼石油产品的制造	Refineed Coking Petroleum Manufacturing	85.4	89.5	97.5

Continued

(preceding month=100)

3 月 March	4 月 April	5 月 May	6 月 June	7 月 July	8 月 August	9 月 September	10 月 October	11 月 November	12 月 December
100.0	100.0	101.0	100.0	100.0	100.0	100.0	100.0	100.0	100.0
100.0	100.0	100.0	100.0	100.0	100.0	100.0	100.0	100.0	100.0
100.0	100.0	101.1	100.0	100.0	100.0	100.0	100.0	100.0	100.0
99.7	100.5	99.1	100.0	99.8	100.0	101.2	99.9	99.6	99.6
99.8	100.6	99.7	100.0	99.9	99.8	99.4	99.8	99.6	99.7
100.0	100.0	100.0	100.0	100.0	100.0	100.0	100.0	100.0	100.0
99.9	100.8	97.2	99.7	99.3	100.2	108.2	100.1	99.5	99.7
97.0	98.1	100.9	100.9	100.9	100.9	100.7	100.8	99.2	100.8
99.6	100.3	99.4	100.1	100.0	100.0	100.3	100.0	100.0	100.2
99.6	100.3	99.4	100.1	100.0	100.0	100.3	100.0	100.0	100.2
100.3	100.0	100.2	99.8	100.3	99.3	99.7	100.9	100.2	100.2
100.0	100.0	100.0	100.0	100.0	100.0	100.0	100.0	100.0	100.0
101.0	100.0	100.9	99.9	100.7	99.9	100.3	101.1	100.4	100.3
99.9	100.0	99.9	100.1	100.1	99.8	100.0	99.9	100.1	100.0
99.8	100.5	99.8	99.8	100.0	99.8	100.2	99.5	98.9	100.0
99.5	100.0	100.1	99.9	100.0	100.0	99.9	100.0	100.0	100.0
101.6	100.1	99.2	101.3	100.6	99.2	100.4	99.5	100.9	99.9
100.0	100.0	100.0	100.0	100.0	100.0	100.0	100.0	100.0	100.0
99.9	99.9	100.1	99.9	99.8	99.8	99.7	99.8	99.9	100.1
99.9	100.1	100.4	100.0	100.0	99.9	99.9	100.1	100.1	100.1
99.7	100.9	99.7	100.0	99.9	99.6	100.4	100.2	99.6	100.3
99.8	101.3	100.1	99.9	99.7	100.0	100.2	100.0	100.1	100.1
99.6	100.6	99.4	100.2	100.0	99.2	100.5	100.3	99.2	100.6
100.1	100.0	100.0	100.1	100.0	100.0	99.9	100.0	100.0	100.1
100.1	100.0	100.0	100.1	100.0	100.0	99.9	100.0	100.0	100.1
100.0	100.0	100.0	100.0	100.0	100.0	100.0	100.0	100.0	100.0
100.2	100.0	100.0	100.0	100.0	100.0	100.0	100.0	100.0	100.0
100.0	100.0	100.0	100.0	100.0	100.0	100.0	100.0	100.0	100.0
103.7	100.0	103.7	101.1	96.8	96.5	98.3	99.1	99.6	98.5
103.8	99.9	103.9	101.5	96.9	96.2	98.5	99.4	99.7	98.4

5-20 续表 2

(上月=100)

类 别	Item	全 年 Annual Year	1 月 January	2 月 February
化学原料及化学制品制造业	Chemical Material and Chemical Product Manufacturing	97.3	99.6	99.8
基础化学原料制造	Basic Chemical Material Manufacturing	91.8	99.8	98.8
肥料制造	Fertilizer Manufacture	98.1	99.9	100.4
农药制造	Insectcide Manufacture	92.4	97.8	97.0
涂料、油墨、颜料及类似产品制造	Coating, Printing Ink, Pigment and The Similar Products Manufacture	99.9	100.0	99.8
合成材料制造	Compounded Material Manufacture	82.6	97.8	99.1
专用化学产品制造	Specialized Chemical Product Manufacture	106.4	99.3	100.7
日用化学产品制造	Daily Chemical Product Manufacture	99.3	100.1	100.1
医药制造业	Medical Manufacture Industry	101.9	99.9	100.1
化学药品原药制造	Original Medicine of Chemical Medicine Manufacture	106.1	99.3	100.3
化学药品制剂制造	Chemical Medicine Agent Manufacture	101.3	100.1	99.8
中成药制造	Medium Paternt Manufacture	101.4	100.0	100.2
兽用药品制造	Medicine in Herbs Manufacture	103.8	100.7	100.4
生物、生化制品的制造	Biology, Bio-chemical Product Manufacture	99.6	100.0	100.0
橡胶制品业	Rubber Product Industry	97.2	99.1	100.7
轮胎制造	Tire Manufacture	96.9	100.1	103.8
橡胶板、管、带的制造	Rubber Plank, Pipe, Band Manufacture	93.5	96.3	100.2
日用及医用橡胶制品制造	Daily and Medical-purpose Rubber Product Manufacture	100.1	100.0	100.0
橡胶靴鞋制造	Rubber Shoes Manufacture	100.0	100.0	100.0
塑料制品业	Plastic Product Industry	96.5	99.1	99.6
塑料薄膜制造	Plastic Thin Film Manufacture	101.5	99.5	100.1
塑料板、管、型材的制造	Plastic Plate, Pipe Type Manufacture	95.7	98.4	99.4
塑料丝、绳及编织品的制造	Plastic Silk, Rope and Knitted Products Manufacture	94.4	99.5	99.7
塑料包装箱及容器制造	Plastic Packing Box and Container Manufacture	96.1	99.7	99.3
日用塑料制造	Daily Pastic Manufacture	96.6	99.4	99.4
其他塑料制品制造	Other Plastic Manufacture	98.9	98.7	100.0
非金属矿物制品业	Non-metal Mineral Product Industry	95.0	99.1	99.5
水泥、石灰和石膏的制造	Cement, Lime and Gypsum Manufacture	87.5	98.1	99.0
水泥及石膏制品制造	Cement and Gypsum Product Manufacture	100.2	99.8	99.9
砖瓦、石材及其他建筑材料制造	Brick, Stone Material and Other Buildings Material Manufacture	100.0	99.3	99.7
玻璃及玻璃制品制造	Glass and Glass Product Manufacture	98.8	100.6	99.4
陶瓷制品制造	Ceramics Product Manufacture	100.0	100.0	100.0
石墨及其他非金属矿物制品制造	Graphite and Other Non-metal Mineralses Product Manufacture	96.6	99.6	99.8

Continued

(preceding month=100)

3 月 March	4 月 April	5 月 May	6 月 June	7 月 July	8 月 August	9 月 September	10 月 October	11 月 November	12 月 December
100.8	100.2	100.0	100.0	99.9	99.4	99.7	99.2	99.6	99.0
101.7	99.8	99.9	99.3	99.5	99.5	98.1	98.2	99.2	97.8
100.3	99.7	100.4	100.5	100.2	99.2	100.0	99.2	99.2	99.1
100.3	101.7	99.9	98.5	99.6	98.8	100.5	99.0	99.9	99.2
99.9	100.0	99.9	100.1	100.0	100.0	100.0	100.1	100.0	99.9
101.6	99.9	100.1	97.4	99.3	98.6	98.1	94.8	97.5	97.1
101.2	102.0	99.3	100.6	100.0	100.1	101.3	100.6	101.0	100.4
99.7	99.8	100.0	99.8	99.5	99.9	100.0	100.6	100.1	99.9
100.2	100.2	100.2	99.9	99.8	100.0	99.9	100.5	100.2	100.9
100.8	101.0	100.3	99.7	100.4	99.5	99.8	102.2	100.4	102.2
100.0	100.1	100.4	100.0	100.1	100.0	99.8	100.2	99.9	100.8
100.4	100.1	100.3	99.9	98.8	100.2	100.4	100.4	100.1	100.5
100.2	100.4	101.0	100.4	100.0	100.3	100.0	100.2	100.0	100.2
99.6	100.0	100.1	99.9	100.0	100.1	99.9	99.9	100.0	100.0
100.2	100.6	99.0	100.1	99.9	99.3	99.2	99.5	99.8	99.8
100.8	102.4	97.1	100.6	99.9	97.8	96.9	99.6	99.1	99.3
100.3	100.0	99.4	99.0	99.9	99.3	99.9	99.3	100.0	99.6
100.0	100.0	100.0	100.1	100.1	99.9	100.0	100.0	100.0	100.0
100.0	100.0	100.0	100.0	100.0	100.0	100.0	100.0	100.0	100.0
99.6	99.9	100.2	100.0	99.7	99.8	99.3	99.8	99.6	100.0
101.1	99.8	100.6	100.6	99.7	99.6	100.2	99.9	100.3	100.2
100.2	99.9	100.2	99.5	99.7	99.9	98.6	100.0	99.9	100.1
98.6	99.8	100.3	99.7	99.5	99.6	99.3	99.8	98.9	99.7
99.0	99.9	100.2	101.2	99.7	99.8	99.3	99.0	99.3	99.7
99.4	99.7	100.0	100.0	99.4	100.0	100.0	100.0	99.4	100.0
100.0	100.2	100.0	100.0	100.0	100.0	99.8	100.0	100.0	100.2
99.4	99.8	99.3	99.3	98.9	99.3	99.9	100.3	100.1	99.9
98.5	99.3	98.8	97.7	97.6	98.7	99.1	100.8	99.7	99.4
99.9	100.0	100.2	100.0	100.1	100.1	100.1	100.1	100.0	100.0
100.0	100.6	99.9	100.1	99.7	99.4	100.4	100.0	100.5	100.6
100.0	99.2	98.2	100.9	98.4	99.4	101.9	99.7	101.5	99.7
100.0	100.0	100.0	100.0	100.0	100.0	100.0	100.0	100.0	100.0
99.4	100.5	99.4	100.2	99.7	99.9	99.2	100.2	99.0	99.7

5-20 续表 3

(上月＝100)

类　别	Item	全　年 Annual Year	1 月 January	2月 February
黑色金属冶炼及压延加工业	Black Metal Coking and Pressint Process Industry	86.2	98.3	99.2
炼钢	Steel Making	88.0	97.8	99.1
钢压延加工	Pressed Steel Processing	82.0	99.2	99.5
铁合金冶炼	Iron-alloy Smeltering	89.9	99.8	99.7
有色金属冶炼及压延加工业	Coloured Metal Coking and Pressint Process Industry	87.0	96.7	98.5
常用有色金属冶炼	General Non-ferrous Metal Coking	87.9	96.6	98.5
贵金属冶炼	Precious Metal Smeltering	94.0	103.3	99.4
有色金属合金制造	Non-ferrous Metal Alloy Manufacture	99.9	100.2	99.8
有色金属压延加工	Non-ferrous Metal Pressing	86.2	96.8	98.4
金属制品业	Metal Product Industry	94.3	99.8	99.7
结构性金属制品制造	Structural Metal Product	93.0	99.8	99.5
金属工具制造	Metal Tools Manufacture	101.4	100.1	100.4
集装箱及金属包装容器制造	Container and Metal Packing Container Manufacture	95.3	99.5	100.0
金属丝绳及其制品的制造	Metal Silk Rope and Its Product Manufacture	94.5	99.8	100.1
建筑、安全用金属制品制造	Building, Metal Productin Safety Producing Manufacture	100.0	100.0	100.0
不锈钢及类似日用金属制品制造	Stainless Steel and Similar Daily Metal Product Manufacture	95.9	99.7	100.0
其他金属制品制造	Other Metal Product Manufacture	100.1	100.4	99.4
通用设备制造业	General Equipment Manufacture	98.5	100.2	99.9
锅炉及原动机制造	Boiler and Original Motor	97.1	100.4	100.0
金属加工机械制造	Metal Process and Machinery Manufacture	96.0	100.0	99.3
起重运输设备制造	Hoisting Transportation Equipment Manufacture	100.1	100.0	100.0
泵、阀门、压缩机及类似机械的制造	Pump, Valve, Compressor and Its Similar Mechanical Manufacture	98.3	100.4	100.2
风机、衡器、包装设备等通用设备制造	Wind-fanning Machine, Scaling and Packing Equipment	105.7	102.1	100.6
金属铸、锻加工	Metal Foundry, Forging Process	97.7	99.8	99.8
专用设备制造业	General Equipment Manufacture	99.3	100.0	100.0
矿山、冶金、建筑专用设备制造	Ore Mountain, Metallurgy, Building Special Equipment Manufacture	100.9	100.1	100.0
化工、木材、非金属加工专用设备制造	Chemical Engineering, Timber, Non-Metal Processed Special Equipments Manufacture	100.3	100.0	100.0
食品、饮料、烟草及饲料生产专用设备制造	The Food, Beverage, Tobacco and Foddar Production Special Equipments Manufacture	98.4	99.3	100.0
农、林、牧、渔专用机械制造	Agriculture, Forestry Animal Husbandry and Fishery Specific Machinery Manufacture	99.9	100.0	100.0
环保、社会公共安全及其他专用设备制造	Environment Protection, Public Social Secure and Other Specific Equipment Manufacture	93.3	100.5	99.8
交通运输设备制造业	Transportation Equipment Manufacture Industry	100.1	99.9	100.2
铁路运输设备制造	Rail Transportation Equipment Manufacture	100.1	100.9	100.0
汽车制造	Vehicle Manufacture	100.1	99.8	100.2
船舶及浮动装置制造	Ships and Floating Equipment Manufacture	100.0	100.0	100.0
交通器材及其他交通运输设备制造	Transportation Equipment and Other Transportations Equipments Manufacture	105.2	100.1	100.6

Continued

(preceding month=100)

3 月 March	4 月 April	5 月 May	6 月 June	7 月 July	8 月 August	9 月 September	10 月 October	11 月 November	12 月 December
98.3	99.2	99.3	99.0	98.2	100.9	97.6	98.9	99.3	96.9
98.3	99.6	100.1	99.3	98.6	102.7	97.2	99.0	99.6	96.2
98.2	98.5	97.8	98.3	97.3	97.4	98.4	98.8	98.5	98.5
99.9	98.7	98.0	100.0	99.6	99.3	96.8	99.3	99.1	99.1
100.6	100.8	101.6	99.1	98.3	98.9	99.9	99.2	97.8	94.9
100.9	101.2	101.7	99.7	98.6	99.1	100.7	98.9	98.0	93.6
97.7	100.2	103.2	98.3	92.4	97.9	102.2	105.6	96.7	97.6
100.1	100.1	100.2	100.0	99.9	100.0	100.1	100.0	99.5	99.9
100.4	100.1	102.0	97.9	97.5	98.1	99.4	99.6	97.8	97.3
98.8	99.6	99.6	99.7	99.4	99.5	99.3	99.7	99.6	99.5
99.1	99.8	99.3	99.8	99.5	99.7	98.6	99.6	99.5	98.8
100.0	99.9	100.3	99.5	100.6	99.8	100.1	100.4	99.5	100.8
99.0	99.7	99.6	99.9	98.9	98.9	99.5	99.6	100.2	100.5
96.8	99.4	99.8	99.7	99.8	99.7	100.0	99.6	99.8	99.8
100.0	100.0	100.0	100.0	100.0	100.0	100.0	100.0	100.0	100.0
99.0	99.5	100.0	99.5	97.5	99.8	99.6	99.9	100.7	100.5
99.8	100.0	100.5	99.4	99.4	100.6	99.6	100.2	100.6	100.2
99.5	100.2	99.7	100.2	99.9	99.5	99.6	100.0	99.9	99.8
99.1	99.2	99.2	100.0	100.0	99.2	100.0	100.0	100.0	100.0
100.0	99.8	100.0	100.4	99.2	98.8	99.1	100.3	99.6	99.3
100.2	100.0	100.0	100.0	100.0	100.0	100.0	100.0	100.0	100.0
100.0	99.4	99.4	99.8	100.5	99.7	99.4	100.0	99.7	99.8
95.9	105.4	100.2	102.9	99.9	99.5	100.0	99.6	99.9	100.0
100.1	99.9	99.6	99.8	100.0	99.5	99.5	100.0	100.0	99.8
100.1	100.1	99.7	99.8	99.9	100.0	99.9	100.1	100.0	99.7
100.0	99.9	99.7	99.9	100.0	99.9	100.2	100.3	100.8	99.9
100.4	101.8	100.2	98.3	99.8	99.8	99.8	100.2	100.1	100.0
99.9	99.9	99.3	100.2	100.3	100.1	99.6	99.0	100.5	100.3
99.9	100.0	100.0	100.0	100.0	100.0	100.0	100.0	100.0	100.0
100.1	99.6	99.0	100.0	99.1	100.3	99.1	100.1	97.1	98.4
100.0	100.0	100.0	100.3	100.0	100.1	100.1	99.9	99.9	99.7
99.9	99.8	99.9	99.8	100.0	99.9	99.9	100.0	99.8	100.1
100.0	100.0	100.0	100.4	100.0	100.1	100.1	99.9	99.9	99.7
100.0	100.0	100.0	100.0	100.0	100.0	100.0	100.0	100.0	100.0
100.1	99.9	101.3	99.3	102.1	100.7	99.4	102.0	98.6	101.1

5-20 续表 4

(上月＝100)

类　别	Item	全　年 Annual Year	1 月 January	2月 February
电气机械及器材制造业	Electricity Machine and Its Equipment Manufacture	96.8	99.9	99.2
电机制造	Electric Engineering Manufacture	97.6	99.8	99.8
输配电及控制设备制造	Electricity Mixed and Control Equipments Manufacture	99.8	99.9	100.0
电线、电缆、光缆及电工器材制造	Wire, Cable, Fiber Optic Cable and the Electric Device Manufacture	92.7	100.0	99.6
电池制造	Battery Manufacture	101.3	99.5	99.2
家用电力器具制造	Electric Power Apparatus Manufacture	95.1	100.0	97.7
其他电气机械及器材制造	Other Electricity Machines and Device Manufacture	97.8	100.0	100.1
通信设备、计算机及其他电子设备制造业	Tele-communication Equipment, Computer and Other Electron Equipment Manufacture Industry	98.8	100.0	100.1
通信设备制造	Tele-communication Equipment Manufacture	95.1	99.9	100.4
雷达及配套设备制造	Radar and Its Equipment Manufacture	100.0	100.0	100.0
电子器件制造	Electronic Appliances	98.9	100.0	99.9
电子元件制造	Electronic Components	102.8	100.0	99.6
其他电子设备制造	Other Electronic Equipment			
仪器仪表及文化、办公用机械制造业	Instrument, Meter and Cultural and Office	99.7	100.2	100.0
通用仪器仪表制造	General Instrument and Meters	99.0	100.4	99.7
专用仪器仪表制造	Special Instrument and Meter	100.0	100.0	100.0
钟表与计时仪器制造	Clock and Timing Instrument	100.0	100.0	100.0
光学仪器及眼镜制造	Optical Instrument and Glasses	101.0	100.0	101.0
工艺品及其他制造业	Handicrafts and Other Manufacture Industry	99.5	101.7	102.7
工艺美术品制造	Handicraft Art Work Manufacture	95.0	101.7	102.9
日用杂品制造	Daily Groceries Manufacture	119.2	101.6	101.8
电力、热力的生产和供应业	Electronic, Thermodynamic Product and Supply Industry	98.7	100.1	100.2
电力生产	Electric Power Production	99.3	100.1	100.1
电力供应	Electric Power Supply	98.5	100.1	100.2
燃气生产和供应业	Fuel Production and Supply Industry	92.6	97.5	100.0
燃气生产和供应业	Fuel Production and Supply Industry	92.6	97.5	100.0
水的生产和供应业	Water Production and Supply Industry	105.4	102.6	100.0
自来水的生产和供应	Tapping-water Production and Supply	105.3	102.6	100.0
污水处理及其再生利用	Sewage Treatment and Recycled Use	137.5	100.0	100.0

Continued

(preceding month=100)

3 月 March	4 月 April	5 月 May	6 月 June	7 月 July	8 月 August	9 月 September	10 月 October	11 月 November	12 月 December
99.8	99.9	99.8	99.7	99.7	99.6	100.1	99.8	99.6	99.7
99.8	100.0	99.5	100.0	99.8	99.9	99.9	99.5	99.8	99.8
99.8	100.0	100.2	100.1	99.9	99.8	99.9	100.0	100.0	100.2
99.6	99.6	99.9	100.2	98.7	98.5	98.7	99.2	99.1	99.4
100.2	101.3	100.9	99.7	99.4	99.7	100.8	99.4	101.1	99.9
99.9	99.5	98.9	98.7	100.3	100.3	101.0	100.3	98.9	99.6
97.8	100.0	100.0	100.0	100.0	100.0	100.0	99.9	100.0	100.0
99.5	99.7	99.8	99.5	100.1	100.1	100.1	99.9	100.0	100.0
98.4	98.9	99.8	98.7	99.4	100.3	99.9	99.5	99.9	100.0
100.0	100.0	100.0	100.0	100.0	100.0	100.0	100.0	100.0	100.0
100.2	100.2	99.9	99.4	100.0	100.0	99.6	100.0	99.9	99.9
99.5	100.1	99.9	99.8	99.9	100.1	104.0	100.2	99.8	99.9
99.9	99.9	100.1	100.0	99.5	100.1	100.0	100.1	100.0	99.9
99.7	99.9	100.3	100.0	98.8	100.2	99.9	100.3	100.1	99.8
100.0	100.0	100.0	100.0	100.0	100.0	100.0	100.0	100.0	100.0
100.0	100.0	100.0	100.0	100.0	100.0	100.0	100.0	100.0	100.0
100.0	100.0	100.0	100.0	100.0	100.0	100.0	100.0	100.0	100.0
100.1	100.5	100.3	97.8	98.8	97.4	100.9	101.3	98.5	99.6
99.8	100.2	100.2	97.1	98.3	96.4	100.6	101.2	97.6	99.0
101.6	101.9	100.5	100.9	101.0	101.4	101.8	101.8	101.8	101.7
100.4	99.5	98.6	99.9	99.9	100.0	100.0	100.1	100.1	99.9
99.9	99.9	99.2	100.0	100.0	100.0	100.0	100.0	100.5	99.5
100.6	99.2	98.3	99.9	99.8	100.1	99.9	100.3	100.0	100.1
101.1	98.7	100.0	99.6	98.6	98.0	99.8	101.6	99.9	97.7
101.1	98.7	100.0	99.6	98.6	98.0	99.8	101.6	99.9	97.7
100.1	99.9	100.1	102.6	100.0	100.3	99.7	100.0	100.0	100.0
100.1	99.9	100.0	102.6	100.0	100.3	99.7	100.0	100.0	100.0
100.0	100.0	137.5	100.0	100.0	100.0	100.0	100.0	100.0	100.0

5-21 工业生产者购进价格指数(1990-2015年)
Purchasing Price Indices for Industrial Producers (1990-2015)

(上年=100) (preceding year=100)

年份 Year	总指数 General Index	燃料、动力类 Fuel and Power	黑色金属材料类 Ferrous Metals	钢材 Rolle Steel	有色金属材料和电线类 Nonferrous Metals and Wires	化工原料类 Raw Chemical Materials
1990	108.4	107.3	111.2		92.1	94.3
1991	113.1	116.2	111.3		109.3	107.7
1992	110.2	115.0	113.9		110.9	106.9
1993	135.5	135.9	165.9	161.4	113.0	110.9
1994	116.6	115.5	102.4	102.2	104.2	107.3
1995	118.2	109.4	98.6	100.3	130.2	118.2
1996	108.4	108.9	101.0	100.5	92.7	106.6
1997	100.7	107.6	98.8	99.2	98.7	97.4
1998	95.2	96.3	96.4	97.6	96.1	92.3
1999	95.6	98.3	95.6	96.4	101.5	94.8
2000	105.6	121.4	99.2	100.6	108.8	106.2
2001	100.2	103.2	101.6	100.0	94.4	98.9
2002	97.7	99.0	99.2	98.2	98.5	96.4
2003	108.2	109.0	111.5	108.5	106.2	104.9
2004	113.1	109.0	120.6	118.2	117.5	111.2
2005	107.0	114.3	106.5	105.1	112.1	107.9
2006	104.9	112.2	95.2	96.9	125.3	101.6
2007	104.6	104.1	105.7	103.3	109.1	105.1
2008	110.9	113.1	119.3	115.4	101.0	113.2
2009	93.4	93.4	92.1	92.7	83.3	86.9
2010	110.4	115.3	107.2	105.0	124.1	106.6
2011	111.5	115.0	110.7	104.1	108.7	114.3
2012	98.9	101.9	91.7	94.8	97.0	96.9
2013	98.2	97.5	94.5	95.5	95.5	95.6
2014	97.8	96.8	95.9	96.3	95.2	98.9
2015	92.8	88.1	90.7	93.2	92.8	97.3

5-21 续表 Continued

(上年＝100) (preceding year=100)

年 份 Year	木材及纸浆类 Timber and Paper Pulp	建筑材料及非金属矿类 Building Material and Non-metal Ore	其它工业原材料及半成品类 Other Materials and Semi-finished Category	农副产品类 Agricultural Products	纺织原料类 Textile Materials
1990	101.0	126.2	100.0	119.6	117.0
1991	105.5	104.0	100.0	115.7	105.8
1992	97.1	99.5	102.1	100.7	102.7
1993	115.7	146.4	126.2	104.6	102.7
1994	103.1	122.7	114.2	138.1	143.2
1995	112.6	108.0	97.7	159.3	124.3
1996	95.1	105.7	100.1	124.5	92.1
1997	103.5	93.8	91.1	100.3	97.7
1998	98.9	101.1	93.5	93.9	95.1
1999	102.3	100.7	95.4	86.8	94.8
2000	104.3	97.4	98.3	97.2	102.4
2001	96.6	98.7	101.2	99.5	97.5
2002	96.5	99.3	98.9	92.0	97.7
2003	100.7	101.0	100.9	115.7	103.0
2004	107.2	110.0	114.0	113.0	103.6
2005	102.3	112.3	102.3	96.0	101.4
2006	103.5	99.4	104.5	103.8	102.0
2007	106.3	101.9	112.0	98.9	101.4
2008	108.7	110.3	108.1	105.3	104.4
2009	91.7	95.5	97.6	99.6	97.2
2010	105.8	104.2	106.2	106.9	109.5
2011	106.8	110.0	106.9	108.5	114.5
2012	100.8	104.7	101.1	103.3	94.1
2013	100.0	99.4	100.8	105.4	102.4
2014	99.6	97.5	98.8	102.4	99.3
2015	100.2	97.0	96.9	99.8	91.3

5-22 分月工业生产者购进价格指数(2015年)

(上年同月=100)

类 别	Item	1 月 January	2 月 February	3 月 March
总指数	**General Index**	**93.7**	**93.3**	**93.4**
燃料、动力类	Fules and Power	89.2	88.2	87.9
黑色金属材料类	Material of Black Metal	91.9	91.9	92.0
#钢材	Rolled Steel	95.9	95.5	95.2
其它	Other	88.6	88.9	89.2
有色金属材料和电线类	Material of Nof-ferrous Metal Material and ElectricWire	93.6	93.6	95.1
化工原料类	Chemical Material	97.3	96.9	97.4
木材及纸浆类	Wood and Paper Pulp	100.1	100.3	100.7
建筑材料及非金属矿类	Building Material and Non-metal Ore	97.4	97.0	96.9
其它工业原材料及半成品类	Other Industrial Raw Material and Semi-finished Category	98.3	98.1	98.2
农副产品类	Agricultural and Side-line Produces	100.5	100.5	100.6
纺织原料类	Raw Textile Material	92.7	92.1	91.4

5-23 分月工业生产者购进价格环比指数(2015年)

(上年同月=100)

类 别	Item	1 月 January	2 月 February	3 月 March
总指数	**General Index**	**98.5**	**99.0**	**99.6**
燃料、动力类	Fules and Power	96.7	98.1	99.7
黑色金属材料类	Material of Black Metal	99.1	99.0	99.1
#钢材	Rolled Steel	99.4	99.5	99.2
其它	Other	98.8	98.6	99.1
有色金属材料和电线类	Material of Nof-ferrous Metal Material and ElectricWire	98.7	99.5	99.3
化工原料类	Chemical Material	99.2	99.6	100.0
木材及纸浆类	Wood and Paper Pulp	100.0	100.0	100.1
建筑材料及非金属矿类	Building Material and Non-metal Ore	99.9	100.0	99.7
其它工业原材料及半成品类	Other Industrial Raw Material and Semi-finished Category	99.7	99.5	99.6
农副产品类	Agricultural and Side-line Produces	99.7	99.8	99.9
纺织原料类	Raw Textile Material	98.1	99.2	99.5

Purchasing Price Indices for Industrial Producer by Month(2015)

(same month of preceding year=100)

4 月 April	5 月 May	6 月 June	7 月 July	8 月 August	9 月 September	10 月 October	11 月 November	12 月 December
93.5	**93.9**	**94.1**	**93.3**	**92.4**	**91.3**	**91.3**	**91.3**	**91.4**
87.8	89.2	89.8	89.0	87.7	86.6	86.5	86.9	88.3
92.1	92.0	92.8	92.0	90.5	88.6	88.2	88.6	87.1
94.6	93.9	93.5	92.7	91.9	91.6	91.5	91.0	91.0
89.9	90.3	92.3	91.4	89.3	86.0	85.4	86.5	83.6
96.2	96.8	95.0	91.9	89.9	90.3	91.7	90.0	89.1
98.7	98.9	98.3	98.0	97.5	96.8	96.2	95.7	95.6
100.6	100.5	100.7	100.5	100.6	99.9	99.8	99.7	99.4
96.8	96.9	96.7	97.0	97.3	97.1	97.1	96.8	97.7
98.0	97.5	97.3	96.7	96.6	95.8	95.6	95.2	95.1
100.9	100.5	100.2	100.1	99.9	98.0	98.7	98.6	98.8
90.3	90.8	91.1	90.7	90.0	90.5	91.6	91.9	92.5

Purchasing Price Chain Indices for Industrial Producer by Month(2015)

(same month of preceding year=100)

4 月 April	5 月 May	6 月 June	7 月 July	8 月 August	9 月 September	10 月 October	11 月 November	12 月 December
99.8	**100.1**	**100.0**	**99.3**	**98.7**	**98.9**	**99.3**	**99.1**	**98.7**
99.8	101.1	100.4	99.3	98.1	97.8	98.9	99.2	98.6
99.4	98.9	100.5	98.9	97.5	98.8	99.1	98.8	97.1
98.8	99.1	99.2	99.0	99.1	99.4	99.3	99.2	99.4
100.0	98.7	101.6	98.8	96.1	98.3	99.0	98.5	95.0
100.8	100.9	98.3	98.1	98.2	100.1	99.4	97.3	98.0
100.1	99.9	99.7	99.8	99.6	99.5	99.3	99.2	99.5
99.7	99.9	100.0	99.8	100.0	99.8	99.8	100.1	100.2
99.8	99.8	99.4	100.0	99.8	100.0	100.0	99.6	99.7
99.7	99.6	99.8	99.5	99.8	99.4	99.5	99.4	99.5
100.1	99.8	99.7	99.8	100.0	99.8	100.4	99.6	100.0
98.6	100.2	99.9	99.7	99.3	99.9	99.4	99.1	99.4

5-24 武汉市房地产价格指数(2015年)

(上年同月=100)

指　标	Item	1 月 January	2 月 February	3 月 March
新建住宅销售价格指数	**Sales Price Indices of New Houses**	**95.5**	**95.2**	**95.0**
商品住宅	Commercialized Buildings	95.3	95.0	94.7
$90m^2$及以下	90m2 and Below	96.1	95.9	95.4
$90-144m^2$	90-144m2	95.3	95.2	95.1
$144m^2$以上	Above 144m2	94.3	93.3	92.9
二手住宅销售价格指数	**Sales Price Indices of Second-hand Housing**	**95.8**	**95.5**	**95.1**
$90m^2$及以下	90m2 and Below	96.1	95.8	95.4
$90-144m^2$	90-144m2	95.5	95.4	95.0
$144m^2$以上	Above 144m2	95.6	94.7	94.5

5-25 宜昌市房地产价格指数(2015年)

(上年同月=100)

指　标	Item	1 月 January	2 月 February	3 月 March
新建住宅销售价格指数	**Sales Price Indices of New Houses**	**94.7**	**94.4**	**94.2**
商品住宅	Commercialized Buildings	94.6	94.3	94.1
$90m^2$及以下	90m2 and Below	94.8	94.9	94.9
$90-144m^2$	90-144m2	94.8	94.3	94.0
$144m^2$以上	Above 144m2	93.3	93.3	93.1
二手住宅销售价格指数	**Sales Price Indices of Second-hand Housing**	**95.3**	**94.8**	**94.4**
$90m^2$及以下	90m2 and Below	95.3	95.1	94.6
$90-144m^2$	90-144m2	95.3	94.8	94.4
$144m^2$以上	Above 144m2	94.8	94.5	93.8

5-26 襄阳市房地产价格指数(2015年)

(上年同月=100)

指　标	Item	1 月 January	2 月 February	3 月 March
新建住宅销售价格指数	**Sales Price Indices of New Houses**	**94.5**	**93.4**	**92.9**
商品住宅	Commercialized Buildings	94.4	93.3	92.9
$90m^2$及以下	90m2 and Below	94.3	93.2	92.8
$90-144m^2$	90-144m2	95.0	93.8	93.2
$144m^2$以上	Above 144m2	93.0	92.1	92.0
二手住宅销售价格指数	**Sales Price Indices of Second-hand Housing**	**94.9**	**94.1**	**94.1**
$90m^2$及以下	90m2 and Below	97.3	96.8	95.3
$90-144m^2$	90-144m2	93.8	92.7	92.7
$144m^2$以上	Above 144m2	95.0	94.3	95.3

Price Indices for Real Estate of Wuhan(2015)

(same month of preceding year=100)

4 月 April	5 月 May	6 月 June	7 月 July	8 月 August	9 月 September	10 月 October	11 月 November	12 月 December
95.1	**95.3**	**96.0**	**98.0**	**100.3**	**101.8**	**102.5**	**103.5**	**104.3**
94.9	95.0	95.8	97.9	100.3	101.8	102.6	103.7	104.5
95.6	95.9	96.3	98.4	100.6	102.0	102.5	103.1	103.7
95.0	95.2	95.9	98.1	100.7	102.2	102.9	103.8	104.6
93.4	93.4	94.5	96.6	98.8	100.8	102.2	104.0	105.2
95.2	**95.6**	**96.4**	**98.1**	**99.4**	**100.8**	**101.9**	**102.9**	**103.8**
95.3	95.6	96.8	98.3	99.8	101.0	102.2	103.0	103.7
95.4	95.7	96.2	97.8	99.1	100.8	101.8	102.8	103.8
94.5	95.1	96.2	98.1	99.4	100.7	101.6	103.0	103.8

Price Indices for Real Estate of Yichang(2015)

(same month of preceding year=100)

4 月 April	5 月 May	6 月 June	7 月 July	8 月 August	9 月 September	10 月 October	11 月 November	12 月 December
93.7	**93.6**	**94.0**	**94.7**	**95.6**	**96.6**	**97.0**	**98.2**	**98.4**
93.6	93.5	93.9	94.6	95.5	95.5	97.0	98.2	98.4
94.3	93.9	94.1	95.1	95.6	96.6	97.0	98.2	98.5
93.5	93.6	94.0	94.6	95.7	96.6	97.0	98.2	98.4
92.9	92.7	93.2	93.7	94.7	96.0	96.9	98.5	98.3
94.5	**94.6**	**94.9**	**96.0**	**97.0**	**98.0**	**99.3**	**100.0**	**100.4**
94.8	95.0	95.4	96.5	97.8	98.9	100.2	100.8	101.1
94.5	94.6	95.0	96.0	97.1	98.2	99.5	100.2	100.6
93.6	93.6	93.7	95.1	95.4	95.9	97.1	97.8	98.3

Price Indices for Real Estate of Xiangyang(2015)

(same month of preceding year=100)

4 月 April	5 月 May	6 月 June	7 月 July	8 月 August	9 月 September	10 月 October	11 月 November	12 月 December
92.3	**92.6**	**93.0**	**93.9**	**94.5**	**95.1**	**95.0**	**95.5**	**96.0**
92.2	92.5	92.9	93.8	94.4	95.0	94.9	95.5	95.9
92.5	92.6	93.5	94.4	95.0	95.8	96.8	97.1	97.0
92.6	92.8	93.2	94.1	94.7	95.2	94.9	95.5	96.1
91.0	91.4	91.7	92.7	93.3	93.7	93.3	94.0	94.3
94.1	**94.7**	**95.2**	**95.7**	**96.6**	**98.0**	**98.5**	**98.7**	**99.2**
95.3	96.0	96.9	97.0	96.8	97.9	98.3	98.7	99.4
92.9	93.5	93.9	94.2	95.8	97.3	97.5	98.0	98.7
95.0	95.4	96.0	97.1	97.7	99.0	100.1	99.6	99.6

5-27 固定资产投资价格指数(2015年)
Price Indices of Investment in Fixed Assets(2015)

(上年同月＝100) (same month of preceding year=100)

类 别	Item	全 年 Annual Year	一季度 First Quarter	二季度 Second Quarter	三季度 Third Quarter	四季度 Fourth Quarter
总指数	**General Index**	**99.4**	**100.6**	**99.8**	**99.1**	**98.2**
建筑安装工程	Construction and Installation	99.1	100.5	99.6	98.8	97.4
设备、工器具	Purchase of Equipment, Tools & Instruments	99.5	99.7	99.6	99.4	99.4
其他费用	Others	101.2	101.9	101.5	100.5	100.8

5-28 固定资产投资价格指数(1991-2015年)
Price Indices of Investment in Fixed Assets(1991-2015)

(上年＝100) (preceding year=100)

年 份 Year	固定资产投资价格指数 Price Indices of Investment in Fixed Assets	建筑安装工程 Construction and Installation	设备、工器具购置 Purchase of Equipment, Tools & Instruments	其他费用 Others
1991	108.3	106.9	110.4	111.8
1992	117.0	117.9	116.7	111.2
1993	127.4	130.5	119.2	130.2
1994	107.9	106.8	109.3	110.0
1995	105.0	103.5	107.9	106.4
1996	104.0	105.2	101.8	103.4
1997	102.1	102.3	100.4	104.6
1998	100.5	100.5	100.8	100.1
1999	99.5	99.2	99.0	101.0
2000	101.7	103.0	98.9	101.4
2001	100.1	100.6	98.4	100.8
2002	99.8	100.6	97.1	101.2
2003	103.3	105.9	98.1	102.5
2004	106.0	109.2	99.6	104.7
2005	102.2	102.1	100.7	104.5
2006	101.8	101.2	102.0	103.6
2007	104.1	104.9	101.5	104.2
2008	109.4	112.2	102.7	108.2
2009	98.8	96.8	99.0	106.8
2010	104.7	105.9	99.8	106.1
2011	107.3	109.3	100.4	106.6
2012	101.8	102.1	99.7	103.3
2013	100.5	100.5	99.0	102.6
2014	101.0	101.1	99.5	102.6
2015	99.4	99.1	99.5	101.2

5-29 农产品生产者价格指数(2015年)
Producers Price Indices for Farm Products(2015)

(上年=100) (preceding year=100)

指 标	Item	全年 Annual Year	1季度 1st Quarter	2季度 2nd Quarter	3季度 3rd Quarter	4季度 4th Quarter
总指数	**General Index**	**99.5**	**99.0**	**99.5**	**98.9**	**99.4**
农业产品	**Grop products**	**96.3**	**100.7**	**97.2**	**92.3**	**96.7**
谷物	Cereals	97.9	102.0	97.4	95.0	97.1
稻谷	Rice	99.0	102.1	97.8	97.6	97.6
早籼稻	Early Long Grained Nonglutinous Rice	96.8		92.9	92.8	104.7
中籼稻	Mid Long Grained Nonglutinous Rice	99.3	101.8		98.9	97.0
晚籼稻	Late Long Grained Nonglutinous Rice	98.9	103.4	101.5	95.8	93.8
小麦	Wheat	97.8	96.4	96.3	103.0	96.0
玉米	Corn//Maize	89.6		112.8	90.8	88.8
薯类	Tubers	98.9	101.5	85.9	102.3	97.8
红薯	Sweet Potato	96.4	100.0		94.7	94.4
马铃薯	Potato	100.0	106.8	85.9	102.4	100.5
油料	Oil-bearing Crops	88.2	104.3	92.5	77.4	91.3
花生	Peanuts	103.9	104.3	101.6	106.5	105.4
油菜籽	Rapeseeds	85.9		91.0	75.6	101.1
芝麻	Sesames	72.1			85.4	64.1
豆类	Beans	96.4	103.9		92.8	92.4
大豆	Soybean	96.4	103.9		92.8	92.4
棉花(籽棉)	Cotton	88.7	74.8	100.0		93.6
生苎麻	Ramie	78.9	95.3			62.5
甘蔗	Sugar Cane					
莲子	Lotus Seed					
蔬菜及食用菌	Vegetables and Mushroom	101.6	102.3	100.0	106.1	97.7
蔬菜	Vegetables	103.5	96.9	100.5	108.7	100.6
叶菜类蔬菜	Leaf Vegetables	102.5	99.4	100.8	111.2	101.7
芹菜	Celery	106.4	106.8	99.7	110.8	109.1
油菜	Rape	100.0				100.0
菠菜	Spinach	103.0	106.7	97.3		101.9
苋菜	Amaranth	104.4		104.3	107.8	98.0
空心菜	Swamp Morningglory	106.8		102.1	117.0	
小白菜	Chinese white cabbage	102.2	101.3	108.8	99.5	100.0
大白菜	Chinses cabbage	100.7	97.8	101.3	104.6	94.8
普通白菜	cabbage	102.1	105.5	100.0	102.2	94.4
菜心(菜薹)	flowering chinese cabbage	85.9	101.0	43.7		101.7
紫菜薹	purple tsai-tai	98.4	104.5			101.1

5-29 续表 1 Continued

(上年＝100) (preceding year=100)

指 标	Item	全年 Annual Year	1季度 1st Quarter	2季度 2nd Quarter	3季度 3rd Quarter	4季度 4th Quarter
甘蓝类蔬菜	Cabbage Vegetables	102.8	100.1	103.8	88.1	101.6
结球甘蓝	Wild Cabbage	97.0	102.9	107.0	88.1	86.1
菜花	Cawliflower	108.8	96.8	110.7		114.8
根茎类蔬菜	Root and Tuber Vegetable	103.2	100.3	96.5	140.0	98.4
白萝卜	Radish	102.9	97.2	95.1	140.0	93.7
胡萝卜	Carrot	108.3	105.4			111.1
瓜菜类蔬菜	Gourd Vegetable	108.7	118.3	97.6	105.6	96.4
黄瓜	Cucumber	101.9	118.3	97.6	97.2	80.5
冬瓜	White Gourd	123.5			125.3	121.4
西葫芦	Summer Squash	97.7		91.1	100.7	
苦瓜	Balsam Pear	96.2		94.4	113.7	88.4
南瓜	Pumpkin	103.1		104.2	111.8	96.3
丝瓜	Towed Gourd	99.4		94.7	106.0	
瓠瓜	Bottle Gourd	112.7		111.9	114.5	
豆类蔬菜	Garden Beans	102.8		103.3	100.8	103.0
扁豆	Lentils	98.8		90.3	113.2	96.7
豇豆	Cowpeas	101.7		107.7	103.7	93.7
豌豆	Pea	116.1		116.1		
四季豆	Kidney Beans	103.3		101.0	99.1	111.2
毛豆	Green Soy Bean	96.6		105.0	104.8	72.2
蚕豆	Broad Bean	86.9		73.4	96.7	
茄果类蔬菜	Eggplant,Tomato and Chile,Etc.	100.4	105.3	98.3	101.3	102.0
茄子	Eggplant	101.7		101.4	102.1	102.2
青椒	Sweetbell	98.0	96.0	96.8	101.8	100.0
西红柿	Tomato	101.5	96.7	96.3	100.4	112.0
莴苣及菊苣类蔬菜	Lettuce Vegetables	109.5	105.8	106.3	123.5	95.0
生菜	Romaine Lettuce	106.3	100.0	111.1	128.7	94.1
莴笋	Lettuce	109.5	105.8	106.3	123.5	95.0
葱蒜类蔬菜	Onion and Garlic	100.7	57.6	98.5	135.4	106.6
大葱	Scallion	92.5	45.0	50.0	135.4	117.8
细香葱	Shallot	110.8	131.6	98.0	107.4	105.2

5-29 续表 2 Continued

(上年＝100) (preceding year=100)

指　　标	Item	全年 Annual Year	1季度 1st Quarter	2季度 2nd Quarter	3季度 3rd Quarter	4季度 4th Quarter
大蒜	Garlic Heat	115.5	124.2	112.8		
蒜苗	Garlic Bolt	105.0		108.6		101.1
韭菜	Fragrant-Flowered Garlic	101.3	93.3	101.0	106.4	110.5
水生蔬菜	Water Vagetable	107.7		106.7	109.1	
莲藕	Lotus Root	107.7		106.7	109.1	
芦笋	Asparagus					
食用菌	Mushroom	96.4	107.7	99.0	91.3	85.7
平菇	Oyster Mushroom	97.4	93.4	87.4	111.1	98.9
双孢蘑菇	Common Cultivatea Mushroom	101.9	104.2	100.4		98.9
香菇	Mushroom	98.3	108.9	101.4	101.7	84.1
黑木耳	Black Edible Fungus	90.8	93.7	92.4	90.8	85.7
水果及坚果	Fruits and Nuts	102.8	127.3	100.1	101.7	104.9
水果(园林水果)	Garden Fruits	103.6	127.9	100.1	103.0	116.6
梨	Pear	101.9			101.9	
柑橘类水果	Citrus	109.0	127.9	122.0	106.3	118.4
柑橘	Mandarin Orange	111.8	103.8	122.0	106.3	118.8
橙	Orange	102.7	137.4	83.1		116.3
葡萄	Grape	71.7			95.8	
巨峰葡萄	Kyoho Grape	73.8			73.8	
瓜类水果	Melon	84.8			101.8	71.4
西瓜	Watermelon	80.7		80.1	101.8	71.4
香瓜	Muskmelon	104.0			104.0	
其他水果	Other Fruits	103.0		95.5	98.6	104.9
樱桃	Cherry	80.0		80.0		
桃	Peach	103.0		95.5	98.6	104.9
李子	Plum					
核桃	Walnut	78.9				78.9
山核桃	Hickory					
茶叶	Tea	101.0	104.8	95.3	97.6	100.1
绿茶	Green Tea	101.0	104.8	95.3	97.6	100.1
中草药材	Chinese Medicinal Materials	94.2	114.0	96.0	103.7	98.8
党参	Tangshen	67.8		57.9	67.2	89.9
黄连	Rhizome of Chinese Goldthread	90.1	97.0	92.5		80.7

5-29 续表 3 Continued

(上年＝100) (preceding year=100)

指 标	Item	全年 Annual Year	1季度 1st Quarter	2季度 2nd Quarter	3季度 3rd Quarter	4季度 4th Quarter
贝母	Bulb of Chinese Wolfberry	59.0	81.5	48.7	50.5	52.4
天麻	Tuber of Elevated Gastrodia	94.7	95.9	100.5	102.3	79.8
大黄、籽黄	Chinese Rhubarb	93.2	101.4	93.0		85.6
白术	Largehead Atractyldes	84.8			100.0	68.1
杜仲	Eucommia Ulmoides	95.1	102.7	88.2	106.4	87.1
茯苓	Fuling	105.9	120.6	92.9	104.2	112.0
云木香	Aucklandia	82.2		75.0	96.0	82.7
厚朴	Cortex Magnoliae Officinalis	84.5		106.0	69.4	80.4
板蓝根	Root of Commom Baphicanthus					
黄姜	Turmeric					
其他中草药材	Others	92.9	109.4	95.3	88.9	99.7
林业产品	**Forestry Products**	**99.5**	**101.0**	**101.9**	**102.7**	**80.0**
苗木类	Seedlings	99.2	101.8	104.6	100.0	
杉树树苗	China Fir	99.9	100.0	100.0	100.0	
柏树树苗	Cypress	113.7	115.7			
松树树苗	Pine Tree	99.5	105.4	100.0	100.0	98.6
银杏树苗	Ginkgo	100.1	107.1	109.4		100.0
杨树类树苗	Poplar	100.8	115.4	80.0		
樟树类树苗	Camphor	97.4	97.9	110.8	99.5	87.7
其他阔叶乔木树苗	Others	92.1	118.5	93.9	82.0	89.8
柑橘树苗	Orange Seedlings	104.4	111.3	121.4		100.2
桃树苗	Peach Seedlings	88.0	101.3	81.1		
毛竹苗	Mao Bamboo	100.0		100.0	100.0	100.0
其他灌木树苗	Others	105.3	114.9	101.8	109.3	101.9
木材采伐产品	Felling and Transport of Wood	100.3	100.5	100.0		
原木	Log	99.9	99.7	100.0		
红松原木	Korean Pine	92.4		89.7	100.0	88.7
落叶松原木	Larch					
马尾松原木	Masson Pine					
薪材	Firewood	103.1	102.3	109.1	101.6	100.0
竹材采伐产品	Felling and Transport of Bamboo	91.4	100.8		98.0	80.0
竹材	Bamboo	91.4	100.8		98.0	80.0
毛竹	Mao Bamboo	91.4	100.8		98.0	80.0

5-29 续表 4 Continued

(上年＝100) (preceding year=100)

指 标	Item	全年 Annual Year	1季度 1st Quarter	2季度 2nd Quarter	3季度 3rd Quarter	4季度 4th Quarter
畜牧业产品	**Animal Husbandry Products**	**107.6**	**99.8**	**105.2**	**113.5**	**109.4**
活牲畜	Live Domestic Animals	110.3	99.2	107.5	119.7	113.4
猪	Hogs	110.8	99.7	108.1	120.2	114.1
中猪	Hogs	117.4	105.1	112.8	133.3	
活牛	Cattle and Buffaloes	100.8	92.9	106.0	101.8	100.5
活羊	Sheep and Goats	92.1	93.1	93.4	95.2	85.0
活家禽	Live Poultry	100.3	101.2	99.9	101.4	97.4
活鸡	Chicken	99.9	100.8	100.2	101.4	96.7
活鸭	Duck	100.8	101.2	99.7	101.4	98.1
禽蛋	Poultry Eggs	97.3	102.4	95.5	98.9	92.7
鸡蛋	Chicken's Eggs	97.3	103.1	92.6	98.9	92.7
鸭蛋	Duck's Eggs	96.7	101.1	102.0	93.2	91.3
天然蜂蜜	Natural Honey					
渔业产品	**Fishery Products**	**96.7**	**93.3**	**96.3**	**97.4**	**98.4**
淡水养殖产品	Freshwater Aquatic Products	96.7	93.3	96.3	97.1	98.4
养殖淡水鱼	Freshwater Fish	96.3	93.8	95.8	97.1	97.0
鲤鱼	Carp	99.4	99.0	105.5	91.4	100.7
草鱼	Grass Carp	94.1	91.5	91.8	95.4	94.1
鳙鱼(胖头鱼)	Variegated Carp	99.1	94.9	100.2	100.8	98.0
青鱼	Black Carp	98.1	95.5	100.0		97.8
鲢鱼	Silver Carp	95.5	90.7	90.9		97.7
鲫鱼	Crucian Carp	97.2	90.5	99.0	96.9	97.4
鳊鲂	Vream	96.4	93.4	92.8	99.3	96.2
鲶鱼	Oriental Sheatfish				101.9	
鮰鱼	Catfish	93.6	95.6	88.7		93.5
黄颡鱼	Yellow Catfish	94.8	97.5	95.0	95.4	92.1
黄鳝	Ricefield Eel	104.1	108.5	103.1	92.5	105.6
乌鳢	Snakehead				102.4	
鳖	Turtle	102.9	106.7	78.7	104.8	104.8
其他养殖淡水鱼	Other Freshwater Products	96.6	95.2	93.1	102.0	97.8
淡水养殖虾	Freshwater Shrimps	98.3	87.8	106.4		103.8
淡水养殖活河蟹	Freshwater Crab	103.9				103.9

5-30 分季度农产品生产者价格指数

(上年＝100)

指　标	Item	2012年			
		1季度	2季度	3季度	4季度
总指数	**General Index**	**109.5**	**102.0**	**100.2**	**101.3**
农业产品	**Grop products**	**103.0**	**103.9**	**103.8**	**103.5**
谷物	Cereals	113.5	107.4	100.9	104.3
稻谷	Rice	113.9	110.0	106.9	104.4
早籼稻	Early long grained nonglutinous rice			111.4	103.9
中籼稻	Mid long grained nonglutinous rice	113.6	110.8	105.7	103.8
晚籼稻	Late long grained nonglutinous rice	120.0		108.7	105.3
小麦	Wheat		96.7	96.3	97.2
玉米	Corn//Maize	103.7	103.8	104.7	104.2
薯类	Tubers	94.3	104.6	110.4	110.8
红薯	Sweet Potato	110.5	105.1		98.1
马铃薯	Potato	75.0	104.5	110.4	129.9
油料	Oil-bearing Crops	120.7	105.6	103.4	102.8
花生	Peanuts	120.7	107.4	102.6	98.4
油菜籽	Rapeseeds		105.5	103.4	104.4
芝麻	Sesames			100.0	106.5
豆类	Beans	108.0	102.2	107.9	111.0
大豆	Soybean	108.0	102.2	107.9	111.0
棉花(籽棉)	Cotton	73.2	75.1	98.3	100.7
生苎麻	Ramie	76.7	92.8	95.5	104.2
甘蔗	Sugar Cane		100.0		107.5
莲子	Lotus Seed	56.0	73.3	74.5	80.3
蔬菜及食用菌	Vegetables and Mushroom	97.4	106.3	112.2	113.9
蔬菜	Vegetables	104.2	115.9	112.0	112.4
叶菜类蔬菜	Leaf Vegetables	105.1	118.9	111.1	111.0
芹菜	Celery	89.4	143.4	132.1	111.6
油菜	Rape			100.0	
菠菜	Spinach	111.1	105.3		113.5
苋菜	Amaranth		121.4	105.3	
空心菜	Swamp Morningglory		100.9	109.6	101.3
大白菜	Chinses cabbage	105.0	111.6	115.2	114.4
根茎类蔬菜	Root and Tuber Vegetable	101.1	125.7	100.0	98.5
白萝卜	Radish	97.5	127.0	100.0	97.9
胡萝卜	Carrot	95.6			102.3
生姜	Ginger	109.1	75.0		
山药	Chinese yam				
瓜菜类蔬菜	Gourd Vegetable	91.6	100.7	117.1	121.2
黄瓜	Cucumber	91.6	99.2	116.4	108.8
冬瓜	White Gourd		104.2	118.7	139.5
苦瓜	Balsam pear		123.1	121.2	119.6
南瓜	Pumpkin		98.0	108.3	109.3
丝瓜	Towed gourd			116.3	95.2
瓠瓜	Bottle gourd		114.8	104.9	

Producers Price Indices for Farm Products by Quarter

(preceding year=100)

2013年				2014年				2015年			
1季度	2季度	3季度	4季度	1季度	2季度	3季度	4季度	1季度	2季度	3季度	4季度
104.2	**99.8**	**104.7**	**100.0**	**98.8**	**98.8**	**101.2**	**98.2**	**99.0**	**99.5**	**98.9**	**99.4**
105.9	**102.0**	**103.3**	**98.0**	**101.3**	**99.7**	**103.6**	**96.9**	**100.7**	**97.2**	**92.3**	**96.7**
103.7	101.7	102.8	97.2	101.1	101.5	105.4	102.5	102.0	97.4	95.0	97.1
103.7	100.0	94.2	97.0	100.9	100.9	103.0	102.5	102.1	97.8	97.6	97.6
106.6	96.0	96.3	98.6		97.9	104.6	100.0		92.9	92.8	104.7
102.7	100.4	93.9	96.1	97.8	105.5	101.1	104.9	101.8		98.9	97.0
102.8		90.8	96.1	101.6	100.4	103.1	102.4	103.4	101.5	95.8	93.8
106.2	108.8	109.3	96.2	104.9	103.9	107.4	104.1	96.4	96.3	103.0	96.0
103.9	101.4	98.6	104.7	104.9	102.5	100.4	102.7		112.8	90.8	88.8
139.8	104.1	100.6	118.1	96.6	107.5	110.4	97.0	101.5	85.9	102.3	97.8
114.3	100.0		118.5					100.0		94.7	94.4
170.0	105.2	100.6	117.6	90.4	106.6	110.5	98.2	106.8	85.9	102.4	100.5
101.3	102.6	103.9	106.7	85.5	93.9	104.0	100.6	104.3	92.5	77.4	91.3
103.0	101.4	90.2	94.6	85.5	86.8	106.5	103.6	104.3	101.6	106.5	105.4
100.0	102.7	104.2	107.8		94.2	103.9	99.4		91.0	75.6	101.1
100.0			118.3		99.6	112.1	98.2			85.4	64.1
101.6	102.1	101.7	100.0	94.7	100.0	95.6	108.5	103.9		92.8	92.4
101.6	102.1	101.7	100.0	94.7	100.0	95.6	108.5	103.9		92.8	92.4
100.4	96.4	104.6	96.1	104.9	88.7	87.5	82.0	74.8	100.0		93.6
102.2	80.6	100.0	80.0	98.9	108.3	181.8	106.4	95.3			62.5
97.6			91.2								
88.3		119.9	120.6	112.9	104.5	90.6	115.7				
112.7	104.3	109.2	104.0	104.1	103.2	101.2	103.3	102.3	100.0	106.1	97.7
107.9	100.4	109.8	102.7	99.7	105.4	102.4	105.3	96.9	100.5	108.7	100.6
106.9	90.2	113.2	105.6	94.9	109.0	99.2	107.2	99.4	100.8	111.2	101.7
104.1	94.5	111.0	97.6	104.9	109.4	104.7	104.0	106.8	99.7	110.8	109.1
			102.0								100.0
110.2			100.5	94.5	115.7		112.5	106.7	97.3		101.9
	101.7	106.1	106.7		106.2	94.5	116.1		104.3	107.8	98.0
	129.3	119.8			108.6	82.8	97.1		102.1	117.0	
118.9	125.0	75.1	116.2	97.9	101.0	85.7	117.9	97.8	101.3	104.6	94.8
117.1		91.8	109.9	119.0	100.0	93.4	107.1	100.3	96.5	140.0	98.4
126.5		91.8	93.3	117.9	100.0	93.4	109.2	97.2	95.1	140.0	93.7
117.0			100.0	120.0				105.4			111.1
100.0				110.0				104.2			
	104.9	114.6	110.2	105.9	111.6	108.0	96.0	118.3	97.6	105.6	96.4
	104.4	116.2	106.6		100.0	112.0	105.8	118.3	97.6	97.2	80.5
	106.0	110.8	115.6	105.9	138.6	98.6	81.4			125.3	121.4
	100.0	109.2	113.6			116.6			94.4	113.7	88.4
100.0	106.5	116.3	108.9		89.1	111.3	111.7		104.2	111.8	96.3
	95.3	127.0	104.1		101.4	105.5	85.2		94.7	106.0	
					91.2	81.2			111.9	114.5	

5-30 续表 1

(上年=100)

指　标	Item	2012年			
		1季度	2季度	3季度	4季度
豆类蔬菜	Garden Beans	111.0	104.6	104.6	94.4
豌豆	Pea	111.0	110.9	111.1	103.8
四季豆	Kidney Beans	111.0	107.5	100.3	83.9
茄果类蔬菜	Eggplant,Tomato and Chile,Etc.	111.0	116.8	109.3	121.8
茄子	Eggplant	111.0	120.2	116.8	118.7
青椒	Sweetbell	111.1	114.9	106.0	93.5
辣椒	Chili	111.1	118.8	100.4	87.8
西红柿	Tomato	111.1	114.1	112.1	159.4
莴笋	Lettuce	111.1	116.9		97.2
葱蒜类蔬菜	Onion and Garlic	111.1	91.5	114.5	108.5
大葱	Scallion	111.1	98.0		
蒜苗	Garlic Bolt	111.1	92.7		116.6
蒜头	Garlic Heat	111.1	95.7	75.0	
韭菜	Fragrant-Flowered Garlic	111.1	96.1	92.2	153.5
水生蔬菜	Water Vagetable	111.1	107.5		111.5
莲藕	Lotus Root	111.2	107.5		111.5
食用菌	Mushroom	111.2	83.9	114.4	118.1
香菇	Mushroom	111.2	78.8	76.8	124.1
黑木耳	Black Edible Fungus	111.2	97.0	116.0	109.0
水果及坚果	Fruits and Nuts	111.2	93.1	115.8	96.3
水果(园林水果)	Garden Fruits	111.2	93.1	112.2	84.9
梨	Pear	111.2		115.3	101.0
柑橘类水果	Citrus	111.2	93.5	106.7	84.5
柑橘	Mandarin Orange	111.2	93.5	106.7	76.0
橙	Orange	111.2	60.8		162.2
葡萄	Grape	111.3		113.5	
瓜类水果	Melon	111.3	111.4	112.8	
西瓜	Watermelon	111.3	122.2	113.6	98.5
香瓜	Muskmelon	111.3	111.4	105.3	
其他瓜类水果	Others	111.3			
桃	Peach	111.3	86.3	112.6	
茶叶	Tea	111.3	100.1	86.6	81.3
绿茶	Green Tea	111.3	100.1	86.6	81.3
中草药材	Chinese Medicinal Materials	111.3	86.1	75.1	129.4
大黄、籽黄	Chinese Rhubarb	111.3	115.7	90.9	111.7
杜仲	Eucommia Ulmoides	111.4		79.2	104.7
茯苓	Fuling	111.4	74.6	74.0	89.3
黄姜	Turmeric	111.4	114.9	118.6	134.0

Continued

(preceding year=100)

2013年				2014年				2015年			
1季度	2季度	3季度	4季度	1季度	2季度	3季度	4季度	1季度	2季度	3季度	4季度
	114.1	101.8	109.4		89.3	99.3	110.4		103.3	100.8	103.0
	100.6		109.7		110.9	100.0			116.1		
	113.4	100.0	110.7		88.1	96.3	107.6		101.0	99.1	111.2
106.9	108.8	118.3	99.5	84.4	91.8	93.9	114.2	105.3	98.3	101.3	102.0
107.1	105.1	115.7	89.2	83.9	85.8	104.2	110.2		101.4	102.1	102.2
100.0	113.6	118.3	107.4	100.0	94.4	96.2	91.7	96.0	96.8	101.8	100.0
	100.0	135.5	103.9		83.3	89.3	91.2	109.3	98.4	101.3	89.9
	106.4	109.7	98.3		103.0	87.0	141.8	96.7	96.3	100.4	112.0
99.5	108.6		92.4	116.8	116.4		108.1	105.8	106.3	123.5	95.0
114.2	103.0	100.0	82.2	102.8	107.7	101.1	89.1	57.6	98.5	135.4	106.6
	99.5			102.0		101.8	82.3	45.0	50.0	135.4	117.8
115.0			54.2	100.0	99.4		100.9		108.6		101.1
	100.0				108.3				111.1		
	104.4	105.8	104.8		129.0	120.3	100.0	93.3	101.0	106.4	110.5
100.3	106.4	113.3	107.5	78.1	114.4	114.7	114.3		106.7	109.1	
100.3	106.4	113.3	107.5	78.1	114.4	114.7	114.3		106.7	109.1	
120.0	113.6	102.8	107.4	110.8	97.9	89.8	96.8	107.7	99.0	91.3	85.7
121.4	116.7	101.0	111.0	111.1	104.9	111.3	97.1	108.9	101.4	101.7	84.1
100.9	104.1	102.8	100.0	98.8	73.9	88.9	92.5	93.7	92.4	90.8	85.7
108.7	111.7	95.3	90.7	95.9	111.9	97.5	93.8	127.3	100.1	101.7	104.9
108.7	111.7	96.3	91.5	95.9	111.9	96.3	91.6	127.9	100.1	103.0	116.6
		98.9								101.9	
108.7		112.7	91.5	95.9		99.3	91.6	127.9	122.0	106.3	118.4
100.0		112.7	91.2	103.3		99.3	90.1	103.8	122.0	106.3	118.8
115.2	111.8		94.4	90.4	106.6		104.8	137.4	83.1		116.3
		104.2								95.8	
		90.9								101.8	71.4
	154.4	89.0	98.4		96.6	93.0	77.5		80.1	101.8	71.4
		108.8	100.0							104.0	
		127.0									
	111.7	81.4			111.9	108.3			95.5	98.6	104.9
97.0	98.3	99.9	112.1		104.4	120.0	96.1	104.8	95.3	97.6	100.1
97.0	98.3	99.9	112.1		104.4	120.0	96.1	104.8	95.3	97.6	100.1
115.9	84.9	101.1	75.5	79.5	104.0	110.2	94.5	114.0	96.0	103.7	98.8
130.0	86.1	109.1	129.6	102.3	84.5	176.6	112.6	101.4	93.0		85.6
	84.6	100.0			109.0	100.0	120.0	102.7	88.2	106.4	87.1
119.2	84.2	64.7	80.2	78.1	98.6	116.4	111.0	120.6	92.9	104.2	112.0
				95.5	83.6						

5-30 续表 2

(上年=100)

指标	Item	2012年 1季度	2012年 2季度	2012年 3季度	2012年 4季度
林业产品	**Forestry Products**	**111.4**	**107.4**	**104.5**	**107.5**
木材采伐产品	Felling and Transport of Wood	111.4			114.3
原木	Log	111.4			114.3
落叶松原木	Larch	111.4		102.7	106.6
马尾松原木	Masson Pine	111.4			102.6
杉木原条	China Fir	111.4	103.3	104.7	115.1
杨树原木	Poplar	111.4		108.7	100.1
竹材采伐产品	Felling and Transport of Bamboo	111.5	110.5	104.5	100.8
毛竹	Mao Bamboo	111.5	110.5	104.5	100.8
畜牧业产品	**Animal Husbandry Products**	**111.5**	**94.3**	**91.6**	**91.7**
活牲畜	Live Domestic Animals	111.5	93.3	89.5	88.3
猪	Hogs	111.5	92.5	89.3	87.1
中猪	Hogs	111.5	90.1	73.2	79.5
活牛	Cattle and Buffaloes	111.5	135.7	116.1	123.3
活羊	Sheep and Goats	111.5	113.1	111.7	109.6
活家禽	Live Poultry	111.5	98.9	100.9	99.1
活鸡	Chicken	111.5	94.7	98.8	100.6
活鸭	Duck	111.6	102.1	102.0	97.3
禽蛋	Poultry Eggs	111.6	97.6	99.8	105.9
鸡蛋	Chicken's Eggs	111.6	97.6	100.9	105.7
鸭蛋	Duck's Eggs	111.6		96.1	109.2
天然蜂蜜	Natural Honey	111.6		103.8	
猪鬃	Bristles	111.6			
渔业产品	**Fishery Products**	**111.6**	**115.8**	**106.8**	**105.7**
淡水养殖产品	Freshwater Aquatic Products	111.6	115.8	106.8	105.7
养殖淡水鱼	Freshwater Fish	111.6	117.7	110.7	105.7
鲤鱼	Carp	111.6	109.8	101.8	87.0
草鱼	Grass Carp	111.7	119.1	109.1	107.7
鳙鱼(胖头鱼)	Variegated Carp	111.7	122.4	108.3	108.1
青鱼	Black Carp	111.7	112.3	98.9	
鲢鱼	Silver Carp	111.7	117.3	107.4	106.8
鲫鱼	Crucian Carp	111.7	113.9	117.2	107.2
鳊鲂	Vream	111.7	110.5	89.9	102.1
鲶鱼	Oriental Sheatfish	111.7		114.3	
鮰鱼	Catfish	111.7			102.7
黄颡鱼	Yellow Catfish	111.7	113.7	105.6	100.4
黄鳝	Ricefield Eel	111.7	106.1	107.8	109.3
乌鳢	Snakehead	111.8	135.3	126.8	101.7
鳖	Turtle	111.8		118.6	
其他养殖淡水鱼	Other Freshwater Products	111.8	113.7	109.5	128.8

Continued

(preceding year=100)

2013年				2014年				2015年			
1季度	2季度	3季度	4季度	1季度	2季度	3季度	4季度	1季度	2季度	3季度	4季度
104.9	**102.4**	**103.8**	**104.6**	**101.8**	**102.9**	**105.2**	**102.1**	**101.0**	**101.9**	**102.7**	**80.0**
102.1		111.7	101.0	101.0	105.8	110.3	101.2	100.5	100.0		
102.1		111.7	101.0	101.0	105.8	110.3	101.2	99.7	100.0		
102.0			100.0								
	102.4	104.0	109.9	101.7	101.3	88.0					
102.2	103.7	111.7	101.1	101.0	105.8	110.3	101.2	99.7	100.0	102.2	
	101.9		106.7			107.8	101.7				
101.7		95.7	109.1	100.5	97.8	100.0	103.1	100.8		98.0	80.0
101.7		95.7	109.1	100.5	97.8	100.0	103.1	100.8		98.0	80.0
97.1	**93.9**	**106.0**	**102.0**	**94.8**	**95.8**	**96.1**	**100.8**	**99.8**	**105.2**	**113.5**	**109.4**
94.2	91.5	106.9	101.7	93.5	92.5	93.2	96.6	99.2	107.5	119.7	113.4
93.7	90.8	106.8	101.3	93.1	92.3	93.1	96.3	99.7	108.1	120.2	114.1
96.3	97.8	96.0	98.2	92.7	82.6	90.9	95.6	105.1	112.8	133.3	
123.9	129.7	118.7	111.8	104.9	102.8	98.5	102.0	92.9	106.0	101.8	100.5
111.4	113.6	109.1	113.4	112.4	103.9	109.2	105.5	93.1	93.4	95.2	85.0
112.8	90.5	103.0	100.7	103.4	104.8	103.5	107.8	101.2	99.9	101.4	97.4
110.0	79.7	88.0	99.3	105.6	107.8	106.9	110.7	100.8	100.2	101.4	96.7
115.4	98.6	111.4	102.4	101.5	102.5	101.6	99.5	101.2	99.7	101.4	98.1
113.8	106.9	102.0	104.6	101.1	108.7	110.2	107.5	102.4	95.5	98.9	92.7
113.6	106.9	103.1	103.9	102.8	110.7	112.3	107.9	103.1	92.6	98.9	92.7
114.3		98.6	113.1	97.4	104.1	103.1	100.2	101.1	102.0	93.2	91.3
100.0	120.0	100.0	100.1	100.0			116.7				
112.6	**105.8**	**112.4**	**109.2**	**98.9**	**102.4**	**100.8**	**102.1**	**93.3**	**96.3**	**97.4**	**98.4**
112.6	105.8	112.4	109.2	98.9	102.4	100.8	102.1	93.3	96.3	97.1	98.4
112.6	105.8	109.4	109.2	98.9	104.7	102.4	101.7	93.8	95.8	97.1	97.0
107.0	119.0	102.6	116.7	99.9	112.6	110.1	102.2	99.0	105.5	91.4	100.7
113.6	107.3	103.8	105.7	102.5	101.1	100.6	101.5	91.5	91.8	95.4	94.1
113.5	102.4	103.3	109.9	107.5	104.1	101.8	107.5	94.9	100.2	100.8	98.0
111.5			100.0	108.6				95.5	100.0		97.8
113.9	102.6	115.2	113.4	90.9	104.9	95.9	98.9	90.7	90.9	96.9	97.7
112.6	107.5	118.9	109.3	104.9	104.8	107.6	100.5	90.5	99.0	99.3	97.4
108.7	100.7	99.0	100.0	100.1	108.3	100.8	95.4	93.4	92.8	101.9	96.2
100.4						105.4					
				96.3	100.0		100.0	95.6	88.7	95.4	93.5
	105.4	96.0	103.9		94.8	111.1	96.6	97.5	95.0	92.5	92.1
103.9	117.9	122.7	114.0	82.6	90.4	102.6		108.5	103.1	102.4	105.6
112.5								106.7	78.7	104.8	104.8
104.5	110.8	103.7	66.7	114.6	109.7	103.6	101.2	95.2	95.2	102.0	97.8

5-31 农产品生产者价格指数
Producers Price Indices for Farm Products

(上年＝100) (preceding year=100)

指标	Item	2010	2011	2012	2013	2014	2015
总指数	**General Index**	**112.3**	**111.7**	**103.3**	**101.8**	**100.0**	**99.5**
农业产品	**Grop products**	**119.8**	**105.5**	**103.6**	**101.3**	**100.1**	**96.3**
谷物	Cereals	111.4	114.9	105.5	99.6	102.4	97.9
稻谷	Rice	110.9	115.9	107.7	98.3	101.8	99.0
早籼稻	Early Long Grained Nonglutinous Rice	107.7	115.1	111.4	99.1	100.9	96.8
中籼稻	Mid Long Grained Nonglutinous Rice	111.0	117.1	106.1	98.1	102.0	99.3
晚籼稻	Late Long Grained Nonglutinous Rice	112.1	118.5	110.1	96.1	101.9	98.9
小麦	Wheat	112.8	111.5	96.7	105.2	104.8	97.8
玉米	Corn//Maize	115.4	110.6	103.7	102.4	102.8	89.6
薯类	Tubers	114.2	111.0	105.0	116.0	102.0	98.9
红薯	Sweet Potato	122.2	121.1	99.8	108.8	103.5	96.4
马铃薯	Potato	110.7	104.8	107.6	120.4	101.1	100.0
油料	Oil-Bearing Crops	110.1	117.3	104.3	103.2	99.1	88.2
花生	Peanuts	115.4	118.6	101.4	97.5	95.1	103.9
油菜籽	Rapeseeds	109.0	118.3	104.4	103.6	99.2	85.9
芝麻	Sesames	110.1	103.0	106.4	106.5	103.2	72.1
豆类	Beans	112.4	103.9	107.8	101.2	99.6	96.4
大豆	Soybean	112.4	103.9	107.8	101.2	99.6	96.4
棉花(籽棉)	Cotton	167.8	74.8	97.0	99.5	90.8	88.7
烤烟叶	Flue-Cured Tobacco	111.6	114.0	109.5	102.4	121.3	108.8
晒烟叶	Sun-Cured Tobacco	98.9	125.0				
蔬菜及食用菌	Vegetables and Mushroom	113.4	112.2	107.7	106.1	103.1	101.6
蔬菜	Vegetables	113.4	116.4	110.6	104.7	103.7	103.5
叶菜类蔬菜	Leaf Vegetables	110.7	109.8	111.5	103.6	103.5	102.5
芹菜	Celery	105.7	102.1	101.0	102.0	105.6	106.4
油菜	Rape	110.1	107.3	100.0	102.0		100.0
菠菜	Spinach	118.9	110.8	113.1	106.2	108.6	103.0
苋菜	Amaranth	111.6	113.4	120.3	105.0	105.8	104.4
空心菜	Swamp Morningglory	196.0	136.5	107.1	124.3	98.8	106.8
香菜	Coriander		107.2	109.2	101.0	103.1	103.7
茼蒿	Chrysanthemum Coronarium		104.5	105.1	112.0	101.0	71.3
小白菜	Chinese White Cabbage		118.5	114.6	115.9	108.1	102.2
大白菜	Chinses Cabbage	109.3	104.1	101.2	105.9	100.9	100.7
普通白菜	Cabbage		115.6	124.7	98.0	100.0	102.1
乌榻菜	Wuta		97.7				
菜心(菜薹)	Flowering Chinese Cabbage		134.6	111.3	90.0	104.9	85.9
紫菜薹	Purple Tsai-Tai		109.7	120.0	96.9	103.9	98.4
甘蓝类蔬菜	Cabbage Vegetables		87.0	124.5	97.8	101.5	102.8
结球甘蓝	Wild Cabbage	106.4	82.9	114.3	104.2	86.5	97.0
青花菜	Cawliflower	107.4	81.4	121.3	98.0	103.6	105.6
根茎类蔬菜	Root and Tuber Vegetable	115.8	100.8	109.4	103.4	105.6	103.2
白萝卜	Radish	115.9	102.3	102.6	102.9	104.8	102.9
胡萝卜	Carrot	142.8	122.6	100.8	107.4	120.0	108.3
生姜	Ginger	141.0	90.4	79.3			
芋头	Taro		115.5				89.0
山药	Chinese yam	142.5	125.0		100.0	110.0	104.2
瓜菜类蔬菜	Gourd Vegetable	121.6	126.8	116.6	108.8	105.9	108.7
黄瓜	Cucumber	120.4	130.1	107.3	108.9	105.4	101.9
冬瓜	White Gourd	134.5	104.4	115.5	108.3	109.4	123.5

5-31 续表 1 Continued

(上年＝100) (preceding year=100)

指　　标	Item	2010	2011	2012	2013	2014	2015
西葫芦	Summer Squash	130.0	121.6	116.6	105.3	107.9	97.7
苦瓜	Balsam Pear	120.7	106.7	121.3	107.8	116.6	96.2
南瓜	Pumpkin	110.3	122.9	108.4	107.1	96.3	103.1
丝瓜	Towed Gourd	118.2	124.9	111.4	107.9	95.9	99.4
瓠瓜	Bottle Gourd	117.5	166.7	112.6		88.0	112.7
豆类蔬菜	Garden Beans	131.0	113.0	103.1	108.5	95.5	102.8
扁豆	Lentils		111.3	95.1	106.7	114.8	98.8
豇豆	Cowpeas	130.8	114.3	108.6	110.2	99.7	101.7
豌豆	Pea		116.0	108.9	104.6	104.7	116.1
四季豆	Kidney Beans	131.1	112.9	103.0	108.4	95.3	103.3
茄果类蔬菜	Eggplant,Tomato and Chile,Etc.	116.9	114.1	113.7	109.8	91.1	100.4
茄子	Eggplant	125.9	104.9	119.0	104.9	89.5	101.7
青椒	Sweetbell	127.2	108.0	106.9	110.3	95.9	98.0
辣椒	Chili	124.0	117.7	100.0	111.2	88.0	100.0
西红柿	Tomato	100.4	118.0	120.6	103.7	102.1	101.5
其他茄果类蔬菜	Others		111.4	133.3	117.1		100.5
莴苣及菊苣类蔬菜	Lettuce Vegetables		108.2	112.9	99.5	113.2	109.5
生菜	Romaine Lettuce		114.5	111.0	107.3	110.9	106.3
莴笋	Lettuce		108.2	112.9	99.5	113.2	109.5
其他莴苣及菊苣类蔬菜	Others		141.0	83.5	102.0		105.0
葱蒜类蔬菜	Onion and Garlic	126.3	144.4	92.0	102.5	106.9	100.7
大葱	Scallion	112.9	109.1	108.5	99.5	91.2	92.5
细香葱	Shallot		110.9	131.5	92.3	105.0	110.8
大蒜	Garlic Heat		78.8	93.5	101.7	102.5	115.5
蒜苗	Garlic Bolt	131.3	103.2	98.0	94.4	100.4	105.0
蒜头	Garlic Heat	126.7	113.2	95.5	100.0	108.3	111.1
韭菜	Fragrant-Flowered Garlic	119.0	110.5	97.9	105.1	115.0	101.3
洋葱	Onion	120.0	112.9	98.0	99.5		108.4
水生蔬菜	Water Vagetable	100.2	117.7	108.6	107.3	105.3	107.7
莲藕	Lotus Root	100.2	117.7	108.6	107.3	105.3	107.7
芦笋	Asparagus		115.7	106.6			
食用菌	Mushroom		101.4	102.9	109.7	101.3	96.4
平菇	Oyster Mushroom		108.9	120.0	113.5	114.5	97.4
双孢蘑菇	Common Cultivatea Mushroom		111.0	97.5	91.5		101.9
香菇	Mushroom		100.4	99.7	112.2	105.4	98.3
黑木耳	Black Edible Fungus		104.1	107.1	101.9	88.2	90.8
花卉	Flowers and Plants						107.7
兰草	Orchid	108.1					
秋海棠	Begonia		142.9				101.2
香樟	Camphor	111.9					
银杏	Ginkgo						
玉兰	Magnolia						
水果及坚果	Fruits and Nuts	115.5	121.0	105.1	104.4	98.8	102.8
水果(园林水果)	Garden Fruits	118.0	124.2	101.2	106.4	97.9	103.6
梨	Pear	107.5	131.7	112.2	98.9		101.9
雪花梨	Snowflake Pear		120.7				105.6
柑橘类水果	Citrus		126.0	86.3	105.2	98.9	109.0
柑橘	Mandarin Orange	123.0	125.5	76.6	104.1	98.4	111.8
橙	Orange	119.6	128.6	75.1	109.9	101.3	102.7

5-31 续表 2 Continued

(上年＝100) (preceding year=100)

指 标	Item	2010	2011	2012	2013	2014	2015
葡萄	Grape	137.0	107.4	113.5	104.2	102.3	71.7
巨峰葡萄	Kyoho Grape		121.1	108.2	131.7	102.3	73.8
瓜类水果	Melon	104.2	118.9	109.6	90.9	93.7	84.8
西瓜	Watermelon	104.2	119.8	114.7	120.1	89.0	80.7
香瓜	Muskmelon	102.5	108.0	105.5	105.0	100.0	104.0
甜瓜	Muskmelon	94.8					
其他瓜类水果	Others	116.0	110.1		127.0	95.5	
其他水果	Other Fruits	103.4	97.9	80.6	93.0	109.7	103.0
樱桃	Cherry		119.8	114.6			80.0
桃	Peach	103.4	97.9	90.6	93.0	109.7	103.0
李子	Plum	123.0	115.7	99.2		100.0	
食用坚果	Nuts		89.4	161.3	85.3	108.6	99.3
核桃	Walnut		84.7	106.6	111.9	105.4	78.9
山核桃	Hickory		62.7	189.4			
栗子	Chestnut		89.4	161.9	85.2	108.6	100.0
板栗	Chinese Chestnut		89.4	161.9	85.2	108.6	100.0
白果	Ginkgo		103.5	140.6			
茶及饮料原料	Tea and Other Beverages	113.6	117.1	99.2	98.3	106.0	101.0
茶叶	Tea	113.6	117.1	99.2	98.3	106.0	101.0
绿茶	Green Tea	112.9	117.1	99.2	98.3	106.0	101.0
中草药材	Chinese Medicinal Materials	161.5	81.3	92.2	91.8	96.3	94.2
党参	Tangshen		180.6	131.7	110.4	58.4	67.8
黄连	Rhizome of Chinese Goldthread		108.2	66.4	101.3	125.0	90.1
贝母	Bulb of Chinese Wolfberry		187.3	88.2	104.8	125.5	59.0
天麻	Tuber of Elevated Gastrodia	143.3	67.2	159.7	102.5	92.4	94.7
大黄、籽黄	Chinese Rhubarb	109.0	129.8	101.6	108.6	106.8	93.2
白术	Largehead Atractyldes		102.8	93.1	96.7	109.0	84.8
杜仲	Eucommia Ulmoides	138.9	129.7	88.1	95.0		95.1
茯苓	Fuling	122.3	82.4	76.2	84.8	96.7	105.9
云木香	Aucklandia		126.0	94.2	88.0	98.4	82.2
厚朴	Cortex Magnoliae Officinalis		135.4	98.1	96.9	95.6	84.5
板蓝根	Root of Commom Baphicanthus		120.0				
黄姜	Turmeric	161.2	153.0	128.1			
麦冬	Ophiopogon Japonicus	201.0					77.8
其他中草药材	Others	122.6	113.7	110.0	91.6	98.3	92.9
林业产品	**Forestry Products**	**108.8**	**108.4**	**107.5**	**104.4**	**104.0**	**99.5**
育种和育苗	Breedings and Seedlings		110.0	103.5	108.6	104.6	99.2
苗木类	Seedlings		110.0	106.5	107.3	108.1	99.2
杉树树苗	China Fir		110.0	105.6	116.7	108.1	99.9
柏树树苗	Cypress		116.1	116.4	112.5	111.0	113.7
松树树苗	Pine Tree		107.6	108.8	100.0	121.7	99.5
银杏树苗	Ginkgo		120.4	100.0	105.9	108.6	100.1
杨树类树苗	Poplar		101.0	114.3	115.8	107.9	100.8
樟树类树苗	Camphor		116.4	110.0	106.7	106.8	97.4
桂花树苗	Osmanthus Trees		121.5	117.7	105.5	110.7	85.5
壳斗科类树苗	Fagaceae		102.6				
柑橘树苗	Orange Seedlings		120.0	100.0	100.0	113.0	104.4
桃树苗	Peach Seedlings		111.1	100.0	100.0	104.2	88.0
其他果树苗	Others		120.7	106.6	85.7	110.0	99.9

5-31 续表 3 Continued

(上年＝100) (preceding year=100)

指　标	Item	2010	2011	2012	2013	2014	2015
毛竹苗	Mao Bamboo		100.0				100.0
木材采伐产品	Felling and Transport of Wood	103.6	107.6	104.3	104.3	105.8	100.3
原木	Log	103.6	107.6	104.3	104.3	105.8	99.9
红松原木	Korean Pine		106.4				92.4
落叶松原木	Larch	103.3	105.9	105.3	101.3		
马尾松原木	Masson Pine	106.1	108.3	104.3	105.2	97.5	
杉木原条	China Fir	103.7	108.0	104.6	105.0	105.8	100.9
其他针叶原木	Other Coniferous		119.7	102.4	100.0		98.1
杨树原木	Poplar	100.0	99.0	97.2	104.3	105.2	
薪材	Firewood		103.1	133.7	112.1	101.1	103.1
短条及细枝等	Strip and Twigs		85.0	100.0	100.5	98.8	105.4
竹材采伐产品	Felling and Transport of Bamboo	110.2	108.4	102.5	102.0	99.8	91.4
竹材	Bamboo		108.4	102.5	102.0	99.8	91.4
毛竹	Mao Bamboo	110.2	108.4	102.5	102.0	99.8	91.4
畜牧业产品	**Animal Husbandry Products**	**100.4**	**128.9**	**98.6**	**99.8**	**98.5**	**107.6**
活牲畜	Live Domestic Animals	105.9	132.7	97.7	98.4	94.0	110.3
猪	Hogs	98.8	133.2	97.2	98.0	93.8	110.8
中猪	Hogs	99.1	134.6	88.3	97.1	90.7	117.4
活牛	Cattle and Buffaloes	106.2	110.3	125.8	120.5	102.0	100.8
活羊	Sheep and Goats	105.3	119.0	110.1	111.8	107.7	92.1
活家禽	Live Poultry	103.0	111.2	100.0	101.4	105.2	100.3
活鸡	Chicken	108.2	112.3	99.2	95.8	106.8	99.9
活鸭	Duck	98.5	110.3	99.3	106.3	101.3	100.8
禽蛋	Poultry Eggs	103.3	114.8	101.5	107.2	107.4	97.3
鸡蛋	Chicken's Eggs	103.8	116.4	102.2	106.8	108.2	97.3
鸭蛋	Duck's Eggs	102.8	108.6	99.3	108.9	101.2	96.7
天然蜂蜜	Natural Honey	102.9	120.0	103.8	101.4	105.6	
猪鬃	Bristles		100.0	147.1			
蚕茧	Silkworm Cocoon	129.5					
渔业产品	**Fishery Products**	**104.4**	**108.4**	**110.1**	**109.1**	**102.4**	**96.7**
淡水养殖产品	Freshwater Aquatic Products	104.4	108.4	110.1	109.1	102.4	96.7
养殖淡水鱼	Freshwater Fish	104.3	107.3	107.3	108.7	102.3	96.3
鲤鱼	Carp	106.7	106.6	99.3	111.0	105.5	99.4
草鱼	Grass Carp	105.8	105.7	105.7	107.5	101.4	94.1
鳙鱼(胖头鱼)	Variegated Carp	106.5	110.2	112.5	106.9	104.7	99.1
青鱼	Black Carp	109.5	117.9	105.6	105.9	108.6	98.1
鲢鱼	Silver Carp	105.7	110.6	108.2	111.1	97.4	95.5
鲫鱼	Crucian Carp	101.8	103.6	108.6	113.0	104.8	97.2
鳊鲂	Vream	101.7	100.3	108.5	102.0	100.8	96.4
鲶鱼	Oriental Sheatfish	92.4	100.0	114.3	100.4	105.4	
鮰鱼	Catfish	136.0	141.5	102.7		98.8	93.6
黄颡鱼	Yellow Catfish	105.4	102.4	107.5	101.5	99.9	94.8
黄鳝	Ricefield Eel	106.9	100.6	112.7	113.7	90.9	104.1
乌鳢	Snakehead	106.1	98.9	119.6			
鳖	Turtle	98.9	106.0	118.6	112.5		102.9
泥鳅	Loach	113.2			135.2	144.8	104.4
其他养殖淡水鱼	Other Freshwater Products	98.6	109.6	117.4	100.0	107.8	96.6
淡水养殖虾	Freshwater Shrimps	107.4	134.0	104.5	121.1	102.4	98.3
淡水养殖活河蟹	Freshwater Crab	105.0	105.5	110.4	94.1	105.5	103.9

5-32　农产品集贸市场价格(2015年)

单位：元/公斤

指　标	Item	1 月 January	2 月 February	3 月 March	4 月 April
粮食类	**Grain**				
籼稻	Nonglutinous Rice	2.67	2.66	2.67	2.64
粳稻	Round-Grained Rice	2.79	2.77	2.77	2.74
小麦	Wheat	2.24	2.23	2.25	2.13
玉米	Corn//Maize	2.49	2.49	2.52	2.51
大豆	Soybean	6.05	6.06	6.04	5.90
籼米	Long-Grained Nonglutinous Rice	4.88	4.85	4.93	4.78
粳米	Polished Round-Grained Rice	5.18	5.19	5.31	5.32
经济作物类	**Economic Crops**				
棉花(籽棉)	Cotton	5.88	5.77	6.09	6.08
花生仁	Peanut	12.37	12.80	12.74	12.93
油菜籽	Rapeseeds	4.75	4.75	4.75	4.68
畜产品类	**Livestock Products**				
活猪	Live Hogs	14.03	13.92	13.09	13.78
仔猪	Piglet	25.48	25.42	25.70	24.98
猪肉	Pork	24.70	24.80	24.03	23.35
活牛	Live Cattle	32.39	33.14	32.89	34.00
牛肉	Beef	65.50	68.60	65.90	62.50
活羊	Live Sheep	26.57	27.07	26.07	25.67
羊肉	Mutton	59.30	61.80	57.44	52.80
活鸡	Live Chickens	16.74	17.98	17.18	17.58
鸡蛋	Chicken's Eggs	11.86	12.10	11.43	10.18
水产品类	**Aquatic Products**				
草鱼	Grass Carp	13.57	14.21	12.82	12.89
鲤鱼	Carp	8.78	9.47	8.76	9.31
链鱼	Silver Carp	7.50	7.71	7.28	7.65
带鱼	Hairtail	24.49	24.11	23.60	22.83
蔬菜类	**Vegetables**				
大白菜	Chinses Cabbage	1.99	2.81	2.90	2.95
黄瓜	Cucumber	7.90	10.40	7.60	6.50
西红柿	Tomato	6.50	9.20	7.50	7.13
菜椒	Sweetbell	7.40	9.70	7.45	8.25
四季豆	Kidney Beans	10.50	13.30	11.10	10.38
水果类	**Fruits**				
红富士苹果	Hongfushi Apples	12.50	13.64	13.46	13.28
香蕉	Bananas	7.95	9.05	8.30	7.69
橙子	Oranges	9.16	9.85	9.75	9.23

Rural Market Fairs Prices of Agricultural Products(2015)

(yuan/kg)

5 月 May	6 月 June	7 月 July	8 月 August	9 月 September	10 月 October	11 月 November	12 月 December
2.66	2.69	2.71	2.73	2.63	2.60	2.59	2.59
2.74	2.77	2.88	2.84	2.80	2.75	2.73	2.73
2.07	2.11	2.16	2.13	2.12	2.10	2.05	2.08
2.54	2.56	2.52	2.58	2.49	2.44	2.33	2.33
6.05	6.04	5.99	5.90	5.75	5.80	5.73	5.70
4.90	4.93	4.95	4.99	4.98	5.00	5.03	4.98
5.34	5.31	5.31	5.34	5.29	5.36	5.37	5.28
6.34	7.42	6.34	6.34	6.02	5.88	5.85	5.80
12.86	11.96	12.76	12.83	12.82	12.73	12.35	12.41
4.28	4.13	4.21	4.18	4.09	4.05	3.98	4.06
14.57	15.00	17.00	17.78	17.92	17.47	16.73	16.69
27.80	28.87	30.64	32.04	32.82	32.70	31.36	30.28
24.30	25.08	28.00	29.90	29.92	28.80	27.92	27.62
25.28	25.21	27.17	26.57	26.57	26.57	26.20	25.85
64.20	65.22	64.90	63.85	64.40	63.70	63.40	63.10
25.92	26.56	26.56	26.89	26.17	26.42	25.42	25.34
60.20	58.25	58.20	58.25	62.17	61.00	56.75	54.78
16.33	16.90	16.60	16.89	17.38	17.12	17.18	17.14
10.02	10.01	9.74	10.13	10.20	9.95	10.05	10.11
12.95	12.23	12.72	12.67	12.31	12.44	12.18	11.92
8.87	9.68	8.80	8.96	8.96	9.29	8.78	8.89
7.49	7.59	7.64	7.79	7.79	7.83	7.79	7.84
24.82	22.94	24.93	24.68	24.80	24.68	24.80	24.80
2.98	3.62	3.20	3.44	3.80	3.34	2.92	2.81
5.40	4.40	4.34	5.40	4.94	4.79	6.61	7.65
5.90	4.37	5.12	5.95	6.02	6.48	6.72	7.10
6.50	4.88	5.40	5.44	5.22	5.18	5.19	5.62
7.90	7.16	8.40	8.88	8.54	8.20	9.35	10.72
13.18	11.90	12.80	13.16	12.48	12.47	12.30	12.35
6.92	6.97	6.48	6.25	5.82	5.74	5.65	5.60
8.51	8.14	8.37	8.60	8.63	9.80	9.49	9.51

5-33　农产品集贸市场价格指数(2015年)

(上年同月＝100)

指　　标	Item	1 月 January	2 月 February	3 月 March	4 月 April
粮食类	**Grain**				
籼稻	Nonglutinous Rice	103.9	103.1	99.9	98.4
粳稻	Round-Grained Rice	99.9	98.9	97.3	96.1
小麦	Wheat	100.0	102.3	99.1	93.5
玉米	Corn//Maize	101.3	102.5	103.2	101.9
大豆	Soybean	99.8	103.1	100.8	98.5
籼米	Long-Grained Nonglutinous Rice	102.2	100.0	102.2	98.9
粳米	Polished Round-Grained Rice	104.0	101.2	105.7	104.2
经济作物类	**Economic Crops**				
棉花(籽棉)	Cotton	76.3	73.0	81.4	80.9
花生仁	Peanut	103.9	113.0	112.7	116.7
油菜籽	Rapeseeds	96.9	96.0	96.9	95.6
畜产品类	**Livestock Products**				
活猪	Live Hogs	106.1	124.0	110.7	126.1
仔猪	Piglet	101.9	111.3	111.3	110.6
猪肉	Pork	99.7	113.6	103.8	109.8
活牛	Live Cattle	100.8	101.5	105.4	108.8
牛肉	Beef	98.2	111.5	103.0	97.4
活羊	Live Sheep	102.8	97.9	101.7	97.8
羊肉	Mutton	106.1	93.6	106.4	92.6
活鸡	Live Chickens	116.4	120.9	122.5	121.7
鸡蛋	Chicken's Eggs	115.8	120.6	113.5	99.7
水产品类	**Aquatic Products**				
草鱼	Grass Carp	92.0	104.3	92.0	95.0
鲤鱼	Carp	93.2	107.6	102.3	109.1
链鱼	Silver Carp	85.2	97.0	91.2	99.2
带鱼	Hairtail	106.8	113.9	103.7	101.8
蔬菜类	**Vegetables**				
大白菜	Chinses Cabbage	100.5	97.9	172.6	102.4
黄瓜	Cucumber	98.0	178.4	110.1	112.1
西红柿	Tomato	78.2	134.7	91.9	105.6
菜椒	Sweetbell	86.2	161.7	114.6	142.2
四季豆	Kidney Beans	69.2	126.7	90.2	101.7
水果类	**Fruits**				
红富士苹果	Hongfushi Apples	115.7	124.3	125.8	118.2
香蕉	Bananas	114.4	118.0	115.3	96.3
橙子	Oranges	120.7	123.1	125.0	101.9

Rural Market Fairs Price Indices of Agricultural Products(2015)

(the same month last year=100)

5 月 May	6 月 June	7 月 July	8 月 August	9 月 September	10 月 October	11 月 November	12 月 December
99.5	99.7	101.8	101.9	99.2	97.6	97.4	96.9
95.9	96.6	100.0	100.2	102.5	99.6	98.2	97.4
89.7	92.3	94.5	93.0	93.7	92.3	90.4	91.2
102.1	103.8	102.8	103.8	97.5	96.2	92.8	91.7
100.5	100.3	98.0	96.7	94.3	94.8	93.3	93.6
101.2	101.4	101.6	102.3	102.3	102.9	103.5	102.4
104.5	103.6	103.3	103.9	102.5	103.9	104.0	103.5
84.3	98.1	83.0	83.6	83.8	93.6	96.5	96.9
112.2	104.7	112.9	108.9	107.7	105.2	102.1	101.1
91.4	88.2	88.7	88.6	86.9	84.9	83.8	85.5
107.9	111.4	123.0	119.9	119.1	119.1	116.0	119.2
110.0	111.2	119.7	121.9	122.2	129.5	122.6	122.6
102.6	105.9	115.7	119.1	118.1	113.4	111.3	112.5
81.0	81.0	87.6	85.2	85.0	84.9	82.7	80.9
98.5	101.0	100.0	99.0	98.5	98.3	97.8	96.8
102.4	103.6	104.3	105.6	104.8	100.7	98.6	97.2
104.7	100.9	100.3	100.4	110.0	103.4	98.3	94.3
109.8	113.6	109.5	106.2	105.5	103.6	104.9	105.2
91.5	94.3	87.4	87.2	83.9	81.5	81.9	82.0
96.4	90.2	94.2	95.4	92.8	94.6	93.6	87.0
105.3	115.5	103.3	101.4	105.5	112.7	106.4	102.3
98.9	100.0	99.9	102.4	104.8	108.8	104.1	103.6
109.5	100.8	108.2	104.5	104.6	103.3	102.0	101.8
102.8	114.9	101.3	115.4	118.8	129.8	112.3	117.1
117.4	110.0	97.3	113.4	89.8	94.1	106.3	104.2
98.3	95.0	108.5	129.3	121.6	121.1	113.9	118.3
161.7	154.9	165.3	138.2	106.5	99.6	93.3	89.9
136.2	127.9	128.0	114.6	99.3	113.9	100.5	114.0
107.5	91.7	91.4	96.1	97.5	100.3	100.0	99.3
78.6	80.2	76.6	72.7	61.5	66.7	73.5	73.1
89.6	78.1	82.5	83.6	87.7	97.2	98.6	97.3

5-34 农产品集贸市场价格环比指数(2015年)

(上月＝100)

指 标	Item	1 月 January	2 月 February	3 月 March	4 月 April
粮食类	**Grain**				
籼稻	Nonglutinous Rice	99.9	99.6	100.5	98.6
粳稻	Round-Grained Rice	99.6	99.3	100.1	98.8
小麦	Wheat	98.3	99.4	100.8	94.6
玉米	Corn//Maize	98.0	99.8	101.2	99.5
大豆	Soybean	99.3	100.2	99.7	97.7
籼米	Long-Grained Nonglutinous Rice	100.4	99.4	101.6	96.9
粳米	Polished Round-Grained Rice	101.6	100.2	102.4	100.0
经济作物类	**Economic Crops**				
棉花(籽棉)	Cotton	98.1	98.2	105.6	99.9
花生仁	Peanut	100.8	103.5	99.5	101.5
油菜籽	Rapeseeds	100.0	100.0	100.0	98.6
畜产品类	**Livestock Products**				
活猪	Live Hogs	100.2	99.2	94.0	105.2
仔猪	Piglet	103.2	99.8	101.1	97.2
猪肉	Pork	100.6	100.4	96.9	97.2
活牛	Live Cattle	101.4	102.3	99.2	103.4
牛肉	Beef	100.5	104.7	96.1	94.8
活羊	Live Sheep	101.9	101.9	96.3	98.5
羊肉	Mutton	102.1	104.2	93.0	91.9
活鸡	Live Chickens	102.7	107.4	95.6	102.3
鸡蛋	Chicken's Eggs	96.2	102.0	94.5	89.0
水产品类	**Aquatic Products**				
草鱼	Grass Carp	99.1	104.7	90.2	100.5
鲤鱼	Carp	101.0	107.9	92.5	106.2
链鱼	Silver Carp	99.1	102.8	94.4	105.1
带鱼	Hairtail	100.5	98.5	97.9	96.7
蔬菜类	**Vegetables**				
大白菜	Chinses Cabbage	82.9	141.2	103.2	101.7
黄瓜	Cucumber	107.6	131.6	73.1	85.5
西红柿	Tomato	108.3	141.5	81.5	95.0
菜椒	Sweetbell	118.4	131.1	76.8	110.7
四季豆	Kidney Beans	111.7	126.7	83.5	93.5
水果类	**Fruits**				
红富士苹果	Hongfushi Apples	100.5	109.1	98.7	98.6
香蕉	Bananas	103.8	113.8	91.7	92.6
橙子	Oranges	93.7	107.5	99.0	94.6

Rural Market Fairs Price Chain Index of Agricultural Products(2015)

(preceding month=100)

5 月 May	6 月 June	7 月 July	8 月 August	9 月 September	10 月 October	11 月 November	12 月 December
100.9	100.9	100.9	100.6	96.6	98.6	99.7	100.0
99.9	101.3	103.8	98.5	98.9	98.0	99.3	100.0
97.3	102.0	102.3	98.9	99.4	98.9	97.9	101.5
101.2	100.9	98.4	102.3	96.7	98.1	95.2	100.2
102.5	99.8	99.2	98.5	97.5	100.9	98.8	99.5
102.6	100.6	100.4	100.8	99.8	100.4	100.6	99.0
100.5	99.5	100.0	100.5	98.9	101.4	100.2	98.4
104.2	117.0	85.5	100.0	94.9	97.6	99.6	99.1
99.5	93.0	106.7	100.6	99.9	99.3	97.0	100.5
91.5	96.4	101.9	99.3	97.9	99.0	98.2	102.0
105.8	103.0	113.3	104.6	100.8	97.5	95.8	99.7
111.3	103.8	106.2	104.6	102.4	99.6	95.9	96.6
104.1	103.2	111.6	106.8	100.1	96.3	96.9	98.9
74.4	99.7	107.8	97.8	100.0	100.0	98.6	98.7
102.7	101.6	99.5	98.4	100.9	98.9	99.5	99.5
101.0	102.5	100.0	101.3	97.3	101.0	96.2	99.7
114.0	96.8	99.9	100.1	106.7	98.1	93.0	96.5
92.9	103.5	98.2	101.7	102.9	98.5	100.4	99.8
98.5	99.9	97.3	104.0	100.7	97.5	101.0	100.6
100.5	94.5	104.0	99.6	97.2	101.1	97.9	97.9
95.3	109.2	90.9	101.8	100.0	103.7	94.5	101.3
97.9	101.3	100.7	102.0	100.0	100.5	99.5	100.6
108.7	92.4	108.7	99.0	100.5	99.5	100.5	100.0
101.0	121.5	88.4	107.5	110.5	87.9	87.4	96.2
83.1	81.5	98.6	124.4	91.5	97.0	138.0	115.7
82.8	74.1	117.2	116.2	101.2	107.6	103.7	105.7
78.8	75.1	110.7	100.7	96.0	99.2	100.2	108.3
76.1	90.6	117.3	105.7	96.2	96.0	114.0	114.7
99.3	90.3	107.6	102.8	94.8	99.9	98.6	100.4
90.0	100.7	93.0	96.5	93.1	98.6	98.4	99.1
92.3	95.7	102.8	102.7	100.3	113.6	96.8	100.2

5-35 农产品集贸市场价格及指数

指 标	Item	1月								
		价 格 (元/公斤) Price (yuan/kg)			价格变动					
					(上月=100) Price Movements (preceding month=100)			(上年同期=100) Price Movements (preceding year=100)		
		2013	2014	2015	2013	2014	2015	2013	2014	2015
粮食类	**Grain**									
籼稻	Nonglutinous Rice	2.7	2.6	2.7	99.9	100.0	99.9	103.9	95.4	103.9
粳稻	Round-Grained Rice	2.9	2.8	2.8	100.2	99.6	99.6	100.1	97.2	99.9
小麦	Wheat	2.2	2.2	2.2	102.2	99.6	98.3	103.9	104.3	100.0
玉米	Corn//Maize	2.4	2.5	2.5	100.5	100.8	98.0	108.2	101.6	101.3
大豆	Soybean	6.1	6.1	6.1	102.3	102.4	99.3	107.0	99.0	99.8
籼米	Long-Grained Nonglutinous Rice	4.8	4.8	4.9	99.2	99.4	100.4	104.2	100.6	102.2
粳米	Polished Round-Grained Rice	4.9	5.0	5.2	97.3	99.9	101.6	97.7	102.0	104.0
经济作物类	**Economic Crops**									
棉花(籽棉)	Cotton	7.8	7.7	5.9	96.5	98.6	98.1	104.5	99.2	76.3
花生仁	Peanut	13.6	11.9	12.4	97.8	96.8	100.8	100.0	87.5	103.9
油菜籽	Rapeseeds	4.8	4.9	4.8	99.1	100.0	100.0	109.0	101.4	96.9
畜产品类	**Livestock Products**									
活猪	Live Hogs	17.3	13.2	14.0	109.0	83.7	100.2	101.3	76.3	106.1
仔猪	Piglet	29.0	25.0	25.5	108.8	94.9	103.2	95.6	86.2	101.9
猪肉	Pork	27.7	24.8	24.7	104.5	92.5	100.6	94.9	89.5	99.7
活牛	Live Cattle	30.0	32.1	32.4	124.2	100.2	101.4	149.9	107.3	100.8
牛肉	Beef	59.8	66.7	65.5	109.1	104.0	100.5	138.4	111.5	98.2
活羊	Live Sheep	25.0	25.8	26.6	106.8	101.2	101.9	109.5	103.4	102.8
羊肉	Mutton	58.1	55.9	59.3	103.8	99.6	102.1	122.7	96.2	106.1
活鸡	Live Chickens	14.6	14.4	16.7	100.0	99.3	102.7	92.9	98.5	116.4
鸡蛋	Chicken's Eggs	10.5	10.2	11.9	99.1	102.2	96.2	104.1	97.3	115.8
水产品类	**Aquatic Products**									
草鱼	Grass Carp	13.2	14.8	13.6	103.8	100.6	99.1	107.9	112.1	92.0
鲤鱼	Carp	9.8	9.4	8.8	113.5	99.5	101.0	97.8	96.4	93.2
链鱼	Silver Carp	7.6	8.8	7.5	101.7	98.4	99.1	103.6	116.3	85.2
带鱼	Hairtail	21.1	22.9	24.5	103.0	100.8	100.5	113.6	108.6	106.8
蔬菜类	**Vegetables**									
大白菜	Chinses Cabbage	2.5	2.0	2.0	114.2	98.0	82.9	153.7	79.5	100.5
黄瓜	Cucumber	7.4	8.1	7.9	98.8	132.4	107.6	70.5	109.4	98.0
西红柿	Tomato	6.9	8.3	6.5	105.5	110.2	108.3	101.8	121.1	78.2
菜椒	Sweetbell	6.7	8.6	7.4	117.8	109.6	118.4	57.1	127.3	86.2
四季豆	Kidney Beans	10.1	15.2	10.5	102.0	139.1	111.7	90.3	150.3	69.2
水果类	**Fruits**									
红富士苹果	Hongfushi Apples	9.6	10.8	12.5	100.0	106.9	100.5	92.4	113.0	115.7
香蕉	Bananas	5.6	7.0	8.0	108.4	120.9	103.8	76.2	125.0	114.4
橙子	Oranges	7.7	7.6	9.2	106.1	102.1	93.7	103.2	99.0	120.7

Rural Market Fairs Prices of Agricultural Products and Indices

2月																	
价格 (元/公斤) Price (yuan/kg)			价格变动														
			(上月=100) Price Movements (preceding month=100)			(上年同期=100) Price Movements (preceding year=100)											
2013	2014	2015	2013	2014	2015	2013	2014	2015									

2月 价格 (元/公斤) Price (yuan/kg) 2013	2014	2015	价格变动 (上月=100) Price Movements (preceding month=100) 2013	2014	2015	价格变动 (上年同期=100) Price Movements (preceding year=100) 2013	2014	2015
2.7	2.6	2.7	99.7	102.3	99.6	100.3	97.9	103.1
2.9	2.8	2.8	100.0	100.6	99.3	97.6	97.9	98.9
2.2	2.2	2.2	100.2	100.3	99.4	102.3	104.4	102.3
2.4	2.5	2.5	100.2	100.2	99.8	104.4	101.6	102.5
6.0	6.0	6.1	97.3	98.8	100.2	103.4	100.6	103.1
4.8	4.8	4.9	100.8	100.5	99.4	103.2	100.2	100.0
5.0	5.0	5.2	101.4	100.4	100.2	97.1	101.0	101.2
7.7	7.4	5.8	98.6	96.5	98.2	108.8	97.1	73.0
13.7	11.8	12.8	100.7	99.2	103.5	101.5	86.1	113.0
4.9	4.9	4.8	100.9	100.0	100.0	110.2	100.5	96.0
16.5	13.0	13.9	95.2	98.4	99.2	100.4	78.9	124.0
29.0	23.6	25.4	100.1	94.6	99.8	92.7	81.5	111.3
27.2	24.3	24.8	98.1	98.0	100.4	98.2	89.4	113.6
30.5	31.1	33.1	101.7	96.9	102.3	153.9	102.3	101.5
59.3	65.8	68.6	99.2	98.7	104.7	133.6	111.0	111.5
25.2	25.4	27.1	100.9	98.5	101.9	111.6	100.9	97.9
59.4	56.4	61.8	102.2	101.0	104.2	121.1	95.1	93.6
14.4	13.9	18.0	98.3	96.5	107.4	103.5	96.7	120.9
10.3	9.9	12.1	97.9	96.2	102.0	113.3	95.6	120.6
14.0	14.2	14.2	106.0	96.0	104.7	121.3	101.5	104.3
9.8	9.0	9.5	100.3	96.0	107.9	103.2	92.2	107.6
7.9	8.5	7.7	103.7	96.1	102.8	114.4	107.8	97.0
21.9	22.8	24.1	103.7	99.5	98.5	115.6	104.1	113.9
2.6	1.9	2.8	103.6	96.0	141.2	161.3	73.6	97.9
8.3	8.9	10.4	112.3	110.0	131.6	109.5	107.1	178.4
6.8	9.0	9.2	98.7	108.3	141.5	104.2	132.9	134.7
6.1	7.5	9.7	89.9	87.8	131.1	74.4	124.3	161.7
11.2	14.2	13.3	110.7	93.3	126.7	111.8	126.7	126.7
10.3	10.9	13.6	107.5	100.9	109.1	104.8	106.0	124.3
6.5	7.2	9.1	116.0	103.0	113.8	90.8	111.0	118.0
8.1	7.8	9.9	106.0	102.8	107.5	123.4	96.1	123.1

3月 价格 (元/公斤) Price (yuan/kg) 2013	2014	2015	价格变动 (上月=100) Price Movements (preceding month=100) 2013	2014	2015	价格变动 (上年同期=100) Price Movements (preceding year=100) 2013	2014	2015
2.7	2.7	2.7	100.3	101.9	100.5	97.6	99.5	99.9
2.9	2.9	2.8	100.6	101.4	100.1	97.2	98.6	97.3
2.2	2.3	2.2	100.5	100.9	100.8	103.0	104.9	99.1
2.4	2.4	2.5	99.3	98.9	101.2	103.5	101.2	103.2
6.2	6.0	6.0	103.5	100.0	99.7	103.5	97.1	100.8
4.8	4.8	4.9	99.4	100.5	101.6	101.4	101.3	102.2
5.0	5.0	5.3	100.0	100.6	102.4	94.3	101.6	105.7
7.6	7.5	6.1	98.7	100.6	105.6	107.1	99.0	81.4
13.7	11.3	12.7	100.0	95.8	99.5	98.6	82.5	112.7
4.8	4.9	4.8	99.1	100.0	100.0	109.2	101.4	96.9
13.8	11.8	13.1	83.6	90.9	94.0	88.3	85.7	110.7
27.8	23.1	25.7	95.8	97.6	101.1	83.5	83.0	111.3
24.9	23.2	24.0	91.6	95.3	96.9	95.5	93.0	103.8
30.3	31.2	32.9	99.6	100.2	99.2	150.6	102.9	105.4
59.6	64.0	65.9	100.5	97.3	96.1	131.9	107.4	103.0
23.9	25.6	26.1	94.6	100.8	96.3	106.9	107.5	101.7
53.2	54.0	57.4	89.6	95.7	93.0	112.3	101.6	106.4
13.9	14.0	17.2	96.7	101.1	95.6	96.8	101.1	122.5
9.7	10.1	11.4	94.0	102.2	94.5	113.6	104.0	113.5
14.0	13.9	12.8	100.4	98.4	90.2	110.4	99.6	92.0
9.8	8.6	8.8	99.5	94.7	92.5	107.4	87.8	102.3
7.9	8.0	7.3	100.6	94.3	94.4	107.6	101.0	91.2
21.8	22.8	23.6	99.3	99.8	97.9	109.0	104.6	103.7
2.4	1.7	2.9	92.2	88.4	103.2	97.9	70.6	172.6
7.9	6.9	7.6	94.9	77.8	73.1	100.1	87.8	110.1
6.3	8.2	7.5	93.1	90.7	81.5	86.5	129.5	91.9
6.7	6.5	7.5	110.2	86.3	76.8	71.8	97.3	114.6
10.7	12.3	11.1	95.7	86.9	83.5	95.1	115.0	90.2
10.1	10.7	13.5	97.9	98.2	98.7	102.1	106.4	125.8
6.6	7.2	8.3	101.6	100.6	91.7	94.9	109.9	115.3
7.9	7.8	9.8	97.0	100.0	99.0	124.0	99.0	125.0

5-35 续表 1

指 标	Item	4月 价格 (元/公斤) Price (yuan/kg) 2013	2014	2015	价格变动 (上月=100) Price Movements (preceding month=100) 2013	2014	2015	(上年同期=100) Price Movements (preceding year=100) 2013	2014	2015
粮食类	**Grain**									
籼稻	Nonglutinous Rice	2.6	2.7	2.6	97.5	100.0	98.6	93.3	102.0	98.4
粳稻	Round-Grained Rice	2.8	2.9	2.7	96.8	100.0	98.8	92.7	101.9	96.1
小麦	Wheat	2.1	2.3	2.1	98.4	100.3	94.6	100.5	106.8	93.5
玉米	Corn//Maize	2.4	2.5	2.5	100.5	100.8	99.5	102.3	101.5	101.9
大豆	Soybean	6.2	6.0	5.9	100.1	100.0	97.7	103.9	97.1	98.5
籼米	Long-Grained Nonglutinous Rice	4.7	4.8	4.8	99.4	100.2	96.9	100.2	102.1	98.9
粳米	Polished Round-Grained Rice	4.9	5.1	5.3	99.9	101.4	100.0	94.0	103.2	104.2
经济作物类	**Economic Crops**									
棉花(籽棉)	Cotton	7.7	7.5	6.1	101.2	100.5	99.9	104.7	98.3	80.9
花生仁	Peanut	13.7	11.1	12.9	100.0	98.1	101.5	95.8	80.9	116.7
油菜籽	Rapeseeds	4.7	4.9	4.7	96.7	100.0	98.6	105.6	104.8	95.6
畜产品类	**Livestock Products**									
活猪	Live Hogs	12.5	10.9	13.8	90.4	92.4	105.2	84.6	87.5	126.1
仔猪	Piglet	26.0	22.6	25.0	93.4	97.8	97.2	81.5	87.0	110.6
猪肉	Pork	23.6	21.3	23.4	95.0	91.8	97.2	96.4	89.9	109.8
活牛	Live Cattle	31.9	31.2	34.0	105.2	100.2	103.4	157.3	97.9	108.8
牛肉	Beef	59.8	64.2	62.5	100.3	100.3	94.8	129.4	107.4	97.4
活羊	Live Sheep	24.1	26.2	25.7	101.2	102.3	98.5	109.9	108.7	97.8
羊肉	Mutton	54.4	57.0	52.8	102.3	105.6	91.9	109.9	104.8	92.6
活鸡	Live Chickens	12.3	14.4	17.6	88.3	102.9	102.3	89.4	117.9	121.7
鸡蛋	Chicken's Eggs	9.0	10.2	10.2	92.6	101.4	89.0	109.2	113.9	99.7
水产品类	**Aquatic Products**									
草鱼	Grass Carp	14.0	13.6	12.9	99.6	97.3	100.5	106.1	97.2	95.0
鲤鱼	Carp	9.4	8.5	9.3	96.5	99.6	106.2	98.9	90.6	109.1
链鱼	Silver Carp	7.9	7.7	7.7	100.5	96.6	105.1	104.5	97.1	99.2
带鱼	Hairtail	21.4	22.4	22.8	98.6	98.5	96.7	108.5	104.6	101.8
蔬菜类	**Vegetables**									
大白菜	Chinses Cabbage	3.7	2.9	3.0	156.3	171.4	101.7	126.1	77.4	102.4
黄瓜	Cucumber	6.2	5.8	6.5	78.2	84.1	85.5	93.2	94.3	112.1
西红柿	Tomato	7.1	6.8	7.1	112.7	82.7	95.0	86.6	95.1	105.6
菜椒	Sweetbell	7.2	5.8	8.3	107.2	89.2	110.7	93.0	81.0	142.2
四季豆	Kidney Beans	11.5	10.2	10.4	107.5	82.9	93.5	103.4	88.7	101.7
水果类	**Fruits**									
红富士苹果	Hongfushi Apples	9.9	11.2	13.3	98.4	105.0	98.6	101.5	113.4	118.2
香蕉	Bananas	6.4	8.0	7.7	97.7	110.8	92.6	96.7	124.7	96.3
橙子	Oranges	8.1	9.1	9.2	102.8	116.0	94.6	131.2	111.7	101.9

Continued

5月									6月								
价 格 (元/公斤) Price (yuan/kg)			价格变动						价 格 (元/公斤) Price (yuan/kg)			价格变动					
			(上月=100) Price Movements (preceding month=100)			(上年同期=100) Price Movements (preceding year=100)						(上月=100) Price Movements (preceding month=100)			(上年同期=100) Price Movements (preceding year=100)		
2013	2014	2015	2013	2014	2015	2013	2014	2015	2013	2014	2015	2013	2014	2015	2013	2014	2015
2.6	2.7	2.7	97.3	99.8	100.9	90.5	104.4	99.5	2.5	2.7	2.7	98.9	100.8	100.9	89.0	106.4	99.7
2.8	2.9	2.7	99.2	100.1	99.9	90.4	102.8	95.9	2.7	2.9	2.8	98.3	100.6	101.3	88.1	105.1	96.6
2.0	2.3	2.1	96.0	101.4	97.3	99.7	112.8	89.7	2.1	2.3	2.1	103.3	99.1	102.0	107.5	108.2	92.3
2.4	2.5	2.5	100.5	101.0	101.2	98.9	102.1	102.1	2.4	2.5	2.6	99.6	99.3	100.9	95.7	101.7	103.8
6.2	6.0	6.1	99.7	100.5	102.5	105.3	97.9	100.5	6.1	6.0	6.0	99.7	100.0	99.8	104.7	98.2	100.3
4.7	4.8	4.9	98.9	100.2	102.6	98.9	103.4	101.2	4.7	4.9	4.9	99.4	100.4	100.6	97.4	104.5	101.4
4.9	5.1	5.3	99.5	100.3	100.5	92.0	104.1	104.5	4.9	5.1	5.3	99.0	100.3	99.5	96.4	105.4	103.6
7.8	7.5	6.3	101.5	100.0	104.2	106.2	96.8	84.3	7.6	7.6	7.4	98.4	100.5	117.0	104.6	99.0	98.1
13.5	11.5	12.9	98.5	103.4	99.5	94.7	84.9	112.2	13.1	11.4	12.0	97.0	99.7	93.0	90.4	87.2	104.7
4.7	4.7	4.3	99.4	95.7	91.5	102.9	100.8	91.4	4.7	4.7	4.1	101.9	99.8	96.4	102.8	98.7	88.2
12.7	13.5	14.6	101.8	123.6	105.8	91.2	106.3	107.9	13.8	13.5	15.0	108.5	99.8	103.0	99.7	97.8	111.4
26.6	25.3	27.8	102.6	112.0	111.3	86.3	94.9	110.0	27.8	26.0	28.9	104.4	102.7	103.8	94.4	93.4	111.2
23.5	23.7	24.3	99.2	111.4	104.1	96.3	100.9	102.6	24.6	23.7	25.1	104.8	100.0	103.2	105.5	96.3	105.9
31.3	31.2	25.3	98.0	99.8	74.4	155.2	99.7	81.0	31.0	31.1	25.2	99.2	99.8	99.7	154.2	100.3	81.0
58.8	65.2	64.2	98.3	101.5	102.7	130.1	110.8	98.5	60.0	64.6	65.2	102.0	99.1	101.6	129.9	107.7	101.0
24.4	25.3	25.9	101.0	96.5	101.0	112.8	103.8	102.4	24.1	25.6	26.6	99.0	101.3	102.5	109.8	106.2	103.6
54.0	57.5	60.2	99.3	100.9	114.0	109.1	106.5	104.7	53.0	57.8	58.3	98.1	100.4	96.8	107.4	109.0	100.9
13.2	14.9	16.3	107.5	103.0	92.9	99.7	113.0	109.8	13.5	14.9	16.9	102.3	100.0	103.5	99.6	110.4	113.6
9.0	11.0	10.0	100.6	107.3	98.5	111.8	121.5	91.5	8.9	10.6	10.0	99.2	97.0	99.9	98.8	118.8	94.3
14.0	13.4	13.0	100.4	99.1	100.5	104.8	96.0	96.4	13.9	13.6	12.2	99.3	100.9	94.5	103.7	97.6	90.2
9.0	8.4	8.9	96.0	98.7	95.3	95.2	93.1	105.3	8.8	8.4	9.7	96.8	99.5	109.2	93.1	95.7	115.5
7.6	7.6	7.5	95.5	98.2	97.9	94.0	99.9	98.9	8.2	7.6	7.6	108.4	100.3	101.3	105.4	92.3	100.0
21.5	22.7	24.8	100.2	101.1	108.7	108.7	105.5	109.5	21.9	22.8	22.9	102.1	100.4	92.4	106.3	103.7	100.8
3.4	2.9	3.0	92.5	100.7	101.0	113.5	84.3	102.8	3.0	3.2	3.6	86.0	108.6	121.5	100.7	106.4	114.9
4.1	4.6	5.4	66.5	79.3	83.1	95.8	112.5	117.4	3.3	4.0	4.4	80.7	87.0	81.5	125.0	121.2	110.0
5.6	6.0	5.9	78.6	88.9	82.8	97.0	107.5	98.3	4.0	4.6	4.4	71.7	76.7	74.1	120.6	115.0	95.0
5.4	4.0	6.5	75.8	69.3	78.8	88.9	74.0	161.7	4.0	3.2	4.9	73.7	78.4	75.1	122.3	78.8	154.9
7.3	5.8	7.9	63.5	56.9	76.1	102.7	79.5	136.2	5.0	5.6	7.2	68.5	96.6	90.6	128.3	112.0	127.9
10.1	12.3	13.2	102.0	109.2	99.3	104.6	121.4	107.5	10.4	13.0	11.9	103.0	105.9	90.3	97.9	124.8	91.7
7.1	8.8	6.9	110.2	110.3	90.0	116.0	124.8	78.6	6.7	8.7	7.0	94.5	98.7	100.7	120.4	130.4	80.2
7.9	9.5	8.5	97.7	105.0	92.3	136.4	120.1	89.6	7.6	10.4	8.1	96.1	109.8	95.7	131.9	137.2	78.1

5-35 续表 2

指 标	Item	7月								
		价 格 (元/公斤) Price (yuan/kg)			价格变动 (上月=100) Price Movements (preceding month=100)			价格变动 (上年同期=100) Price Movements (preceding year=100)		
		2013	2014	2015	2013	2014	2015	2013	2014	2015
粮食类	**Grain**									
籼稻	Nonglutinous Rice	2.5	2.7	2.7	98.5	98.8	100.9	89.7	106.7	101.8
粳稻	Round-Grained Rice	2.8	2.9	2.9	101.5	100.3	103.8	89.8	103.9	100.0
小麦	Wheat	2.2	2.3	2.2	103.2	99.8	102.3	110.3	104.7	94.5
玉米	Corn//Maize	2.5	2.5	2.5	101.2	99.4	98.4	99.1	99.9	102.8
大豆	Soybean	6.1	6.1	6.0	100.2	101.5	99.2	104.7	99.5	98.0
籼米	Long-Grained Nonglutinous Rice	4.7	4.9	5.0	100.0	100.2	100.4	96.9	104.7	101.6
粳米	Polished Round-Grained Rice	4.9	5.1	5.3	100.6	100.3	100.0	94.5	105.1	103.3
经济作物类	**Economic Crops**									
棉花(籽棉)	Cotton	7.5	7.6	6.3	97.5	101.1	85.5	98.0	102.6	83.0
花生仁	Peanut	13.0	11.3	12.8	99.2	98.9	106.7	86.6	86.9	112.9
油菜籽	Rapeseeds	4.8	4.7	4.2	101.0	101.4	101.9	101.9	99.1	88.7
畜产品类	**Livestock Products**									
活猪	Live Hogs	14.5	13.8	17.0	105.4	102.6	113.3	105.5	95.2	123.0
仔猪	Piglet	29.3	25.6	30.6	105.3	98.6	106.2	101.8	87.4	119.7
猪肉	Pork	25.6	24.2	28.0	104.1	102.2	111.6	108.5	94.6	115.7
活牛	Live Cattle	31.0	31.0	27.2	100.0	99.6	107.8	120.2	99.9	87.6
牛肉	Beef	60.8	64.9	64.9	101.4	100.4	99.5	128.9	106.7	100.0
活羊	Live Sheep	25.2	25.5	26.6	104.3	99.3	100.0	114.5	101.1	104.3
羊肉	Mutton	54.0	58.0	58.2	101.9	100.4	99.9	109.5	107.4	100.3
活鸡	Live Chickens	13.8	15.2	16.6	102.5	101.9	98.2	102.6	109.7	109.5
鸡蛋	Chicken's Eggs	9.3	11.1	9.7	104.4	104.9	97.3	104.9	119.3	87.4
水产品类	**Aquatic Products**									
草鱼	Grass Carp	14.0	13.5	12.7	100.6	99.6	104.0	103.8	96.6	94.2
鲤鱼	Carp	9.1	8.5	8.8	104.1	101.7	90.9	99.6	93.5	103.3
链鱼	Silver Carp	8.8	7.7	7.6	106.6	100.8	100.7	115.4	87.3	99.9
带鱼	Hairtail	22.7	23.0	24.9	103.5	101.3	108.7	110.8	101.5	108.2
蔬菜类	**Vegetables**									
大白菜	Chinses Cabbage	3.3	3.2	3.2	112.2	100.3	88.4	108.1	95.2	101.3
黄瓜	Cucumber	4.3	4.5	4.3	130.6	111.5	98.6	110.1	103.5	97.3
西红柿	Tomato	4.5	4.7	5.1	112.5	102.6	117.2	98.6	104.9	108.5
菜椒	Sweetbell	4.7	3.3	5.4	118.5	103.7	110.7	110.7	68.9	165.3
四季豆	Kidney Beans	6.1	6.6	8.4	122.0	117.1	117.3	112.1	107.5	128.0
水果类	**Fruits**									
红富士苹果	Hongfushi Apples	10.4	14.0	12.8	99.8	107.9	107.6	94.2	134.9	91.4
香蕉	Bananas	6.4	8.5	6.5	96.1	97.4	93.0	119.2	132.2	76.6
橙子	Oranges	7.7	10.1	8.4	100.9	97.3	102.8	129.2	132.3	82.5

Continued

8月									9月								
价　格 (元/公斤) Price (yuan/kg)			价格变动 (上月=100) Price Movements (preceding month=100)			价格变动 (上年同期=100) Price Movements (preceding year=100)			价　格 (元/公斤) Price (yuan/kg)			价格变动 (上月=100) Price Movements (preceding month=100)			价格变动 (上年同期=100) Price Movements (preceding year=100)		
2013	2014	2015	2013	2014	2015	2013	2014	2015	2013	2014	2015	2013	2014	2015	2013	2014	2015
2.5	2.7	2.7	101.1	100.5	100.6	90.8	106.1	101.9	2.5	2.7	2.6	99.4	99.2	96.6	91.2	105.9	99.2
2.8	2.8	2.8	100.0	98.3	98.5	91.5	102.1	100.2	2.7	2.7	2.8	99.0	96.7	98.9	90.8	99.7	102.5
2.2	2.3	2.1	100.0	100.5	98.9	106.6	105.2	93.0	2.2	2.3	2.1	100.3	98.7	99.4	106.3	103.5	93.7
2.4	2.5	2.6	99.0	101.3	102.3	98.4	102.3	103.8	2.4	2.6	2.5	99.9	102.9	96.7	97.8	105.4	97.5
6.2	6.1	5.9	100.7	99.8	98.5	102.8	98.7	96.7	6.1	6.1	5.8	99.0	100.0	97.5	103.9	99.7	94.3
4.7	4.9	5.0	100.8	100.2	100.8	98.2	104.2	102.3	4.7	4.9	5.0	100.5	99.8	99.8	99.4	103.4	102.3
4.8	5.1	5.3	99.0	100.0	100.5	97.5	106.2	103.9	4.9	5.2	5.3	100.1	100.3	98.9	98.0	106.3	102.5
7.5	7.6	6.3	100.0	99.2	100.0	97.2	101.7	83.6	8.2	7.2	6.0	110.1	94.8	94.9	102.1	87.6	83.8
12.9	11.8	12.8	99.2	104.2	100.6	87.8	91.3	108.9	12.5	11.9	12.8	96.9	101.0	99.9	89.2	95.2	107.7
4.8	4.7	4.2	100.5	99.4	99.3	100.3	98.0	88.6	4.9	4.7	4.1	100.7	99.9	97.9	98.5	97.2	86.9
15.6	14.8	17.8	107.1	107.3	104.6	109.1	95.3	119.9	16.1	15.0	17.9	103.8	101.5	100.8	106.8	93.2	119.1
29.8	26.3	32.0	101.8	102.7	104.6	105.2	88.1	121.9	29.2	26.9	32.8	98.0	102.2	102.4	103.8	91.9	122.2
26.4	25.1	29.9	103.1	103.7	106.8	107.2	95.1	119.1	27.6	25.3	29.9	104.5	101.0	100.1	107.0	91.8	118.1
30.2	31.2	26.6	97.3	100.6	97.8	135.8	103.3	85.2	31.2	31.2	26.6	103.2	100.2	100.0	135.0	100.3	85.0
60.8	64.5	63.9	100.0	99.4	98.4	125.7	106.0	99.0	62.1	65.4	64.4	102.1	101.4	100.9	124.0	105.3	98.5
24.1	25.5	26.9	95.8	100.0	101.3	109.5	105.5	105.6	24.4	25.0	26.2	101.0	98.1	97.3	109.4	102.4	104.8
53.0	58.0	58.3	98.1	100.0	100.1	106.0	109.4	100.4	53.0	56.5	62.2	100.0	97.4	106.7	108.2	106.6	110.0
14.1	15.9	16.9	101.7	104.9	101.7	100.4	113.2	106.2	14.3	16.5	17.4	101.5	103.6	102.9	100.1	115.6	105.5
9.8	11.6	10.1	104.9	104.3	104.0	96.4	118.7	87.2	10.2	12.2	10.2	104.0	104.6	100.7	97.5	119.4	83.9
14.3	13.3	12.7	102.4	98.3	99.6	107.8	92.7	95.4	13.9	13.3	12.3	97.3	99.8	97.2	108.1	95.1	92.8
9.2	8.8	9.0	101.2	103.7	101.8	102.8	95.8	101.4	9.3	8.5	9.0	101.3	96.1	100.0	106.3	90.8	105.5
9.0	7.6	7.8	103.2	99.5	102.0	116.6	84.1	102.4	8.9	7.4	7.8	98.4	97.6	100.0	119.9	83.5	104.8
22.9	23.6	24.7	101.0	102.5	99.0	111.8	103.0	104.5	22.9	23.7	24.8	99.7	100.4	100.5	110.9	103.7	104.6
4.0	3.0	3.4	119.9	94.3	107.5	102.6	74.9	115.4	3.9	3.2	3.8	98.0	107.4	110.5	116.8	82.1	118.8
5.5	4.8	5.4	127.6	106.7	124.4	131.0	86.5	113.4	5.9	5.5	4.9	107.3	115.5	91.5	149.7	93.2	89.8
4.8	4.6	6.0	106.7	97.5	116.2	87.4	95.8	129.3	6.7	5.0	6.0	139.6	107.6	101.2	114.7	73.9	121.6
6.7	3.9	5.4	141.4	120.5	100.7	156.5	58.8	138.2	8.7	4.9	5.2	129.9	124.5	96.0	204.7	56.3	106.5
7.7	7.8	8.9	126.2	118.1	105.7	97.6	100.6	114.6	9.3	8.6	8.5	120.8	111.0	96.2	125.5	92.5	99.3
10.7	13.7	13.2	102.7	97.9	102.8	100.9	128.5	96.1	11.0	12.8	12.5	103.2	93.4	94.8	104.3	116.4	97.5
6.3	8.6	6.3	98.4	101.7	96.5	123.3	136.5	72.7	6.1	9.5	5.8	96.0	110.0	93.1	117.6	156.4	61.5
8.0	10.3	8.6	104.3	101.4	102.7	115.4	128.6	83.6	8.0	9.8	8.6	100.0	95.6	100.3	131.1	122.9	87.7

5-35 续表 3

指标	Item	10月								
		价格 (元/公斤) Price (yuan/kg)			价格变动 (上月=100) Price Movements (preceding month=100)			价格变动 (上年同期=100) Price Movements (preceding year=100)		
		2013	2014	2015	2013	2014	2015	2013	2014	2015
粮食类	**Grain**									
籼稻	Nonglutinous Rice	2.5	2.7	2.6	100.1	100.2	98.6	91.6	106.1	97.6
粳稻	Round-Grained Rice	2.7	2.8	2.7	99.5	100.9	98.0	91.1	101.1	99.6
小麦	Wheat	2.2	2.3	2.1	102.0	100.3	98.9	107.9	101.9	92.3
玉米	Corn//Maize	2.5	2.5	2.4	101.6	99.4	98.1	99.9	103.1	96.2
大豆	Soybean	6.0	6.1	5.8	98.7	100.3	100.9	101.2	101.3	94.8
籼米	Long-Grained Nonglutinous Rice	4.8	4.9	5.0	101.7	99.8	100.4	100.7	101.5	102.9
粳米	Polished Round-Grained Rice	5.0	5.2	5.4	102.7	100.0	101.4	100.9	103.6	103.9
经济作物类	**Economic Crops**									
棉花(籽棉)	Cotton	8.0	6.3	5.9	97.4	87.4	97.6	98.8	78.6	93.6
花生仁	Peanut	12.3	12.1	12.7	98.3	101.7	99.3	88.2	98.5	105.2
油菜籽	Rapeseeds	4.8	4.8	4.1	99.3	101.3	99.0	98.3	99.1	84.9
畜产品类	**Livestock Products**									
活猪	Live Hogs	16.0	14.7	17.5	99.0	97.5	97.5	107.1	91.8	119.1
仔猪	Piglet	27.5	25.3	32.7	94.0	94.0	99.6	101.1	91.9	129.5
猪肉	Pork	27.2	25.4	28.8	98.5	100.2	96.3	105.5	93.5	113.4
活牛	Live Cattle	31.1	31.3	26.6	99.7	100.2	100.0	131.6	100.8	84.9
牛肉	Beef	63.4	64.8	63.7	102.0	99.1	98.9	123.2	102.3	98.3
活羊	Live Sheep	26.4	26.2	26.4	108.2	105.0	101.0	114.6	99.4	100.7
羊肉	Mutton	55.8	59.0	61.0	105.3	104.4	98.1	102.1	105.7	103.4
活鸡	Live Chickens	14.3	16.5	17.1	100.0	100.3	98.5	98.9	115.9	103.6
鸡蛋	Chicken's Eggs	10.0	12.2	9.9	98.6	100.4	97.5	101.0	121.6	81.5
水产品类	**Aquatic Products**									
草鱼	Grass Carp	13.6	13.2	12.4	97.2	99.2	101.1	107.0	97.0	94.6
鲤鱼	Carp	9.1	8.2	9.3	97.8	97.1	103.7	102.8	90.2	112.7
链鱼	Silver Carp	8.7	7.2	7.8	97.6	96.9	100.5	114.4	82.9	108.8
带鱼	Hairtail	22.6	23.9	24.7	99.0	100.7	99.5	110.1	105.5	103.3
蔬菜类	**Vegetables**									
大白菜	Chinses Cabbage	3.3	2.6	3.3	84.6	80.4	87.9	142.2	78.0	129.8
黄瓜	Cucumber	6.0	5.1	4.8	101.7	92.6	97.0	173.4	84.9	94.1
西红柿	Tomato	8.2	5.4	6.5	121.6	108.1	107.6	153.8	65.6	121.1
菜椒	Sweetbell	6.5	5.2	5.2	74.8	106.1	99.2	168.2	79.9	99.6
四季豆	Kidney Beans	9.1	7.2	8.2	97.3	83.7	96.0	157.1	79.6	113.9
水果类	**Fruits**									
红富士苹果	Hongfushi Apples	10.3	12.4	12.5	93.6	97.1	99.9	103.2	120.7	100.3
香蕉	Bananas	5.5	8.6	5.7	90.5	90.9	98.6	102.5	157.1	66.7
橙子	Oranges	9.6	10.1	9.8	119.6	102.5	113.6	108.4	105.3	97.2

Continued

11月									12月								
价 格 (元/公斤) Price (yuan/kg)			价格变动						价 格 (元/公斤) Price (yuan/kg)			价格变动					
			(上月=100) Price Movements (preceding month=100)			(上年同期=100) Price Movements (preceding year=100)						(上月=100) Price Movements (preceding month=100)			(上年同期=100) Price Movements (preceding year=100)		
2013	2014	2015	2013	2014	2015	2013	2014	2015	2013	2014	2015	2013	2014	2015	2013	2014	2015
2.6	2.7	2.6	101.8	99.9	99.7	93.1	104.2	97.4	2.6	2.7	2.6	100.6	100.5	100.0	95.3	104.1	96.9
2.8	2.8	2.7	101.1	100.6	99.3	96.7	100.6	98.2	2.8	2.8	2.7	101.6	100.8	100.0	97.8	99.9	97.4
2.3	2.3	2.1	101.3	100.0	97.9	110.6	100.6	90.4	2.3	2.3	2.1	99.7	100.6	101.5	107.0	101.4	91.2
2.5	2.5	2.3	99.6	98.7	95.2	101.9	102.2	92.8	2.4	2.5	2.3	99.5	101.4	100.2	101.2	104.2	91.7
6.0	6.1	5.7	99.7	100.3	98.8	101.2	102.0	93.3	5.9	6.1	5.7	98.3	99.2	99.5	98.9	102.9	93.6
4.8	4.9	5.0	99.9	100.0	100.6	100.2	101.6	103.5	4.8	4.9	5.0	100.4	100.0	99.0	100.4	101.1	102.4
5.0	5.2	5.4	100.0	100.0	100.2	100.0	103.6	104.0	5.0	5.1	5.3	100.1	98.9	98.4	99.4	102.3	103.5
7.9	6.1	5.9	98.6	96.6	99.6	97.1	77.0	96.5	7.8	6.0	5.8	99.2	98.7	99.1	97.1	76.7	96.9
12.3	12.1	12.4	99.9	100.0	97.0	88.8	98.5	102.1	12.3	12.3	12.4	100.2	101.4	100.5	88.4	99.8	101.1
4.9	4.8	4.0	101.7	99.6	98.2	101.6	96.9	83.8	4.9	4.8	4.1	100.0	100.0	102.0	100.5	96.9	85.5
15.9	14.4	16.7	99.2	98.3	95.8	104.6	91.0	116.0	15.8	14.0	16.7	99.7	97.1	99.7	99.4	88.6	119.2
27.1	25.6	31.4	98.5	101.3	95.9	101.7	94.5	122.6	26.3	24.7	30.3	97.3	96.5	96.6	98.8	93.7	122.6
26.6	25.1	27.9	97.9	98.7	96.9	104.7	94.3	111.3	26.8	24.6	27.6	100.8	97.9	98.9	101.1	91.6	112.5
31.4	31.7	26.2	101.2	101.2	98.6	131.7	100.8	82.7	32.1	32.0	25.9	102.1	100.8	98.7	133.0	99.6	80.9
61.8	64.8	63.4	97.5	100.0	99.5	116.3	104.9	97.8	64.2	65.2	63.1	103.9	100.6	99.5	117.1	101.6	96.8
25.9	25.8	25.4	98.2	98.3	96.2	112.5	99.5	98.6	25.5	26.1	25.3	98.6	101.1	99.7	109.1	102.1	97.2
55.3	57.8	56.8	99.1	97.9	93.0	98.5	104.5	98.3	56.1	58.1	54.8	101.5	100.6	96.5	100.3	103.5	94.3
14.2	16.4	17.2	99.3	99.1	100.4	97.9	115.6	104.9	14.5	16.3	17.1	102.2	99.5	99.8	99.2	112.6	105.2
9.8	12.3	10.0	97.3	100.5	101.0	96.2	125.6	81.9	10.0	12.3	10.1	102.6	100.5	100.6	94.4	123.1	82.0
13.6	13.0	12.2	100.2	98.9	97.9	109.5	95.8	93.6	14.7	13.7	11.9	108.0	105.3	97.9	115.6	93.5	87.0
9.1	8.3	8.8	99.9	100.1	94.5	105.4	90.3	106.4	9.5	8.7	8.9	103.7	105.3	101.3	110.0	91.7	102.3
8.9	7.5	7.8	102.4	103.9	99.5	121.8	84.1	104.1	8.9	7.6	7.8	100.6	101.2	100.6	120.2	84.7	103.6
22.8	24.3	24.8	100.5	101.8	100.5	111.0	106.9	102.0	22.8	24.4	24.8	100.0	100.1	100.0	110.9	107.0	101.8
2.6	2.6	2.9	77.9	101.0	87.4	116.8	101.2	112.3	2.0	2.4	2.8	78.6	92.3	96.2	92.7	118.8	117.1
6.1	6.2	6.6	101.7	122.1	138.0	114.0	102.0	106.3	6.1	7.3	7.7	99.8	118.0	115.7	81.6	120.5	104.2
7.6	5.9	6.7	93.3	110.3	103.7	132.4	77.6	113.9	7.5	6.0	7.1	99.2	101.7	105.7	116.0	79.6	118.3
7.0	5.6	5.2	106.9	106.9	100.2	169.8	79.9	93.3	7.8	6.3	5.6	112.5	112.4	108.3	136.9	79.8	89.9
8.7	9.3	9.4	96.1	129.2	114.0	103.6	106.9	100.5	10.9	9.4	10.7	125.4	101.1	114.7	110.2	86.2	114.0
10.2	12.3	12.3	98.5	99.0	98.6	107.0	121.2	100.0	10.1	12.4	12.4	99.5	101.1	100.4	105.6	123.2	99.3
5.4	7.7	5.7	99.2	89.4	98.4	107.7	141.6	73.5	5.8	7.7	5.6	105.9	99.6	99.1	112.1	133.2	73.1
7.5	9.6	9.5	78.8	95.4	96.8	97.3	127.6	98.6	7.4	9.8	9.5	98.5	101.6	100.2	102.9	131.6	97.3

主要统计指标解释

居民消费价格指数 是反映一定时期内城乡居民所购买的生活消费品价格和服务项目价格变动趋势和程度的相对数，是对城市居民消费价格指数和农村居民消费价格指数进行综合汇总计算的结果。该指数可以观察和分析消费品的零售价格和服务价格变动对城乡居民实际生活费支出的影响程度。

商品零售价格指数 是反映一定时期内城乡商品零售价格变动趋势的一种经济指数。零售物价的调整变动直接影响城乡居民的生活支出和国家财政的收入，影响居民购买力和市场供需平衡，影响消费与积累的比例。因此，该指数可以从一个侧面对上述经济活动进行观察和分析。

城市居民消费价格指数 是反映一定时期内城市居民家庭所购买的生活消费品价格和服务项目价格变动趋势和程度的相对数。该指数可以观察和分析消费品的零售价格和服务项目价格变动对城镇职工货币工资的影响，作为研究职工生活和确定工资政策的依据。

农村居民消费价格指数 是反映一定时期内农村居民家庭所购买的生活消费品价格和服务项目价格变动趋势和程度的相对数。该指数可以观察农村消费品的零售价格和服务项目价格变动对农村居民生活消费支出的影响，直接反映农民生活水平的实际变化情况，为分析和研究农村居民生活问题提供依据。

商品零售价格指数 是反映一定时期内城乡商品零售价格变动趋势和程度的相对数。商品零售价格的变动直接影响到城乡居民的生活支出和国家的财政收入，影响居民购买力和市场供需的平衡，影响到消费与积累的比例关系。因此，该指数可以从一个侧面对上述经济活动进行观察和分析。

农业生产资料价格指数 指反映一定时期内农业生产资料价格变动趋势和程度的相对数。农业生产资料价格指数分为小农具、饲料、产品畜、役畜、半机械化农具、机械化农具、化学肥料、农药及农药械、农机用油、其他农业生产资料十大类。其编制目的是了解农业生产中物质资料投入价格的变动状况，服务于国民经济核算。1994 年以前，农业生产资料价格指数仅仅是商品零售价格指数的一个类别，此后，从商品零售价格指数中分离出来，单独编制。

农产品生产者价格指数 是反映一定时期内，农产品生产者出售农产品价格水平变动趋势及幅度的相对数。该指数可以客观反映全国农产品生产价格水平和结构变动情况，满足农业与国民经济核算需要。其中某代表品生产价格指数是通过对全部有出售该产品行为的调查单位的个体指数进行几何平均求得的，类价格指数是通过对其所属的类（或代表品）的价格指数进行加权平均求得的。季度累计价格指数的计算方法与分季指数的计算方法相同。

工业生产者出厂价格指数 是反映一定时期内全部工业产品出厂价格总水平的变动趋势和程度的相对数，包括工业企业售给本企业以外所有单位的各种产品和直接售给居民用于生活消费的产品。该指数可以观察出厂价格变动对工业总产值及增加值的影响。

原材料、燃料和动力购进价格指数 是反映工业企业作为生产投入，而从物资交易市场和能源、原材料生产企业购买原材料、燃料和动力产品时，所支付的价格水平变动趋势和程度的统计指标，是扣除工业企业物质消耗成本中的价格变动影响的重要依据。

目前，我国编制的原材料、燃料和动力购进价格指数所调查的产品包括燃料动力、黑色金属、有色金属、化工、建材等九大类的近 1800 种产品。

固定资产投资价格指数 是反映一定时期内固定资产投资品及项目的价格变动趋势和程度的相对数。固定资产投资额是由建筑安装工程投资完成额、设备工器具购置投资完成额和其他费用投资完成额三部分组成的。编制固定资产投资价格指数应首先分别编制上述三部分投资的价格指数，然后采用加权算术平均法求出固定资产投资价格总指数。

该指数可以准确地反映固定资产投资中涉及的各类投资品和取费项目价格变动趋势和变动幅度，消除按现价计算的固定资产投资指标中的价格变动因素，真实地反映固定资产投资的规模、速度、结构和效益，为国家科学地制定、检查固定资产投资计划并提高宏观调控水平，为完善国民经济核算体系提供科学的、可靠的依据。

房地产价格指数　是反映一定时期内房地产价格变动趋势和程度的相对数，包括新建住宅销售价格指数、二手住宅销售价格指数。

Explanatory Notes on Main Statistical Indicators

Urban Consumer Price Indices reflect the trend and degree of changes in prices of consumer goods and services purchased by urban households during a given period. It can be used to observe and analyze the impact of price changes in consumer goods and services on wages (in monetary terms) of urban staff and workers, and provide basis for policy-making concerning the living cost and wages of staff and workers.

Retail Ge neral Price Indices reflect the trend and degree of change in retail prices of commodities during a given period.The change in retail prices of commodities directly affects the living expenditure of urban and rural residents, government revenue,purchasing power of residents and the equilibrium of market supply and demand, and the ratio of consumption to accumulation.Therefore, the retail price indexes are useful to analyze the changes of the above economic activities.

Rural Consumer Price Indices reflect the trend and degree of changes in prices of consumer goods and services purchased by rural households during a given period. It can be used to observe the impact of change in retail prices of consumer goods and service prices in rural areas on living expenditure of rural households, and to show the changes in the living standard of peasants. It provides basis for analysis and research on condition of life in rural areas.

Retail Price Indices reflect the trend and degree of change in retail prices of commodities during a given period. The change in retail prices of commodities directly affect the living expenditure of urban and rural residents, government revenue, purchasing power of residents and the equilibrium of market supply and demand, and the ratio of consumption to accumulation. Therefore, the retail price indices are useful to analyze the changes of the above economic activities.

Price Indices of Means of Agricultural Production reflect the trend and degree of changes in prices of means of agricultural production during a given period. Price indices of means of agricultural production are composed of 10 categories including small farm tools, feeds, domestic animals for meat, draught domestic animals, semi-mechanized farm machinery, mechanized farm machinery, chemical fertilizers, pesticides and spraying machinery, fuels for farm machinery and other means of agricultural production. Compilation of these indices helps to understand the changes in prices of input into agricultural production and facilitate the compilation of national account statistics. Before 1994, price indices of means of agricultural production was a sub-category in the in the retail price indices of commodities, and it has been compiled separately since 1994.

Indices of Producers' Prices for Farm Products reflect the trend and degree of changes in producers' prices received by farmers when they sell farm products during a given period. These indices depict the change in the level and structure of producers' prices of farm products of the country and meet the needs of agriculture statistics and national account statistics. The producers' price index of a given product is calculated through geometrical mean of individual indices of all surveyed units who sell such product, and the indices of a product category is obtained through weighted mean of price indices of all products in the category. Method for calculating accumulative quarterly indices is the same as for calculating the distinctive quarterly indices.

Producer Price Indices for Industrial Products reflect the trend and degree of changes in general ex-factory prices of all industrial products during a given period, including sales of industrial products by an industrial enterprise to all units outside the enterprise, as well as sales of consumer goods to residents. It can be used to analyze the impact of ex-factory prices on gross output value and value-added of the industrial sector.

Indices of Purchasing Prices of Raw Materials, Fuels and Power reflect changes in the level and degree of prices paid by industrial enterprises when they purchase production input such as raw materials, fuels and power from the market or from other energy or raw materials producing enterprises. These indices provide important basis for measuring the material consumption of industrial enterprises after removing influence of price changes.

At present, close to 1,800 products in 9 categories, including fuels and power, ferrous metals, non-ferrous metals, chemicals, building materials, are covered in China for the survey to produce indices of purchasing prices of raw materials, fuels and power.

Price Indices of Investment in Fixed Assets reflect the trend and degree of changes in prices of investment goods and projects in fixed assets during a given period. The investment in fixed assets consists of three components, namely the investment in construction and installation, the investment in purchases of equipment and instrument, and the investment in other items. Price indices of investment in fixed assets are calculated as the weighted arithmetic mean of the price indices of the three components of investment in fixed assets.

Removing the factor of price change in the aggregates of investment at current prices, this indicator shows the changes in the prices of commodities and fees involved in the investment of fixed assets, and can be used to observe the actual size, growth, structure, and efficiency of investment in fixed assets and provides reliable and scientific data for government planning, management, decision-making, and further improving the current national accounting system.

Price Indices for Real Estate reflect the trend and degree of changes in prices of real estate during a given period, including sales price indices of new houses，sales price indices of second-hand housing.

六 全国及各省、市、区主要指标

Chapter 6

Main Statistics of Provinces (autonomous regions, municipalities) in the Whole Country

资料整理：黄　蓉　盛　坤　董胜男
余　南　肖　强　萧一啸

附录1　全国及各省市区城镇居民家庭人均可支配收入

Per Capita Disposable Income of Urban Households by Provinces and Regions

单位：元　　　　(yuan)

地　区	Region	2010	2011	2012	2013	2014	2015
全　国	**National**	**19109.4**	**21809.8**	**24564.7**	**26467.0**	**28843.9**	**31195**
北　京	Beijing	29072.9	32903.0	36468.8	44563.9	48531.8	52859
天　津	Tianjin	24292.6	26920.9	29626.4	28979.8	31506.0	34101
河　北	Hebei	16263.4	18292.2	20543.4	22226.7	24141.3	26152
山　西	Shanxi	15647.7	18123.9	20411.7	22258.2	24069.4	25828
内蒙古	Inner Mongolia	17698.2	20407.6	23150.3	26003.6	28349.6	30594
辽　宁	Liaoning	17712.6	20466.8	23222.7	26697.0	29081.7	31126
吉　林	Jilin	15411.5	17796.6	20208.0	21331.1	23217.8	24901
黑龙江	Heilongjiang	13856.5	15696.2	17759.8	20848.4	22609.0	24203
上　海	Shanghai	31838.1	36230.5	40188.3	44873.3	48841.4	52962
江　苏	Jiangsu	22944.3	26340.7	29677.0	31585.5	34346.3	37173
浙　江	Zhejiang	27359.0	30970.7	34550.3	37079.7	40392.7	43714
安　徽	Anhui	15788.2	18606.1	21024.2	22789.3	24838.5	26936
福　建	Fujian	21781.3	24907.4	28055.2	28173.9	30722.4	33275
江　西	Jiangxi	15481.1	17494.9	19860.4	22119.7	24309.2	26500
山　东	Shandong	19945.8	22791.8	25755.2	26882.4	29221.9	31545
河　南	Henan	15930.3	18194.8	20442.6	21740.7	23672.1	25576
湖　北	Hubei	16058.4	18373.9	20839.6	22667.9	24852.3	27051
湖　南	Hunan	16565.7	18844.1	21318.8	24352.0	26570.2	28838
广　东	Guangdong	23897.8	26897.5	30226.7	29537.3	32148.1	34757
广　西	Guangxi	17063.9	18854.1	21242.8	22689.4	24669.0	26416
海　南	Hainan	15581.1	18369.0	20917.7	22411.4	24486.5	26356
重　庆	Chongqing	17532.4	20249.7	22968.1	23058.2	25147.2	27239
四　川	Sichuan	15461.2	17899.1	20307.0	22227.5	24232.4	26205
贵　州	Guizhou	14142.7	16495.0	18700.5	20564.9	22548.2	24580
云　南	Yunnan	16064.5	18575.6	21074.5	22460.0	24299.0	26373
西　藏	Tibet	14980.5	16195.6	18028.3	20394.5	22015.8	25457
陕　西	Shaanxi	15695.2	18245.2	20733.9	22345.9	24365.8	26420
甘　肃	Gansu	13188.6	14988.7	17156.9	19873.4	21803.9	23767
青　海	Qinghai	13855.0	15603.3	17566.3	20352.4	22306.6	24542
宁　夏	Ningxia	15344.5	17578.9	19831.4	21475.7	23284.6	25186
新　疆	Xinjiang	13643.8	15513.6	17920.7	21091.5	23214.0	26275

附录2 全国及各省市区城镇居民家庭人均可支配收入与支出
Per Capita Disposable Income and Expenditure of Urban Households by Provinces and Regions

单位：元 (yuan)

地 区	Region	人均可支配收入		人均消费支出	
		2014	2015	2014	2015
全 国	**National**	**28843.9**	**31195**	**19968.1**	**21392**
北 京	Beijing	48531.8	52859	33717.5	36642
天 津	Tianjin	31506.0	34101	24289.6	26230
河 北	Hebei	24141.3	26152	16203.8	17587
山 西	Shanxi	24069.4	25828	14636.9	15819
内蒙古	Inner Mongolia	28349.6	30594	20885.2	21876
辽 宁	Liaoning	29081.7	31126	20519.6	21557
吉 林	Jilin	23217.8	24901	17156.1	17973
黑龙江	Heilongjiang	22609.0	24203	16466.6	17152
上 海	Shanghai	48841.4	52962	35182.4	36946
江 苏	Jiangsu	34346.3	37173	23476.3	24966
浙 江	Zhejiang	40392.7	43714	27241.7	28661
安 徽	Anhui	24838.5	26936	16107.1	17234
福 建	Fujian	30722.4	33275	22204.1	23520
江 西	Jiangxi	24309.2	26500	15141.8	16732
山 东	Shandong	29221.9	31545	18322.6	19854
河 南	Henan	23672.1	25576	16184.5	17154
湖 北	Hubei	24852.3	27051	16681.4	18192
湖 南	Hunan	26570.2	28838	18334.7	19501
广 东	Guangdong	32148.1	34757	23611.7	25673
广 西	Guangxi	24669.0	26416	15045.4	16321
海 南	Hainan	24486.5	26356	17513.8	18448
重 庆	Chongqing	25147.2	27239	18279.5	19742
四 川	Sichuan	24232.4	26205	17759.9	19277
贵 州	Guizhou	22548.2	24580	15254.6	16914
云 南	Yunnan	24299.0	26373	16268.3	17675
西 藏	Tibet	22015.8	25457	15669.4	17022
陕 西	Shaanxi	24365.8	26420	17546.0	18464
甘 肃	Gansu	21803.9	23767	15942.3	17451
青 海	Qinghai	22306.6	24542	17492.9	19201
宁 夏	Ningxia	23284.6	25186	17216.2	18984
新 疆	Xinjiang	23214.0	26275	17684.5	19415

附录3　全国及各省市区农村居民家庭人均可支配收入
Per Capita Disposable Income of country Households by Provinces and Regions

单位：元　　(yuan)

地　区	Region	2010	2011	2012	2013	2014	2015
全　国	**National**	**5919.0**	**6977.3**	**7916.6**	**9429.6**	**10488.9**	**11421.7**
北　京	Beijing	13262.3	14735.7	16475.7	17101.2	18867.3	20568.7
天　津	Tianjin	10074.9	12321.2	14025.5	15352.6	17014.2	18481.6
河　北	Hebei	5958.0	7119.7	8081.4	9187.7	10186.1	11050.5
山　西	Shanxi	4736.3	5601.4	6356.6	7949.5	8809.4	9453.9
内蒙古	Inner Mongolia	5529.6	6641.6	7611.3	8984.9	9976.3	10775.9
辽　宁	Liaoning	6907.9	8296.5	9383.7	10161.2	11191.5	12056.9
吉　林	Jilin	6237.4	7510.0	8598.2	9780.7	10780.1	11326.2
黑龙江	Heilongjiang	6210.7	7590.7	8603.8	9369.0	10453.2	11095.2
上　海	Shanghai	13978.0	16053.8	17803.7	19208.3	21191.6	23205.2
江　苏	Jiangsu	9118.2	10805.0	12202.0	13521.3	14958.4	16256.7
浙　江	Zhejiang	11302.6	13070.7	14551.9	17493.9	19373.3	21125.0
安　徽	Anhui	5285.2	6232.2	7160.5	8850.0	9916.4	10820.7
福　建	Fujian	7426.9	8778.6	9967.2	11404.8	12650.2	13792.7
江　西	Jiangxi	5788.6	6891.6	7829.4	9088.8	10116.6	11139.1
山　东	Shandong	6990.3	8342.1	9446.5	10686.9	11882.3	12930.4
河　南	Henan	5523.7	6604.0	7524.9	8969.1	9966.1	10852.9
湖　北	Hubei	5832.3	6897.9	7851.7	9691.8	10849.1	11843.9
湖　南	Hunan	5622.0	6567.1	7440.2	9028.6	10060.2	10992.5
广　东	Guangdong	7890.3	9371.7	10542.8	11067.8	12245.6	13360.4
广　西	Guangxi	4543.4	5231.3	6007.5	7793.1	8683.2	9466.6
海　南	Hainan	5275.4	6446.0	7408.0	8801.7	9912.6	10857.6
重　庆	Chongqing	5276.7	6480.4	7383.3	8492.5	9489.8	10504.7
四　川	Sichuan	5086.9	6128.6	7001.4	8380.7	9347.7	10247.4
贵　州	Guizhou	3471.9	4145.4	4753.0	5897.8	6671.2	7386.9
云　南	Yunnan	3952.0	4722.0	5416.5	6723.6	7456.1	8242.1
西　藏	Tibet	4138.7	4904.3	5719.4	6553.4	7359.2	8243.7
陕　西	Shaanxi	4105.0	5027.9	5762.5	7092.2	7932.2	8688.9
甘　肃	Gansu	3424.7	3909.4	4506.7	5588.8	6276.6	6936.2
青　海	Qinghai	3862.7	4608.5	5364.4	6461.6	7282.7	7933.4
宁　夏	Ningxia	4674.9	5410.0	6180.3	7598.7	8410.0	9118.7
新　疆	Xinjiang	4642.7	5442.2	6393.7	7846.6	8723.8	9425.1

附录4　全国及各省市区农村居民家庭人均可支配收入与支出
Per Capita Disposable Income and Expenditure of country Households by Provinces and Regions

单位：元　　(yuan)

地　区	Region	人均可支配收入		人均消费支出	
		2014	2015	2014	2015
全　国	**National**	**10488.9**	**11421.7**	**8382.6**	**9222.6**
北　京	Beijing	18867.3	20568.7	14535.1	15811.2
天　津	Tianjin	17014.2	18481.6	13738.6	14739.4
河　北	Hebei	10186.1	11050.5	8248.0	9022.8
山　西	Shanxi	8809.4	9453.9	6991.7	7421.2
内蒙古	Inner Mongolia	9976.3	10775.9	9972.2	10637.4
辽　宁	Liaoning	11191.5	12056.9	7800.7	8872.8
吉　林	Jilin	10780.1	11326.2	8139.8	8783.3
黑龙江	Heilongjiang	10453.2	11095.2	7830.0	8391.5
上　海	Shanghai	21191.6	23205.2	14820.1	16152.3
江　苏	Jiangsu	14958.4	16256.7	11820.3	12882.5
浙　江	Zhejiang	19373.3	21125.0	14497.8	16107.7
安　徽	Anhui	9916.4	10820.7	7980.8	8975.2
福　建	Fujian	12650.2	13792.7	11055.9	11960.8
江　西	Jiangxi	10116.6	11139.1	7548.3	8485.6
山　东	Shandong	11882.3	12930.4	7962.2	8747.6
河　南	Henan	9966.1	10852.9	7277.2	7887.4
湖　北	Hubei	10849.1	11843.9	8680.9	9803.1
湖　南	Hunan	10060.2	10992.5	9024.8	9690.6
广　东	Guangdong	12245.6	13360.4	10043.2	11103.0
广　西	Guangxi	8683.2	9466.6	6675.1	7582.0
海　南	Hainan	9912.6	10857.6	7029.0	8210.3
重　庆	Chongqing	9489.8	10504.7	7982.6	8937.7
四　川	Sichuan	9347.7	10247.4	8301.1	9250.6
贵　州	Guizhou	6671.2	7386.9	5970.3	6644.9
云　南	Yunnan	7456.1	8242.1	6030.3	6830.1
西　藏	Tibet	7359.2	8243.7	4822.1	5579.7
陕　西	Shaanxi	7932.2	8688.9	7252.4	7900.7
甘　肃	Gansu	6276.6	6936.2	6147.8	6829.8
青　海	Qinghai	7282.7	7933.4	8235.1	8566.5
宁　夏	Ningxia	8410.0	9118.7	7676.5	8414.9
新　疆	Xinjiang	8723.8	9425.1	7365.3	7697.9

附录5 湖北与全国主要分类价格指数
Consumer Price Indices by Category in China and Hubei

(上年=100) (preceding year=100)

指 标	Item	2010 全国平均 National Average	2010 湖北 HuBei	2011 全国平均 National Average	2011 湖北 HuBei	2012 全国平均 National Average	2012 湖北 HuBei
居民消费价格指数	**Consumer Price Index**	**103.3**	**102.9**	**105.4**	**105.8**	**102.6**	**102.9**
食品	Food	107.2	105.8	111.8	111.6	104.8	105.4
粮食	Grain	111.8	110.6	112.2	116.3	104.0	105.3
肉禽及其制品	Meal, Poultry and Their Products	102.9	102.0	122.6	122.1	102.1	101.7
蛋	Eggs	108.3	107.8	114.2	113.7	97.1	98.6
水产品	Aquatic Products	108.1	100.5	112.1	110.7	108.0	111.1
鲜菜	Fresh Vegetables	118.7	115.2	100.5	100.2	115.9	114.8
鲜果	Fresh Fruits	115.6	116.4	116.4	124.3	98.8	99.3
烟酒及用品	Tobacco, Liquor and Articles	101.6	101.5	102.8	104.1	102.9	103.0
衣着	Clothing	99.0	100.9	102.1	103.6	103.1	102.5
家庭设备用品及服务	Household Facilities, Articles and Services	100.0	101.4	102.4	102.7	101.9	102.2
医疗保健及个人用品	Health Care and Personal Articles	103.2	103.2	103.4	103.8	102.0	102.8
交通和通信	Transportation and Communication	99.6	100.2	100.5	101.1	99.9	99.8
娱乐教育文化用品及服务	Recreation, Education and Culture Articles	100.6	100.2	100.4	100.5	100.5	100.6
居住	Residence	104.5	103.4	105.3	105.8	102.1	102.3
商品零售价格指数	**Retail Price Index**	**103.1**	**103.1**	**104.9**	**105.6**	**102.0**	**102.6**
食品	Food	107.6	106.1	111.9	112.1	104.8	105.6
饮料、烟酒	Beverages, Tobacco and Liquor	101.7	101.9	103.3	104.0	103.3	102.9
服装、鞋帽	Garments, Shoes and Hats	98.8	101.0	101.8	103.5	102.9	102.2
纺织品	Textiles	101.2	101.8	105.7	107.0	101.5	100.6
家用电器及音像器材	Household Appliances, Music and Video Equipment	96.1	96.1	96.9	97.3	97.7	98.3
文化办公用品	Cultural and Office Appliances	97.8	97.4	97.6	98.8	98.1	98.9
日用品	Articles for Daily Use	100.3	100.7	102.3	102.6	102.1	102.2
体育娱乐用品	Sports and Recreation Articles	98.3	98.5	100.9	100.3	101.0	100.4
交通、通信用品	Transportation and Communication Appliances	95.6	97.2	96.1	97.0	96.0	96.3
家具	Furniture	100.1	104.7	102.3	103.5	101.3	100.8
化妆品	Cosmetics	100.4	100.5	101.3	101.7	102.2	102.3
金银珠宝	Gold, Silver and Jewelry	114.5	116.8	114.3	115.5	101.0	102.8
中西药品及医疗保健用品	Traditional Chinese and Western Medicines and Health Care Articles	104.3	104.8	103.9	104.2	102.1	103.1
书报杂志及电子出版物	Books, Newspapers, Magazines and Electronic Publications	101.3	100.3	100.8	100.8	101.4	102.9
燃料	Fuels	112.3	112.2	111.1	110.6	102.9	102.9
建筑材料及五金电料	Building Materials and Hardware	103.5	103.4	105.1	104.4	100.3	101.1
农业生产资料价格指数	**Price Index of Means of Agricultural Production**	**102.9**	**101.9**	**111.3**	**113.5**	**105.6**	**107.2**

附录5 续表 continued

(上年=100) (preceding year=100)

指标	Item	2013 全国平均 National Average	2013 湖北 HuBei	2014 全国平均 National Average	2014 湖北 HuBei	2015 全国平均 National Average	2015 湖北 HuBei
居民消费价格指数	**Consumer Price Index**	**102.6**	**102.8**	**102.0**	**102.0**	**101.4**	**101.5**
食品	Food	104.7	104.9	103.1	102.3	102.3	102.2
粮食	Grain	104.6	104.1	103.1	102.8	102.0	101.2
肉禽及其制品	Meal, Poultry and Their Products	104.3	105.0	100.4	100.7	105.0	105.0
蛋	Eggs	104.9	106.6	110.4	109.0	93.0	98.0
水产品	Aquatic Products	104.2	105.1	104.4	100.8	101.8	100.1
鲜菜	Fresh Vegetables	108.1	104.8	98.5	98.7	107.4	106.7
鲜果	Fresh Fruits	107.1	105.6	118.0	115.3	96.2	99.0
烟酒及用品	Tobacco, Liquor and Articles	100.3	100.5	99.4	99.7	102.1	102.6
衣着	Clothing	102.3	102.2	102.4	102.0	102.7	102.7
家庭设备用品及服务	Household Facilities, Articles and Services	101.5	101.9	101.2	101.5	101.0	100.6
医疗保健及个人用品	Health Care and Personal Articles	101.3	102.1	101.3	100.7	102.0	101.7
交通和通信	Transportation and Communication	99.6	99.4	99.9	100.2	98.3	100.2
娱乐教育文化用品及服务	Recreation, Education and Culture Articles	101.8	101.5	101.9	101.7	101.4	101.3
居住	Residence	102.8	103.1	102.0	103.3	100.7	100.6
商品零售价格指数	**Retail Price Index**	**101.4**	**101.8**	**101.0**	**100.9**	**100.1**	**100.5**
食品	Food	104.7	105.2	103.0	102.3	102.2	102.3
饮料、烟酒	Beverages, Tobacco and Liquor	100.7	101.2	99.9	100.2	101.9	102.1
服装、鞋帽	Garments, Shoes and Hats	102.2	101.7	102.4	101.9	102.8	102.4
纺织品	Textiles	101.0	102.3	100.9	102.2	100.6	101.0
家用电器及音像器材	Household Appliances, Music and Video Equipment	98.3	97.9	98.5	98.2	98.9	97.9
文化办公用品	Cultural and Office Appliances	98.6	99.1	99.0	98.8	99.6	99.9
日用品	Articles for Daily Use	100.8	101.0	100.5	100.9	100.6	100.5
体育娱乐用品	Sports and Recreation Articles	100.7	100.5	100.5	100.1	100.6	100.2
交通、通信用品	Transportation and Communication Appliances	97.3	93.5	98.6	96.3	98.3	97.6
家具	Furniture	101.2	100.8	101.5	101.1	101.1	99.9
化妆品	Cosmetics	101.5	102.0	100.8	100.5	100.6	100.0
金银珠宝	Gold, Silver and Jewelry	91.9	92.3	91.6	91.8	93.3	92.5
中西药品及医疗保健用品	Traditional Chinese and Western Medicines and Health Care Articles	101.3	102.7	101.7	101.6	102.4	103.3
书报杂志及电子出版物	Books, Newspapers, Magazines and Electronic Publications	101.3	101.7	101.1	100.8	102.6	101.4
燃料	Fuels	99.9	100.5	99.2	99.7	87.7	89.9
建筑材料及五金电料	Building Materials and Hardware	100.5	101.3	100.4	101.1	99.1	99.7
农业生产资料价格指数	**Price Index of Means of Agricultural Production**	**101.4**	**103.1**	**99.1**	**97.9**	**100.4**	**100.4**

附录6　全国及各省市区居民消费价格指数
Consumer Price Indices by Provinces and Regions

(上年=100)　　(preceding year=100)

地　区	Region	2010		2011		2012		2013		2014		2015	
		指数 Index	排位 Rank	指数 Index	排位 Rank	指数 Index	排位 Rank	指数 Index	排位 Rank	指数 Index	排位 Rank	指数 Index	排位 Rank
全国平均	**National Average**	**103.3**		**105.4**		**102.6**		**102.6**		**102.0**		**101.4**	
北　京	Beijing	102.4	30	105.6	11	103.3	3	103.3	5	101.6	26	101.8	5
天　津	Tianjin	103.5	12	104.9	31	102.7	14	103.1	8	101.9	17	101.7	7
河　北	Hebei	103.1	18	105.7	10	102.6	19	103.0	11	101.7	23	100.9	29
山　西	Shanxi	103.0	23	105.2	24	102.5	22	103.1	8	101.7	23	100.6	30
内蒙古	Inner Mongolia	103.2	14	105.6	13	103.1	7	103.2	6	101.6	26	101.1	24
辽　宁	Liaoning	103.0	23	105.2	26	102.8	10	102.4	24	101.7	23	101.4	17
吉　林	Jilin	103.7	10	105.2	23	102.5	22	102.9	13	102.0	14	101.7	7
黑龙江	Heilongjiang	103.9	7	105.8	7	103.2	4	102.2	29	101.5	31	101.1	24
上　海	Shanghai	103.1	18	105.2	25	102.8	10	102.3	26	102.7	3	102.4	2
江　苏	Jiangsu	103.8	8	105.3	18	102.6	19	102.3	26	102.2	9	101.7	7
浙　江	Zhejiang	103.8	8	105.4	16	102.2	28	102.3	26	102.1	10	101.4	17
安　徽	Anhui	103.1	18	105.6	14	102.3	27	102.4	24	101.6	26	101.3	20
福　建	Fujian	103.2	14	105.3	21	102.4	26	102.5	20	102.0	14	101.7	7
江　西	Jiangxi	103.0	23	105.3	22	102.7	14	102.5	20	102.3	7	101.5	12
山　东	Shandong	102.9	27	105.0	28	102.1	29	102.2	29	101.9	17	101.2	23
河　南	Henan	103.5	12	105.6	12	102.5	22	102.9	13	101.9	17	101.3	20
湖　北	Hubei	102.9	27	105.8	8	102.9	9	102.8	15	102.0	14	101.5	12
湖　南	Hunan	103.1	18	105.5	15	102.0	30	102.5	19	101.9	17	101.4	17
广　东	Guangdong	103.1	18	105.3	19	102.8	10	102.5	20	102.3	7	101.5	12
广　西	Guangxi	103.0	23	105.9	5	103.2	4	102.2	29	102.1	10	101.5	12
海　南	Hainan	104.8	2	106.1	3	103.2	4	102.8	15	102.4	4	101.0	27
重　庆	Chongqing	103.2	14	105.3	20	102.6	19	102.7	18	101.8	22	101.3	20
四　川	Sichuan	103.2	14	105.3	17	102.5	22	102.8	15	101.6	26	101.5	12
贵　州	Guizhou	102.9	27	105.1	27	102.7	14	102.5	20	102.4	4	101.8	5
云　南	Yunnan	103.7	10	104.9	30	102.7	14	103.1	8	102.4	4	101.9	4
西　藏	Tibet	102.2	31	105.0	29			103.6	3	102.9	1	102.0	3
						103.5	2						
陕　西	Shaanxi	104.0	6	105.7	9	102.8	10	103.0	11	101.6	26	101.0	27
甘　肃	Gansu	104.1	4	105.9	6	102.7	14	103.2	7	102.1	10	101.6	11
青　海	Qinghai	105.4	1	106.1	2	103.1	7	103.9	1	102.8	2	102.6	1
宁　夏	Ningxia	104.1	4	106.3	1	102.0	30	103.4	4	101.9	17	101.1	24
新　疆	Xinjiang	104.3	3	105.9	4	103.8	1	103.9	2	102.1	10	100.6	30

附录7 全国及各省市区商品零售价格指数
Retail Price Indices by Provinces and Regions

(上年=100) (preceding year=100)

地区	Region	2010		2011		2012		2013		2014		2015	
		指数 Index	排位 Rank	指数 Index	排位 Rank	指数 Index	排位 Rank	指数 Index	排位 Rank	指数 Index	排位 Rank	指数 Index	排位 Rank
全国平均	**National Average**	**103.1**		**104.9**		**102.0**		**101.4**		**101.0**		**100.1**	
北京	Beijing	100.4	31	103.2	31	100.6	31	99.8	31	99.1	31	98.5	31
天津	Tianjin	103.4	10	104.7	23	103.0	2	101.7	14	100.9	19	100.3	11
河北	Hebei	103.1	17	105.0	15	102.2	15	102.2	8	101.0	15	100.2	12
山西	Shanxi	102.3	27	104.9	17	101.8	22	101.8	10	100.6	28	99.3	30
内蒙古	Inner Mongolia	103.0	21	104.9	18	102.5	7	102.6	4	100.7	26	100.5	7
辽宁	Liaoning	103.2	13	105.0	16	102.2	13	101.6	17	101.0	15	100.5	7
吉林	Jilin	104.1	5	104.9	19	101.7	25	101.6	17	101.2	9	99.8	23
黑龙江	Heilongjiang	103.1	17	104.5	28	102.2	12	101.1	26	100.8	25	100.1	16
上海	Shanghai	101.7	28	104.1	29	101.2	29	100.2	30	100.9	19	101.1	2
江苏	Jiangsu	103.2	13	104.6	26	102.1	18	101.4	22	101.6	4	100.6	6
浙江	Zhejiang	103.9	6	105.5	4	101.9	21	101.0	28	100.9	19	99.9	20
安徽	Anhui	103.2	13	105.3	10	102.1	19	101.3	24	100.4	30	99.7	27
福建	Fujian	103.4	10	104.8	20	101.8	23	101.1	26	101.1	14	99.9	20
江西	Jiangxi	102.7	25	104.8	21	102.1	16	101.5	19	101.2	9	100.5	7
山东	Shandong	102.7	25	104.7	24	101.6	26	101.4	22	101.0	15	100.2	12
河南	Henan	103.7	7	105.7	2	102.3	10	101.9	9	101.0	15	99.8	23
湖北	Hubei	103.1	17	105.6	3	102.6	6	101.8	10	100.9	19	100.5	7
湖南	Hunan	103.1	17	105.5	5	101.7	24	101.7	14	101.2	9	99.9	20
广东	Guangdong	103.3	12	105.1	12	102.2	14	101.0	28	101.4	7	99.6	28
广西	Guangxi	103.0	21	106.0	1	102.3	9	101.2	25	101.4	7	100.1	16
海南	Hainan	104.6	1	105.4	7	102.7	4	101.5	19	101.2	9	99.8	23
重庆	Chongqing	101.7	28	104.7	25	101.6	28	101.8	10	100.9	19	100.2	12
四川	Sichuan	103.0	21	104.6	27	101.6	27	101.7	14	100.6	28	100.2	12
贵州	Guizhou	103.0	21	105.5	6	102.0	20	101.5	19	101.2	9	100.1	16
云南	Yunnan	103.6	8	105.1	13	102.4	8	102.6	5	101.6	4	100.8	5
西藏	Tibet	101.0	30	103.7	30	102.9	3	103.0	2	102.2	1	101.4	1
陕西	Shaanxi	103.6	8	104.8	22	102.3	11	101.8	10	100.7	26	99.8	23
甘肃	Gansu	104.6	1	105.4	8	102.6	5	102.6	5	101.7	2	101.0	3
青海	Qinghai	104.3	4	105.4	9	102.1	17	102.7	3	101.5	6	101.0	3
宁夏	Ningxia	103.2	13	105.3	11	101.0	30	102.4	7	100.9	19	100.1	16
新疆	Xinjiang	104.6	1	105.1	14	103.3	1	103.3	1	101.7	2	99.6	28

附录8　全国和36个大中城市居民消费价格指数

Price Indices of Consumer in China and 36 Large and Medium-sized Cities

(上年=100)　　(preceding year=100)

地　区	Region	2010		2011		2012		2013		2014		2015	
		指　数 Index	排　位 Rank	指　数 Index	排　位 Rank	指　数 Index	排　位 Rank	指　数 Index	排　位 Rank	指　数 Index	排　位 Rank	指　数 Index	排　位 Rank
全国平均	**National Average**	**103.1**		**105.3**		**102.8**		**102.7**		**102.1**		**101.7**	
北　京	Beijing	102.4	33	105.6	5	103.3	4	103.3	8	101.6	32	101.8	10
天　津	Tianjin	103.5	11	104.9	31	102.7	19	103.1	10	101.9	27	101.7	14
石家庄	Shijiazhuang	103.0	19	105.7	1	102.8	15	102.9	14	102.0	20	101.0	33
太　原	Taiyuan	103.0	19	105.4	14	102.1	34	103.1	10	102.2	12	100.4	36
呼和浩特	Hohhot	102.6	31	105.5	8	103.1	7	103.8	2	101.2	36	101.8	10
沈　阳	Shenyang	102.9	25	105.4	15	103.0	11	102.5	26	102.2	12	101.2	27
大　连	Dalian	102.7	28	105.4	16	103.4	2	102.5	26	102.0	20	101.6	17
长　春	Changchun	103.6	10	105.5	9	102.3	31	103.0	13	102.2	12	101.3	24
哈尔滨	Harbin	103.7	8	105.6	6	103.2	5	102.1	35	102.0	20	101.4	21
上　海	Shanghai	103.1	18	105.2	25	102.8	14	102.3	31	102.7	5	102.4	2
南　京	Nanjing	104.2	2	105.4	17	102.7	23	102.7	19	102.6	8	102.0	7
杭　州	Hangzhou	103.9	5	104.8	35	102.5	27	102.5	26	102.0	20	101.8	10
宁　波	Ningbo	103.7	8	105.3	23	101.7	36	102.2	34	101.9	27	101.8	10
合　肥	Hefei	102.7	28	105.7	2	102.2	32	102.7	19	102.0	20	101.6	17
福　州	Fuzhou	103.5	11	104.9	32	102.0	35	102.6	24	101.7	31	101.4	21
厦　门	Xiamen	103.0	19	105.2	26	102.1	33	102.3	31	102.2	12	101.7	14
南　昌	Nanchang	103.3	15	105.0	28	102.9	13	102.3	31	102.5	10	101.6	17
济　南	Jinan	102.1	36	105.4	18	102.4	28	102.8	16	102.2	12	101.9	8
青　岛	Qingdao	102.2	34	105.0	29	102.7	21	102.5	26	102.6	8	101.2	27
郑　州	Zhengzhou	103.0	19	104.9	33	102.7	22	102.8	16	102.0	20	101.1	30
武　汉	Wuhan	103.0	19	105.2	27	102.8	16	102.4	30	101.9	27	101.4	21
长　沙	Changsha	102.9	25	105.5	10	102.3	30	102.8	16	102.7	5	101.1	30
广　州	Guangzhou	103.2	16	105.5	11	103.0	9	102.6	24	102.3	11	101.7	14
深　圳	Shenzhen	103.5	11	105.4	19	102.8	17	102.7	19	102.0	20	102.2	5
南　宁	Nanning	102.5	32	105.7	3	102.9	12	102.1	35	101.6	32	101.9	8
海　口	Haikou	104.2	2	105.4	20	103.3	3	102.9	14	102.2	12	101.2	27
重　庆	Chongqing	103.2	16	105.3	24	102.6	25	102.7	19	101.8	30	101.3	24
成　都	Chengdu	103.0	19	105.4	21	103.0	10	103.1	10	101.3	35	101.1	30
贵　阳	Guiyang	102.9	25	105.5	12	102.6	24	103.2	9	102.7	5	102.3	4
昆　明	Kunming	104.2	2	104.9	34	103.1	8	103.9	1	103.1	1	102.4	2
拉　萨	Lasa	102.2	34	105.0	30	103.2	6	103.4	7	103.0	2	102.2	3
西　安	Xi'an	103.5	11	105.6	7	102.8	18	102.7	19	101.4	34	100.7	34
兰　州	Lanzhou	103.8	6	105.4	22	102.4	29	103.5	4	102.2	12	101.3	24
西　宁	Xining	104.5	1	105.7	4	102.7	20	103.8	2	102.8	3	102.5	1
银　川	Yinchuan	103.8	6	105.5	13	102.6	26	103.5	4	102.1	19	101.6	17
乌鲁木齐	Urumqi	102.7	28	104.5	36	103.4	1	103.5	4	102.8	3	100.7	34

附录9　全国和36个大中城市商品零售价格指数
Price Indices of Retail in China and 36 Large and Medium-sized Cities

(上年=100)　　(preceding year=100)

地区	Region	2010		2011		2012		2013		2014		2015	
		指数 Index	排位 Rank	指数 Index	排位 Rank	指数 Index	排位 Rank	指数 Index	排位 Rank	指数 Index	排位 Rank	指数 Index	排位 Rank
全国平均	**National Average**	**102.5**		**104.5**		**101.8**		**101.0**		**100.8**		**99.8**	
北京	Beijing	100.4	36	103.2	36	100.6	36	99.8	36	99.1	35	98.5	36
天津	Tianjin	103.4	11	104.7	18	103.0	1	101.7	11	100.9	21	100.3	9
石家庄	Shijiazhuang	103.4	11	104.9	12	101.9	18	102.1	7	101.2	11	100.2	11
太原	Taiyuan	102.6	23	104.8	16	101.2	33	101.3	19	100.7	26	98.6	35
呼和浩特	Hohhot	102.6	23	104.7	19	101.5	29	101.9	8	98.6	36	99.5	26
沈阳	Shenyang	102.6	23	105.2	6	102.4	11	101.6	14	101.3	10	100.0	18
大连	Dalian	104.0	3	104.4	25	102.5	6	101.0	27	101.0	19	99.5	26
长春	Changchun	104.6	1	104.8	17	101.8	21	101.3	19	101.2	11	99.1	32
哈尔滨	Harbin	101.9	30	104.4	26	102.5	5	101.2	23	101.5	8	100.2	11
上海	Shanghai	101.7	31	104.1	32	101.2	32	100.2	35	100.9	21	101.1	2
南京	Nanjing	103.5	10	104.2	30	101.4	30	101.2	23	102.0	4	100.6	4
杭州	Hangzhou	103.7	7	104.4	27	101.9	19	101.5	16	100.8	24	100.2	11
宁波	Ningbo	103.9	4	105.7	2	101.8	23	101.0	27	100.3	33	100.4	7
合肥	Hefei	102.1	29	105.1	8	101.9	17	101.2	23	100.3	33	99.5	26
福州	Fuzhou	102.9	19	104.0	34	101.1	34	101.0	27	100.6	30	99.4	30
厦门	Xiamen	102.8	20	104.7	20	101.6	27	100.4	34	100.7	26	100.0	18
南昌	Nanchang	103.0	18	105.2	7	102.4	9	101.3	19	101.1	17	100.5	6
济南	Jinan	101.3	34	104.6	23	101.8	22	101.3	19	101.2	11	100.3	9
青岛	Qingdao	101.4	33	104.5	24	101.7	25	101.4	17	102.3	2	100.0	18
郑州	Zhengzhou	102.7	21	104.9	13	102.4	10	101.4	17	101.1	17	99.0	34
武汉	Wuhan	103.1	17	104.7	21	102.3	12	100.9	30	100.5	31	100.0	18
长沙	Changsha	103.8	6	105.4	3	101.5	28	101.2	23	101.7	7	99.6	25
广州	Guangzhou	103.2	14	105.1	9	101.9	20	100.5	33	101.5	8	99.1	32
深圳	Shenzhen	103.2	14	105.3	5	102.4	7	100.7	32	101.0	19	99.7	22
南宁	Nanning	102.3	28	104.9	14	101.7	24	100.8	31	100.7	26	100.4	7
海口	Haikou	103.7	7	105.0	10	102.8	4	101.6	14	101.2	11	100.2	11
重庆	Chongqing	101.7	31	104.7	22	101.6	26	101.8	10	100.9	21	100.2	11
成都	Chengdu	102.4	27	104.3	29	101.4	31	101.7	11	100.4	32	99.5	26
贵阳	Guiyang	103.2	14	105.0	11	102.0	16	101.9	8	101.2	11	99.7	22
昆明	Kunming	103.6	9	104.9	15	102.0	15	102.5	4	101.8	5	100.7	3
拉萨	Lasa	101.2	35	103.9	35	102.9	3	103.5	2	102.3	2	101.5	1
西安	Xi'an	102.7	21	104.4	28	102.3	14	101.7	11	100.7	26	99.7	22
兰州	Lanzhou	103.9	4	105.4	4	102.4	8	102.7	3	101.8	5	100.6	4
西宁	Xining	104.6	1	106.0	1	102.3	13	102.5	4	101.2	11	100.2	11
银川	Yinchuan	102.5	26	104.2	31	100.6	35	102.3	6	100.8	24	100.2	11
乌鲁木齐	Urumqi	103.4	11	104.1	33	102.9	2	103.5	1	102.4	1	99.4	30

附录10 全国及各省市区工业生产者出厂价格指数(2015年)
Producer Price Indices for Industrial Products by Provinces and Regions(2015)

(上年同月=100) (same month of preceding year=100)

地区	Region	全年 Annual Year	1月 January	2月 February	3月 March	4月 April	5月 May	6月 June	7月 July	8月 August	9月 September	10月 October	11月 November	12月 December
全国	**National**	**94.8**	**95.7**	**95.2**	**95.4**	**95.4**	**95.4**	**95.2**	**94.6**	**94.1**	**94.1**	**94.1**	**94.1**	**94.1**
北京	Beijing	96.9	98.3	97.2	96.9	97.0	97.5	97.2	97.0	96.6	96.4	96.3	96.2	95.8
天津	Tianjin	90.3	90.7	90.3	90.1	90.5	90.8	90.6	89.8	89.3	90.0	90.3	90.6	90.7
河北	Hebei	89.1	90.6	89.9	90.4	90.1	89.8	89.4	88.4	88.0	88.3	88.3	87.9	87.8
山西	Shanxi	87.7	90.3	89.3	89.4	89.5	88.5	87.9	87.5	86.5	86.4	86.2	85.4	84.5
内蒙古	Inner Mongolia	94.0	95.7	95.3	95.0	94.8	94.4	94.1	93.8	93.5	93.5	93.1	92.4	92.2
辽宁	Liaoning	93.9	95.3	94.6	94.7	94.4	94.8	94.5	93.9	92.9	92.8	93.0	93.2	93.3
吉林	Jilin	95.3	96.5	95.9	96.2	96.3	95.8	95.6	95.4	94.8	94.4	94.1	94.3	94.3
黑龙江	Heilongjiang	86.0	86.0	83.6	85.3	85.9	86.6	87.7	86.7	85.5	84.6	85.3	87.0	88.4
上海	Shanghai	96.1	96.7	96.4	96.5	96.5	96.6	96.6	95.9	95.1	95.3	95.4	95.8	96.1
江苏	Jiangsu	95.3	96.3	95.8	96.1	96.3	96.2	95.9	95.3	94.5	94.4	94.3	94.4	94.4
浙江	Zhejiang	96.4	97.2	97.0	97.2	97.1	97.0	96.6	96.1	95.6	95.7	95.8	95.8	95.6
安徽	Anhui	93.9	94.6	94.3	94.9	94.8	94.6	94.3	93.8	93.4	93.6	93.3	92.9	92.8
福建	Fujian	97.0	97.6	97.5	97.5	97.3	97.2	97.1	96.6	96.4	96.8	96.7	96.7	96.8
江西	Jiangxi	93.7	95.1	94.0	94.9	94.9	94.8	94.1	93.2	92.9	92.7	93.0	92.6	92.4
山东	Shandong	95.2	96.1	95.5	95.7	95.9	95.9	95.7	95.1	94.6	94.4	94.4	94.2	94.5
河南	Henan	95.4	96.4	96.2	96.2	96.5	96.0	95.7	95.1	94.5	94.4	94.5	94.3	94.3
湖北	Hubei	96.7	96.5	96.4	96.7	96.9	96.7	96.9	96.6	96.6	96.5	96.7	96.9	96.6
湖南	Hunan	96.3	97.2	96.7	97.1	97.2	97.1	96.8	96.1	95.8	95.7	95.5	95.2	95.2
广东	Guangdong	96.8	97.1	96.9	97.1	96.9	97.0	97.0	96.6	96.3	96.5	96.6	96.7	96.9
广西	Guangxi	97.0	97.8	97.6	97.9	98.1	97.8	97.3	96.8	96.6	96.3	96.4	95.7	95.5
海南	Hainan	89.8	88.0	86.9	88.7	87.9	90.4	91.5	90.9	89.6	90.0	90.3	91.5	92.1
重庆	Chongqing	97.2	98.0	97.8	97.6	97.4	97.2	97.4	97.3	97.0	96.8	96.6	96.4	96.3
四川	Sichuan	96.4	97.0	96.8	96.8	96.6	96.6	96.3	96.4	96.2	96.1	96.2	96.1	96.0
贵州	Guizhou	96.1	98.6	97.9	98.0	98.0	96.9	96.2	95.5	95.1	94.4	94.5	94.4	93.8
云南	Yunnan	94.9	96.6	96.0	96.0	96.3	95.7	96.2	94.9	94.0	93.8	93.4	92.6	93.0
西藏	Tibet	93.2	94.2	93.5	92.2	92.7	93.8	94.1	93.0	92.6	92.6	93.1	92.7	93.7
陕西	Shaanxi	90.8	92.5	91.5	91.8	90.8	91.5	90.6	90.8	90.1	90.1	90.6	90.4	88.9
甘肃	Gansu	87.0	90.2	89.1	89.9	88.0	89.1	88.3	86.7	84.2	83.4	84.7	85.2	84.8
青海	Qinghai	93.1	94.8	93.7	94.9	95.9	94.5	94.4	93.2	92.2	91.3	90.8	90.7	91.1
宁夏	Ningxia	93.7	93.4	93.8	94.3	94.3	94.4	94.2	94.0	93.3	93.1	93.2	93.0	93.9
新疆	Xinjiang	82.4	85.2	80.9	82.2	82.7	83.9	84.7	82.7	80.7	79.8	80.7	82.3	83.0

附录11 全国及各省市区工业生产者购进价格指数(2015年)
Purchasing Price Indices for Industrial Producers by Provinces and Regions(2015)

(上年同月=100) (same month of preceding year=100)

地 区	Region	全 年 Annual Year	1 月 January	2 月 February	3 月 March	4 月 April	5 月 May	6 月 June	7 月 July	8 月 August	9 月 September	10 月 October	11 月 November	12 月 December
全 国	**National**	**93.9**	**94.8**	**94.1**	**94.3**	**94.5**	**94.5**	**94.4**	**93.9**	**93.4**	**93.2**	**93.1**	**93.1**	**93.2**
北 京	Beijing	93.7	94.3	92.7	93.3	93.6	93.7	94.1	94.1	93.6	93.1	93.6	94.1	94.4
天 津	Tianjin	92.4	93.4	92.6	93.0	93.0	93.1	92.9	92.2	91.8	91.6	91.5	91.8	91.7
河 北	Hebei	90.3	90.6	90.2	90.6	90.7	90.5	90.8	90.4	90.0	90.0	89.8	89.7	89.8
山 西	Shanxi	93.1	94.4	94.1	94.2	94.0	93.9	93.6	93.0	92.9	92.6	92.1	91.7	90.9
内蒙古	Inner Mongolia	95.9	96.5	96.5	96.2	96.2	96.1	96.0	96.1	95.8	95.8	95.7	95.4	94.8
辽 宁	Liaoning	93.5	95.0	94.2	94.1	94.2	93.9	93.8	93.3	92.8	92.6	92.5	92.8	93.2
吉 林	Jilin	96.6	96.5	95.7	96.4	96.8	97.0	97.0	96.6	96.2	96.5	96.2	96.9	97.2
黑龙江	Heilongjiang	88.2	88.7	86.4	87.5	87.7	87.6	88.6	88.0	87.5	88.1	88.3	89.8	90.6
上 海	Shanghai	90.6	91.4	90.4	90.8	90.1	91.3	91.5	90.3	89.6	90.2	90.7	90.3	90.2
江 苏	Jiangsu	92.1	93.1	92.1	92.6	92.8	92.9	92.6	92.1	91.5	91.1	91.4	91.4	91.5
浙 江	Zhejiang	94.5	95.8	95.2	95.4	95.5	95.6	95.2	94.5	93.7	93.2	93.3	93.2	93.1
安 徽	Anhui	93.5	94.5	93.8	94.0	94.3	94.3	93.7	93.4	92.9	93.0	92.8	92.2	92.4
福 建	Fujian	96.1	96.7	96.3	96.2	96.8	96.7	96.4	96.0	95.6	95.6	95.7	95.6	95.7
江 西	Jiangxi	93.6	94.6	93.7	94.1	94.3	94.3	94.2	93.5	92.9	92.9	92.9	93.0	93.1
山 东	Shandong	95.0	96.0	95.4	95.7	95.8	95.8	95.7	95.3	94.7	94.2	94.0	94.0	93.9
河 南	Henan	95.4	96.4	95.8	96.0	96.2	96.2	95.8	95.6	94.9	94.5	94.5	94.4	94.3
湖 北	Hubei	92.8	93.7	93.3	93.4	93.5	93.9	94.1	93.3	92.4	91.3	91.3	91.3	91.4
湖 南	Hunan	94.5	95.4	94.8	94.6	95.0	95.2	95.3	94.8	94.1	93.5	93.5	93.7	93.5
广 东	Guangdong	95.3	96.5	95.9	95.6	95.8	95.8	95.7	95.2	95.0	94.8	94.5	94.4	94.7
广 西	Guangxi	95.7	96.9	96.7	96.3	96.3	96.0	95.8	95.7	95.4	94.9	94.9	94.5	94.5
海 南	Hainan	88.5	90.0	87.6	87.6	88.3	88.7	88.2	87.6	87.7	87.7	87.8	88.9	92.3
重 庆	Chongqing	97.1	97.7	97.6	97.3	97.4	97.4	97.5	97.3	96.8	96.7	96.5	96.3	96.2
四 川	Sichuan	96.7	96.9	96.7	97.0	97.3	97.2	97.1	96.7	96.9	96.4	96.3	95.8	95.8
贵 州	Guizhou	97.5	99.3	99.1	98.8	98.3	98.2	97.1	97.1	96.8	96.5	96.4	96.1	95.9
云 南	Yunnan	96.9	99.3	98.5	98.3	98.0	97.6	97.5	97.2	95.6	95.7	95.4	95.0	94.5
西 藏	Tibet													
陕 西	Shaanxi	95.2	95.3	94.8	94.9	95.4	95.7	95.9	95.4	95.0	94.9	94.7	94.5	95.1
甘 肃	Gansu	87.0	90.4	87.1	87.3	88.5	88.3	87.4	87.5	84.9	84.8	85.3	85.6	86.4
青 海	Qinghai	97.7	98.2	98.4	99.0	99.1	99.8	98.9	98.3	98.0	97.0	96.4	95.6	94.2
宁 夏	Ningxia	92.1	93.0	92.7	92.6	92.8	92.9	92.9	92.5	91.8	91.8	90.8	90.5	90.4
新 疆	Xinjiang	84.3	88.3	84.2	83.0	84.1	84.8	84.7	84.9	83.2	82.3	82.6	84.1	85.5

附录12 全国及各省市区工业生产者出厂价格指数
Producer Price Indices for Industrial Products by Provinces and Regions

(上年＝100) (preceding year=100)

地 区	Region	2010	2011	2012	2013	2014	2015
全 国	**National**	**105.5**	**106.0**	**98.3**	**98.1**	**98.1**	**94.8**
北 京	Beijing	102.2	102.3	98.4	97.4	99.1	96.9
天 津	Tianjin	105.1	103.8	97.0	97.0	96.3	90.3
河 北	Hebei	109.0	107.7	94.7	96.6	95.2	89.1
山 西	Shanxi	109.5	107.5	94.5	90.7	91.4	87.7
内蒙古	Inner Mongolia	106.7	107.8	100.2	97.0	97.3	94.0
辽 宁	Liaoning	107.4	106.5	99.9	99.0	98.2	93.9
吉 林	Jilin	105.2	105.4	99.1	98.7	99.1	95.3
黑龙江	Heilongjiang	115.0	112.0	100.0	98.0	97.1	86.0
上 海	Shanghai	102.3	102.9	98.4	98.2	98.9	96.1
江 苏	Jiangsu	107.3	106.2	97.1	98.0	98.3	95.3
浙 江	Zhejiang	106.2	105.0	97.3	98.2	98.8	96.4
安 徽	Anhui	109.0	108.3	98.3	98.2	97.4	93.9
福 建	Fujian	103.2	103.9	98.7	98.4	98.6	97.0
江 西	Jiangxi	115.3	111.3	96.5	98.5	97.8	93.7
山 东	Shandong	107.2	106.0	98.4	98.4	98.4	95.2
河 南	Henan	107.8	107.2	99.4	98.5	98.1	95.4
湖 北	Hubei	104.9	106.6	100.3	99.2	98.4	96.7
湖 南	Hunan	106.9	108.5	99.1	98.5	98.4	96.3
广 东	Guangdong	103.2	103.7	99.5	98.8	98.9	96.8
广 西	Guangxi	112.0	108.5	97.8	98.2	98.4	97.0
海 南	Hainan	107.7	108.8	100.8	99.5	97.6	89.8
重 庆	Chongqing	103.1	103.8	99.9	98.0	98.3	97.2
四 川	Sichuan	105.0	107.3	98.6	98.7	98.7	96.4
贵 州	Guizhou	104.7	105.4	101.0	97.4	98.3	96.1
云 南	Yunnan	108.8	104.7	97.9	97.5	97.8	94.9
西 藏	Tibet	105.8	104.3	99.7	99.8	99.0	93.2
陕 西	Shaanxi	108.7	107.2	100.7	97.3	97.1	90.8
甘 肃	Gansu	115.0	111.0	96.8	96.9	96.7	87.0
青 海	Qinghai	109.3	107.4	96.9	97.0	96.1	93.1
宁 夏	Ningxia	109.1	109.5	97.4	96.0	96.3	93.7
新 疆	Xinjiang	125.3	114.8	96.9	96.5	96.2	82.4

附录13　全国及各省市区固定资产投资价格指数(2015年)

Price Indices of Investment in Fixed Assets by Provinces and Regions(2015)

(上年＝100)　　(preceding year=100)

地　区	Region	固定资产投资 Investment in Fixed Assets	建筑安装工程 Construction and Installation	设备、工器具 Purchase of Equipment, Tools and Instruments	其他费用 Others
全　国	**National**	**98.2**	**97.3**	**99.3**	**100.7**
北　京	Beijing	97.6	94.4	99.5	100.5
天　津	Tianjin	99.9	99.6	99.3	101.2
河　北	Hebei	98.0	97.1	99.3	100.4
山　西	Shanxi	98.2	97.7	99.3	99.3
内蒙古	Inner Mongolia	98.0	97.3	99.3	100.6
辽　宁	Liaoning	97.9	97.0	99.3	101.1
吉　林	Jilin	97.6	96.3	99.3	100.1
黑龙江	Heilongjiang	99.0	98.7	99.2	101.9
上　海	Shanghai	97.0	94.9	99.8	100.6
江　苏	Jiangsu	96.2	93.4	99.5	101.8
浙　江	Zhejiang	97.4	95.4	99.2	100.9
安　徽	Anhui	96.9	95.5	99.3	100.8
福　建	Fujian	98.3	97.6	99.5	100.1
江　西	Jiangxi	96.8	95.4	99.2	101.1
山　东	Shandong	97.7	96.6	99.2	100.9
河　南	Henan	97.6	96.5	99.0	100.5
湖　北	Hubei	99.4	99.1	99.5	101.2
湖　南	Hunan	100.4	100.3	99.9	101.7
广　东	Guangdong	99.0	98.4	99.4	101.1
广　西	Guangxi	98.8	98.0	99.8	100.4
海　南	Hainan	99.4	99.2	99.3	100.3
重　庆	Chongqing	98.2	97.5	99.4	100.8
四　川	Sichuan	97.9	96.4	99.7	100.2
贵　州	Guizhou	98.4	98.1	99.5	99.4
云　南	Yunnan	99.1	98.7	98.8	101.0
陕　西	Shaanxi	98.8	98.4	99.1	100.7
甘　肃	Gansu	97.7	97.5	97.9	99.6
青　海	Qinghai	98.2	97.7	99.5	100.9
宁　夏	Ningxia	97.5	96.9	99.1	100.1
新　疆	Xinjiang	98.3	97.6	99.1	102.6

附录14 全国及各省市区固定资产投资价格指数
Price Indices of Investment in Fixed Assets by Provinces and Regions

(上年＝100) (preceding year=100)

地 区	Region	2009	2010	2011	2012	2013	2014	2015
全 国	**National**	**97.6**	**103.6**	**106.6**	**101.1**	**100.3**	**100.5**	**98.2**
北 京	Beijing	97.1	102.5	105.7	101.3	99.9	100.0	97.6
天 津	Tianjin	97.6	102.6	105.7	100.0	99.5	100.5	99.9
河 北	Hebei	96.5	103.7	105.5	100.3	99.9	100.2	98.0
山 西	Shanxi	98.1	103.7	105.5	101.2	100.5	99.6	98.2
内蒙古	Inner Mongolia	98.5	105.4	106.3	101.6	99.6	99.8	98.0
辽 宁	Liaoning	97.0	103.3	106.6	101.0	100.0	99.7	97.9
吉 林	Jilin	99.4	102.4	105.6	100.4	100.0	100.2	97.6
黑龙江	Heilongjiang	97.6	105.2	107.5	100.8	100.1	100.0	99.0
上 海	Shanghai	97.0	103.8	106.5	99.4	100.2	100.5	97.0
江 苏	Jiangsu	97.7	105.1	106.8	98.6	100.5	101.1	96.2
浙 江	Zhejiang	96.7	104.7	107.5	99.2	100.0	100.6	97.4
安 徽	Anhui	96.0	105.4	108.1	101.0	100.2	100.3	96.9
福 建	Fujian	98.0	103.3	106.2	100.3	100.1	100.4	98.3
江 西	Jiangxi	96.1	104.8	108.4	101.0	100.4	100.1	96.8
山 东	Shandong	96.9	103.6	106.8	100.8	100.4	100.3	97.7
河 南	Henan	96.4	103.5	107.4	101.0	99.9	100.0	97.6
湖 北	Hubei	98.8	104.7	107.3	101.8	100.5	101.0	99.4
湖 南	Hunan	99.7	104.0	107.2	101.7	101.3	101.5	100.4
广 东	Guangdong	96.7	103.0	105.5	101.5	101.4	101.5	99.0
广 西	Guangxi	97.9	103.0	106.2	100.6	100.1	101.6	98.8
海 南	Hainan	97.7	105.2	106.4	102.0	99.3	100.6	99.4
重 庆	Chongqing	97.8	102.1	105.9	101.8	100.5	100.3	98.2
四 川	Sichuan	98.3	102.5	105.2	101.0	100.4	100.5	97.9
贵 州	Guizhou	100.5	102.7	105.4	101.5	100.9	101.1	98.4
云 南	Yunnan	98.1	102.7	104.6	101.4	101.1	101.0	99.1
陕 西	Shaanxi	99.3	103.6	105.9	102.6	102.0	101.1	98.8
甘 肃	Gansu	101.5	103.5	104.7	102.1	100.4	100.1	97.7
青 海	Qinghai	100.9	103.8	106.5	102.2	101.5	100.9	98.2
宁 夏	Ningxia	100.2	104.2	107.5	101.5	99.8	100.8	97.5
新 疆	Xinjiang	98.0	104.6	107.1	100.6	100.5	100.3	98.3

附录15 全国粮食作物播种面积
Sown Area of Grain Crops by Regions

单位：千公顷 (1000 hectares)

年份 Year	粮食作物播种面积 Sown Area of Grain Crops	稻谷 Rice	小麦 Wheat	玉米 Corn	大豆 Soybean	薯类 Tubers
1949	109959	25709	12515	12915	8319	7011
1952	123979	28382	24780	12566	11679	8688
1957	133633	32241	27542	14943	12748	10495
1962	121621	26935	24075	12819	9504	12171
1965	119627	29825	24709	15671	8593	11175
1970	119267	32358	25458	15831	7985	10717
1975	121062	35729	27661	18598	6999	10969
1978	120587	34421	29183	19961	7144	11796
1979	119263	33873	29357	20133	7247	10952
1980	117234	33878	28844	20087	7226	10153
1981	114958	33295	28307	19425	8024	9620
1982	113462	33071	27955	18543	8419	9370
1983	114047	33136	29050	18824	7567	9402
1984	112884	33178	29576	18537	7286	8988
1985	108845	32070	29218	17694	7718	8572
1986	110933	32266	29616	19124	8295	8685
1987	111268	32193	28798	20212	8445	8868
1988	110123	31987	28785	19692	8120	9054
1989	112205	32700	29841	20353	8057	9097
1990	113466	33064	30753	21401	7560	9121
1991	112314	32590	30948	21574	7041	9078
1992	110560	32090	30496	21044	7221	9057
1993	110509	30355	30235	20694	9454	9220
1994	109544	30171	28981	21152	9222	9270
1995	110060	30744	28860	22776	8127	9519
1996	112548	31406	29611	24498	7471	9797
1997	112912	31765	30057	23775	8346	9785
1998	113787	31214	29774	25239	8500	10000
1999	113161	31283	28855	25904	7962	10355
2000	108463	29962	26653	23056	9307	10538
2001	106080	28812	24664	24282	9482	10217
2002	103891	28202	23908	24634	8720	9881
2003	99410	26508	21997	24068	9313	9702
2004	101606	28379	21626	25446	9589	9457
2005	104278	28847	22793	26358	9591	9503
2006	105068	28938	23723	28463	9304	7877
2007	105748	28919	23831	29478	8754	8082
2008	106793	29241	23617	29864	9127	8427
2009	108986	29627	24291	31183	9190	8636
2010	109876	29873	24257	32500	8516	8750
2011	110573	30057	24270	33542	7889	8906
2012	111205	30137	24268	35030	7172	8881
2013	111956	30312	24117	36318	6791	8963
2014	112723	30310	24069	37123	6800	8940
2015	113343	30216	24141	38119	6506	8839

附录16　全国粮食作物总产量
Total Output of Grain Crops by Regions

单位：万吨　　(10000 tons)

年 份 Year	粮食作物 总 产 量 Total Output of Grain Crops	稻 谷 Rice	小 麦 Wheat	玉 米 Corn	大 豆 Soybean	薯 类 Tubers
1949	11318	4865	1381	1242	509	985
1952	16392	6843	1813	1685	952	1633
1957	19505	8678	2364	2144	1005	2192
1962	15441	6299	1667	1626	651	2345
1965	19453	8772	2522	2366	614	1986
1970	23996	10999	2919	3303	871	2668
1975	28452	12556	4531	4722	724	2857
1978	30477	13693	5384	5595	757	3174
1979	33212	14375	6273	6004	746	2846
1980	32056	13991	5521	6260	794	2873
1981	32502	14396	5964	5921	933	2597
1982	35450	16160	6847	6056	903	2705
1983	38728	16887	8139	6821	976	2925
1984	40731	17826	8782	7341	970	2848
1985	37911	16857	8581	6383	1050	2604
1986	39151	17222	9004	7086	1161	2534
1987	40298	17426	8590	7924	1247	2821
1988	39408	16911	8543	7735	1165	2697
1989	40755	18013	9081	7893	1023	2730
1990	44624	18933	9823	9682	1100	2743
1991	43529	18381	9595	9877	971	2716
1992	44266	18622	10159	9538	1030	2844
1993	45649	17751	10639	10270	1531	3181
1994	44510	17593	9930	9928	1600	3025
1995	46662	18523	10221	11199	1350	3263
1996	50454	19510	11057	12747	1322	3536
1997	49417	20073	12329	10431	1473	3192
1998	51230	19871	10973	13295	1515	3604
1999	50839	19849	11388	12809	1425	3641
2000	46218	18791	9964	10600	1541	3685
2001	45264	17758	9387	11409	1541	3563
2002	45706	17454	9029	12131	1651	3666
2003	43070	16066	8649	11583	1539	3513
2004	46947	17909	9195	13029	1740	3558
2005	48402	18059	9745	13937	1635	3469
2006	49804	18172	10847	15160	1508	2701
2007	50160	18603	10930	15230	1273	2808
2008	52871	19190	11246	16591	1554	2980
2009	53082	19510	11512	16397	1498	2995
2010	54648	19576	11518	17725	1508	3114
2011	57121	20100	11740	19278	1449	3273
2012	58958	20424	12102	20561	1302	3279
2013	60194	20361	12193	21849	1195	3329
2014	60703	20651	12621	21565	1215	16682
2015	62144	20823	13019	22463	1179	16630

附录17　全国及各省市区粮食作物播种面积
Sown Area of Grain Crops by Provinces and Regions

单位：千公顷　　　　(1000 hectares)

地　区	Region	2010	2011	2012	2013	2014	2015	2015年比2014年增长 Increase Rate in 2015 over 2014	
								绝对数 Value	%
全　国	**National**	**109876.10**	**110573.02**	**111204.59**	**111955.60**	**112722.60**	**113342.93**	**620.35**	**0.6**
北　京	Beijing	223.50	209.38	193.87	158.90	120.20	104.45	-15.72	-13.1
天　津	Tianjin	311.80	310.79	322.92	332.80	345.80	350.04	4.22	1.2
河　北	Hebei	6282.20	6286.11	6302.37	6315.90	6332.00	6392.48	60.48	1.0
山　西	Shanxi	3239.20	3287.85	3291.50	3274.30	3286.40	3287.19	0.81	0.0
内蒙古	Inner Mongolia	5498.70	5561.50	5589.40	5617.30	5651.00	5726.67	75.68	1.3
辽　宁	Liaoning	3179.30	3169.80	3217.35	3226.40	3235.10	3297.42	62.28	1.9
吉　林	Jilin	4492.20	4545.05	4610.30	4789.90	5000.70	5077.95	77.24	1.5
黑龙江	Heilongjiang	11454.70	11502.93	11519.54	11564.40	11696.40	11765.23	68.81	0.6
上　海	Shanghai	179.20	186.34	187.61	168.50	164.90	161.94	-2.92	-1.8
江　苏	Jiangsu	5282.40	5319.20	5336.56	5360.80	5376.10	5424.64	48.57	0.9
浙　江	Zhejiang	1275.80	1254.13	1251.55	1253.70	1266.80	1277.85	11.04	0.9
安　徽	Anhui	6616.40	6621.54	6622.00	6625.30	6628.90	6632.90	3.97	0.1
福　建	Fujian	1232.30	1226.79	1201.13	1202.10	1197.70	1193.22	-4.53	-0.4
江　西	Jiangxi	3639.10	3650.07	3675.93	3690.90	3697.30	3705.60	8.26	0.2
山　东	Shandong	7084.80	7145.82	7202.33	7294.60	7440.00	7492.10	52.06	0.7
河　南	Henan	9740.20	9859.87	9985.15	10081.80	10209.80	10267.15	57.33	0.6
湖　北	Hubei	4068.40	4122.07	4180.05	4258.40	4370.40	4466.03	95.68	2.2
湖　南	Hunan	4809.10	4879.58	4908.04	4936.60	4975.10	4944.65	-30.49	-0.6
广　东	Guangdong	2531.90	2530.43	2540.18	2507.60	2507.00	2505.84	-1.17	0.0
广　西	Guangxi	3061.10	3072.81	3069.10	3076.00	3067.70	3059.34	-8.34	-0.3
海　南	Hainan	437.20	430.60	438.61	421.80	394.00	375.63	-18.38	-4.7
重　庆	Chongqing	2243.90	2259.41	2259.61	2253.90	2242.50	2233.96	-8.56	-0.4
四　川	Sichuan	6402.00	6440.50	6468.20	6469.90	6467.40	6453.90	-13.50	-0.2
贵　州	Guizhou	3039.50	3055.56	3054.28	3118.40	3138.40	3114.91	-23.44	-0.7
云　南	Yunnan	4274.40	4326.90	4399.57	4499.40	4508.20	4487.30	-20.90	-0.5
西　藏	Tibet	170.20	170.15	170.86	175.90	176.40	178.89	2.49	1.4
陕　西	Shaanxi	3159.70	3134.87	3127.53	3105.10	3076.50	3073.52	-3.02	-0.1
甘　肃	Gansu	2799.80	2833.65	2839.40	2858.70	2842.50	2849.63	7.17	0.3
青　海	Qinghai	274.50	279.41	280.18	280.00	280.10	277.06	-3.04	-1.1
宁　夏	Ningxia	844.10	852.44	828.30	801.60	771.30	770.42	-0.91	-0.1
新　疆	Xinjiang	2028.60	2047.48	2131.17	2234.80	2255.90	2395.02	139.17	6.2
湖北居全国位次	**Order of Precedence of Hubei in the Country**	**12**	**12**	**12**	**12**	**12**	**12**		

附录18 全国及各省市区粮食作物总产量
Total Output of Grain Crops by Provinces and Regions

单位：万吨 (10000 tons)

地区	Region	2010	2011	2012	2013	2014	2015	2015年比2014年增长 Increase Rate in 2015 over 2014	
								绝对数 Value	%
全国	**National**	**54647.70**	**57120.90**	**58957.97**	**60193.80**	**60702.61**	**62143.92**	**1441.31**	**2.4**
北京	Beijing	115.70	121.80	113.77	96.10	63.94	62.64	-1.30	-2.0
天津	Tianjin	159.70	161.80	161.76	174.70	175.95	181.75	5.80	3.3
河北	Hebei	2975.90	3172.60	3246.60	3365.00	3360.17	3363.81	3.64	0.1
山西	Shanxi	1085.10	1193.00	1274.10	1312.80	1330.78	1259.57	-71.21	-5.4
内蒙古	Inner Mongolia	2158.20	2387.50	2528.50	2773.00	2753.01	2827.01	74.00	2.7
辽宁	Liaoning	1765.40	2035.50	2070.50	2195.60	1753.90	2002.50	248.60	14.2
吉林	Jilin	2842.50	3171.00	3343.00	3551.00	3532.84	3647.04	114.20	3.2
黑龙江	Heilongjiang	5012.80	5570.70	5761.49	6004.10	6242.19	6323.96	81.77	1.3
上海	Shanghai	118.40	122.00	122.39	114.20	112.54	112.08	-0.46	-0.4
江苏	Jiangsu	3235.10	3307.80	3372.48	3423.00	3490.62	3561.34	70.72	2.0
浙江	Zhejiang	770.70	781.60	769.80	734.00	757.41	752.23	-5.18	-0.7
安徽	Anhui	3080.50	3135.50	3289.10	3279.60	3415.83	3538.12	122.29	3.6
福建	Fujian	661.90	672.80	659.30	664.40	667.03	661.10	-5.93	-0.9
江西	Jiangxi	1954.70	2052.80	2084.80	2116.10	2143.50	2148.71	5.21	0.2
山东	Shandong	4335.70	4426.30	4511.40	4528.20	4596.60	4712.70	116.09	2.5
河南	Henan	5437.10	5542.50	5638.60	5713.70	5772.30	6067.10	294.80	5.1
湖北	Hubei	2315.80	2388.50	2441.81	2501.30	2584.17	2703.28	119.11	4.6
湖南	Hunan	2847.50	2939.40	3006.50	2925.70	3001.26	3002.93	1.67	0.1
广东	Guangdong	1316.50	1361.00	1396.33	1315.90	1357.34	1358.13	0.79	0.1
广西	Guangxi	1412.30	1429.90	1484.90	1521.80	1534.41	1524.75	-9.66	-0.6
海南	Hainan	180.40	188.00	199.50	190.90	186.60	183.99	-2.61	-1.4
重庆	Chongqing	1156.10	1126.90	1138.54	1148.10	1144.54	1154.89	10.35	0.9
四川	Sichuan	3222.90	3291.60	3315.00	3387.10	3374.90	3442.80	67.90	2.0
贵州	Guizhou	1112.30	876.90	1079.50	1030.00	1138.50	1180.00	41.50	3.6
云南	Yunnan	1531.00	1673.60	1749.10	1824.00	1860.70	1876.36	15.66	0.8
西藏	Tibet	91.20	93.70	94.89	96.20	97.97	100.63	2.66	2.7
陕西	Shaanxi	1164.90	1194.70	1245.10	1215.80	1197.78	1226.79	29.01	2.4
甘肃	Gansu	958.30	1014.60	1109.70	1138.90	1158.65	1171.13	12.48	1.1
青海	Qinghai	102.00	103.40	101.50	102.40	104.81	102.72	-2.09	-2.0
宁夏	Ningxia	356.50	358.90	375.00	373.40	377.90	372.60	-5.30	-1.4
新疆	Xinjiang	1170.70	1224.70	1273.00	1377.00	1414.47	1521.26	106.79	7.6
湖北居全国位次	**Order of Precedence of Hubei in the Country**	**10**	**10**	**11**	**11**	**11**	**11**		

附录19 全国及各省市区稻谷播种面积
Sown Area of Rice by Provinces and Regions

单位：千公顷 (1000 hectares)

地区	Region	2010	2011	2012	2013	2014	2015	2015年比2014年增长 Increase Rate in 2015 over 2014	
								绝对数 Value	%
全国	**National**	**29873.40**	**30057.04**	**30137.11**	**30311.70**	**30309.90**	**30215.74**	**-94.16**	**-0.3**
北京	Beijing	0.30	0.23	0.20	0.20	0.20	0.20	0.00	-0.2
天津	Tianjin	15.80	14.24	14.60	16.80	16.40	15.38	-1.02	-6.2
河北	Hebei	79.70	83.02	85.92	86.80	84.80	84.79	-0.01	0.0
山西	Shanxi	1.00	1.02	1.01	1.00	0.90	0.70	-0.20	-22.2
内蒙古	Inner Mongolia	92.20	89.96	89.33	75.90	78.10	78.91	0.81	1.0
辽宁	Liaoning	677.50	659.60	661.80	649.20	562.10	544.93	-17.17	-3.1
吉林	Jilin	673.50	691.25	701.19	726.70	747.10	761.71	14.61	2.0
黑龙江	Heilongjiang	2768.80	2945.55	3069.76	3175.60	3205.50	3147.82	-57.68	-1.8
上海	Shanghai	108.50	106.08	105.09	101.90	98.40	97.81	-0.59	-0.6
江苏	Jiangsu	2234.20	2248.63	2254.22	2265.70	2271.70	2291.59	19.89	0.9
浙江	Zhejiang	923.20	894.77	832.59	828.70	824.20	822.47	-1.73	-0.2
安徽	Anhui	2245.40	2230.82	2215.05	2214.10	2217.30	2234.92	17.62	0.8
福建	Fujian	854.80	845.34	827.60	817.50	804.50	788.96	-15.54	-1.9
江西	Jiangxi	3318.40	3317.71	3328.33	3338.00	3339.50	3342.40	2.90	0.1
山东	Shandong	128.20	124.54	123.87	123.10	122.40	116.28	-6.12	-5.0
河南	Henan	628.00	638.00	648.16	641.30	649.70	656.00	6.30	1.0
湖北	Hubei	2038.20	2036.16	2017.88	2101.20	2144.00	2188.46	44.46	2.1
湖南	Hunan	4030.50	4066.30	4095.12	4085.00	4120.70	4114.10	-6.60	-0.2
广东	Guangdong	1952.70	1940.92	1949.38	1908.80	1893.30	1887.30	-6.00	-0.3
广西	Guangxi	2094.40	2078.53	2057.60	2046.60	2026.20	1983.90	-42.30	-2.1
海南	Hainan	324.30	318.58	324.39	311.90	312.20	299.32	-12.88	-4.1
重庆	Chongqing	683.90	686.49	687.00	688.70	689.70	688.32	-1.38	-0.2
四川	Sichuan	2004.50	2007.90	1997.80	1990.70	1991.80	1990.80	-1.00	-0.1
贵州	Guizhou	695.80	681.49	682.95	684.50	682.00	675.14	-6.86	-1.0
云南	Yunnan	1021.00	1073.45	1082.87	1152.70	1144.70	1134.80	-9.90	-0.9
西藏	Tibet	1.00	1.00	0.97	1.00	1.00	0.94	-0.06	-6.0
陕西	Shaanxi	121.60	120.93	123.33	123.70	123.40	122.80	-0.60	-0.5
甘肃	Gansu	5.80		5.57	5.30	5.10	4.47	-0.63	-12.4
青海	Qinghai								
宁夏	Ningxia	83.20	83.94	84.30	82.10	78.10	74.34	-3.76	-4.8
新疆	Xinjiang	66.90	70.59	69.23	67.30	75.10	66.17	-8.93	-11.9
湖北居全国位次	**Order of Precedence of Hubei in the Country**	**7**	**7**	**7**	**6**	**6**	**6**		

附录20 全国及各省市区稻谷产量
Output of Rice by Provinces and Regions

单位：万吨 (10000 tons)

地 区	Region	2010	2011	2012	2013	2014	2015	2015年比2014年增长 Increase Rate in 2015 over 2014	
								绝对数 Value	%
全 国	**National**	**19576.10**	**20100.09**	**20423.59**	**20361.20**	**20650.74**	**20822.52**	**171.78**	**0.8**
北 京	Beijing	0.20	0.15	0.13	0.10	0.13	0.14	0.01	7.0
天 津	Tianjin	11.20	10.72	11.18	12.90	12.14	11.35	-0.79	-6.5
河 北	Hebei	54.20	60.18	49.82	58.80	54.15	54.53	0.38	0.7
山 西	Shanxi	0.50	0.50	0.60	0.70	0.62	0.47	-0.15	-24.2
内蒙古	Inner Mongolia	74.80	77.88	73.26	56.00	52.36	53.16	0.80	1.5
辽 宁	Liaoning	457.60	505.10	507.80	506.90	451.50	467.70	16.20	3.6
吉 林	Jilin	568.50	623.50	532.03	563.30	587.62	630.10	42.48	7.2
黑龙江	Heilongjiang	1843.90	2062.08	2171.18	2220.60	2251.05	2199.68	-51.37	-2.3
上 海	Shanghai	90.30	88.88	89.13	86.80	84.10	84.10		
江 苏	Jiangsu	1807.90	1864.16	1900.07	1922.30	1912.00	1952.49	40.49	2.1
浙 江	Zhejiang	648.20	649.03	608.26	580.20	590.11	578.10	-12.01	-2.0
安 徽	Anhui	1383.40	1387.08	1393.50	1362.30	1394.55	1459.34	64.79	4.6
福 建	Fujian	507.90	514.15	503.78	502.00	497.06	485.03	-12.03	-2.4
江 西	Jiangxi	1858.30	1950.10	1976.00	2004.00	2025.15	2027.20	2.05	0.1
山 东	Shandong	106.40	103.96	103.38	103.60	101.01	95.10	-5.91	-5.9
河 南	Henan	471.20	474.50	492.55	485.80	528.60	531.52	2.92	0.6
湖 北	Hubei	1557.80	1616.91	1651.38	1676.60	1729.47	1810.72	81.25	4.7
湖 南	Hunan	2506.00	2575.40	2631.63	2561.50	2634.00	2644.81	10.81	0.4
广 东	Guangdong	1060.60	1096.90	1126.57	1045.00	1091.64	1088.42	-3.22	-0.3
广 西	Guangxi	1121.30	1084.10	1142.00	1156.20	1166.12	1137.83	-28.29	-2.4
海 南	Hainan	138.50	145.11	155.76	149.80	155.45	153.29	-2.16	-1.4
重 庆	Chongqing	518.60	493.50	498.00	503.10	503.19	506.36	3.17	0.6
四 川	Sichuan	1512.10	1527.10	1536.10	1549.50	1526.50	1552.60	26.10	1.7
贵 州	Guizhou	445.70	303.93	402.43	361.30	403.24	417.54	14.30	3.5
云 南	Yunnan	616.60	668.67	644.60	667.90	666.10	659.70	-6.40	-1.0
西 藏	Tibet	0.60	0.60	0.54	0.60	0.47	0.45	-0.02	-4.3
陕 西	Shaanxi	81.00	84.50	87.35	91.00	90.87	91.85	0.98	1.1
甘 肃	Gansu	4.10		3.91	3.80	3.54	3.12	-0.42	-11.9
青 海	Qinghai								
宁 夏	Ningxia	70.00	70.76	71.30	68.90	61.84	60.75	-1.09	-1.8
新 疆	Xinjiang	59.00	60.64	59.36	59.80	76.17	65.08	-11.09	-14.6
湖北居全国位次	**Order of Precedence of Hubei in the Country**	**5**	**5**	**5**	**5**	**5**	**5**		

附录21 全国及各省市区小麦播种面积
Sown Area of Wheat by Provinces and Regions

单位：千公顷 (1000 hectares)

地区	Region	2010	2011	2012	2013	2014	2015	2015年比2014年增长 Increase Rate in 2015 over 2014	
								绝对数 Value	%
全国	**National**	**24256.50**	**24270.38**	**24268.28**	**24117.30**	**24069.42**	**24141.37**	**71.95**	**0.3**
北京	Beijing	61.60	58.14	52.20	36.20	23.58	20.78	-2.80	-11.9
天津	Tianjin	110.50	112.27	113.12	110.40	110.66	109.18	-1.48	-1.3
河北	Hebei	2420.30	2396.05	2409.97	2377.70	2342.74	2318.87	-23.87	-1.0
山西	Shanxi	728.50	710.13	688.97	677.50	673.87	675.09	1.22	0.2
内蒙古	Inner Mongolia	566.20	567.89	609.58	571.20	563.48	564.08	0.60	0.1
辽宁	Liaoning	7.50	6.90	6.80	5.60	5.80	5.55	-0.25	-4.3
吉林	Jilin	3.60	3.18			0.36	0.26	-0.10	-27.8
黑龙江	Heilongjiang	280.00	297.81	210.06	133.00	145.68	71.05	-74.63	-51.2
上海	Shanghai	49.40	59.81	56.63	44.40	43.92	45.47	1.55	3.5
江苏	Jiangsu	2093.10	2112.41	2132.56	2146.90	2159.93	2178.83	18.90	0.9
浙江	Zhejiang	66.20	72.63	74.49	75.50	82.12	89.80	7.68	9.4
安徽	Anhui	2365.70	2383.00	2415.51	2432.90	2434.50	2457.00	22.50	0.9
福建	Fujian	3.60	2.76	2.51	2.30	2.31	2.09	-0.22	-9.5
江西	Jiangxi	10.40	10.89	11.85	11.80	12.00	12.20	0.20	1.7
山东	Shandong	3561.90	3593.53	3625.87	3673.30	3740.23	3799.83	59.60	1.6
河南	Henan	5280.00	5323.33	5340.00	5366.70	5406.67	5425.66	18.99	0.4
湖北	Hubei	1000.10	1013.61	1065.50	1094.80	1074.33	1093.43	19.10	1.8
湖南	Hunan	39.20	40.40	35.25	32.30	30.60	29.39	-1.21	-4.0
广东	Guangdong	0.90	1.00	0.93	0.90	0.93	0.91	-0.02	-2.2
广西	Guangxi	4.20	1.48	1.50	1.80	1.43	5.09	3.66	255.9
海南	Hainan								
重庆	Chongqing	150.50	138.36	125.40	107.60	86.98	69.70	-17.28	-19.9
四川	Sichuan	1265.70	1259.30	1234.10	1216.00	1170.70	1119.00	-51.70	-4.4
贵州	Guizhou	260.80	257.62	259.76	251.80	251.50	248.68	-2.82	-1.1
云南	Yunnan	428.90	437.90	442.20	437.30	434.40	432.70	-1.70	-0.4
西藏	Tibet	37.10	37.60	37.73	37.80	36.92	36.33	-0.59	-1.6
陕西	Shaanxi	1148.90	1136.67	1127.60	1094.80	1082.87	1085.60	2.73	0.3
甘肃	Gansu	879.70	861.60	833.93	811.70	792.50	794.80	2.30	0.3
青海	Qinghai	101.00	94.03	94.23	95.40	88.58	88.21	-0.37	-0.4
宁夏	Ningxia	211.40	202.10	179.00	148.80	127.47	122.45	-5.02	-3.9
新疆	Xinjiang	1120.00	1077.98	1081.04	1121.00	1142.35	1239.33	96.98	8.5
湖北居全国位次	**Order of Precedence of Hubei in the Country**	**9**	**9**	**9**	**8**	**8**	**8**		

附录22　全国及各省市区小麦产量

Output of Wheat by Provinces and Regions

单位：万吨　　　　(10000 tons)

地　区	Region	2010	2011	2012	2013	2014	2015	2015年比2014年增长 Increase Rate in 2015 over 2014	
								绝对数 Value	%
全　国	**National**	**11518.10**	**11740.09**	**12102.32**	**12192.60**	**12620.84**	**13018.52**	**397.68**	**3.2**
北　京	Beijing	28.40	28.39	27.45	18.70	12.21	11.12	-1.09	-8.9
天　津	Tianjin	53.20	54.20	55.76	57.30	58.62	59.83	1.21	2.1
河　北	Hebei	1230.60	1276.12	1337.74	1387.20	1429.90	1435.00	5.10	0.4
山　西	Shanxi	232.20	240.30	259.18	230.70	259.11	271.43	12.32	4.8
内蒙古	Inner Mongolia	165.20	170.94	188.42	180.40	153.90	158.26	4.36	2.8
辽　宁	Liaoning	3.70	3.70	3.20	2.70	2.80	2.68	-0.12	-4.3
吉　林	Jilin	1.20	1.34			0.14	0.10	-0.04	-25.2
黑龙江	Heilongjiang	92.50	103.80	70.02	38.90	46.60	21.78	-24.82	-53.3
上　海	Shanghai	19.30	24.11	22.56	17.60	18.64	19.92	1.28	6.9
江　苏	Jiangsu	1008.10	1023.15	1048.76	1101.30	1160.40	1174.04	13.64	1.2
浙　江	Zhejiang	24.70	27.02	27.10	27.80	30.95	35.13	4.18	13.5
安　徽	Anhui	1206.70	1215.70	1294.00	1332.00	1393.55	1411.00	17.45	1.3
福　建	Fujian	1.00	0.80	0.72	0.70	0.68	0.61	-0.07	-10.3
江　西	Jiangxi	2.10	2.19	2.28	2.50	2.56	2.62	0.06	2.3
山　东	Shandong	2058.60	2103.92	2179.50	2218.80	2263.84	2346.60	82.76	3.7
河　南	Henan	3082.20	3123.00	3177.35	3226.40	3329.00	3501.00	172.00	5.2
湖　北	Hubei	343.10	344.78	370.78	416.80	421.60	420.93	-0.67	-0.2
湖　南	Hunan	9.90	10.20	8.56	11.00	10.33	9.36	-0.97	-9.4
广　东	Guangdong	0.20	0.30	0.30	0.30	0.30	0.30		
广　西	Guangxi	0.60	0.21	0.20	0.30	0.20	0.88	0.68	340.0
海　南	Hainan								
重　庆	Chongqing	45.90	42.39	38.45	33.70	26.96	22.85	-4.11	-15.2
四　川	Sichuan	427.70	436.00	437.00	421.30	423.20	426.30	3.10	0.7
贵　州	Guizhou	24.80	50.38	52.39	51.50	61.50	61.67	0.17	0.3
云　南	Yunnan	46.00	98.87	88.30	80.50	83.60	90.60	7.00	8.4
西　藏	Tibet	24.30	24.91	24.57	24.10	23.73	23.39	-0.34	-1.4
陕　西	Shaanxi	403.80	410.90	435.50	389.80	417.24	458.10	40.86	9.8
甘　肃	Gansu	250.90	247.50	278.50	235.90	271.60	281.00	9.40	3.5
青　海	Qinghai	37.30	35.36	35.20	36.00	34.86	34.12	0.74	2.1
宁　夏	Ningxia	70.30	62.98	62.00	46.30	40.55	39.64	-0.91	-2.2
新　疆	Xinjiang	623.50	576.64	576.54	602.10	642.27	698.25	55.98	8.7
湖北居全国位次	**Order of Precedence of Hubei in the Country**	**9**	**9**	**9**	**8**	**8**	**9**		

附录23 全国及各省市区玉米播种面积
Sown Area of Corn by Provinces and Regions

单位：千公顷 (1000 hectares)

地区	Region	2010	2011	2012	2013	2014	2015	2015年比2014年增长 Increase Rate in 2015 over 2014	
								绝对数 Value	%
全国	**National**	**32500.10**	**33541.67**	**35029.82**	**36318.40**	**37123.39**	**38119.31**	**995.92**	**2.7**
北京	Beijing	149.80	140.51	132.02	114.50	88.62	76.29	-12.33	-13.9
天津	Tianjin	168.90	169.01	179.33	191.70	202.80	214.75	11.95	5.9
河北	Hebei	3008.60	3035.78	3049.14	3108.80	3170.88	3248.08	77.20	2.4
山西	Shanxi	1548.90	1646.71	1668.97	1670.00	1676.53	1676.86	0.33	0.0
内蒙古	Inner Mongolia	2485.60	2669.64	2833.68	3170.60	3372.18	3407.24	35.06	1.0
辽宁	Liaoning	2093.00	2134.60	2206.67	2245.60	2330.07	2416.80	86.73	3.7
吉林	Jilin	3046.70	3134.22	3284.34	3499.10	3696.60	3799.96	103.36	2.8
黑龙江	Heilongjiang	4368.40	4587.40	5190.60	5447.50	5440.19	5821.12	380.93	7.0
上海	Shanghai	4.40	4.21	3.82	3.60	3.95	3.43	-0.52	-13.1
江苏	Jiangsu	403.70	414.34	418.90	426.40	436.10	451.68	15.58	3.6
浙江	Zhejiang	27.30	30.94	61.97	63.40	66.52	69.51	2.99	4.5
安徽	Anhui	761.10	818.82	822.53	845.10	852.40	881.55	29.15	3.4
福建	Fujian	40.10	42.58	45.35	47.90	49.55	51.47	1.92	3.9
江西	Jiangxi	18.20	25.65	28.05	29.50	29.87	30.28	0.41	1.4
山东	Shandong	2955.30	2995.87	3018.06	3060.70	3126.47	3173.80	47.33	1.5
河南	Henan	2946.00	3025.00	3100.00	3203.30	3283.86	3343.86	60.00	1.8
湖北	Hubei	531.40	549.66	593.34	573.50	642.38	687.85	45.47	7.1
湖南	Hunan	293.00	327.10	342.00	344.20	345.65	348.36	2.71	0.8
广东	Guangdong	162.30	173.13	172.50	176.70	177.18	178.96	1.78	1.0
广西	Guangxi	538.60	565.88	580.50	587.60	584.00	622.60	38.60	6.6
海南	Hainan	21.00	23.54	27.52	27.70				
重庆	Chongqing	461.90	466.93	468.39	466.70	467.87	470.84	2.97	0.6
四川	Sichuan	1355.40	1363.10	1371.10	1378.00	1381.20	1402.00	20.80	1.5
贵州	Guizhou	781.10	787.79	775.15	778.40	787.47	763.22	-24.25	-3.1
云南	Yunnan	1417.80	1409.00	1456.91	1505.10	1525.70	1517.30	-8.40	-0.6
西藏	Tibet	4.20	4.15	4.35	4.30	4.16	4.53	0.37	8.9
陕西	Shaanxi	1182.40	1177.80	1167.40	1166.20	1153.73	1151.68	-2.05	-0.2
甘肃	Gansu	835.50	838.73	902.67	976.10	1000.91	1014.15	13.24	1.3
青海	Qinghai	12.30	20.47	22.94	23.30	27.00	27.50	0.50	1.9
宁夏	Ningxia	223.40	231.10	245.90	262.00	288.75	301.77	13.02	4.5
新疆	Xinjiang	653.80	728.00	855.72	920.80	910.80	961.87	51.07	5.6
湖北居全国位次	**Order of Precedence of Hubei in the Country**	**17**	**17**	**16**	**17**	**16**	**14**		

附录24 全国及各省市区玉米产量
Output of Corn by Provinces and Regions

单位：万吨 (10000 tons)

地 区	Region	2010	2011	2012	2013	2014	2015	2015年比2014年增长 Increase Rate in 2015 over 2014	
								绝对数 Value	%
全 国	**National**	**17724.50**	**19278.11**	**20561.41**	**21848.90**	**21564.63**	**22463.16**	**898.53**	**4.2**
北 京	Beijing	84.20	90.34	83.58	75.20	50.04	49.45	-0.59	-1.2
天 津	Tianjin	92.70	94.38	92.45	102.10	101.40	107.34	5.94	5.9
河 北	Hebei	1508.70	1639.64	1649.51	1703.90	1670.70	1670.36	-0.34	0.0
山 西	Shanxi	766.00	854.60	903.87	955.50	938.11	862.74	-75.37	-8.0
内蒙古	Inner Mongolia	1465.70	1632.13	1784.39	2069.70	2186.07	2250.78	64.71	3.0
辽 宁	Liaoning	1150.50	1360.30	1423.50	1563.20	1170.50	1403.50	233.00	19.9
吉 林	Jilin	2004.00	2339.00	2578.78	2775.70	2733.50	2805.73	72.23	2.6
黑龙江	Heilongjiang	2324.40	2675.78	2887.94	3216.40	3343.42	3544.14	200.72	6.0
上 海	Shanghai	3.00	2.78	2.52	2.50	2.62	2.10	-0.52	-19.8
江 苏	Jiangsu	218.50	226.17	230.20	216.40	238.97	252.18	13.21	5.5
浙 江	Zhejiang	12.20	14.59	29.13	26.80	30.09	31.07	0.98	3.3
安 徽	Anhui	312.70	362.58	427.50	426.00	465.50	496.27	30.77	6.6
福 建	Fujian	15.20	16.62	18.01	19.30	20.33	21.46	1.13	5.6
江 西	Jiangxi	8.40	10.49	12.58	12.00	12.25	12.80	0.55	4.5
山 东	Shandong	1932.10	1978.67	1994.51	1967.10	1988.34	2050.90	62.56	3.1
河 南	Henan	1634.80	1696.50	1747.75	1796.50	1732.05	1853.65	121.60	7.0
湖 北	Hubei	261.00	276.20	282.56	270.80	293.65	332.89	39.24	13.4
湖 南	Hunan	168.10	188.50	197.25	185.00	188.60	188.83	0.23	0.1
广 东	Guangdong	72.10	78.94	79.70	81.60	76.86	77.85	0.99	1.3
广 西	Guangxi	208.70	244.72	250.60	266.00	266.40	280.68	14.28	5.4
海 南	Hainan	9.10	10.30	11.34	12.10				
重 庆	Chongqing	251.60	257.00	256.26	258.10	255.97	259.73	3.76	1.5
四 川	Sichuan	669.00	701.60	701.30	762.40	751.90	765.70	13.80	1.8
贵 州	Guizhou	415.40	243.71	342.25	298.00	313.81	324.08	10.27	3.3
云 南	Yunnan	613.00	598.22	700.00	734.20	743.30	747.30	4.00	0.5
西 藏	Tibet	2.80	2.75	2.62	2.50	2.39	0.84	-1.55	-64.9
陕 西	Shaanxi	532.20	550.70	566.90	586.70	539.57	543.08	3.51	0.7
甘 肃	Gansu	390.40	425.60	504.10	571.50	564.48	577.15	12.67	2.2
青 海	Qinghai	10.70	15.19	17.00	18.40	10.65	18.63	-0.02	-0.1
宁 夏	Ningxia	165.80	172.43	191.20	206.20	224.08	226.88	2.80	1.2
新 疆	Xinjiang	421.60	517.67	592.11	669.00	641.09	705.05	63.96	10.0
湖北居全国位次	**Order of Precedence of Hubei in the Country**	**16**	**15**	**16**	**16**	**16**	**15**		

附录25　全国及各省市区粮食作物单位面积产量
Output of Grain Crops Per Hectare by Provinces and Regions

单位：公斤/公顷　　(kg/hectare)

地　区	Region	2010	2011	2012	2013	2014	2015	2015年比2014年增长 Increase Rate in 2015 over 2014(%)
全　国	**National**	**4974.00**	**5165.89**	**5301.76**	**5376.60**	**5385.13**	**5482.82**	**1.8**
北　京	Beijing	5177.00	5815.74	5868.40	6049.00	5320.36	5996.57	12.7
天　津	Tianjin	5123.00	5207.05	5009.29	5249.90	5087.88	5192.15	2.0
河　北	Hebei	4737.00	5047.00	5151.40	5327.80	5306.65	5262.14	-0.8
山　西	Shanxi	3350.00	3628.51	3870.88	4009.40	4049.38	3831.75	-5.4
内蒙古	Inner Mongolia	3925.00	4292.93	4523.74	4936.50	4871.72	4936.57	1.3
辽　宁	Liaoning	5553.00	6421.54	6435.43	6805.10	5421.41	6072.94	12.0
吉　林	Jilin	6328.00	6976.83	7251.16	7413.60	7064.67	7182.10	1.7
黑龙江	Heilongjiang	4376.00	4842.77	5001.49	5191.90	5336.84	5375.13	0.7
上　海	Shanghai	6608.00	6544.49	6523.64	6774.10	6826.40	6920.87	1.4
江　苏	Jiangsu	6124.00	6218.53	6319.58	6385.30	6492.88	6565.12	1.1
浙　江	Zhejiang	6041.00	6232.20	6150.77	5854.10	5978.84	5886.71	-1.5
安　徽	Anhui	4656.00	4735.31	4966.93	4950.10	5152.92	5334.20	3.5
福　建	Fujian	5371.00	5484.23	5488.99	5526.90	5569.05	5540.46	-0.5
江　西	Jiangxi	5371.00	5623.97	5671.49	5733.40	5797.42	5798.55	0.0
山　东	Shandong	6120.00	6194.24	6263.81	6207.60	6178.19	6290.22	1.8
河　南	Henan	5582.00	5621.27	5646.99	5667.30	5653.67	5909.23	4.5
湖　北	Hubei	5692.00	5794.49	5841.58	5873.80	5912.96	6052.97	2.4
湖　南	Hunan	5921.00	6023.78	6125.66	5926.70	6032.51	6073.09	0.7
广　东	Guangdong	5200.00	5378.33	5496.97	5247.60	5414.18	5419.86	0.1
广　西	Guangxi	4614.00	4653.50	4838.23	4947.30	5001.86	4983.92	-0.4
海　南	Hainan	4126.00	4366.93	4548.44	4525.80	4736.04	4898.27	3.4
重　庆	Chongqing	5152.00	4987.59	5038.69	5094.00	5103.80	5169.69	1.3
四　川	Sichuan	5034.00	5110.78	5125.07	5235.20	5218.33	5334.45	2.2
贵　州	Guizhou	3659.00	2869.85	3534.38	3302.90	3627.70	3788.23	4.4
云　南	Yunnan	3582.00	3867.90	3975.62	4053.90	4127.37	4181.49	1.3
西　藏	Tibet	5360.00	5508.67	5553.67	5467.10	5553.85	5625.24	1.3
陕　西	Shaanxi	3687.00	3811.01	3981.09	3915.50	3893.27	3991.49	2.5
甘　肃	Gansu	3423.00	3580.54	3908.22	3984.00	4076.22	4109.76	0.8
青　海	Qinghai	3716.00	3699.22	3622.67	3656.50	3741.88	3707.50	-0.9
宁　夏	Ningxia	4224.00	4210.85	4527.35	4658.20	4899.33	4836.32	-1.3
新　疆	Xinjiang	5771.00	5981.50	5973.24	6161.60	6270.23	6351.78	1.3
湖北居全国位次	**Order of Precedence of Hubei in the Country**	**8**	**10**	**10**	**9**	**8**	**8**	

附录26 全国及各省市区稻谷单位面积产量
Output of Rice Per Hectare by Provinces and Regions

单位：公斤/公顷 (kg/hectare)

地　区	Region	2010	2011	2012	2013	2014	2015	2015年比2014年增长 Increase Rate in 2015 over 2014(%)
全　国	**National**	**6553.00**	**6687.32**	**6776.89**	**6717.30**	**6813.21**	**6891.28**	**1.1**
北　京	Beijing	6333.00	6521.74	6443.91	6912.00	6943.11	6971.44	0.4
天　津	Tianjin	7093.00	7528.09	7657.53	7685.90	7414.50	7378.29	-0.5
河　北	Hebei	6805.00	7248.86	5798.42	6768.00	6382.60	6430.76	0.8
山　西	Shanxi	4423.00	4901.96	5940.59	6836.70	6888.89	6714.29	-2.5
内蒙古	Inner Mongolia	8115.00	8657.42	8201.08	7380.70	6704.31	6736.52	0.5
辽　宁	Liaoning	6754.00	7657.67	7673.01	7807.90	8032.38	8582.70	6.9
吉　林	Jilin	8441.00	9019.90	7587.48	7751.40	7865.70	8272.24	5.2
黑龙江	Heilongjiang	6659.00	7000.66	7072.81	6992.60	7022.52	6987.94	-0.5
上　海	Shanghai	8328.00	8378.58	8481.30	8521.10	8544.30	8598.03	0.6
江　苏	Jiangsu	8092.00	8290.19	8428.95	8484.30	8416.64	8520.23	1.2
浙　江	Zhejiang	7021.00	7253.60	7305.64	7001.20	7159.70	7028.87	-1.8
安　徽	Anhui	6161.00	6217.82	6291.05	6152.80	6289.32	6529.72	3.8
福　建	Fujian	5942.00	6082.16	6087.18	6140.80	6178.55	6147.68	-0.5
江　西	Jiangxi	5600.00	5877.85	5936.91	6003.70	6064.32	6065.10	0.0
山　东	Shandong	8294.00	8347.52	8345.85	8416.30	8252.45	8178.53	-0.9
河　南	Henan	7503.00	7437.30	7599.20	7574.90	8136.44	8102.44	-0.4
湖　北	Hubei	7643.00	7940.98	8183.74	7979.60	8066.75	8273.95	2.6
湖　南	Hunan	6218.00	6333.52	6426.26	6270.50	6392.10	6428.65	0.6
广　东	Guangdong	5431.00	5651.44	5779.12	5474.70	5765.87	5767.07	0.0
广　西	Guangxi	5353.00	5215.71	5550.16	5649.30	5755.09	5735.32	-0.3
海　南	Hainan	4270.00	4554.90	4801.55	4804.50	4979.34	5121.29	2.9
重　庆	Chongqing	7583.00	7188.79	7248.95	7305.20	7296.00	7356.47	0.8
四　川	Sichuan	7544.00	7605.46	7688.96	7783.70	7663.92	7798.87	1.8
贵　州	Guizhou	6405.00	4459.79	5892.53	5278.70	5912.96	6184.50	4.6
云　南	Yunnan	6039.00	6229.17	5952.70	5794.20	5818.99	5813.36	-0.1
西　藏	Tibet	6020.00	6000.00	5567.01	5789.50	4747.47	4787.23	0.8
陕　西	Shaanxi	6662.00	6987.32	7082.43	7351.30	7362.66	7479.64	1.6
甘　肃	Gansu	7050.00		7019.75	7243.30	6887.16	6979.87	1.3
青　海	Qinghai							
宁　夏	Ningxia	8416.00	8429.61	8457.89	8387.50	7923.13	8171.91	3.1
新　疆	Xinjiang	8812.00	8590.45	8574.32	8889.90	10147.88	9835.27	-3.1
湖北居全国位次	**Order of Precedence of Hubei in the Country**	**8**	**8**	**7**	**6**	**6**	**5**	

附录27　全国及各省市区小麦单位面积产量
Output of Wheat Per Hectare by Provinces and Regions

单位：公斤/公顷　　(kg/hectare)

地　区	Region	2010	2011	2012	2013	2014	2015	2015年比2014年增长 Increase Rate in 2015 over 2014(%)
全　国	**National**	**4748.00**	**4837.21**	**4986.89**	**5055.60**	**5243.52**	**5392.62**	**2.8**
北　京	Beijing	4610.00	4883.04	5257.87	5171.90	5176.66	5352.89	3.4
天　津	Tianjin	4814.00	4827.65	4929.28	5189.30	5297.31	5479.71	3.4
河　北	Hebei	5085.00	5325.93	5550.86	5834.20	6103.54	6188.37	1.4
山　西	Shanxi	3188.00	3383.89	3761.85	3405.60	3845.10	4020.65	4.6
内蒙古	Inner Mongolia	2918.00	3010.05	3090.99	3158.20	2731.24	2805.60	2.7
辽　宁	Liaoning	4933.00	5362.32	4705.88	4857.10	4827.59	4828.83	0.0
吉　林	Jilin	3473.00	4213.84			4005.00	4030.20	0.6
黑龙江	Heilongjiang	3303.00	3485.44	3333.32	2923.30	3198.64	3065.19	-4.2
上　海	Shanghai	3897.00	4031.10	3983.75	3975.70	4244.33	4380.57	3.2
江　苏	Jiangsu	4816.00	4843.51	4917.83	5129.70	5372.40	5388.40	0.3
浙　江	Zhejiang	3730.00	3720.00	3638.07	3685.10	3768.87	3912.05	3.8
安　徽	Anhui	5101.00	5101.56	5357.05	5475.10	5724.18	5742.78	0.3
福　建	Fujian	2840.00	2883.38	2874.19	2940.00	2930.57	2919.23	-0.4
江　西	Jiangxi	2031.00	2011.02	1924.05	2113.80	2133.33	2147.54	0.7
山　东	Shandong	5780.00	5854.74	6010.97	6040.40	6052.68	6175.53	2.0
河　南	Henan	5838.00	5866.63	5950.09	6012.00	6157.21	6452.67	4.8
湖　北	Hubei	3430.00	3401.51	3479.87	3807.10	3924.31	3849.61	-1.9
湖　南	Hunan	2526.00	2524.75	2428.37	3396.30	3375.82	3184.76	-5.7
广　东	Guangdong	2826.00	3000.00	3225.81	3440.90	3225.81	3296.70	2.2
广　西	Guangxi	1357.00	1418.92	1333.33	1452.50	1398.60	1728.88	23.6
海　南	Hainan							
重　庆	Chongqing	3051.00	3063.40	3066.30	3132.00	3099.09	3279.14	5.8
四　川	Sichuan	3379.00	3462.24	3541.04	3464.60	3614.93	3809.65	5.4
贵　州	Guizhou	952.00	1955.59	2016.86	2045.80	2445.33	2479.89	1.4
云　南	Yunnan	1072.00	2257.82	1996.83	1841.70	1924.49	2093.83	8.8
西　藏	Tibet	6553.00	6625.00	6512.06	6366.00	6427.41	6438.21	0.2
陕　西	Shaanxi	3515.00	3614.96	3862.19	3560.50	3853.09	4219.79	9.5
甘　肃	Gansu	2852.00	2872.56	3339.61	2906.30	3427.13	3535.48	3.2
青　海	Qinghai	3693.00	3760.50	3735.54	3768.60	3935.43	3868.04	-1.7
宁　夏	Ningxia	3327.00	3116.27	3463.69	3112.00	3181.14	3237.24	1.8
新　疆	Xinjiang	5567.00	5349.26	5333.20	5371.00	5622.36	5634.09	0.2
湖北居全国位次	**Order of Precedence of Hubei in the Country**	**16**	**18**	**17**	**12**	**14**	**17**	

附录28 全国及各省市区玉米单位面积产量
Output of Corn Per Hectare by Provinces and Regions

单位：公斤/公顷 (kg/hectare)

地　区	Region	2010	2011	2012	2013	2014	2015	2015年比2014年增长 Increase Rate in 2015 over 2014(%)
全　国	**National**	**5454.00**	**5747.51**	**5869.69**	**6015.90**	**5808.91**	**5892.86**	**1.4**
北　京	Beijing	5621.00	6429.44	6330.90	6567.00	5646.45	6481.65	14.8
天　津	Tianjin	5490.00	5584.28	5155.30	5329.00	5000.03	4998.45	0.0
河　北	Hebei	5015.00	5401.05	5409.75	5481.00	5268.88	5142.60	-2.4
山　西	Shanxi	4945.00	5189.74	5415.74	5721.20	5595.55	5144.97	-8.1
内蒙古	Inner Mongolia	5897.00	6113.70	6297.08	6527.80	6482.65	6605.89	1.9
辽　宁	Liaoning	5497.00	6372.62	6450.91	6961.20	5023.46	5807.27	15.6
吉　林	Jilin	6578.00	7462.77	7851.73	7932.70	7394.62	7383.56	-0.1
黑龙江	Heilongjiang	5321.00	5832.89	5563.79	5904.40	6145.77	6088.42	-0.9
上　海	Shanghai	6659.00	6603.33	6596.86	6997.20	6632.91	6117.81	-7.8
江　苏	Jiangsu	5412.00	5458.56	5495.34	5076.10	5479.71	5583.11	1.9
浙　江	Zhejiang	4455.00	4715.58	4700.66	4220.80	4523.45	4470.00	-1.2
安　徽	Anhui	4109.00	4428.08	5197.38	5040.80	5461.05	5629.52	3.1
福　建	Fujian	3793.00	3903.67	3970.90	4017.10	4103.18	4169.61	1.6
江　西	Jiangxi	4642.00	4089.67	4484.85	4053.50	4101.10	4227.21	3.1
山　东	Shandong	6538.00	6604.66	6608.58	6427.10	6359.70	6461.98	1.6
河　南	Henan	5549.00	5608.26	5637.90	5608.20	5274.43	5543.44	5.1
湖　北	Hubei	4912.00	5024.92	4762.19	4721.30	4571.28	4839.61	5.9
湖　南	Hunan	5737.00	5762.76	5767.54	5374.50	5456.39	5420.54	-0.7
广　东	Guangdong	4443.00	4559.58	4620.29	4620.40	4337.96	4350.13	0.3
广　西	Guangxi	3875.00	4324.59	4316.97	4526.00	4561.64	4508.19	-1.2
海　南	Hainan	4323.00	4375.53	4121.04	4362.00			
重　庆	Chongqing	5446.00	5504.04	5471.12	5529.50	5470.96	5516.23	0.8
四　川	Sichuan	4936.00	5147.09	5114.87	5532.70	5443.82	5461.48	0.3
贵　州	Guizhou	5318.00	3093.59	4415.27	3829.00	3985.04	4246.22	6.6
云　南	Yunnan	4323.00	4245.71	4804.69	4878.10	4871.86	4925.20	1.1
西　藏	Tibet	6540.00	6626.51	6022.99	5763.90	5745.19	1854.30	-67.7
陕　西	Shaanxi	4501.00	4675.67	4856.09	5031.00	4676.74	4715.55	0.8
甘　肃	Gansu	4673.00	5074.34	5584.54	5854.80	5639.67	5690.97	0.9
青　海	Qinghai	8702.00	7120.62	7410.64	7054.50	6907.41	6774.55	-1.9
宁　夏	Ningxia	7422.00	7461.13	7775.52	7871.30	7760.35	7518.31	-3.1
新　疆	Xinjiang	6448.00	7110.85	6919.44	7265.60	7038.76	7329.99	4.1
湖北居全国位次	**Order of Precedence of Hubei in the Country**	**21**	**21**	**24**	**24**	**24**	**22**	

附录29 全国及各省市区棉花产量
Output of Cotton by Provinces and Regions

单位：万吨 (10000 tons)

地区	Region	2010	2011	2012	2013	2014	2015	2015年比2014年增长 Increase Rate in 2015 over 2014 绝对数 Value	%
全国	**National**	**596.10**	**659.69**	**683.60**	**629.90**	**617.83**	**560.34**	**-57.49**	**-9.30**
北京	Beijing		0.05	0.03	0.02	0.01	0.01		
天津	Tianjin	6.30	7.06	5.76	4.85	3.82	2.56	-1.26	-32.98
河北	Hebei	57.00	65.34	56.44	45.68	43.10	37.34	-5.76	-13.35
山西	Shanxi	6.90	6.67	4.70	3.06	2.36	1.45	-0.91	-38.56
内蒙古	Inner Mongolia	0.10	0.23	0.16	0.16	0.15	0.02	-0.13	-89.61
辽宁	Liaoning	0.10	0.07	0.06	0.10	0.01	0.02	0.01	54.00
吉林	Jilin	0.50	1.21	0.80	0.58	0.08		-0.08	
黑龙江	Heilongjiang								
上海	Shanghai	0.40	0.36	0.38	0.39	0.12	0.04	-0.08	-66.67
江苏	Jiangsu	26.10	24.68	22.05	20.93	15.95	11.69	-4.26	-26.71
浙江	Zhejiang	2.90	3.11	2.99	2.80	2.48	1.99	-0.49	-19.76
安徽	Anhui	31.60	37.80	29.40	25.11	26.33	23.37	-2.96	-11.24
福建	Fujian		0.01	0.01	0.01	0.01	0.01	0.00	-19.00
江西	Jiangxi	13.10	14.29	15.22	13.09	13.37	11.52	-1.85	-13.82
山东	Shandong	72.40	78.46	69.85	62.10	66.50	53.69	-12.81	-19.26
河南	Henan	44.70	38.24	25.69	18.97	14.69	12.60	-2.09	-14.23
湖北	Hubei	47.20	52.58	54.53	45.97	35.95	29.76	-6.19	-17.22
湖南	Hunan	22.70	23.58	25.06	19.80	12.90	14.46	1.56	12.09
广东	Guangdong								
广西	Guangxi	0.20	0.23	0.22	0.24	0.25	0.25		
海南	Hainan								
重庆	Chongqing			0.01	0.01				
四川	Sichuan	1.40	1.46	1.33	1.31	1.24	0.98	-0.26	-20.82
贵州	Guizhou	0.10	0.11	0.12	0.10	0.11	0.12	0.01	6.64
云南	Yunnan			0.05	0.04	0.03	0.01	-0.02	-51.00
西藏	Tibet								
陕西	Shaanxi	6.90	6.74	6.72	5.79	4.22	3.86	-0.36	-8.55
甘肃	Gansu	7.60	7.60	8.10	7.05	6.44	4.25	-2.19	-33.93
青海	Qinghai								
宁夏	Ningxia								
新疆	Xinjiang	247.90	289.77	353.95	351.75	367.72	350.30	-17.42	-4.74
湖北居全国位次	**Order of Precedence of Hubei in the Country**	**4**	**4**	**4**	**3**	**4**	**4**		

附录30　全国及各省市区油菜籽产量

Output of Rapeseeds by Provinces and Regions

单位：万吨　　　　(10000 tons)

地　区	Region	2010	2011	2012	2013	2014	2015	2015年比2014年增长 Increase Rate in 2015over 2014	
								绝对数 Value	%
全　国	**National**	**1308.20**	**1342.56**	**1400.73**	**1445.80**	**1477.22**	**1493.07**	**15.85**	**1.1**
北　京	Beijing								
天　津	Tianjin						0.01	0.01	
河　北	Hebei	2.90	3.02	2.97	3.55	3.21	2.97	-0.24	-7.5
山　西	Shanxi	0.60	0.59	0.66	0.72	0.58	0.67	0.09	15.1
内蒙古	Inner Mongolia	22.40	24.02	30.67	33.73	39.60	41.75	2.15	5.4
辽　宁	Liaoning	0.10	0.08	0.09	0.12	0.19	0.22	0.03	14.1
吉　林	Jilin								
黑龙江	Heilongjiang	0.20	0.13	0.11	0.05	0.06		-0.06	
上　海	Shanghai	2.00	1.64	1.51	1.28	1.05	0.96	-0.09	-8.1
江　苏	Jiangsu	112.40	105.25	109.13	113.26	110.06	106.34	-3.72	-3.4
浙　江	Zhejiang	33.30	33.59	32.09	31.67	25.90	25.12	-0.78	-3.0
安　徽	Anhui	133.70	122.78	134.32	130.05	127.75	126.29	-1.46	-1.1
福　建	Fujian	1.50	1.59	1.68	1.78	1.82	1.88	0.06	3.4
江　西	Jiangxi	63.80	66.66	68.75	70.43	72.35	73.94	1.59	2.2
山　东	Shandong	2.70	2.19	2.08	2.42	2.45	2.44	-0.01	-0.3
河　南	Henan	88.90	77.32	87.61	89.80	86.39	86.10	-0.29	-0.3
湖　北	Hubei	232.60	220.39	230.03	250.47	257.16	255.19	-1.97	-0.8
湖　南	Hunan	166.60	181.96	178.57	194.61	202.65	210.81	8.16	4.0
广　东	Guangdong	0.80	0.79	0.81	0.79	0.79	0.85	0.06	7.1
广　西	Guangxi	1.50	1.61	2.01	1.90	2.50	2.62	0.12	5.0
海　南	Hainan								
重　庆	Chongqing	34.20	35.14	37.71	40.10	43.97	46.73	2.76	6.3
四　川	Sichuan	205.20	214.37	222.09	224.04	233.12	238.53	5.41	2.3
贵　州	Guizhou	51.60	71.81	78.18	81.78	86.69	89.03	2.34	2.7
云　南	Yunnan	26.00	51.84	53.50	50.69	54.93	56.07	1.14	2.1
西　藏	Tibet	5.80	6.33	6.30	6.34	6.34	6.37	0.03	0.5
陕　西	Shaanxi	37.30	38.36	39.94	39.67	41.56	43.19	1.63	3.9
甘　肃	Gansu	33.20	33.14	33.93	33.16	34.53	33.97	-0.56	-1.6
青　海	Qinghai	33.70	32.09	34.53	31.93	31.04	30.06	-0.98	-3.2
宁　夏	Ningxia			0.28	0.18	0.23	0.19	-0.04	-18.4
新　疆	Xinjiang	15.10	15.18	11.20	11.29	10.31	10.79	0.48	4.7
湖北居全国位次	**Order of Precedence of Hubei in the Country**	**1**	**1**	**1**	**1**	**1**	**1**